講談社＋α文庫
プラスアルファ

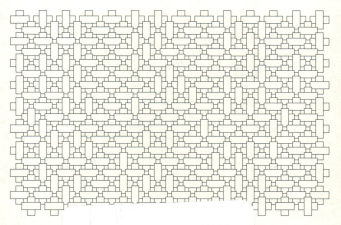

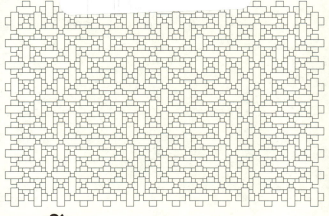

本書は二〇〇四年に小社より刊行された『ゲバゲバ70年！　大橋巨泉自伝』を改題し、一部、修正したものです。

なお、登場人物の肩書などは同書刊行時のままとしました。

まえがき

長い間〝有名人〟をやっていると、自叙伝の注文は結構来るものである。あまり若いうちはともかく、還暦を迎えるころにはこちらの気持ちも動き出す。「死ぬ前に自分の人生を正確に伝えておきたい」という欲望は、ごく自然なものかもしれない。特に一九九六年の東京新聞からの連載の依頼には心惹かれた。早大新聞科のクラスメート、森田昌芳からの話だっただけに、同級生とのことも書き残しておきたいという気持ちも働いたのだろう。

書き出すと止まらなかった。好評だったこともあり、通常の長さを二回も延長してくれたが、翌年の二月で一応しめた。そんなに書いても、やっと一九六九年再婚のところまでしか来ていなかった。『ゲバゲバ90分！』も、『クイズダービー』も、『世界まるごとHOWマッチ』もまだ登場していない。前半生だけ出版という話もいくつかあったのだが、なにやら中途半端でイヤだった。そんななかでボクの本を多く出版している講談社から、続きを月刊誌（月刊現代だったか、小説現代だったか）に連載しては、という話があった。いったん乗りかかったが、月刊誌だけに足が遅い。それならまとめて書くと豪語してしまった。

実際五十枚ほど書いたのだが、別の本の依頼が来て止まってしまった。そうするうち、『巨泉——人生の選択』がベストセラーになり、つづけて『巨泉日記』とか『生意気——東京下町青春記』（碧天舎刊、他はすべて講談社刊）を書いていた。そして参院選——当選——辞職と来て、さらに『「国会議員」失格』『大橋巨泉のこうすりゃよくなる、日本のスポーツ』（これは朝日新聞社刊）、『巨泉2——実践・日本脱出』『巨泉流メジャー・リーグを楽しむ法』などを書いているうちに、二〇〇三年もなかばを過ぎた。

ふと気がつくと、二〇〇四年の三月二十二日でボクは七十歳、つまり古稀を迎えると気がついた。「絶好のタイミングですよ」と、すすめ上手の鈴木崇之が言った。往年の週刊現代の巨泉番で、今は講談社の書籍部門にいる。「日本のテレビ史にもなり得ます」とオダテ上手の崇之。書き出すと、それはセミ・リタイアで時間のある身、あれよあれよと書き進んだ。このままでは一冊に入り切らなくなりそうという時、編集上手の崇之が言った。

「セミ・リタイア（九〇年）以降のことは、『巨泉』をはじめ『巨泉日記』『出発点』

『岐路』（いずれも講談社文庫）などに詳しく書いてあるじゃないですか。九〇年でしめたらどうです？」。若いわりに、とにかく上手なのである。

かくして生まれてから五十六年間の自叙伝ができあがった。五十六年といっても、話は折に触れて現代に至るので、実質上は七十年間といっても間違いではあるまい。

タイトルに使った「ゲバゲバ」は、ボクの代表作の番組のひとつからいただいた。作家の河野洋の話では、当時流行《はや》ったゲバルトという言葉をコミカルにしたもので、プロデューサーの井原高忠を中心にした会議の中で生まれたという。だから番組のイメージ通りのユーモアと、ゲバ棒ならぬペンとマイクを武器に、たった一人で切り開いた人生という意味も、ひそかに込めたつもりである。

なお、九〇年以降に興味のある方は、巻末に参考文献としてリストアップしたので、前記の文庫本に目を通していただければ幸甚である。

学歴もなく（早大は中退したので資格は高卒でしかない）、別に容貌に恵まれたわけでもなく、特に芸があるわけでもないボクが、まがりなりにも放送タレントとしてトップの位置に登りつめる事ができたのはなぜか。その秘密はすべてこの一冊の中にあると断じてよい。「良い学校を出て、良い会社に入り、周りとの調和を心掛けていれば幸せな人生が送れる」という日本独自の構造が毀《こわ》れつつある現在、それとまったく逆の事をしてきた男の人生が、読者の参考になれば、これに過ぐる喜びはない。

二〇〇三年十一月十日

オーストラリアにて　大橋巨泉

本書の前半部分は「東京新聞」（一九九六年九月九日〜九七年二月二十一日）に連載した「この道」に加筆・修正したものです。

ゲバゲバ人生　わが黄金の瞬間　目次

ゲバゲバ人生

わが黄金の瞬間

父母と妻、そして多くの友に

第一部
ジャズとともに青春は
1934年～1965年

（前頁写真）**大学１年生の頃の著者**

第一章　敗戦の記憶

大橋家のＤＮＡ

ボクの生年月日は、一九三四年（昭和九年）の三月二十二日となっている。普通、三月の末に子供が生まれると、学年で最年少になるのがかわいそうだというので四月二日に届けるようだが、ボクの両親はまったくそういった配慮はしなかった。

大体、父の大橋武治という男は、姑息《こそく》な手段を嫌う傾向があった。後年、ボクはこの父に「放っとけオヤジ」というニックネームを付けたが、それは子供が言うことを聞かず、母に「お父さん、なんとか言ってくださいよ」と頼まれても、「いいから、放っときなさい」と答えるのが常であったからである。一度言って聞かないものは、二度言っても、誰が言っても無駄である、というのが父の考え方であった。学校などにしても、無理に塾に行かせてまで上等な学校に入学させても意味はないという主義であった。その子供の能力どおりに育てる、それ以上のことは決してしなかった。したがって三月二十二日に生まれ、そのまま出生届が出された。名前は克己《カツミ》。実は大橋渡という名と二つが考えられ、父が一つずつ書いた紙を神棚にあげ、それを祖父が開いたら「克己」のほうだったという。ボクはこの結果に満足している。「渡」ではなんだか下手な語《ご》呂《ろ》合《あ》わせのようでイヤだ。ただ、克己というのはオノレに克《か》つという意味だから「コッキ」と読むのが正しく、名前なら「カツキ」であるべきだろう。巳《ミ》とは蛇のことで字が違う。ところが戸籍を見ると、ボクの名前は克巳となっていて、これでは蛇に勝ってどうする？ということになってしまう。

さいわいボクの場合、のちに自分でつけたペンネームの巨泉というのが有名になってしまい、サインでもなんでも本名を書くことは少ないが、たまに書くときはどうしても己《オノレ》と書いてしまう。それで問題になったことはないが、ことほど左様に親が（ということは自分以外の人が）つけた名前は無責任なものである。近年、夫婦別姓問題がかまびすしいが、ボクは名前など他人が（たとえ親でも）つけた単なる記号であるから、どちらでも良いというスタンスを取っている。強いて言うなら、夫婦がまったく新しい姓を名乗っても良いというオプションがあっても悪くないだろう。

ともあれ桜の季節に生まれたボクは、まるで宝物のように育てられた。何しろ姉二人のあとにようやく生まれた男の子が、満一歳にも満たず夭折したあとにできた子である。まだあのころは「跡取り」という言葉があった時代であった。しかも父の事業が順風満帆でかなりリッチだったらしく、本当に大事に大事に扱われたらしい。ところがその期待に反して、これがまた非常に虚弱な体質の子で、幼時の大半は病院で過ごしたという話を、ボクはよく聞かされたものである。

父大橋武治と母らく（旧姓鈴木）のなれそめについては、姉から聞かされたことがある。父の父は大橋徳松といって、「江戸切り子」の本によれば、近代江戸切り子の大御所と言われるほどのガラス職人であった。今でも祖父の作品であるグラスが残っているが、それは見事なギヤマン細工である。ところが職人でいれば良かったものを、人におだてられて会社をつくったのが運のツキ、借金を抱えて倒産してしまった。腕は良くても営業や経営の能力はない。よくある話である。そこで長男の父は、高等小学校（小学校の上に二年くらいあったらしい）を出るとすぐ、奉公に出されてしまった。

ボクの知っている父は大変な読書家で、いつも書斎には和洋の書物があふれていた。母はよく、「お父さんは大学にも行けたほど頭が良かったのに、家が倒産したために奉公に出されたんだ。でもお金ができると本を買い漁って勉強したんだよ。だからなんでも知っているのさ」と自慢していた。

父は祖父の倒産によって一時池田という家に養子に出されたが、なんとその家の向かい側が母の生家であった。ボクはよくテレビで「江戸っ子」を売ったが、父のほうは四代前に岐阜の大垣から出てきた、比較的新しい江戸っ子である。ところが母のほうは、江戸初期から十数代つづいた生粋《きっすい》の下町っ子で、「鈴木」という川魚店を営んでいた。

今から二十五年ほど前、馬主だったボクは成宮《なるみや》厩舎の馬主の集まりでよく浅草へ行った。今では代替わりしたが、馬道《うまみち》の「はやし」という料亭が会場であった。そこに東孝さんという幇間《ほうかん》の方がいて、よく芸を見せてくれていた。あるとき、母の生家が馬道だという話になると、師匠は知っているという。川魚、とくにうなぎやどじょうが主で、冬は卵とか炭も扱っていたという話もしてくれた。その晩宴が果ててから、東孝さんに案内されてボクは母の生家があったはずの家の前に立った。あのときの、なんともいえぬ懐かしさをボクは一生忘れないだろう。

母は大変な働き者であったが、これは娘時代からそうだったらしい。池田家の母親が、この働き者の娘と父を見合いさせたらしいのだが、どうも母は二枚目の父にひと目惚れしたのが真相のようだ。宇野浩二の小説に『器用貧乏』というのがあるが、この物語の主人公は母のすぐ上の兄である。この小説の中では母は「くら」という名で、父と駆け落ちすることになっているが、母はよく「あれはあくまで小説なんだからね。お母さんはちゃんとお見合いをして、お父さんと一緒になったんだよ」と言っていた。今でこそ見合いより恋愛結婚と言いたがるが、昔は見合いのほうがランク？が上だったようだ。父二十三歳、母二十一歳の大正十二年二月のことであった。

結婚当時父は「いわしや」という日本橋の医療器械商に勤めていて、行商に近いことをしていたらしい。というのは、母はよくこう言っていた。

「二階の部屋で待っていると、いろんな人が路地に入ってくるけど、お父さんの足音を間違えたことはなかった」

これは彼女の自慢だが、これで二階に間借りしていて、父は出歩いていたことがわかる。

ところがボクが生まれたころは、当時珍しい自家用車を持つほど裕福になっていた。その間約十年、父は働きながら勉強をつづけ、なんとカメラ商として独立したのである。今から考えると、医療器具もカメラもドイツやアメリカからの輸入が主で、そのカタログや商品を研究したのだろう。英語もドイツ語もできない男にとって大変な努力だったろうと思うが、一九三〇年（昭和五年）くらいには千歳《ちとせ》町（現墨田区）に大橋武治商店を出し、三二年には京橋に第二店を出すまでに至ったのだから大した商才である。もちろん大恐慌あけで景気が上向いてきたことにも助けられたのだろう。

目のつけどころも良かったと思う。当時のカメラといえば、終戦後のテレビ、十数年前のビデオ、現在のパソコンなどに比べるとよいだろう。一般の人々にも買えるようになった最新のテクノロジーである。景気の上昇に伴って需要が増し、輸入のアクセスを持っていた父は、面白いように儲けたのだろう。それにしても医療器械についていたレンズから、カメラという発想は優れていた。ただ、時代を先取りし、新しいものに興味を持つという性癖は、大橋家のＤＮＡに入っているのかもしれない。したがって父は祖父の仕事を継がず、ボクも父の会社を引き継ぐことはしなかった。このことに触れるのはずっと後になるが、「血」は妙なところに現れるものだと思う。

とにかくボクが物心ついた一九四〇年前後、大橋武治商店は隆盛の一途で、ボクが生まれた本所区東両国（現墨田区両国）に本店を構え、小岩に大橋工機という工場を持っていた。父は最新のダットサン（現ニッサン）を運転し、工場と店を往復していた。ボクの記憶にあるのは、正月の凧揚《たこあ》げで、家の周りでは電線にすぐひっかかってしまうので、小岩の工場の隣の原っぱでやるのが常であった。工員たちが走って揚げてくれた凧を、どこまでも高く揚がるように糸を伸ばしてゆく。そのうちに風が凪《な》いで落ちてしまうと、また工員のお兄さんが拾って走ってくれる。まことに恵まれた少年であった。

三歳ごろまで虚弱で、当時、現在の明治座の近くにあった竹内薫平病院に通いづめだったというボクも、小学校に上がるころには健康になり、背丈もどんどん高くなった。父は、日ごとに大きくなる男の子を乗せてドライブに行くのが楽しかったらしく、ボクの記憶はそればかりである。

ボクはテレビに出るようになって、日本一の遊び人間だの、多趣味だのと言われたが、父はまったく逆のタイプだった。生涯を通じての趣味といえば、読書と旅行、それに付随した観劇と釣りくらいなものであった。タバコも酒もやらず（晩年ビールを小瓶一本くらい飲むようになったが）、ギャンブルも女遊びも一切しなかった。

こう書くと、先に述べたDNA云々が怪しくなるが、ボクは父は自ら抑えていたのだと思っている。父は十人兄弟の長男だったのだが、祖父の仕事を継いだ次男、さらにその下の弟がともに大変な遊び人であった。二人とも、飲む、打つ、買うの三拍子で、仕事も家庭も壊してしまった。そして成功した兄に無心にくるのだが、父は一度は許すが二度目は許さない男だった。

今でもよく憶えている。あれはすでに戦後だったが、三男のほうの叔父が家に無心にきた。それまでにも父の留守にときどき訪れると、母は少しずつ小遣いをやっていたが、このときは新しく仕事を始めるのでまとまった金を貸してくれと頼みにきたらしい。父は、この前貸した金を返してからにしろと言った。いろいろ言い訳を言いつのる叔父に、父は「お前に貸す金があったら、慈善事業に寄付する」と言った。「兄さん、血のつながった兄弟じゃないか」と言う叔父の言葉に、父の怒りは頂点に達した。

「誰も好きこのんで、お前の兄に生まれたんじゃない。お前に金を貸すくらいなら、お前を殺して刑務所に入ったほうがマシだ。帰れ！」

父の手には鉄製の釘抜きが握られていた。中学生だったボクは襖《ふすま》の蔭から、それまで見たこともない父の形相を身を硬くして見ていた。叔父はすごすごと帰り、それ以来姿を見たことはなかった。

両親や姉たちに囲まれて

五歳、母とともに七五三

上の弟はガラス職人としての腕は良かったそうだが、やはり酒色に身を持ち崩していた。それに母の兄に当たる伯父もいる。宇野浩二の小説『器用貧乏』の主人公のモデルになったこのプレイボーイは、最後は遊興の果てに梅毒にかかり、見るも無残な姿となって亡くなっている（ボクは会っていない）。

こうした身内の姿を見て、父は心に誓ったのではないか。少年時代から身を粉にして働き、ようやく成功したときの父は大体三十歳前後である。遊ぶ余裕は十分にできたはずだ。しかしその時父が買ったものは、女でもなく馬でもなく、酒瓶でもなく、ダットサンの新車であり、目的はそれに妻子を乗せてドライブすることであった。のちにボクがテレビで麻雀や競馬の解説をするようになったとき、父はどんな思いで画面を見ていたのだろうか。血は水よりも濃い、そんな感慨だったのだろうか。幸いにして母はそんなボクの姿を見ることなく、ボクが大学三年のとき世を去っている。

戦争反対の父を憎んだ

蝶よ花よというのは女の子に対する表現だと思うが、とにかく大事に育てられたボクは一九四〇年、無事、本所区立江東《えひがし》小学校（現墨田区立両国小学校）に入学した。

この年は昭和なら一五年であり、また紀元二六〇〇年ということになっていた。

他のことはほとんど憶えていないが、この二六〇〇年記念の提灯《ちょうちん》行列のことは記憶に残っている。行列は靖國神社から出るというので、神保町にあった叔母（父の末妹）の嫁ぎ先に行った。二階の窓から見ていると、巨大な光の波が九段の坂を降りてくる。子供心にもそのスケールと鮮やかさは強いインパクトを与えたようだ。今でも目をつぶると、光の波が浮かんでくる。

翌四一年になると、軍国主義の勢いは一層強くなり、それまでの尋常小学校はすべて国民小学校（俗に国民学校）と改められた。ここで憶えているのは、物差しから筆箱からすべて、「江東尋常小学校一年×組　大橋克己」とあったのを、国民小学校と書き直させられたこと。学校の玄関に石で造られていた文字も壊され、新たに木の板が張られていた。その板に墨で江東国民小学校と書いてあったのを、何かもったいない思いで見た記憶がある。

それでもまだこのころは家業も順調で、父は自慢の自家用車に息子を乗せては釣りに行っていた。近くは荒川、江戸川のハゼ釣りや、浦安や行徳のキス釣りにはよく行った。現在の湾岸道路の辺りは全部海だった。ディズニーランドも海の中だ。海といっても非常に遠浅で、引き潮になるとずっと干潟《ひがた》になった。今では伝説の釣りになっている青ギスの脚立《きゃたつ》釣りもやったことがある。干潮を見はからって膝のあたりまで入り、父と五メートルほど離れて脚立を立ててそこに乗る。竿、仕掛け、魚籠《びく》、餌、弁当、水筒などすべて持参である。やがて潮が差してくると釣れだす。満潮の潮止まりは食いが落ちるので弁当を使う。またしばらく下げを釣って、干潮を待って脚立を降りて帰る。脚立は持参でなく、地元の船宿が場所を取っておいてくれたように思う。

とにかく引きが強烈な青ギスを、リールもなしに釣るのだから面白かった。水質に敏感なこの魚は、今やほとんど絶滅状態で、わずかに大分県の周防灘にいるらしい。ボクは今ではオーストラリアでこの魚の釣りを楽しんでいる。

あるとき相当な釣果《ちょうか》をあげての帰途、父の愛車が葛西橋のまん中で故障してしまった。押せども引けども動かない。父は車屋に電話してくるから、車の中で待っていなさいと言って歩いていってしまった。なかなか帰ってこない。今ほど町に電話がなかった。三十分以上待った気がする。ふと思い出して見ると、ほとんど車が通らない。通っていたら声を掛けたはずだ。今だったらどうなるのだろう。のんびりした時代であった。

だが、のんびりした時代は長くは続かなかった。裕福だった戦前の大橋家は、毎週末になると家族（父母と二人の姉とボク。幼かった妹は家に残ることが多かった）五人で銀座へ出かけるのが常であった。歌舞伎座や新橋演舞場での観劇が主であったが、映画やデパートでの買い物などもあったであろう。憶えているのは帰途の夕食で、天ぷらの「天一」と、中華の「銀座アスター」が行きつけの店であった。この習慣は戦争が始まっても続いていた。おそらく戦勝気分で盛り上がっていた昭和一七年（一九四二年）の前半までであろうが……。

あるとき、「天一」から出ると数寄屋橋の向こう側にある朝日新聞のビルに、大きな垂れ幕が下がっていた。「屠れ米英、我等が敵！」のようなものだったはずだ。ボクはとにかく最初の字が読めず、父にたずねた記憶がある。そしてそれが「ほふれ」と読むこと、意味は「やっつけろ」ということだと教わった。父は「殺せ」とは言わなかったし、すぐに話題を変えたような記憶がある。

父はこの戦争には反対であった。別に左翼でもなんでもなく、思想的なものは一切なかった。ただカメラの輸入を通じて、アメリカやドイツをはじめとする欧州の情報は他の人より多く得ていた。したがって中国相手まではともかく、英米相手の戦争は勝ち目がないと考えていたようだ。「自転車の国が自動車の国と戦争したって、勝てるわけがない」が、父の論理であった。よせばよいのに父はこれを外で喋った（ボクの父だから仕方がないか!?）。もっと戦況が悪くなってからのことであるが、電車の中か何かで友人にこう言っているところを、特高だか憲兵だかに聞きとがめられ、連行され暴行を受けた。

変形した顔で帰宅した父に、母が泣きながら止めるよう懇願していたのを憶えている。

「オレは間違っていない」と言う父に、母は、「わかってます。でも家の外では言わないでください。お父さんにもしものことがあったら、一家はどうするのですか」と迫った。さすがに父も拷問はこたえたらしく、以後は家の中で家族相手に言うだけになった。しかし母や姉はともかく、皇国少年だった（大きくなったら、兵隊さんになって天皇陛下のために死ぬんだと、本気で考えていた）ボクには気に入らなかった。こういうことを言う父が嫌いだった。

のちに疎開先でボクが尊敬していたS先生（皇国史観の権化だった）が徴兵され、着任前に空爆で亡くなったとき、父は「かわいそうに、犬死にだ」と言った。このときほどボクが父を憎んだことはない。「犬死にじゃない。先生は陛下のために命を捧げたんだ」と泣きながらぶつかってきた小学校五年生の息子を抱えながら、父はつぶやくのだった。

「今にわかるさ。もうすぐにな」

一九四三年（昭和一八年）七月、夏休みになるのを待って、大橋家は千葉県山武《さんぶ》郡横芝町というところに疎開した。集団でも縁故疎開でもなく、まったく特異なケースであった。

父は、この戦争は必ず敗けると信じていたので、もっと悪くなる前に家族を安全な場所に移そうと考えていた。しかし父のほうも母のほうもまったくの江戸っ子で、いわゆる田舎というものがなかった。といって集団疎開はさせたくないと考えていたのだろう。以前釣りに行ったときに目をつけておいた土地（約千坪）を当時の金で一万円で買ったのであった。ここは古い銀行の跡地で、家が建つまでは、古い銀行の建物の中に寝泊まりしたのを憶えている。

このとき父は四十三歳、今から考えると実に的確な判断だと思う。この土地は一軒おいて隣に栗山川という川が流れている。九十九里も近く、新鮮な魚が手に入りやすい。川の向こう岸にハム工場があった（すぐに軍需用になってしまったが）。土地が肥《ひ》沃《よく》で、素人でも作物ができる。こうした環境なら、戦争が長引いても家族は生きてゆけると考えたのだ。そのうえで彼は、自分一人両国に残り、四五年三月十日の大空襲で焼け出されるまで、仕事を続けていたようだ。仕事といってもカメラのような奢侈《しゃし》品（当時は贅沢品と言われていた）はとっくに売れなくなっており、軍需産業の下請けでもやっていたのではないかと思う。

ボクは横芝国民小学校の四年に編入した。東京生まれの東京育ちであるボクは、それまで地方の人を「いなかっぺぇ」と呼んで得意がっていたが、ここでは一転して「東京っぺぇ」と呼ばれることになった。ヤセてはいたが身体はでかいし、声もでかい。勉強もできる。態度だって決して小さくないから、地元の少年と衝突しないわけがない。

Sという子が今でいう番長だった。特飲店（特殊飲食店といって売春もさせていたらしい）の子で、われわれにはうかがい知ることのできない世界の知識があり、喧嘩も強く、親分肌だったので、周りにはいつも子分の生徒を従えていた。ボクも彼を嫌いではなかったが、最初は彼の何たるかを知らなかった。

二学期が始まってすぐ、クラスで相撲大会があった。ボクは両国育ちだから、相撲は強かった。父母が可愛がっていた二所ノ関《にしょのせき》部屋の力士からいろいろな「手」を教わっていた。一回戦、二回戦と勝ち進むうち、「子分」の一人がボクの耳に「S君には負けたほうが良い」とささやきにきた。何も知らないボクは、得意の「二枚蹴り」でS君を土俵に這わせてしまった。意気揚々と下校するボクは、途中の材木置き場で、

五、六人に待ち伏せされ、鼻血を出して泣きながら家に帰った。

「いじめ」は近年、日本の大問題である。しかし、これは今始まったことではない。なんの縁故もなく、一家で疎開し、単身入学したボクもたっぷり「いじめ」を味わった。落とし穴に落とされたこともあったし、川にほうり込まれたこともあった。自転車の車輪に棒をつっこまれ、もんどり打って地面に叩きつけられたこともある。これらは、よそ者であるボクが、地元の生徒より出来たりしたことへの報復であったり、言うことを聞かないことに対する見せしめであったりした。しかし持って生まれた楽観主義と環境順応性で、ボクはめげずに通学した。それにただの一度も金銭をせびられたことはなかった。だいいち、せびられても金なんかなかった。

最近のいじめ事件の報道によると、一万、なかには十万単位の金を要求され、耐えきれずに自殺した子供がいるという。昔は子供は金なんか持っていなかったものだ。紙芝居が来るたびに、「お母さん、紙芝居が来たからお金ちょうだい」と言って、そのつどもらったものだ（母は紙芝居屋のアメなどは不衛生だと言って、三度に一度くらいしかくれなかったが……）。他のおもちゃや本なども親に言って、買ってもらったものだ。ところが今の子供は、お年玉などで十万単位の金を持っているらしい。泥棒でも、金があるところを狙う。近年のいじめ事件の根は、日本がリッチになりすぎた副産物なのかもしれない。

それともうひとつ。いかに楽天的なボクでも、死にたくなるようないじめにあったこともある。そのときの支えは、いつも母であった。母はボクが泣いて帰ると理由を聞き、どこへでも出ていった。相手の家、学校、警察——決して二の足を踏まなかった。あるときボクは青竹に割れ目をつけた武器で足を払われ、左のふくらはぎの肉をそがれて白い骨が見えるほどの深手を負った（この傷は六十年を経た現在でも大きく残っている）。このときの母は凄かったらしい。警察や学校が、子供同士のことだからと取り合わないと、やった子供の家へ行き、「うちの子にもしものことがあったら、お宅の子を殺して私も死にます」とやったという。

昔から日本では、父は威厳ある存在で近寄りがたく、子供からのアクセスは常に母であった。母の愛情とは、金品を与えることではなく、常にアクセスがあることだと思う。そしていざというとき、他の動物と同じように、自分の身命を賭しても子供を守ってくれる存在であった。この当時父は東京におり、一種の母子家庭であったが、ボクはこの母がいれば何も恐くなかった。そのくせ母はボクに、「お前はこの家でたった一人の男なんだから」とおだてて、結構責任感をもたせることも忘れなかった。共働きの多い今の若い母親に、あのころのようなアクセスが果たしてあるのだろうか。

皇国史観のマインドコントロール

いじめにもあったが、疎開生活にも楽しいことはたくさんあった。一九九六年（平成八年）の六月初め、ボクは当時の同級生である笹本登貴夫君（現笹本医院院長）と一夕をともにして、昔話にふけった。彼はクラス随一のできる子で、いつも級長、ボクは副級長だった。暴力は一切ふるわない男だったが、番長やその取り巻きも彼には常に一目置いていた。

何しろ六十年も経っているので、二人の記憶をつなぎ合わせても、どうしても思い出せないこともあった。しかし一番の楽しみは、栗山川での釣りであったことでは、二人の思い出は一致した。疎開したころの栗山川は水も澄んでいて、いろいろな魚が釣れた。鯉、鮒、たなごから手長エビ、海が近いのでイナ（ボラの幼魚）も釣れた。釣って面白いのはマブナやヘラブナだが、食べておいしいのはなんといっても手長エビである。父が東京から赤虫を買ってきて、これを餌にすると面白いように釣れた。戦況が悪化してからは、一家の貴重なたんぱく源なので、必死に釣りまくった。

戦況といえば、やがて敵の飛行機がわがもの顔に上空を飛ぶようになる。一九四四年の初めころまではまだ空中戦も見られたし、高射砲による迎撃もあった(横芝には小さな飛行場があった)。あるとき、飛行場の滑走路の端に敵の戦闘機が撃墜されたというので、笹本君と二人で自転車で見に行った。そこで見たものは、一人の老婆が黒こげになったアメリカ兵を竹の棒で打ちながらわめいている姿だった。「見たか、鬼め。うちの伜《せがれ》を殺したむくいじゃ」というようなことだったと思う。皇国史観を叩きこまれた純情な軍国少年だったボクも、さすがにイヤなものを見た気になった。隣を見ると笹本君も顔をそむけている。行くときの意気軒昂《いきけんこう》とはうらはらに、二人の軍国少年は帰途は黙ってペダルをこいだ。

そのうちに制海権も制空権も奪われ、日本は連合軍のなすがままになった。東京を空襲した米機(B29の護衛の戦闘機)はわれわれの頭上を通って、九十九里沖へ帰る。いわば通り道である。なんの危険もないので、パイロットの顔が見えるほどの低空で飛ぶ。それを見てボクらはできるかぎりの悪態を空に向かって吐く。あるときそれを見た米兵が、いたずらに機銃掃射を浴びせてきた。当たりはしなかったが、そばに突きささる銃弾の恐怖は、今でも思い出すことができる。敵の落とした銃弾のうちの不発弾をいじっていた同級生が、突然の爆発によって亡くなる事件が起きた。学校では不発弾に触れることを禁じたが、こうなってもボクらは日本は勝つと信じていた。

オウム真理教の事件が起こって以来、マインドコントロールということが問題にされるようになったが、われわれ昭和ヒトケタ生まれの少年が受けた、皇国史観によるマインドコントロールほど強烈なものはなかったろう。万世一系の天子をいただく我が国は神国であり、永久に不滅である（巨人軍は永久に不滅と言った長嶋茂雄にも〝神州不滅〟というフレーズが残っていた気がする）。敵が攻めてきても、元寇《げんこう》のときのように最後は神風が吹いて全滅する、と本気で信じていたのだから、すごいコントロールである。

一九四五年（昭和二〇年）春、横芝国民小学校六年生のボクたちは、恒例の行軍《こうぐん》に出かけた。すでに遠足という言葉は禁じられ、行軍となっていた。行き先は二十キロも北の干潟にある、東洋一の陸軍飛行場である。少年とはいえ、ゲートルをしっかり巻いた少年兵の服装で、水筒に雑嚢《ざつのう》を肩から掛けていた。雑嚢には弁当が入っていたが、中身はサツマイモ二本であった。二十キロの間、小休止（五分）が一回きりで（小休止は水筒の水を飲むだけ）、あとは軍歌を歌いながらひたすら歩く。ボクが今軍歌を嫌うのは、空腹とか体罰とかロクな思い出を伴わないからである。

空腹を抱えて飛行場についたが、何もない。ボクらは陸軍の誇る爆撃機「呑龍《どんりゅう》」を見たかったのだが、何もない。先生に呑龍はどこですかと聞くと、敵をあざむくために隠してあると言う。飛行機の上に布や草をかぶせてあると見えるのは、実はオトリである。今の六年生なら、もっともっと先生にたずねるだろう。しかし当時はそれ以上の質問は許されない。ボクらはただ先生の言うことを信じて、柵の外で弁当を食って帰った。再び二十キロの田舎道を軍歌を歌いながら。民主主義には情報公開が不可欠だということがおわかりだろう。

食糧事情はますます悪くなり、配給も途絶《とだ》えがちになったが、大橋家は食べるには不自由しなかった。裏の畑では、サツマイモ、ジャガイモ、カボチャ、キュウリ、トマト、白菜などの野菜を栽培していたし、庭の一隅には大きなトリ小屋があり、常にニワトリを十羽ぐらい飼っていて、新鮮な卵が毎日とれた。ボクは相変わらず釣りに精を出していたし、そのうちに鰻をとることを覚えた。

鰻とりは孟宗竹《もうそうちく》を一メートルくらいに切って節をくりぬき、重しをつけて川床に沈めておくのである。しかしつくりたての竹にはアクがあるせいか、なかなか入ってくれない。そのうち以前から仕掛けてある、近隣の農家などの目印を見つけて盗むようになった。もう時効だから書くが、鎌を持ったおじさんに再三追いかけられた。つまり米以外は何でもあったのだ。でも米が食べたい。これを救ったのはやはり母の力であった。

ボクの生家はカメラ商であって、写真館ではない。しかし父も母も写真を撮るのは大好きであった。父は東京の撮影クラブの有力なメンバーで、戦前は毎月撮影会に出かけていたし、母も負けずに腕を磨いていた。現在コンパクトカメラと呼ばれているような便利なカメラは当時存在せず、距離から絞りから全部撮影者の腕による。二人は良い腕のカメラマンであったし、何よりも商売柄、ローライフレックス、ライカ、スーパーシックスなど、当時の世界一流のカメラを持っているのが強味だった(この著作に使われている古い写真は、父母の手による作品であり、父の賢慮《けんりょ》により戦火を免れた大橋家の貴重な遺産である)。

横芝町というのはまったく小さな田舎町であったから(当時は中学校さえなかった)、栗山川のそばに引っ越してきた「東京っぺぇ」は写真機屋だという話は町中の知るところとなったが、写真機屋と写真屋との区別はハッキリしていなかったらしい。そのうち冠婚葬祭があるとウチへ撮影を頼みにくるようになった。主として婚礼である。カメラを持って現れたのが母だと知ると、最初は不審な眼で見られたらしい。当時の田舎で、女性カメラマンという概念が絶無だったのは当然である。しかし、その素晴らしい出来映えを見て、誰しも感心してしまう。あの奥さんに頼めば間違いない、という噂はたちまち近郷近在に広まったのである。

横芝町の中だけなら歩いてゆけたが、そのうち隣の村から注文がくるようになると、ボクの出番がやってきた。小学校五、六年とはいっても唯一の男手であるボクが、母を自転車の荷台に乗せて近隣の村へこいでゆくのである。「奥さん、お礼は？」と聞かれると、母は「お礼なんて結構です」と答えるのが常だったが、農家の場合必ずお米をもらえる。これが母の狙いであった。

あるとき農家で撮影後、「台所で悪いけど、ご飯を食べていって」と言われた。あのとき食べた白米のご飯の味は、一生忘れないだろう。おそらく長い間米の飯を食っていなかったからなのだろうが、とにかく米の甘さ、うまさに酔いしれた。五杯だか六杯だか、夢中で食べた記憶がある。

帰途荷台の母に「ご飯、おいしかったねぇ、お母さん」と言うと、「うん、でも帰って姉さんたちに言うんじゃないよ。可哀そうだから」という声が返ってきた。母はやさしい女性であった。

こうしてかせいだ米を、母は家ではなかなか食べさせてくれなかった。もっと悪い日がくる、と信じていたようだ。ボクは穀象虫《こくぞうむし》をとり除く作業をしながら、どうせ虫に食われるならと母に頼んだが、母は決して首を縦には振らなかった。母は正しかった。一九四七年（昭和二二年）ようやく東京に帰ったボクたちが、初めて食べられたご飯は、あのころためていた古米だったのである。

民主主義者としての原点

一九四五年（昭和二〇年）になると戦局はますます悪化し、主食はほとんどカボチャかサツマイモという状況になった。東シナ海の制海権をとっくに失っていたわが国には、砂糖というものがなくなっていた（ごく一部の特権階級を除いて）。したがってイモやカボチャはそれ自体に甘味があるので、ただ茹でたり、ふかしたりするだけで食べられる貴重な食物であったのである。ただし当時のサツマイモは農林一号と呼ばれたものを筆頭に、なるべく皮や筋を少なくして実を多くしたものだったので、現在のような美味なものではなかった。カボチャだってひき肉などと一緒に煮て副食として食べればおいしいだろうが、ただ茹でたものを主食として食わされては数日後にはノドを通らなくなる。あとはうどん粉のだんごを汁に入れた「すいとん」である。この三つのうち、カボチャとすいとんは、少なくとも戦後四十年以上、ボクは食べられなかった（前出の同級生の笹本登貴夫は今もって食えないと言っていた）。

新婚当時何も知らぬ戦後生まれの女房が、いそいそとつくったカボチャの煮物を見て、「オレにカボチャを食わそうとするナ」と言ったのはボクの理不尽だが、ついカッとなってしまうほどの恨みがこの瓜科の植物にはあったのである。今は結構食べている。ベータカロチンが体に良いと医者もすすめるので、煮たり焼いたりスープにしたりすれば食べる。ただし茹でたのはダメだ。それにすいとんはいけない。一度トライしたが、あのニチャッとした感触は一瞬にしてボクを五十数年前にひきもどす。食べなきゃダメよと母に言われ、目をつぶって呑みこんだ苦しい思いが返ってきてしまう。

毎晩のようにどこかで空襲があった。西のほうが明るくなるので、東京や横浜が焼けているのがわかった。しかしその夜は特別であった。夜中になっても西の空は真昼のように明るく、一向に元に戻らなかった。父の安否を気づかって母は一睡もしなかったようだ。三日後すすだらけで、真っ赤な眼をして帰宅した父を見て、母は泣いた。うれし涙だった。九十四歳まで生きたのだから父は強運をもっていたのだろうが、それればかりでなく冷静な状況判断のできる男であったと思う。

父母は同じ墨田区で関東大震災にあっている。最寄りの大きな広場は現在東京都慰霊堂になっている陸軍の被服廠《ひふくしょう》跡である。そこへ行こうという近所の人に父は、皆が行くだろうから危険だと言って母を連れて上野の山に逃げて九死に一生を得た（これは母がよくした父の自慢話だったのでボクたち子供は皆知っていた）。今度の父はその慰霊堂（当時は震災記念館といった）へ避難して難を免れた。「下町の人間はエンギをかつぐ人が多い。誰もヒフクショウには行くまいと思ってね」と父は言った。どうやらこの男は、ボクより大分頭が良かったらしい。

父の予想は見事に当たった。大正一二年の関東大震災時には何万人という人が集まり、その荷物に火がついて大惨事となった慰霊堂には、数えるほどしか人がいなかったという。こうして十万人もの非戦闘員が焼き殺された一九四五年三月十日、父はまんじりともせず一夜を過ごした。ボクはのちにこの慰霊堂に隣接する中学に入ることになるが、あるとき堂内の広い空き地に立ってあの夜の父の姿を想像したことがある。西に隅田川を背負い、高い樹木に囲まれたこの慰霊堂に集まった数少ない人たちは迫ってくる猛火がここまで及ばぬことを必死に祈ったことだろう。もしかすると大震災の犠牲者の霊が守ってくれたのかもしれない。気がつくとボクは、堂に向かって深く頭を垂れていた。

夜が明けると父は、小岩にある祖父の家（前述した工場脇に父が隠居所として建てた）に向かって歩いていた。もちろん火は随所で燃えくすぶり、犠牲者の遺体をよけて歩くような状態であったという。橋を渡るたびに、川の中に無数の遺体が浮かんでいた。不眠と空腹による疲労と、人肉の焼ける異臭の中で父は何回も倒れそうになったが、信じられないことが起きる。錦糸町を過ぎたあたりで、道端にまったく新しい自転車が横になっていた。周りは一面焼け野原、人っ子一人いない。三百六十度見廻した父は、ひりひりに渇いたノドをふりしぼって人を呼んでみた。もちろん答えはない。これは天の助けかもしれぬと父はその自転車に乗って小岩にたどり着いたという。真新しいというのが奇怪である。この自転車は戦後しばらく家にあった。家中のものがなんとなく大事に扱っていたように思う。

今から思えば、小岩の祖父宅で二泊し、総武線が復旧するのを待って疎開先の横芝へ帰宅した父の両眼が真っ赤だったのは凄いことである。戦災の余燼《よじん》の中を歩いていた父は、異常な興奮状態とサバイバルにかける気力のために、知らぬうちに眼を焼かれていたらしい。

ボクは広島・長崎の蔭にかくれて、この三月十日の東京大空襲が（特に海外で）過小評価されているような気がしてならなかった。ところが後年、オーストラリアの新聞で、ある女性記者が「われわれはヒロシマ・ナガサキの悲劇は知っていたが、三月十日に東京下町の非戦闘市民が十万人も焼殺された事実は知らなかった。もっと勉強しなければ……」と書いていた記事を読んで感動した。もちろん敗戦国が海外に被害を喧伝《けんでん》できるわけもなかったろうが、ただ冷静に事実を伝えることはできる。特に次の世代に伝えつづけるべきである。

終戦五十周年の一九九五年、原爆投下の正当性がアメリカで随分議論されたが、ボクは三月十日で日本は敗けていたと思う。この時点で降伏していたら、広島・長崎の悲劇はなかったのだが……。

一九四五年（昭和二〇年）八月十五日、夏休みの最中のはずなのにあの日はなぜか学校へ行った。小学校六年の同級だった笹本登貴夫にも確かめたのだから間違いない。ただなぜ登校したかについては笹本君も、「どうしてだろうね？」と憶えていなかった。これは推論だが、校長から「陛下の玉音放送があるから正午には家にいるように」と言われに行ったのかもしれない。とにかく当時はすでに先生の数も少なく、小学生も農家の手伝いをさせられたり、松根《しょうこん》掘りに動員されたりしていた（松の根を掘ると樹脂がつまっている茎が出てくる。この油を動力に使おうとしていたらしい）。

とにかくボクは遊びながら帰路につくと、家の隣の越川ラジオ店の前に人だかりができている。商売柄やや大き目のラジオから何か聞こえていて、人々は皆頭《こうべ》を垂れていた。「どうしたの？　ねぇ何かあったの？」と聞くボクに、前にいたおじさんは恐い顔をして言った。

「うるさいな、敗けたんだよ」

「え、敗けた？　何が敗けたの？」

「うるさいな、戦争だよ。戦争に敗けたんだ」

「うそ！　うそだい」

「うそだと思うなら、家に帰って親に聞きな」

ボクはなぜか泣きながら家に入ると、家族がラジオの前に座っていた。ただひとつ違ったのは、父は恐い顔でなく、晴れ晴れとした顔をしていたことだ。

「やっと終わった。これでなんとか殺されずに済んだ」

「うそだ、うそだい」

「うそなもんか。お前の大好きな天皇陛下がそう言ってるんだ」

そのよく聞きとれないラジオの声の主は、まさしく昭和天皇であった。前にも書いたがボクは、口を開けばこの戦争は敗ける、早く終えたほうが良いと言う父が好きではなかった。本気で憎んだこともあった。しかし、もし不滅と教わった神国日本が本当に鬼畜米英に敗けたとしたら……。

ボクの頭は混乱した。しばらくは虚脱状態だった。しかし立ち直りが比較的早かったのは、やはり父の存在であった。父は東京を焼け出されてからは毎日釣りばかりしていた。ボクもよく一緒に行ったが、敗戦後は釣り糸を垂れながらボクの質問にひとつひとつ答えてくれた。

幸い九月になってもほとんど授業がなかった。だいいち教科書がないのである。ボクは毎日のように釣りにゆき、父の話を聞いた。そしてあの戦争がいかに無謀で、ボクたちの教わったことが間違いだったかを悟った。価値観の百八十度転換というのは、ある特定の時代に生まれないと起こらないことだろう。ボクには起こった。これがボクをして戦後民主主義者として生きさせている原点である。

昭和九年会

一九四六年（昭和二一年）四月、ボクは横芝小学校から受験して合格した十三人の一人として、千葉県立成東《なるとう》中学に晴れて入学した。一緒に入学した笹本登貴夫によると、百人以上受けたそうだから、かなりの難関だったようだ。戦争が終わって半年以上経っていたが、われわれは旧制中学の一年生であった。つくづくボクらは妙な年に生まれたと思う。一九三三年四月から三四年の三月までの一年間に生まれたボクらの同期生は、尋常小学校に入れば一年で国民学校に変わり、また旧制中学を一年やって二年からは新制中学に編入されるのである。この時点ではよくわからなかったが、ずっとあとになってそれを感じさせられることになる。

読者の中にも憶えておられる方がいようが、今から三十年ほど前に、芸能界に「昭和九年会」なるものができた。今でも月一回会合をもち、チャリティー・ゴルフを行ったりもしている。この会の第一回会合は数十人のメンバーが集まって盛大に行われたが、若いころの話になるとどうもチグハグであった。その後月一回の飲み会などをやるうちに、その理由がハッキリしてきた。つまり、長門裕之やボクたち早生まれ組は前述の一九四〇年尋常小学校入学の少数派であり、坂上二郎、愛川欽也らの遅生まれ組の多数派は翌四一年に国民学校に入っていたのである。したがってわれわれは「サイタ、サイタ、サクラガサイタ」で始まる教科書で習っているのに対し、彼らは「アカイ、アカイ、アサヒアサヒ」であったらしい。これが中学になるともっと違ってくる。話が合わないのは当然であろう。あれほど盛大にスタートしたこの会がだんだん尻すぼみになってしまった理由のひとつは、どうやらこの辺にあったのではないかとボクは思っている。

とにかくボクたち早生まれ組は多くの昭和八年生まれの少年たちとともに、横芝駅から総武本線の上り列車に乗って、ふた駅先の成東まで毎朝通った。この通学列車はすさまじい混雑であった。学生で混んでいるのではない。当時「カツギ屋」と呼ばれた、食料買い出しの大人たちによってである。生活がかかっている彼らと、イモやカボチャ腹の中学生では勝敗は明らかだ。ボクは少なくとも座席に座った記憶がない。大体は連結器かデッキにしがみついていた。石炭車の上に乗ったこともある。笹本君に聞いたら、彼はなんと機関車の正面にうしろ向きにしがみついたこともあるという。

通学風景はこんなによく憶えているのに、この一年学校で何を習ったかはまったく記憶にない。何人かに一冊配られた教科書は、ほとんど墨で塗りつぶされていた。先生はおじいさんばかりで、皆とまどっていたようだ。昨日まで鬼畜米英とか八紘一宇とか皇民教育をほどこしていた先生に、民主教育を望むほうが無理であった。唯一ハッキリものを言ったのは、ＧＨＱ（駐留してきた連合軍総司令部）から派遣されてきたアメリカ人である。土足でずかずかと教壇に上がってきたこの白人は、英語でペラペラと演説をはじめた。それを随行の通訳の日本人が、「民主主義とは……」などと逐《ちく》次《じ》訳してわれわれに伝えるのだ。笹本君は、この男が一丁前に講義するように話すのに大いに反感を覚えたそうだが、ボクはすでに父のおかげで価値観を百八十度転換させていたから、比較的冷静に受けとめていた。民主主義という言葉を好きになっていた。

あとのことはほとんど憶えていない。朝と比較して空いていることの多い帰りの汽車の窓から、途中に見える松尾高女の校庭にいる女学生に声をかけたこと（聞こえなかったろうが）くらいである。あとは敵性スポーツとして禁止されていた野球ができるようになったことだろう。とはいっても道具がない。木をけずってヤスリで磨いてバットをつくり、母に頼んでボロをつめた布製のグローブ（当時はグラブのことをそう呼んでいた）をつくってもらった。最大の悩みはボールであった。誰かの家に残っていた戦前のボールはすぐ割れてしまった。その後は皆で縫ってつくるのだが、真円《しんえん》にできるわけもない。そのうえすぐに中身が出てしまう。それでも夢中で三角ベースの野球をした。

一方父は依然として、毎日釣りばかりしていた。虚脱状態であったのか、タイミングを計っていたのか子供のボクにはわからなかった。母はいらいらしていたようだ。十何代つづいたチャキチャキの江戸っ子の母は、田舎の生活には飽き飽きしていたはずだ。戦争中は子供たちのために必死になって我慢してきたが、今や帰ろうと思えば帰れるのだ。折を見ては父に「いつ帰るんですか」とたずねていたが、父はいつも生返事しかしなかった。

一九四六年も暖かくなってからだったと思う。あまりしつこくたずねる母に、父はついに「うるさい！」と言って砥石《といし》を投げた。母に当たりはしなかったが、のちに母は「お父さんと結婚して二十何年、一度も叱られたことがなかった。あの一回が口惜しい」と言っていた。仲の良い夫婦であった。父はしかし、その事件以来やっと帰京を考え出したらしい。その年の秋には次姉の洋子をつれて上京し、両国の焼け跡に小屋を建てて住み出した。ところがそれは正確に戦前の家の場所ではなく、その一軒おいて隣の土地であった。戦前の家は借地であったが、父が出てこないので、地主は買いにきた三橋さんという人に売ってしまったのだそうだ。そこへ父が現れたのだから、普通はもめるところだが、「じゃあ大橋さんは隣の角地でいいですね」でまとまってしまったという。今では考えられない話である。

第二章　俳号「巨泉」誕生

ジャズとの出会い

ボクが再び東京の土を踏んだのは、明けて一九四七年（昭和二二年）になってからである。質素だがそれなりの家が建っており、横芝の家や土地は売ってしまった。父は一万円で買ったものをこの時代に一万円で売ったと自慢していたが、家は自分が建てたのだから、やはり損をしたのではないかとボクは思っている。

さて東京の中学に入るのであるが、家族もボクも当然「三中」だと考えていた。「三中」とは戦前からの府立三中（現両国高校）で、錦糸町《きんしちょう》駅に近いが両国のわが家からでも徒歩十五分くらいのところにある。子供のころから、あの辺では出来の良い子は皆三中に行くことになっていたようで、ボクも漠然と「三中―早稲田」と考えていた（祖父も父も早稲田ファンで、戦前何回も早慶戦につれてゆかれた記憶がある）。小学校ではずっと級長か副級長でトップスリーくらいにはいたから、ごく自然に「三中」に編入試験を受けに行った。

忘れもしない小雪のちらつく寒い日だった。二月の中旬であろう。憧れの「三中」の教室に入ったボクは愕然《がくぜん》とした。窓には板や紙が張られていて、すきま風が容赦なく入ってきた。旧式のストーブがひとつあったが、指はかじかんで鉛筆を握るのもままならない。壁や天井には、何やら脂のようなものが焦げついている。実は四五年三月の東京大空襲のとき、この学校には多くの人が逃げこんだそうだ。そしてそのまま焼死した人が大多数だったという。この話は前もって父から聞かされていた。父はこの名門公立中学より、設備の整った私立中をすすめたのだが、ボクには「三中」の夢のほうが大きかったのだ。しかし寒さが夢を破った。家に帰ったボクは、父に「やっぱりポン中に行く」と告げた。

ポン中とは、わが母校である日大一中のことである。両国駅の裏手、都立慰霊堂の隣にあるこの学校を、ボクらはこう呼んでいた。今や指折りの人気校であるが、戦前の両国界隈では「できる子は三中、できない子はポン中」のように言われていたようだ。父はニヤッと笑って、「そうだろう」と言った。ボクが「試験はいつ？」と聞くと、「試験なんかいらないよ。明日、酒一升もって校長に頼んでくるから」と答えた。かくしてボクは、一九四七年四月、日大一中に新制中学二年生として編入されたのである。

学校は家から徒歩で七、八分のところにあるのに、よく遅刻した。横芝では三十分以上歩いて小学校に通い、汽車で中学に行ったのにほとんど遅刻などしたことはなかった。今になってみると理由がよくわかる。横芝の朝は、子供の通学が中心であった。寝ていれば起こされた。両国では皆、家業の復興に専心していた。寝坊も看過されがちだった。ボクは戦後を楽しんでいた。

やはり「帰ってきた！」という思いが強かった。東京の下町——それはボクが所属すべきところであった。みんなが商売をしていて、人情があった。ぐずぐずしない、ねちねちしない、ハッキリ物を言う。今もってボクの人生を律しているのは、この下町コードである。果たして今でも東京にあのような下町が存在するかどうかは知らない。ただ、あそこは間違いなくボクの故郷であった。そして一九五六年に両国の家を出たとき、ボクは故郷のない人間になってしまったと思っている。

新制中学の二年間は楽しかった。日大一中の窓には全部ガラスが入っており、夢の

「三中」とは比較にならなかった。教科書もそろっており、戦前にはなかった「社会」や「英語」もあった。勉強もよくできたし、友達もできた。特に青木繁夫と稲垣浩志という二人の同級生とは親友となり、よく学びよく遊んだ（青木は残念ながら他界したが、稲垣は健在である）。

室内の遊びでは素人初段だったという祖父の影響で幼時からよく将棋を指した。しかし青木君はボクより強く、大体三番に一番しか勝てなかった。麻雀もできた。これは横芝時代、出征した兄から麻雀牌《パイ》を預かっていた友だちの家で憶えたもので、東京へ帰ってからも近所の年上の子の家でときどき卓を囲んだ。いわゆる「アルシーアル」といわれる基本ルールによるもので、ドラもリーチもなかった。俳句も好きだった。ボクはつい先日まで、この時期に俳句を始めたと思っていたが、どうやらもっと以前から句作をしていたらしい。というのもたびたび登場する笹本登貴夫君には、こんな記憶があるという。

横芝小学校の六年のときというから、終戦の年一九四五年である。学校で作文の宿題があり、ボクの作文が優秀作として先生から披露されたのだそうだ（ボクはまったく憶えていない）。すると作文の最後に俳句がひとつ添えられており、笹本君は「やっぱり都会の子はセンスが違う」とひどく印象に残っているという。そしてボクが帰京して笹本君が最初に受け取った年賀状（つまり一九四八年正月）にも、一句ついていたという。

ボクの俳句熱に拍車をかけたのは、近所にいた安川さんというメリヤス屋さんで、この人は摑雲《かくうん》という俳号をもつ俳人であった。ホトトギス系の「山彦」という雑誌の同人であり、あるとき（四九年になっていたと思う）友人に連れられて安川宅で行われた俳句会に出た。その席上ボクがつくった、

春の雨ひねもす降りぬ日曜日

という句が先生にホメられたのだ。「日曜日」がよく利いているという。これで「オレにもできる！」と思ったらしい。しかしこの句の作者はまだ「大橋克己」とある。のちに芸名にまでなった「巨泉」という俳号はまだ見られない。

ボクの最初の職業はジャズ評論であるが、ジャズとの関わりは終戦直後だったようだ。疎開していた横芝の家の押し入れに、古い毛布にくるまれた包みがあった。家族の話では、出征した叔父（父の弟）の持ちもので、中身はレコードだという。敵性音楽なので本当は割るか、聞けないように傷つけなければならないのだが、叔父のために隠してあるという話も聞いた。戦争が終わってしばらくして、ボクはこの包みを開

けてみた。中には二十枚ほどの78回転のSPレコードが入っていたが、少なくとも何枚かはタイトルを憶えている。

今から考えるとジャズといえるものは少なかったと思う。ベニー・グッドマンとトミー・ドーシーのビクター盤くらいで、あとはアンドレ・コステラネッツとか、バルナバス・フォン・ゲッツィとか、灰田勝彦《はいだかつひこ》のハワイアンまで含まれていた。要するに軽音楽と呼ばれていた洋楽盤で、ジャズ、タンゴ、ハワイアン、ダンス音楽と種々雑多であった。しかしそれまで軍歌ばかりの中で育ってきたボクには、実に新鮮な響きを与えてくれた。これまた押し入れの隅で埃《ほこり》をかぶっていた旧式の手廻し蓄音機（レコード・プレイヤーのことです）から流れる音を、ボクは飽きずに聞いていた。

若い読者には想像もつかないかもしれないが、戦前の蓄音機は鉄製の針が用いられていた。ところが戦時中、すべての金属は武器にするために供出を強いられた。レコード針も例外ではなかったのだ（これでアメリカ相手に勝てると信じていたとすれば狂気の沙汰という他ない）。したがってボクが聞いたレコードの音は、竹の針によって再生されていたので、オリジナルとは相当へだたりのあるサウンドだったはずだが、それでも実に新鮮に響いたらしい。その証拠に、帰京するトラックに積まれた家具の中に、これらのレコードは再び毛布にくるまれ、さらに布団の中に大事にしまわれてあった。

東京に帰ってから鉄製の針で聞くにつれ、ボクは次第にタンゴやハワイアンより、スウィングするジャズに惹かれてゆくのを感じた。もっとレコードが欲しかったが、買う金がない。そこに強い味方が現れた。当時WVTRと呼ばれていた進駐軍相手のラジオ放送である（のちにAFRS、さらにFEN、AFNに呼称が変わった）。ボクはヒマを見つけてはラジオのダイアルを廻して、この放送を探しては耳を傾けた。そのうち、大体何時ごろ音楽をやるのかわかってきた。特に土曜日に何か特別な番組をやっていることを探し当てた。こうなるとアナウンサーの言っていることを理解したいという欲望が強まる。英語の専門学校で勉強してみよう。この考えがボクの頭に生まれたのは、高校生になってからであるが……。

五冊の古びた日記帳

一九四九年（昭和二四年）四月、ボクは日大一中から日大一高に自動的に進学し、晴れて高校生となった。今まで触れなかったが、この学校は男子校である。したがってボクには男女共学の経験がない。また学校給食の恩恵にもあずかっていない。したがって女房を含めた多くの団塊の世代が、給食の脱脂粉乳によって牛乳嫌いになったことが理解できない。どんなミルクであれ、ミルクを飲めれば大変な贅沢という時代にティーン・エイジを過ごしたのである。

ボクは現在七十歳、身長百七十六センチ（大学時代の計測より二センチ縮んだ？）、体重七十八キロ、甚《はなは》だ健康である。新しい道具のおかげで今もってドライバーは250ヤード飛ぶし、三日や四日続けてゴルフをするスタミナもある。ゴルフをしない日も散歩をして一万歩は歩くようにしているし、毎日ストレッチ体操や腹筋、背筋のトレーニングを欠かさない。こんな健康な肉体を与えてくれた両親に感謝すべきだと思うが、最近別の考えも頭をもたげてきた。

たいへん病弱な幼児だったボクを頑健な青年にしたものは他にもあるのではないかと考えるようになったのだ。それは他ならぬ、長い間思い出すのも忌まわしいと思っていたあの戦時中から戦後にかけての苦い思春期の生活だったのである。この時期（一九四四年から四七年まで）、ボクはほとんど白米というものを食べていない。獣肉も口にしていない。バターもチーズも、ハムもソーセージもなかった。食べていたのは釣ってきた新鮮な魚、自家栽培の無農薬の野菜、ベータカロチン豊富なカボチャやサツマイモ、それに麦や雑穀（ビタミンEやAの宝庫）が主食であった。小魚は骨ごと、手長エビは殻ごと食べたし、天日で乾したイナゴもよく食べた。これらはカルシウムのかたまりである。考えてみれば、これはほとんど現代の先進工業国で盛んにすすめられている健康食そのものではないか。

そのうえやたら歩いた。横芝国民小学校は家から二キロ離れており、毎日往復徒歩である。テレビもファミコンもないから、毎日外で遊んだ。家の畑仕事も手伝わされた。成東中学でも毎日、上り坂を歩いて通った。帰京してからも徒歩通学である。学校から浅草へ遊びにゆくのも、蔵前橋を渡って歩いていった。高校二年生のとき復員していた叔父が加わるまで（もちろん加わったあともだが）、ボクは父の唯一の従業員だった。後で詳しく書くが、毎日のように自転車で、仕入れ、配達、集金と東京中を廻った。当時はイヤで仕方がなかったが、今にして思えば、これが現在の健康の元なのである。

そうなると、現代において養殖された魚や獣肉を食い、農薬で栽培された穀類や野菜漬けの子供たち、しかも電車や自動車で通学している青少年の将来はそれほど明るくないのかもしれぬ。ボクは今では「あの時代」に感謝している。

今ボクの眼の前には、五冊の古びた日記帳がある。一九五〇年から五四年までの五年間、ボクはずっと日記をつけていた——と思っていた。ところが、この原稿を書くために読み返してみると、本当は四八年からつけていたことがわかった。つまり中学三年からつけ始めたということになる。そして四八年は大学ノートに日記を書き、四九年度は学生日記という日記簿を買ってつけたと五一年の日記に書いてある。ということは、四八、四九年分の二冊は紛失してしまったということになる。この間ボクは十回以上引っ越しをしているし、離婚も経験しているので、五冊でも現存しているのはラッキーというべきかもしれぬ。

この日記が面白い。読み出したら止まらなくなった。ボクの思春期から青春時代のまったく偽らざる告白がつまっているのだ。戦後の一少年の記録としても貴重かもしれない。したがってボクの高校、大学生活の模様は、これらの日記をもとにして書いてゆくつもりだが、まずは日記以前の重要事項について書いておきたい。

父は帰京してすぐ「大橋武治商店」を復活させたが、カメラの小売りやDPE（現像、焼き付け、引き伸ばし）にはあまり熱心ではなかった。それもそうだろう。一九四七年といえば皆食うことばかり考えていた時代で、カメラなど買う余裕はなかったし、DPEだって少なかった。もともと父の夢はカメラの製造であり、その手始めにフィルターやフードなどカメラのアクセサリーの製造を始めた（カメラ製造の資本はなかったのだろう）。これは好評で、どんどん売れた。復興による国内の需要ばかりでなく、輸出の下請けにもなった。こうなると店はあまり必要でなくなる。そのうえ手薄になった店には泥棒が入りやすくなった。二度目の盗難で父は小売店を止めると宣言した。

それを受けて母は、表通りの店がもったいないから私に何か商売をやらせてくださいと父に頼んだ。母はとにかく働き者で、じっとしているのが嫌いな性格なのである。その結果できたのが、現在でも次姉の洋子が引きついで営業している「おしゃれの店」だ。化粧品や洋品を商う店で、今でいうブティックのようなものだが、小規模から始めて徐々に拡張し、ついには父の店の大半を使うまでになった。これには少々因縁話があって、日本橋横山町の大問屋「海渡《かいと》」の先代社長が生まれたとき母上の乳が出ず、乳の豊富だった母が授乳したのだそうだ。そんな縁で海渡さんには随分助けてもらったようだ。この店がスタートしたのが一九四九年、ボクが高校生になった年である。

高校に入学しても、それほどの喜びや感慨はなかった。それより親友だった青木が家庭の事情で進学できず、稲垣は転校したので、むしろ淋しさが先立っていたように思う。

あのころの日本は、まだ復興途上で、下町の自営業者の多くは、安い労働力として自分の子供の中学卒業を首を長くして待っていたのだ。青木は勉強はできたし、進学の希望をもっていたと思うが、時代が許さなかった。戦前ほど裕福ではなかったが、曲がりなりにも進学できたボクはラッキーなほうであった。それなのに、進学して一年も経っていない翌五〇年の日記には、すでに学校生活への疑問が記されている。五〇年二月十三日（まだ高二）にはこう書いてある。

〈僕は一体何が面白くて、学校へ通っているのだろう。否何の為に通学しているのだろう。僕は毎日の学校生活で得る所は甚だ少ない。では何で毎日貴重な時間を、のんべんだらりと費やしているのだろう。それは簡単である。僕は高校卒という名目に未練をもっているのだ。名利につかわれているのだ。悲しい浅薄な事だ。と思い勿《なが》らも止められない弱さ……。（中略）成人して何かという時に高卒でないと困るだろう。という事だ。就職にも何にも独学ではという事だ。これ以上の理由はない。嗚呼、如何にせんやだ〉

この日をはじめ、この年いっぱい退学志向がつづいているのだが、その理由は三つあったように思う。第一は家業が忙しく、しかも当時はいわゆる三ちゃん商業で、ボクは父につぐ従業員であった。カメラのアクセサリーを鋳物《いもの》屋へ取りにゆき、それをメッキ屋に届ける。メッキができると、ネームの彫刻屋、ネームが入ると家で墨を入れる。組み立てと包装が終わると各カメラ問屋に配達である。ある日の日記には、仕事か学業かどちらかを捨てないと体がもたない、と書いてあるくらいだからかなりのハードワークだった。

第二は生まれついての理数嫌いが原因である。とにかく文系はできるのだが、理数系はまったく弱い。しかも自分の将来に理数は必要ないと断じていたから、（今から思うと笑止だが）「時間がもったいない」などと考えてしまう。

三番目はやはり、「三中」に比べて学校のレベルが低かったのだと考えられる。当時の日大一高といえば、有名なのは「喧嘩が強い」ことくらいで、何しろのちにボクが〝創立以来初めての早大合格者〟と言われたくらいだからレベルがわかろうというものだ。バンカラな男子校で、休み時間に教室で読書でもしていようものなら、白墨のカケラが飛んできたり、頭から外套《がいとう》を被せられてボカスカ殴られたり、となる。「貴重な時間」を浪費したくないと、ボクは考えたのだろう。

「巨泉」の由来

高校生活に疑問を感じながらも、他の面でボクは十分にティーン・エイジを楽しんでいた。まず中学時代から続けていた俳句は、ますます熱心になり、一九五〇年春には「巨泉」という俳号を名乗っている。これはアイデアが尽きないように「泉」をイメージし、より大きな泉には熱烈な巨人ファンであったボクには「巨」の字がぴったりであった。この俳号はそのままジャズ評論や放送台本のペンネームとなり、さらにテレビ・タレントとしての芸名？にまでなった。よくボクに対する悪口として、体や声もでかいが、態度や名前まででかいというのを聞いたことがあるが、事実はこの名前は少年が一人で考えたものである。

巨人といえば、多くの下町の家がそうであったように、戦前から大橋家では「野球は早稲田と巨人」であった。今の若い人には想像もつくまいが、戦前の人気リーグは断トツで東京六大学、プロ野球は職業野球といわれまったくマイナーだったのだが、野球好きの祖父や父はそれさえも見に行ったらしい。ただしボクの記憶には満員の神宮球場しかない。早慶戦のときなど迷子になるからと溲瓶《しびん》をもってゆき、スタンドでおしっこをさせられるのがイヤで仕方がなかった。

東京へ帰ってからも野球熱は上がる一方で、学校では「シールズ」、町内では「ピジョン」という名の草野球ティームに属していた。大体投手か内野手で、打撃は軽打と盗塁が得意であった。日記によるといつも三割を打っていたので次第に自信をつけ、のちに野球部にまで入ったが、硬球になるといまいちで、ついに補欠の域を出なかった。

観戦のほうはテレビのなかった時代だから、野球を見るには球場へ行くしかない。したがってチョイスをしている余裕などない。大学、都市対抗、プロ野球、とにかく切符をもらえば何でも見にいった。一九五〇年七月十一日には、父と青木君と三人で、後楽園へセ・リーグ初のナイターを見にいった様が日記に書かれている。

それによれば一昨年（一九四八年）、ステート・サイド・パーク（進駐軍専用の球場か？）で巨人対東映の一戦を見たことがあるが、今回のはライトがはるかに明るく、まるで天然色映画（死語でしょうが白黒映画のほうが多かったのです）のようだと驚嘆している。ところが第一試合（西日本4対1広島）終了後、一斉にライトが消え場内が騒然となった。トランスがオーバーヒートしてしまったらしい。お目当ての第二試合は、松竹ロビンスが4対2でジャイアンツを破り、九・五ゲーム差で首位独走とある。岩本20号、小鶴29号と往年のスラッガーの名前が書いてあるのが懐かしい。そしてトランス焼けで五十分闇の中で待たせたので、この切符でもう一試合見られることになったと大喜びしている。古き良き時代ではあった。

俳句と野球以外で、高校時代に熱中したものに、歌舞伎がある。ボクの両親は大変な歌舞伎好きで、戦前はボクもよく連れていかれたそうだが、まったく憶えていない。実は親戚に清元《きよもと》だか長唄だかのプロがいて、その人の紹介で新しいもの好きの六代目（尾上菊五郎）のカメラを父が輸入してやったとかいう話がある。とにかく両親とも六代目の大ファンであり、すべては彼が基準であった。

　ボクが観るようになった一九五〇年には、すでに菊五郎はこの世を去っていて、中村吉右衛門、市川猿之助が中心の時代になっていた。時蔵《ときぞう》、梅幸《ばいこう》、松緑《しょうろく》、海老蔵《えびぞう》（のちの團十郎《だんじゅうろう》）、芝翫《しかん》（のちの歌右衛門）らが人気の中心で、ボクはすぐに芝翫の美しさに魅せられ、彼のファンになった。音羽屋《おとわや》ファンの父母は、鼻にかかった口跡（声）が悪く、梅幸のほうが上と言ったが、ボクは成駒屋《なりこまや》ファンであった。

　最初は両親や姉たちのお伴で行ったのだが、次第にのめり込んで、のちには貴重な小遣いをはたいて自ら切符を買って行くようになった。出しものでは圧倒的に世話物が好きで、特に黙阿弥《もくあみ》の作品に惹かれた。父は河竹《かわたけ》黙阿弥全集をもっており、これを読んでセリフを憶えて出かけると興味は倍増したものである。

　あまり熱心に憶えたので、今でも『三人吉三』や『髪結い新三』の厄落としのセリフが頭に入っていて、酔っぱらうとときどき口をついて出る。結婚して三十五年になる女房は、〝一度も歌舞伎など観ていないのに〟（すでに四十年以上観ていない）とアキレている。忘れようにも忘れられないように書かれているのだ。こうした懸詞《かけことば》による日本語の美しさは、すでに死んだも同然なのであろう。

ボクが惹かれたのは、実は歌舞伎そのものだけでなく、役者に投げられる大向こうからの掛け声もあった。最初は「音羽屋ッ」とか「高麗屋《こうらいや》ーッ」とか屋号を呼ぶだけかと思って聞いていたが、そのうちに実に絶妙なタイミングで声をかける人の存在に気がついた。その声で舞台が見事にしまるのである。歌舞伎のリズムには、その声も含まれているのではないか。父母に聞くと、それはプロの人たちで、「たちばな会」というのがあり、そのメンバーになれば木戸御免だという。

あるときボクはその人を追ってみた。その人は三階席の最後方に立っていて、良いタイミングで声をかける。ふと振り返るともういない。廊下に出てみると売店のおねえちゃんをからかったりしている。が、時が来るとドアを開け「ご両人！」てなことを叫ぶ。まさにぴったりのタイミング。ボクはしびれまくって「たちばな会」入りを真剣に考えたが、結局諦めてしまった。しかし声をかける癖は直らず、今でも森光子さんや浅丘ルリ子さんの舞台へ行くと、一発かましている。

退学を思いとどまらせた恩師の言葉

ボクの高校時代をひと言で表せば、「学術優秀、品行不方正」である。この中から

「不」を取ったものが秀才の表現に使われるが、ボクの品行にはいつも「不」がついていた。このことを端的に示す事件があった。

　ボクは高一の一学期から副級長であったが、九月になって二学期の選挙でも副級長であった。級長はともに小高君といって、とても真面目な少年である。ところが選挙後数日たったある日、ボクが尊敬していた前田治男先生からこんな話を聞いた。

「実は選挙では君のほうが小高より票が多かったのだが、ある先生が〝大橋は融通が利くから選ばれるのだからダメ〟ということで副級長になった」

　要するに、ボクがサボる奴らを出席にしてやるといったことが話題になっていたのだ。ボクは前から、やれ頭髪が長いの、帽子を被れだの、バッジをつけていないだのという形式的なことで生徒を罰しようとする学校のやり方に疑問を持っていたので、遅刻やサボリはなるべく目をつぶっていた(ボク自身よく遅刻した)。これが職員室で知られていたのだ。ボクはますます学校が嫌になり、ついに十月、父母に退学を申し出たのだが、来年の三月まではと握りつぶされてしまった。

　これほどやめたがっていた学校を続ける気になったのは、やはり尊敬する前田先生の説話であった。この先生は引き揚げ者で、当時学校の一部に住んでおられたように、家も家族もなかった。国語の先生だったが、物腰が柔らかく、生徒を殴るようなことは一切なかった(この男子校では体罰は常識だったが)。年も暮れようとしていた十二月八日、先生は五時限目の一時間を費やして、持論の励学説話《れいがく》の中で次のようなことを言った。

「この中には自分は今社会に出ても、立派にやってゆける、世の中は実力の世界だと思っている人がいるかもしれないが(ボクはすぐボクのことだなと思った)、それは大きな誤りである。実際の世の中で実力を豪語しても、それを人はその男のヒガミと取る。これは本当はいけないことなのだが、こう取られないためには学歴をもったうえで言えば人はヒガミとは取らない」

「学問はできるうちにしておくべきだ。親のスネはかじれるときにかじっておくもの。ボクのようにかじりたくても、かじるスネがない者は……」と言って言葉を切った。この瞬間に、ボクの方向は決まったと思った。「これは僕の胸を鋭く斬った」と日記にある。

その後、四十年以上たって、テレビ番組のおかげで再会できたのは、ボクにとって大きな喜びであった。テレビもたまには良いことをする。番組名は『あの人に逢いたい』であった。今回古い日記を読み返して、改めて教師は聖職だと思った。ボクの人生を変えたひと言だったかもしれない。

前田先生のひと言で進学が決定したが、だからといってボクは勉強に熱を入れたわけではなかった。むしろ高校二年から三年の秋までは、ほとんど勉強をしていない。文科系はなんとか地力？で切り抜け、理科系は主としてカンニングで点数を取っていたようだ。

ではなにをやっていたかというと、家業の手伝いと趣味のほうに精を出していたのだ。家業のほうは、朝鮮戦争景気で大いに盛り上がっていた。つくってもつくっても間に合わない有り様で、三ちゃん商業では手に負えなくなった。そこで父は、南方から復員してきた末弟をスタッフに加えた。例のレコードを置いていった叔父であるが、非常に寡黙な人で外廻りは向かない。ボクは外廻りが主であったが、当然家内工業も手伝わされる。ボクの七十年の人生で、最も忙しく働いたのは、タレントになりたての一九六〇年代中ごろとこの時期だったと思う。

外廻りは両国から、浅草、上野、御茶の水、神保町、銀座、新橋あたりを廻る。すべて自転車だからかなりの距離である。それでも退屈な家内工業より好きだった。というのはボクは自分で「野球ゲーム」を考案し、通りすぎる街並みにある看板の文字で「巨人・阪神戦」などをアナウンスしていた（中学の先輩に当たるＮＨＫの志村正順アナウンサーの口調でやっていた）。たとえば「ビルヂング」はホームラン、「サービス・ステーション」は三塁打、「ショップ」は二塁打などと決めてあった。すべて横文字の看板が該当する。週に何回も通るので、そのうちに次に何が来るかわかっている。巨人が打たれそうになると、あわてて路地に入ったりしたこともある。かと思うと突然新しい看板の店ができていて、意外な結果になったりする。今こんなことをやっていたら、すぐに車にハネられてしまうだろうが、この時代は車の数はまだまだ少なかった。

趣味のほうは、歌舞伎、俳句、ジャズ(まだポピュラー全般)、将棋、スポーツは野球、卓球にアイス・スケートが加わった。映画もよく見ている。日記によると、年間百本は見ていて、洋画が主でそれぞれに批評が書いてある。日本映画では『羅生門』(黒澤明監督)と『また逢う日まで』(今井正監督)を絶賛しており、特に後者は数回にわたって見ている。

またしきりに小説を書きたがっていて、俳句を通じて知り合った町内の青年にひきこまれ、同人雑誌「彗星」というのに加わった。今でもこのガリ版刷りの雑誌は十数冊残っている。短編小説らしきもの、「芭蕉の人生観」などという論文、俳句や詩も載せている。そのうちガリ版切りを押しつけられ、これにかかりきっていて仕事をしないと父母に叱られている。とにかく、じっとしていられない性格は、まったく変わっていない。

高校生最後の年一九五一年は、まず英語学校選びから始まった。前に書いたように、高校のくだらなさに嫌気がさして、退学を決意した理由も、家業を手伝いながら、英語学校へ通って英語力をつけるというものだった。このときは父は大賛成であった。もともと反戦論者でアメリカびいきだったし、自分の商売も輸出が増えて英語力が必要だった。ところが「せめて高校だけは出ておけ」と息子を説得しておきながら、放課後英語学校へゆくとなると労働力が減ってしまうので、良い返事をしなくなった。このへん父はジレンマに陥っていたと思う。しかし語学は若ければ若いほど有利という説に負けて、月、水、金の週三日ということで許可を出した。

ボクは御茶の水の文化学院の中に同居していた「アテネ・フランセ」を選んだ。名前はフランセだが当時フランス語を学ぼうという人は少なく、英語のクラスが圧倒的に多かった。ボクは初等科と中等科に同時入学したが、いちばん気に入ったのは教室内での会話はすべて英語、というこの学校のルールであった。初等科は日本人の先生であったが、中等科はレオポルド・マレスコという戦前から日本に住んでいる英国人の先生であった。当時はなんとも思わなかったが、名前からみてこの方は、ニック・ファルドやフランク・ノビロ（ともにプロゴルファー）と同じようにスペインの海賊がイギリスに住みついた子孫だったのだろう。

どんな質問も「先生、おしっこ」まで英語ということになると、引っ込み思案の多い日本人はつい尻ごみをしてしまう。先生に指名されない限り黙っている。そこへゆくとボクは、根が出しゃばりな母の血を全身に受けている。同じ月謝を払って黙っているのは損と、次々と手をあげては質問する。間違っていて直されてもまったくひるまない。ボクに言わせれば、間違っていて当たり前なのだ。間違わないようなら学校へゆく必要はない。間違えを直されて、初めて入学した意味があると信じているから、バンバン手をあげる。

こんなふうだから、たちまちクラスで目立つ存在になった。女子学生から放課後質問をうけたりして、もうボクはアテネに夢中になってしまった。三月十四日の日記には、教室で視線が合った女性からウィンクされたが、ボクの趣味ではないなどと書いてある。そして両方の教室に約百人いる女性の中で、ミスTとミスKという二人の名をあげ、この二人が好みだと言っている。いい気なものだが、自分でも後ろめたいらしく、「これが学生時代の楽しさのひとつかと思うと、いつかの退学問題などは忘却の彼方という所である。前田先生の意見が正しかった。考えに考えても、足りるという事はないのである」とも書いてある。これを現在の高校生諸君に捧げたいと思う。

淡い初恋

アテネ・フランセへは、高校の同級生の斉藤や石井と一緒に入学したのだが、まだ高校二年（すぐに三年になったが）だったので、当然最年少である。初等科でもそうなのだから、中等科にゆくと大学生や社会人が多く、皆二十歳以上に見えた。こうなると背のびをしたくなる。同じクラスの人（特に女性）に年を聞かれると、つい十七歳とは言いにくく、十九歳くらいのことを言ってしまう。ただし、後年ボクが年齢を多くサバを読んでいたと言われるようになるキッカケは、もっとあとに訪れる。早大に入ってからだが、何かの折に戸籍抄本を提出したところ「昭和九年」の九という字のインクがにじんでいたらしく、係の人が五と読んで「昭和五年」と書いてしまった。そのとき訂正してもらえば良かったのだが、内心「しめた！」と思ったボクはそのままにしておいた。それ以来、ボクは約二十年にわたって昭和五年生まれとして通すことになる。

高校三年の一年間は楽しかった。アイス・スケートを始めたが意外に才能があり、すぐにすべれるようになり、バックもマスターできた。当時品川に「スポーツ・センター」というリンクがあり、ここへは毎週のように行っている。

ジャズのほうは、毎週日曜日の朝の進駐軍放送（米時間は土曜夜）に、『ヒット・パレード』という番組があるのをつきとめ、万難を排してこれを聞いては順位を日記につけている。これはヒアリングの訓練にはもってこいで、今読んでみても（中にはスペルの間違っているものもあるが）なかなかよく取れている。「テネシー・ワルツ」や「トゥー・ヤング」「イフ」などのヒットソングが何週にもわたって第一位にいるのも懐かしい。レコードは数寄屋橋にあった「オスキ屋」という店に行っては買っている。日比谷公会堂などで行われ出した「ジャズ・コンサート」にライヴを聞きにゆくようにもなり、レイモンド・コンデとゲイ・セプテットのファンであったようだ。

悪いことと言えば喫煙を始めたことだ。酒はもっと若い年から飲んでいて、自分でもめったに酔わないと豪語していたが、煙草のほうは十七歳になって喫《す》い出《だ》している。全然うまくない、酒のほうが数等うまいと日記に書いてあるが、生意気ざかりで友達の手前火をつけてしまう。そして次第にニコチンの習慣性のとりこになっていった。

喫いはじめて半年ほど経った九月の日記にはもう、煙草をやめる決意が書いてある。煙草は健康にも悪いが、記憶力を減退させる。ボクはこれから英語をマスターしてアメリカに行くのだ。それには煙草は敵だ、と書いてある。また性欲を抑えて自慰行為をやめようとも書いてある。これも記憶に悪いそうだ。こちらのほうは問題なかった。あと数年で自然にしなくなった。ところが煙草のほうは、やめるのになんと二十年の歳月が必要だったのである。

高校時代もうひとつ熱中したのは演劇である。一年のときから演劇部に入っていたが、二年のときに演劇部の公演で『乞食と夢』に主演して好評であった。三年生になると演技だけにあき足らず、演出もするようになった。これはのちにボクが辿る道を考えると興味深い。ひょんなことから芸能界に入ったが、ボクは早くからドラマ（演技）は向かないと見切りをつけた。初期に二、三本ドラマに主演したし、映画にも一度出演したが、同じ演技を繰り返し要求されることには耐えられなかった。まったく自分のペースでできる司会業が性に合っていると思った。ボクの考えるテレビのホストというのは演出兼主演である。若いころから、ボクには演出のほうが合っていたようだ。

三年生の十一月に、小松川高校で演劇コンクールがあって、わが校も『乞食と夢』を出品することになった。十月に入ると午後の授業を免除され、連日練習にはげんだ。演出と主演を兼ねるボクは忙しく、家に帰るのも遅くなりがちで、父母と衝突することもしばしばであった。その甲斐もなく、われわれは入選を果たすことはできなかったが、この演劇を通じてボクは初恋らしきものを体験することになる。

彼女は同じ演劇部のボクの親友の女友達の妹で、小柄で可憐な高校二年生であった。実は彼女に会って「好きになりそうだ」と言った舌の根も乾かぬ翌日、小松川高校の演劇部の女生徒を見て「今まで会った女性で最高の美人」などと書いていて、なんとも浮気性だと告白している。しかしコンクールが終わってからは彼女に専心？するようになり、手紙を交換し出したが、すぐに父母に見つかり叱責された。ボクは親友に頼んで彼女の手紙を預かってもらい、彼を通して文通をつづけ、ついに彼女と観劇にゆくまでにこぎつけたのである。

今から考えると、いかに戦後とはいえ、あのころの家庭のしつけはまだまだ厳しかった。母などはまったくプラトニックな手紙を見て、「みだらな」という表現を使ったように思う。今は何もかも自由で、高校三年生がガールフレンドをつくっても、誰も反対しないだろうが、ボクは一概にどちらが良いとは言えないと考えている。理由は、「楽しみはなるべく後に残しておいたほうが良い」からである。いち早く青少年の恋を解禁したアメリカでは、同級生結婚が異常に多くなり、その結果世界最高？の離婚国となった。日本はそれを追いかけているような気がしてならない。今古い日記を読み返してみると、十代から二十代にかけての異性観なんて、単なるホルモン（リビドー）の命令である。

ボクの淡い初恋が消えたのは翌五二年の三月であった。もちろん手を握ったこともなかったが、理由は明白だった。ボクには彼女にかまっている時間がなかった。早大入試に必死だったのである。

大学生活への「絶望」

高校さえ中途退学すると言っていた息子が、突然大学受験を言い出したのだから、両親が驚いたのも当然である。ボクは前田先生の一言「親のスネはかじれるときにかじっておけ」を守って申し出たのだが、父母は返事を渋った。そこでボクは賭に出た。日大なら無試験で入れるが、それなら両親は反対するだろう。しかし、子供のころからの夢だった早稲田を受けると言ったら……。果たして父は、早稲田に受かったら認めると言った。本心は、この勉強もしない息子が高三の秋になってそんなことを言い出しても合格するわけがない、とタカをくっていたはずだ。しかも前に書いたように、高三の秋は演劇部の公演でほとんど時間をとられ、まったく勉強ができなかった。

日記によれば、ボクが入試のための勉強を始めたのは一九五二年の二月になってからである。なんと三月八日の入学試験まで一ヵ月しかなかった。目標だけは秋から立てていた。受験科目は英語、国語、日本史の三つに決めていた。英語はアテネ・フランセで実力を身につけつつあったが試験問題は別物で自信は半々であった。日本史は大好きで、これは八十点以上取る自信はあった。国語は範囲が広くて「絶望的」と日記にある。とにかく夢中で勉強した。あとにも先にも、これほどつめて勉強をしたことはない。家族も協力してくれて、二階の一室でひたすら丸暗記の日々が続いた。三月八日の英文科の試験は、忘れもしない小雪混じりの寒い日だった。英語七十、国語五十、日本史八十として、計二百点は取れたろう（三百点満点）と日記にある。十日の政経は国語はほとんどできなかったが、「英」、「史」だけで二百点と強気に書いてある。そして十二日の商学部はもう自信満々で、英語などは二時間の受験時間があるのにわずか十分で答案を出し、試験官をびっくりさせている。

結局三学部とも合格したのだが、やはり初めて自分の番号を見つけたときの喜びは、最大級の表現で日記に記されている。そして実は東京外語大も受けたのであるが、早稲田に受かったのでもう勉強をする気がなくなったと書いてある（外語は第二期校で試験は三月下旬であった）。母は当然商学部に入るものと思っていたらしく、ボクが政経を選ぶと理由を問うた。ボクは母の無知を利用して、商学よりも経済のほうが幅が広く、これからの輸出を考えると、こちらのほうが家業に貢献できると煙に巻いた。そして政経学部でもなんと新聞学科に入ったことを知ると、「だまされた」と言って怒った。しかしこのころすでに家業も安定し、叔父の他に従業員も入ったので、それほどの騒ぎにはならなかった。

今ここに早大新聞学科の入学式の写真があり、ボクがボードを持っている。別に特に理由はない。単に背が高かったからであろう。

希望にもえて入学した早稲田大学でボクを待っていたのは、「絶望」であった。理由は明白にボクの無知から出ている。すでに書いたとおり、ボクは高校三年生まで大学にゆく気はなかった。高校さえ中退して家業を継ごうと考えていたので、大学の授業の内容などまったく調べていなかったのだ。入試さえ受かれば、あとはジャーナリズムを勉強し、うまくすれば新聞記者にでもなって英語力を生かしてアメリカに行ける、くらいの気持ちであった。ところがいざ入学してみると、最初の二年間は教養科目として全員が取らなければならない授業がある。なんとその中には、ボクの忌み嫌う自然科学もあるではないか。まったくできない数学や物理を避けたとしても、化学か生物か、最低二科目は取らねばならない。

ボクは今もってこの「教養課程」なるシステムは不必要だと考えている。以前早大の奥島総長（当時）にお目にかかったときもそう申しあげた。総長もボクの意見を否定はしなかったが、一気に改めるとなるとなかなか容易にはゆかないらしい。ボクの意見では、一般教養課目は高校までで十分である。あとはそれぞれ特に学びたい課目にしぼれば良い。やりたくもない、将来必要もない、それに関して能力もない学問を、ただ点数を取るために勉強させるのはまったく時間の浪費だと信じている。ボクのような人間に数学を教えてなんの意義があるのか。逆に英語が嫌いな子に、ムリヤリに前置詞や冠詞を憶えさせてどうしようというのだろう。ボクは十年ほど前に、東京都の外国語教育問題懇談会の委員をおおせつかったが、ハッキリ「英語は選択科目にすべし」と申しあげた。賛成する委員も多く心強かったが、現在の硬直した官僚行政の下では、まったく改革の望みはない。

仕方なく「化学」をとったボクであったが、四月二十六日の日記ですでにアクビばかり、女の子のことばかり考えていたと告白している。三十日にも心理学の授業が退屈で、大学生活がいかにダルなものであるかと書いてある。

そんなある日、「化学」で糊《のり》をつくる実験があって、ボクは退屈なので他の本を読んでいたが、教授（田辺さんといった）に見つかり注意された。

「君はボクの授業をマジメに受ける気はないのですか？」

「ハイ、ボクはジャーナリズムを学びに早稲田に来たので、糊をつくるためではないからです」

「では、他のマジメな学生の邪魔になるから、教室から出てください」

「ハイ、わかりました」

ボクは全学生の視線を感じながら、ドアをうしろ手にしめた。

「これで終わったようだ。この四年間何をして暮らそう」と思い、廊下を歩いていたが、学校をやめることはまったく考えていなかった。

大学の授業の大半は退屈でたまらなかったが、それ以外の生活はまんざらではなかった。依然として家業の手伝いは続けていたが、大学生ともなれば自由な時間は増えるし、大学を知らない父母をだまして時間を得ることもできやすい。一九五二年の四月二十日、ボクは生まれて初めて本場のジャズを生で聞いた。ドラムの名手ジーン・クルーパがトリオを率いて来日、日劇でコンサートを開いたのだ。日記にはその感激が記されていて、一週間後にまた聞きにいっている。ところがその日の日記を読むと、「今回も興奮させられたが、ソロのフレーズに前回と同じものが多く」と失望も書いてある。もともと批評家に向いた資質をもっていたのかもしれない。

というのも、年間百本以上見ていた映画の寸評を日記に記していたことはすでに述べたが、この寸評が今読み返してみると、相当良い線を行っているのだ。この年の五月十五日に『苦い米』と『凱旋門』の二本を見ているが、前者はほめ、後者はけなしている。特に巨匠といわれたルイス・マイルストンの演出に疑問を呈している。もし別のキッカケが訪れていたら、ボクは映画か歌舞伎の評論家になっていたかもしれない。ただこの時代になると、ボクは英語で日記をつけていたので（両親に見られてもわからないように）、語彙《ごい》が少なく細かい批評は書かれていないのが残念である。

五月十日、ボクは期待に胸をふくらませて、早大俳句研究会の初句会に出席した。部長は教育学部の安藤常次郎教授で、実に温厚な幅の広い人物であった。先生は開口一番、この研究会はどの傾向にも流派にも片寄らず、俳句を愛するすべての早大学生に門戸を開いていることを告げた。したがって句会になってみると、ボクを含めたまったくの伝統的花鳥諷詠派から、社会主義的なリアリズム型、さらには無季不定型のシュールリアリズムまで、まったく種々雑多であった。

それまでホトトギス系の先生の指導のもと伝統的な句作しかしたことのなかったボクにとって、この会合はまさにカルチャー・ショックであった。今にして思えば、これは安藤教授の功績である。もしこの会が先鋭的なものしか認めなかったら、ボクは即座に退会していたかもしれない。逆に伝統派だけだつたら、ボクの俳句はあの時点

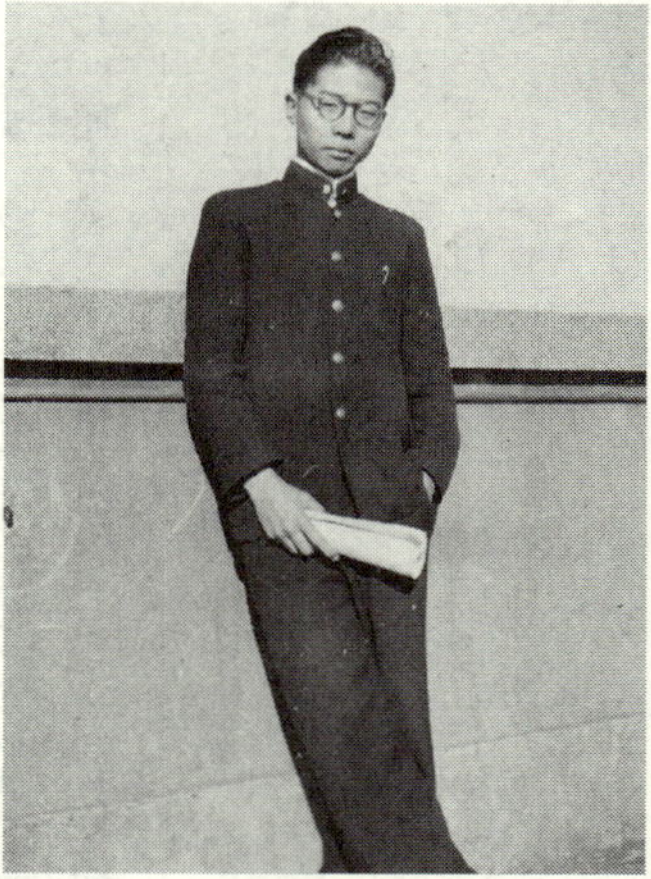
高校生の頃、演劇台本を片手に

大学時代、ポーズを決めて

で終わっていただろう。先生の「流派やスタイルに関わりなく、良いものは良く、悪いものは悪い」という姿勢は、その後のボクのものの考え方に大きな影響を与えた。この先生もまた恩人である。

六歳年上の女性

大学生活が今ひとつ楽しめなかったのは、まだ友人ができなかったことにも起因していた。ところが五月末のクラスのピクニックに参加したあたりから、徐々に友人ができはじめた。三十一日には伝統の早慶戦があり、肩を組んで「都の西北」を歌ううちに連帯感が生まれるのだろう、帰りは新宿で乾杯ということになった（このときは不利の予想を覆して7対0で完勝した）。

最初に親しくなったのは、現在翻訳家として活躍している丸本聰明である。六月三日に二人で映画を見にいったと日記にあるが、この日のことは今でもよく憶えている。午後の講義が休講になり、誰かと誘ったら彼が手をあげた。二人で早稲田から都電に乗って日比谷へゆく間、主として文学や映画のことについて話したと思う。彼はどちらかというと無口なほうなので、主としてボクがしゃべり彼が聞き手だったのだろう。映画はボクの大好きなダニー・ケイとヴァージニア・メイヨの『虹を掴む男』

で、ボクはこの映画に魅せられ、その後何回も見直すことになる。しかものちに放送作家になったとき、随分この映画のプロット（夢想病の男が、何かを見るとその中に入ってしまって強い男を夢み、現実にひきもどされる）を拝借させてもらった。ただし彼の好みから言って、丸本は二度と見ていないと思うが……。

丸本とはその後現在に至るまで交友が続いているが、ボクに比べるとずっと真面目な男で、今考えると不思議な気がする。あるとき彼はボクに、麻雀をやめると宣言した。ボクは大笑いして、そんなことできっこないと彼に言ったが、彼は大マジメであった。実はこのころ（日記を読むと）、ボクは煙草とパチンコをやめたいとしきりに思っていたのであるが、人前ではまったくそんな話はしなかった。結局二人とも何もやめられないのであるが、自分の気持ちの扱い方、表現の仕方がまったく違っていたようだ。そして自分と違う性格の人間と友人になって語り合うことの意義を、ボクは感じ取っていたのだと思う。

丸本は岡山出身なので、故郷の名物である松茸をもってきてくれたことがある。十月の末のことで、ボクはお返しの品（母に託されたのだろう）をもって彼の下宿を訪れた。そしてこの日は一日中一緒にいたと日記にある。下宿で昼食をとってから、神田の喫茶店でコーヒーを飲み、ボクの家の前のカフェで一杯やり、ついにはボクの部屋で日付が替わるまで語り合った。最後は当然〝恋〟の話になり、〝人生〟の話になったと思う。話の内容はまったく記憶にないが、おそらくボクは過去の〝恋愛〟について誇張して語り、本当の〝愛〟はこれから来ると言い、丸本は真面目につき合ってくれたのだろう。少なくとも高校時代とは次元の違う話をし、それが大学というものだと思ったはずだ。

大学生になっても、アテネ・フランセへはせっせと通っていた。初等科・中等科ともに優等（With HONOR）で卒業していたボクは、この年（一九五二年）の七月、高等科も同じように優等つきで卒業した。前にも書いたように、積極的にどんどん手をあげて英語で質問するボクは、クラスでも甚だ目立った存在であった。したがってボクと話をしたがる女子学生も多く、まったく有頂天になっていたようだ。しかし今どきの大学生はいざ知らず、ボクらはまだまだ「純情」であった。このころの日記を読むと、思わず吹き出してしまう。

同じクラスに小柄で無口な女性と、大柄でよくできる娘がいて、ボクは小柄なほうと話したいのについ大きな娘の会話にまきこまれてしまう。小柄な子は明らかにボクが好きで、話したがっているのにと書いているが、これがたいへん怪しい。なぜならある雨の晩、その小柄なほうが友達が傘がなくて困っているから、御茶の水の駅まで送っていってくれないかと頼む。ボクはその友達を見て一目惚れし、前の二人はどうでもよくなってしまう。日記には、あのツブラな瞳といい、笑うとできるエクボといい、この世のものとは思えないと書いて、もう彼女なしでは生きられないとある。

それからは毎日早く学校へ着いて彼女を待つようになるのだが、ついに見かけて挨拶をしたときのことをこう書いている。「おかしい、この前はもっと美しかったはずだ」。これこそ昔からいう「夜目遠目笠の内」そのものだ。

一週間ほどして彼女が二十四歳だと知ったときの落胆ぶりはもっと凄い。「どう見ても二十歳以下にしか見えなかった彼女が二十四歳とは！　もうボクは暗い底無し沼に放りこまれたと同然だ」。六歳年上の女性を恋してはいけないという論理がおかしい。ボクがそういうタイプの男なのか、それとも当時はそういう考え方が支配的だったのかはわからない。ただ恋愛というものを、結婚と結びつけて真面目に考えていたことだけは確かである。

また数日を経て、彼女が校庭で色の黒い、大してハンサムでもない男と話しているのを見て友人にたずねると、「あれは彼女のフィアンセよ」と言われ愕然とする。しかし失望はしても、年齢を聞いたときほどのショックはなかったようだ。「ボクが悟ったことは、ボクは彼女に恋をしたのではなく、美しい娘と〝恋〟をしたがっていただけなのだ、という事だ」と書いている。

そしてこの事件の結論をこう結んでいる。「恋って一体何だろう。恋は存在するのだろうが、ボクには本当の恋愛ってどんな感情なのか想像できなくなっている。今のところ、人間の本能のおもむく所としか言いようがない」。当たらずといえども遠からずだよ、ヤング巨泉クン。

第三章　母の死

麻雀で小遣い稼ぎ

のちにボクはジャズ評論家として身を立てることになるが、この一九五二年にひとつのキッカケがあった。この年ボクはホットクラブ・オヴ・ジャパンという会に入会している。現在も存続しているかどうかは知らないが、当時は日本を代表する――というより唯一のジャズ愛好家の団体であった。会長は村岡貞氏で、野川香文《こうぶん》、野口久光、藤井肇、油井《ゆい》正一（当時は関西在住でタマにしか顔を出さなかったが）、河野隆次、牧芳雄（慶大教授牧田清志氏のペンネーム）、久保田二郎の各氏ら日本のジャズ史に残るすべての評論家が集まっていた。前記の方がすべて鬼籍に入っておられるのだから、改めて今昔の感を禁じ得ない。

このクラブは毎月一回、新橋駅前の古いビルの一室を借りて、レコード鑑賞会を開いていた。評論家の方が特集を解説するコーナー、各会員が自慢のコレクションを開陳するコーナーなどがあったが、目玉は〝目隠しテスト〟（BLINDFOLD TEST）であった。これはあるレコードをかけ、そのバンドとか、特定の楽器の奏者を当てる一種のクイズである。このころのボクはすでに「軽音楽全般」から「ジャズ中心」になってはいたが、この会合で聞くレコードはすべて初耳であった。ボクたちには到底手に入らないような、いわゆるコレクターズ・アイテムに（ほとんど雑音入りの78回転ＳＰレコードであったが）全身を耳にして聞き入ったものである。この会だけは、アテネ・フランセを休んでも参加した。

七月の例会での〝目隠し〟で、ボクは見事に古いソロイストを当て、賞品としてアメリカのジャズ雑誌をいただくと同時に、「なかなか良い耳をしている」と先生方から注目されることになる。

こうなるともっと勉強したい。ジャズのレコードが欲しい。しかし金がなかった。ボクは毎週日曜日は家で働いた。そして週日でも時間があれば家業を手伝っていた。しかし父は「小遣いは月三千円」を譲らなかった。彼のセオリーは「仕事をしていない子供に、余分な金をもたせるとロクなことはない」である。事業は順調で、この年彼は裏の家を買収し、そこを改築して仕事場を拡張した。しかし彼の信念は変わらなかった。

「二代目が大体ダメになるのは、一代で成功した親が息子に金を与えるからだ」

ボクの日記には、しきりにPENNILESS（文無し）という言葉が登場する。それでも良いレコードを見ると買いたくなる。十一月にはついに親からもらった定期代で、二枚のレコードを買ってしまったとある。年末になると母の店を手伝うようになった。これはその年の売れ残り品を店の前でバーゲンで売る役で、寒いし恥ずかしいしであったが、売りあげの一部をもらえるのでやらざるを得なかった。ボクは父の思惑どおり、金の有難味を感じとっていた。

大学生になっても小遣いは限られているし、家業の手伝いもつらい。もっと楽に金を稼げる道はないものか、とそればかり考えていたが、大半は失敗に終わった。まずはパチンコである。当時は今と違って一個一個球を入れる初期のものであったが、なんとか煙草代を浮かそうとするボクの試みは大体はずれている。日記には「この忌まわしい機械」というような呪いの言葉が随所に現れる。宝くじにも手を出すが、当たったためしはない。

そこで麻雀が登場する。前述したようにボクは小学生でこのゲームを始めたが、大学に入ってやってみると、ボクのは単なる甘い「家庭マージャン」であったことを痛いほど知らされた。あとで考えれば、「ツミコミ」とか「スリ替え」のような反則技を使われていたのだが、賭け麻雀で負けて翻然《ほんぜん》と悟るものがあった。これは後年の競馬にもあてはまるのだが、負けて熱くならず、一歩引いて考えることができるボクの特性である。

ボクは当分の間、「雀代マージャン」（負けたものが場所代を払うだけで現金は賭けない）しかやらないことにし、その間に必死になって研究した。当時はまだ麻雀に関する書籍などがなかったが、神田の古本屋で二冊ほど探してきて読んだ。「憲法」の時間にこれを読んでいるのを見つかり、教授に追い出されたこともある。とにかくこのころはテンパイへの最短距離を模索していたと思う。後年『11PM』で麻雀教室をやっていたころ、今は亡き阿佐田哲也さんにある雑誌で「自然児・大橋巨泉」と評されたことがある。そのころはいわゆるプロのレベルに達していたはずだが、それでもボクの麻雀の根源はテンパイへの速度であり、作為的なテンパイのしかたというものはあくまでも従であった。たしかにそれは自然流ともいうべきで、ツミコミその他の不正行為抜きで行われた場合、麻雀はやはり運の要素の強いゲームである。究極の技術は、いかに運の女神の顔向きを読むかということに尽きると思う。

しかしあのころはまだまだそこまで至らず、懸命に勉強して上達を目指した。秋になると自信がついて賭け麻雀にも参加するようになる。これは主として高校時代の友人との麻雀で、レベルの低い彼らから巻きあげてはレコード代に充てている。当時は千点二十円くらいのレートだったはずだが、それでも何百円かずつ勝つと大きい。

ただ早稲田に戻るとまだ勝ったり負けたりで、トントンが良いところだったようだ。同じクラスの山岡重晃（のちにアドメルコ社長）、山本正夫（のちに教育開発情報センターの編集者）、鎌倉豊（のちに立風書房社長）とボクの四人で囲む卓は「名人戦」と称され、他の学生は見ているだけの別格となったが、それはまだ先の話で、このころは鎌倉がなぜあんなにテンパイが早いのかまったくわからないでいた。

一九五三年、大学二年生になっても、事態はほとんど変わらなかった。もちろん「化学」をはじめ、二つ三つの科目で単位は取れなかったが、そのうち夏期講座か何かで取ればなんとかなるくらいに考えていたようだ。中には英語の海江田教授のように、「君の英語のレベルはわかったから、授業に出なくても単位はあげる」というような気前のよい先生もいた（授業中にしきりに英語で質問したりするので、先生はわずらわしかったのだと思う）。とにかく、学業はあくまで？二の次で、ジャズと俳句と麻雀に明け暮れた一年であった。アイス・スケートとビリヤードもよくやったが、後者は金がかかるので困った。スケートは三年目に入り、ますます上達してバックどころか、軽いジャンプや回転もできるようになり、女性にもてるのでこればかりは止めるわけにゆかなかった。

ジャズのほうはホットクラブで勉強するかたわら、高校の後輩の斉藤孝男（スキー事故で夭折したが天才的トランペットを吹いた）や依田健一と、時折ジャム・セッションを行った。ボクはクラリネットを勉強し、そこそこに吹けるようになったが、やはり自分の本分は書くほうにあると思っていた。

このころになるとようやくLPが出廻り始めたが（当然アメリカからの輸入品）、高価でなかなかわれわれには手が出なかった。すると良くしたもので、こうしたジャズのLPを聞かせる店が出現するのである。のちに全国にできるジャズ喫茶の草分けで、ボクの知っている限り一号店は銀座の「スウィング」だったと思う。ちょうど松坂屋の裏あたりにあり、主としてディキシーやスウィングなど伝統派のLPが多かった。マスターがやかましい人で、手拍子その他は厳禁、皆静かに鑑賞していて、どちらかというと学究派の客が多かったと思う。音楽はジャズでも、雰囲気は昔からあるクラシック喫茶のようであった。

一方この年も秋になってからできた有楽町の「コンボ」はまったく逆で、客もミュージシャンが多く、レコードもモダン・ジャズ系が多かった。有楽町の駅裏で、十人も入ればいっぱいという小さな店だったが、こちらのマスターはショーリー川桐（小柄なのでSHORTYなのだがアメリカ風にそう言った）といって明るい人で、雰囲気は「スウィング」と対照的であった。

ボクは最初「スウィング」専門であったが、翌五四年になるとほとんど「コンボ」ばかりに行くようになる。渡辺貞夫と会ったのも、ハナ肇とのツキ合いが生まれたのも、皆ここであった。ショーリーとはウマが合って随分親しくさせてもらったが、残念ながら「コンボ」は短命であった。しかし戦後のジャズ史を語るうえで、絶対に欠かせない重要な役割を演じた店ではあった。

サッチモへのインタビュー

一九五三年当時、わが国には軽音楽関係の月刊雑誌が三冊発行されていた。純粋なジャズ雑誌として今も続いている「スイングジャーナル」、ポピュラー中心の「ミュージック・ライフ」、そしてもう一誌「ダンスと音楽」があった。これは戦後の一大文化となった社交ダンスの愛好者を対象とした雑誌と思えるが、ジャズをも含めた軽音楽にも力を入れるようになった。編集長は榛名《はるな》静男さんといって、白髪にステットソン・ハットをかぶった小柄な紳士であった。

ホットクラブで知り合ったと思うが、あるときボクは榛名さんに呼ばれ、原稿を書いてみないかとすすめられた。当時はまだガリ版刷りだったホットクラブの機関紙に載ったボクの投稿を見たという。一も二もなく承諾したボクに最初に与えられたテーマは、「六大学対抗ジャズ合戦」の批評であった。

「大橋君、びしびし書いて良いからね」と言う編集長の言葉に勇気を得て、かなり辛《しん》辣《らつ》に書いたつもりであったが、榛名さんは「まだ甘い」と言う。「他の雑誌は広告の関係などあってある程度以上のことは書かないが、うちはダンスホールの広告だけで十分だから、もっと激しく書くように」だそうだ。

しかし二番目の仕事は、ほとんどホメ言葉で埋まってしまった。この年の十一月、初めて来日したJATPのコンサート評である。今では考えられないが、なんと日劇で行われたこのコンサートに、ボクは「コンボ」で知り合った高校生を連れていった。彼はアルバイトでテナーサックスを吹いていて、ジャズの曲目の幅がボクと違うと考えたからである。二人で次々と変わるバラード・メドレーの曲目をメモした。なんとか全曲わかった。この高校生こそ、のちに『11PM』でデビューしたボクのバン

憧れのルイ・アームストロングにインタビュー
（左上が筆者）

ド「ザ・サラブレッズ」のリーダーになった杉原淳その人である。
つづく十二月には、すべてのジャズ・ファンが待望したサッチモことルイ・アームストロングのオールスターズが来日した。これはもっと驚くことに、今は取り壊されてしまったSKDの国際劇場で行われたのである。前座をつとめた当時の人気バンド、与田輝雄とシックス・レモンズ（ドラムは、のちに俳優として名をなしたフランキー堺さんだった）のテーマにかぶせて、廻り舞台の奥からサッチモのテーマ「南部のおねむの時」が聞こえてきた。ボクはこのとき感じた「ジャズにモダンもディキシーもない。あるのはその人の芸の厚みと創造性だ」ということを今でも信じている。

楽屋でサッチモにインタビューできたとき、ボクはアテネ・フランセで英語を学んでよかったとつくづく思った。当時の原稿料は四百字でたった百円であったが、何かやれるような気がしていた。

一方、俳句に対するボクの考え方は、百八十度転回しようとしていた。ボクが句作を始めたのは、近所に住む先生に手ほどきを受けたもので、あくまで高濱虚子直系のホトトギス流の花鳥諷詠であった。ところが早大俳研に入って句会を重ねるうち、もっと現代的な句づくりに惹かれていった。特に前年（五二年）の暮れに、中央対早稲田の合同俳句会で一年生ながらトップに選ばれ賞品をもらって以来、現代俳句に没入してゆく。

俳研の仲間とは、大体昼食時に大隈講堂の前にゆくと誰かに会えた。昼めしを食ったり、放課後喫茶店（ここに行けば誰かいた）に集まって俳句だけでなく文学論を戦わせた。いちばん親しくし、またいちばん影響をうけたのは一年先輩の藤井路傍である。今でもときどき文通しているが、ボクはこの小柄な先輩の透明感のある映像感覚と、緻密《ちみつ》な言葉の選択が好きだった。一方でボクは、加藤楸邨《しゅうそん》の野太い人間臭と抒情性にも惹かれ、彼の主宰する「寒雷」に投句をはじめた。同期だった千羽靖夫（現古流松應会の家元・千羽理芳）と一緒に入会して、よく楸邨宅の句会にも行ったものである。

五三年の秋になって、路傍が中心となって俳研初の句集を出すことになった。もちろん自費出版で、費用は句集に作品を載せる会員が分担する。十句の人と二十句の人で分担金の額に差があったが、ボクは二十句載せている。今ここに「稲城《とうじょう》」（早稲田と登場をひっかけた路傍苦心の作）と名づけられた小さな句集がある。半世紀を経てところどころ変色してはいるが、ボクの青春の詩心の発露として非常な愛着がある（実は翌年ボク自身が発行人となって第二集「苗代《なわしろ》」を出したのであるが、なぜかこの第一集が好きだ）。今でも好きな作品をいくつか紹介したい。

去年買ひし夏帽今年はよく似合う　安藤のりを

安藤教授の作で当時はともかく、中年になってようやくこの句の良さがわかった。

秋愁の胸に遮断機降ろされる　千羽靖夫

いかにもセンシティブだった千羽らしい作品。

菊撓《たわ》みゐる影までも肺病める　高桑王囚

翌年自殺してしまったこの一年先輩は独特な感覚の持ち主だった。

キャラメルが同じ甘さで溶ける弟と私との口に

やはり一年上の縄田狂思の作品で、これにしびれてボクも不定型をやったが巧くいかなかった。

雁わたり旅のパイプに火をうつす　藤井路傍
蝶低く飛んで枯野の色を帯ぶ　〃
花冷えの石の圓《まろ》さに孤児ねむる　〃

特に好きだった路傍の作品である。

浴衣着ていくさの記憶うするるか　巨泉
恋失ひ歩めばバッタ跳びつきぬ　〃
花冷えや学問をする灯をともす　〃

後年のように技巧に走っていないのが良い。

教育者は肩書ではない

一九五四年、ボクは早大三年生で晴れて二十歳の成人になったが、正真正銘の「童貞」であった。半世紀も昔の話なら当然のように考える若い人がいるだろうが、それは間違っている。当時はまだわが国では売春が認められていて、赤線と呼ばれた吉原や新宿の二丁目に行けば、国で認められた公娼がいたのである。したがって当時の大学三年生には、「経験者」のほうが多かったはずだ。もちろんボクだって友人の前では、「知っている」と虚勢を張っていたが、本当はヴァージンであった（英語は男女平等で童貞もこの言葉である）。

これには大橋家の特殊な事情を説明する必要があろう。ボクの両親はともに「飲まず、打たず、買わず」の大変な真面目人間であったが、それはともに兄弟に反面教師を抱えていたからであった。前にも書いたが、父の弟のうち二人は酒とバクチで人生の落伍者になっている。母の兄の一人は（宇野浩二の小説のモデルになったことは先述した）もっと悲惨で、女遊びがすぎて脳梅毒にかかり、見るも無残な姿になって死んだという。したがってわが家では、バクチと女遊びは御法度《ごはっと》であった。ボクは子供のころから性病の怖ろしさについて耳にタコができるほど聞かされて育った。まだ抗生物質など手に入らなかった時代で、鼻が欠けて言葉を発音できなくなった伯父の話は、子供心にも怖ろしかった。だから他のこと（麻雀やパチンコなど）は親に隠れてやっても、遊郭には一切近づかないでいた。また素人娘に手を出して子供ができ、ひどい目に遭った話なども聞かされて、十分に警戒心を植えつけられていたのだった。

したがって前年、早慶戦で知り合った美人の女子大生と恋仲になったときも、キス以上の行為には至らなかった。もちろん他の女友達とは手を握ったこともない。すると奇妙なことに、こうした淡泊な態度が好ましく映るのか、女の子にはよくモテた。もちろん若い盛りだから性的欲望は十分ある。しかし最後には必ず幼時から埋めこまれた抑止バネが利いてしまうのを知っているから、あまり熱中しないのである。日記にもそのことはハッキリ書いてあって、もっぱら自家発電で処理していた。

学業もすっかり諦め、学校は友達に会って麻雀や俳句をやりに行くところになっていた。特に親しくしていたのは、前記の山岡と山本の他に、のちに沖電気に入った小林謙一、中日新聞に入った森田昌芳と岡本昭市、京成電鉄へ行った鈴木操、家業を継いだ鈴木晴晶らがグループで、麻雀の他に新宿の喫茶店に集まってだべっていた。この店は「コロンビア」といって美人のママを目当ての奴もいたはずだ。

三年生になって、まだ一、二年の教養科目の取れない単位を五つも六つも抱えていては、もう卒業の望みはない。父は四年間しか授業料を払わないと言っているし、彼が絶対に譲歩しないことはボクがいちばんよく知っていた。そこでボクは自分の好きな授業しか出席しないようになった。いちばん好きだったのは、木村毅先生の「新聞発達史」であった。すぐれたジャーナリストで、ノン・フィクション作家でもあったこのリベラリストの講義には、ボクは万難を排して出席した。明治以降の日本帝国主義のマキャベリズムと、それを阻止できなかったジャーナリズムについて先生に教わったことは、今でもボクの頭に住みついている。よく質問したボクを先生は後年までよく憶えていてくれた。

もう二十五年も前になるが、当時朝日の記者だった同級生の川島正英が新聞の切りぬきをもってたずねてきた。

「おい大橋、これ読んだか。木村先生がお前のことホメとるぞ。知らないってのは大変なことだなぁ」

そこには木村先生の随筆があって「よく世間では大橋巨泉は遊び人の落第生のようなことを言われるが、そんなことはない。大橋君は二年の間、ボクの講義をサボったことはないと思う」とあった。ボクは川島に一杯おごって、先生には真実を伏せておいてくれるように頼んだ。老いた恩師がせっかく画《えが》いてくださっているイメージを、あえて毀すことはあるまい。

ボクたちのグループは、丸本聰明や森田昌芳、それにのちに主婦の友の編集長になった高森二夫らが中心になって、晩年の先生とときどきお会いするようにしていた。先生がいちばん喜ばれたのは、まだ開港前の成田空港にご案内したときのことであろう。これは前に触れた同級生の鈴木操の尽力で実現したもので、鈴木は京成電鉄内でもかなり出世していたのである。新装なった成田ビューホテルで先生ご夫妻と昼食をとってから、一般の入れない空港管制塔に案内した。先生はその近代的設備に驚かれて、「長生きはするもんだね」と上機嫌であったが、あれから二十五年以上も二本目の滑走路ができなかったとは泉下の先生は想像だになさっていないだろう。否、もしかするとある予感をおもちになっていたかもしれない。

先生は常々ボクたちに、強権政治は決して長つづきはしないこと、それを阻止するのは勇気あるジャーナリズムであることを説いておられた。成田空港の悲劇は、「初めに強権ありき」であるが、ジャーナリズムが十分にその責を果したかについても疑問がある。ともあれ、多くの教授をおいてわれわれが単なる講師であった木村先生を後年まで慕ったことは、教育者が肩書でないことを雄弁に証明している。今目をつぶってもあの柔和な笑顔が浮かんでくる。立派な先生であった。

日々の生活では相変わらず金がなかった。一九五四年二月の日記には、ポケットに十円しかなく、翌日デートなのに「彼女が来ないことを祈るのみ」なんて書いてある。父は頑《かたく》なに小遣いを上げてくれないし、「ダンスと音楽」の原稿料も遅れがちであった（入ったとしても四百字百円である）。二十歳をすぎた三月末の日記にも、五十円しかなくて「コンボ」のマスターに百円借りて帰るとある。面白いのは四月十三日、早大に授業料をおさめ、定期券を購入した日に「早くおさめないと、使ってしまうオソレがある」と書いてあること。かなり外れてしまっても、ギリギリのところで踏み止まるボクの性格がよく表れている。

そこで登場するのが麻雀である。ボクの麻雀の腕は早大入学以来の二年間で飛躍的に上達していた。しかし同級生と卓を囲んでも、必然的にグループができてしまい、下手な連中は入ってこない。先に書いた名人戦といわれる四人では、トータルすると、大体プラス・マイナスはイーブンになってしまう。そこで三年生になってからは、外征を考えた。場所は、明治、日大、専修、法政、中央など大学が集まっている神田、神保町、駿河台界隈である。このころボクは、駿河台下のポエムという喫茶店の音楽顧問のようなことを頼まれており、レコードの選択や購入のアドバイスをしていた。ここの裏は麻雀クラブになっていて、各大学の学生たちが集まってきた。ボクは麻雀の腕の良い同級生の山岡、同期の小別当、さらに一年下の武川らと組んでは、他大学の学生と対戦した。ボクたちは仲間同士の金の取り合いはしない取り決めだったので、たとえ勝っても仲間が大敗すれば金は入らない。しかし全員（二人のことも三人のときもあった）が負けない限り支出は限られる。勝率は七、八割はあって、一時はかなりの収入源になったが、次第に相手がいなくなってしまった。

この武川伯という後輩について書いておきたい。麻雀やジャズ、落語などを通じて非常に気が合い、この二、三年ずっとツルんでいた。彼は卒業して朝日放送に入社、二人でいろいろなジャズやポピュラーの番組をつくった。ボクは構成だけでなく、ディスク・ジョッキーとしても出演した。一九六〇年前後のことである。

また落語にも一家言をもっており、柳家小ゑん、古今亭朝太、橘家升蔵の三人の時代がくるという点では二人の意見は一致していた。この三人は、現在の立川談志、故古今亭志ん朝、橘家圓蔵であるから、かなりの眼力と言えると思う。女性にもよくもてる男で、先述の「コロンビア」のママの美人の妹と結婚してわれわれを驚かせたが、不幸にも四十台の若さで病没してしまった。まだ朝日放送が有楽町にあったころ、日劇の上の雀荘で打った楽しい麻雀が目に浮かぶ。惜しい男だった。

十二月のアイスクリーム

この年(一九五四年)の春ごろから、母が体の変調を訴えていた。初めは更年期障害だろうなどと言っていたが、下痢が止まらなくなったと近所の開業医のところへ行ったのは梅雨が明けたころであったと思う。すると小泉さんというその医者は、子宮筋腫が大分大きくなっているので、大きな病院で精密検査をするようすすめたという。

次姉の話では、母の子宮筋腫は終戦直後に発見されたのだが、あのころは別に手術をする必要はないと言われたそうだ。「このくらいの筋腫は閉経すれば小さくなってなくなってしまうんだって。それなら何も女の大事なところへメスを入れることもないよね」と言っていたのを姉は憶えている。ところが八月のねぶた祭りの旅行から帰った母は疲労甚だしく、ついに慶應病院に行って検査を受けると、直ちに入院、手術ということになった。

ボクの日記によれば、九月九日に手術、筋腫を摘出したと父から報告されている。しかしこのとき父は執刀した中島教授から、筋腫を包むように悪性の肉腫が増殖していたと知らされたのだ。ボクたち子供には、この時点では知らされていなかったが、のちに筋腫が肉腫に変化したと報告された。ボクはのちに何人かの医師にこの話をしたが、そうした例は極めて少ないという。もし最初から癌であったのなら、終戦直後の発見時点で子宮ごと取っていれば、あるいは母は助かったかもしれない。「時代が悪かったんですよ」と友人の医者は言う。せめて時代のせいにするより、何ひとつ親孝行ができなかったボクの気持ちは救われない。

面会ができるようになって、すぐに病院に行った。下の姉の洋子がずっと付き添っていたが、母はものすごく喜んでくれた。のちに姉が述懐して言った。

「私なんか毎日付き添っていたのに、たまにあんたが来ると、それはそれはお母さん喜ぶの。私は大いに不満だったけれど、やっぱりお母さんはあんたが可愛かったのよ」

ボクが毎日病院に行かなかったには、学校や家庭教師のアルバイト、ジャズ関係の仕事などの他にもうひとつの理由があった。タイミング悪く、ボクはそのころ、初めての恋に夢中になっていたのである。相手は前述した駿河台の喫茶店につとめていた女性で、笑うと大きなえくぼができる美しい人であった。非常に無口でシャイな人で、いつもボクがしゃべって、彼女は聞き役だったようだ。家が近いことが偶然わかってから急に親しくなり、遅番のときに家まで送ってゆくようになった。これが九月の終わりごろだから、母の病状と反比例して二人の仲は良くなってゆく。

それでも十一月に入って母の衰弱が激しくなると、毎週のように病院に行った。こんなときに彼女のことを考えているなんてと自分を責めてもみた。

稲妻やひそかに祈る無頼の子　巨泉

十一月十六日の日記には、「ボクのような無宗教者でも、母が助かるなら神頼みもしよう」と書かれているが、夫である父は「しよう」では済まなかった。母のために彼はあらゆることを試した。漢方薬から怪しげなお札に至るまで、何でも買った。ついにある新興宗教の指示に従い、辰巳（東南）の方角へ歩いていって、最初に見つけた井戸の水を母に飲ませるまでになった。この教祖に父は当時の金で三十万円（現在なら数百万円か）という大金を支払った。ボクはいくらなんでもやり過ぎだと思ったが、何も言う立場ではなかった。

母の死後しばらくして落ち着いてから、ボクは父にたずねた。

「あんな水、本気で効くと思ったの？　ボクはお父さんは合理主義者だと思っていたのに」

「なあに効くなんて思っちゃいないさ。どうせインチキなのはわかっていた。だがなぁ克己、何かひとつでもトライしないでお母さんを死なすわけにはいかなかったんだよ。金で済むことならそれが生き残るものの（死んでゆく愛するものへの——父は言わなかったがボクにはわかった）つとめなんだ」

と父は答えた。ボクは父の母への愛情の大きさに感動すると同時に、物を売る宗教は一切認めないと心に誓った。今もってこの考えは変わっていない。

十二月に入ると母の衰弱は激しくなり、日記を読むと手足はもう骨だけのようだとある。このころ母はボクに甘えるようになり、十日にはアイスクリームが食べたいと言い出した。今の人には想像もつかないだろうが、これには困った。当時はコンビニもスーパーも存在しなかったのである。ボクは新宿に出て探し歩いたが、冬場にアイスクリームを売っているところはない。ふと思いついて「オリムピック」(レストラン)に入った。メニューを見るとアイスクリームがある。事情を話して三つ四つ箱に詰めてもらった。タクシーを奮発して慶應病院まで飛ばしたので、溶けないで済んだ。

母は大層喜んで「なんて親孝行な子なんだろう」などと言って食べてくれたが、もちろん全部なんて到底食べられない。あとは姉とボクで食べ、それを見て母はまた喜んでいた。

このころはもう母は病院で見離されていた。十二月十一日、あと一週間くらいの命だと伝えられた。手術後癌は方々に転移して、もう手の施《ほどこ》しようがないとのことだ。父も姉もボクも、助からないのなら、せめて家に帰して家族に囲まれて死なせてあげたいと考えた。病院に申し出ると、まったく反対されなかった。

十二月十六日、母は両国の自宅に帰ってきたが、まさに生きる屍であった。癌が脳までおかしたのか、家族の見分けもつかなくなった。母は落ち着きがなくなり、寝入ることも少なく、夜になるとウワ言ばかり言うようになった。

まだ意識がしっかりしていたころは、母は父に下の姉のことだけが気がかりだと頼んでいた。「洋子は私の看病や、下の弟妹の面倒を見て婚期が遅れています。私が死んだら洋子の嫁入りだけはよろしく頼みます」と言って涙ぐんでいたものだ。ところが意識が混濁してくると、他の家族の見分けはすぐにつかなくなった。父とボクのことしかわからなくなった。そして最後は父もわからなくなり、明け方になって空《うつ》ろな眼でボクを見ながら「叔父さん」と呼んだ。ボクは悲しくて泣いた。

十二月十九日の日記――

〈オフクロは到頭《とうとう》死んだ。あの昏睡状態は夜更けまで続いた。ひどく疲れていたので、一寸《ちょっと》横になってウツラウツラした途端、姉に起された。下の連中を起している内に、母の息は止ってしまった。皆改めて泣いた。ボクは泣けなかった。体を奇麗に拭いてやって、想い出の踊りの浴衣《ゆかた》を着せ、その上から父の浴衣をかぶせて手を組ませて横たえた。皆それぞれ寝について、ボク一人母の側に居たが、そっと屍《しかばね》に「お母さん」と呼びかけてみた。それがいけなかった。もう涙を止める術を知らなかった。

父と義兄が部屋に入って来たのも知らず、母の亡骸《なきがら》に縋《すが》って泣いていた時間は相当長かったらしい。

菊匂い匂えど母の遠さかな〉

十二月二十一日——

〈告別式だ。ボクは父の隣りで二時間立ちつづけていい加減疲れたが、隣りの父がひと廻り小さくなっているのを見ると言葉も出ない。やがて出棺。頭の方を一人でかついで霊柩車へ。叔父と二人でその中に乗って火葬場へゆく。生れて初めてだ。数時間後、完全に白い骨となって真赤な石炭に混って母は出て来た。骨を拾う。感慨に似たものがかすめた。山岡と山本が夜来て非常に飲んだが、全然酔えなかった。

心あてに母の名呼ぶや霜の声

弔問客から句をほめられるごとに、母の居ない事を感じる。妙だ。〉

十二月二十三日——

〈もう大分落着いて来た様だ。ただ父の傷心だけはまだ痛々しい。何とかして慰め、引き立てたいのだが、言う言葉すら見当らない。冗談を言って笑わせても、すぐに侘《わび》しい表情に返ってしまう。困ってしまった。

この分では余程引き立ててやらないと、がっくり行ってしまいそうで心配だ。生きる事の難しさを味わっているのだろうが、生きるという事はこれ程残酷なのだろうか。ボクには正直に言ってまだわからない。外を歩いていても、何という味気なさだ。あのひとに会いたい。〉

こうして最愛の母を失ったこの年に、初めて真剣に人を恋したと思ったのだが……。

ジャズ評論家として生きる決心

明けて一九五五年、大橋家はすっかり変わってしまった。あれほど強く、生き生きと仕事をしていた父は急に老けこんだように見えた。疲れた様子で、いつも淋しげであった。下の姉が母代わりで、妹と弟の面倒を見ていた（上の姉はとっくに結婚して別居していた）。ボクにかまう人間は誰もいない。急に自由になって、何をしても良かった。今にして思えば、母大橋らくこそが大橋家のボンド（きずな）であった。そのきずなを急に失って、この家はばらばらになってしまったのである。

帰りが遅くなっても叱られることもない。ボクは自由になって、好きに行動した。彼女と会うことも多くなった。そして三月になって、とうとう肉体的にも結ばれたのであるが、これが意外な結果を生むことになろうとは、二十一歳になりかかりの未経験の青年は知る由もなかった。彼女はボクより二歳年上で、すでに経験があった。ボクはそんなことは気にしていなかったし、それを涙ながらに告白されたときは、彼女の勇気と愛情に愛が増したなどと書いている。

初体験のとき、彼女が妊娠したらどうしようと怖れていたボクは、二週間後にもう一度旅館に行った夜「もう二度とくり返してはいけない。何とかして止めなければ」と日記に書いている。そして驚くべきことにそれから四日後の三月二十四日には、こう記されている——。

〈大変残念なことだが、われわれの恋は終ろうとしている。恋の炎は消えかかっている。正確に、そして正直に言えば、彼女はまだボクを愛しているのだが、ボクの愛情がゆれているのだ。性交をした事が間違いだった。われわれはすべきではなかったのだ。あれがボクの心を彼女から離れさせてしまった。否ボクはまだ彼女を愛しているのかも知れないが、その愛し方は「あれ以前」のそれとは違っている。趣味の違い？そうかも知れない。彼女にジャズや俳句がわかってくれたら——いや彼女はわかろうと努力した。しかしそれは仕方のない事だ。誰も彼女を責める事は出来ない。ボクこそ責められるべきだ。しかし信じて欲しい。ボクも真剣に彼女を愛した。今ボクに出来ることは、もう二度と性的行動をしないこと、それだけだ。ボクが望むのは精神的な愛情である。彼女は理知的な人なのに、性的なことになると急に弱く、だらしなくなってしまう。気をつけよ。きびしくなれよ！〉

いつかも書いたが、こう決心するとボクは我慢が利く男なのである。したい盛りの二十一歳、せっかく恋人と結ばれたのに、不幸な結末になる前に身を引いてしまう。考えてみれば変な男だ。しかしこの時のボクは、まだ心変わりした本当の理由を把握していないのであった。

君と居て鵙《もず》啼《な》きやんで寒くなりぬ　　巨泉

一九五五年の四月からボクは一応早大の四年生になったが、卒業は完全に諦めざるを得なくなっていた。本来なら父のあとを継ぐはずであったが、母の死後状況は変わった。ボクはジャズ評論家として身を立てようと決心する。

まず寄稿先が「ダンスと音楽」についで「スイングジャーナル」も加わった。四月から始めた大宮商工会議所ホールでのレコード・コンサートも好評で当分つづくことになっていた。しかしいちばん大きな自信になったのは、ステージでの「司会」がウケることであった。きっかけは南里《なんり》文雄さんとの交友である。

この日本ジャズの草分け的存在の名トランペッターは、当時ホット・ペッパーズという名のバンドを率いていた。銀座八丁目の黒バラというクラブに出演していたが、ボクは「ダンスと音楽」の榛名編集長に紹介されて知り合い、なぜかすぐに意気投合してしまった。このころようやく生演奏を聞かせるジャズ喫茶が誕生し、ホット・ペッパーズもいくつかに出演していたが、ある日遊びにゆくと曲目の解説をしてくれないかと頼まれた。そこで少々ユーモラスに司会をすると、これが意外にウケて、南里文雄さん（ボクらは「オヤジさん」と呼んでいたが）にいっぱいご馳走になった。

このころのジャズ喫茶はなんといっても銀座の「テネシー」がナンバーワンで、同じく銀座に「ブルー・シャトー」があり、新宿に「オペラ・ハウス」というのもあった。ブルー・シャトーには、北村英治とキャッツハードが出演していて、ボクは北村ともすぐに親友になった。モダン・ジャズ派の批評家が多い中で、ボクはどちらかというとトラディショナル・ジャズの擁護派（専門はヴォーカルであったが）と見られていたので、南里さんや北村と親しくなったのかもしれない。

南里さんにはよくご馳走になった。黒バラがはねてから、新橋あたりのおでん屋でご馳走になることが多かったが、オヤジさんは一時すぎにはタクシーで帰ってしまう。金のないわれわれは電車で帰るのだが、終電をつかまえ損なうこともあった。するとトロンボーンのジョー本多やピアノの畑中と新橋のガード下の屋台で始発まで過ごした。タコの足をしゃぶりながら、焼酎の梅割りで四時までねばるのである。ボクはまだ定期券をもっていたから、それでもタクシー代より安かった。

北村とは同世代なので、もっと腹を割った話をした。世間では鈴木章治の正確なプレーが高く評価されていたが、ボクは北村の荒けずりだがソウルのある演奏を買っていた。この年の夏には北村が逗子に一軒家を借り、一ヵ月くらい一緒に合宿したこともあった。南里さんと北村とボクの共通の趣味は釣りで、よく東京湾や久里浜《くりはま》へ釣りに行った。一睡もせずに行ったこともある。若かったのだ。

第四章　共稼ぎの貧乏生活

マーサ三宅さんのこと

話は前の年（一九五四年）にさかのぼる。この年の十二月二十七日、ボクは榛名編集長の依頼で、有楽町のビデオホールへ新人歌手のコンサート評を書くために行った。各レコード会社から何人ずつかの洋楽関係の新人歌手が出ていた。ボクは最愛の母を失ったばかりであったが、気晴らしもあって出かけた。ほとんどの歌手はひどいものであった。「ダンスと音楽」誌上のボクの評にもそう書いてあって、わずかに二人の歌手の素質を認めるとある。その二人はハリー黒田とマーサ三宅と書かれている。前者はのちのアイ・ジョージであるから、ボクの耳も捨てたものではないが、話は後者とのかかわりになってゆく。

年が替わったある日、榛名さんがその歌手がもっと歌を聞いてほしいと言っていると言って、ボクを銀座のスタークラブというクラブにつれていった。バンドはなんとレイモンド・コンデとゲイ・セプテットで、高そうなクラブだった。カウンターでウイスキーのストレートを飲みながら、二ステージほど聞いたと思う。この日（三月二日）の日記には「美人ではないが、チャーミングなところがある」などと書いてあり、「コンデさんが自分ばかり歌って彼女に歌わせないのは良くない」と怒っている。

彼女は音楽学校出で、正確に歌うことばかりを考えていた。ジャズはもっと自分なりの表現をしなくてはいけないと言うと、そうしたジャズ・ヴォーカルのレコードが聞きたいと言う。そこで行きつけのジャズ喫茶につれてゆき、ビリー・ホリデイやエラ・フィッツジェラルドをたっぷり聞かせてあげた。彼女は目からウロコが落ちたと言い、ボクは彼女を育ててやろうと決心する。

こうして二人は急速に接近した。彼女はクラブ歌手で終わりたくないと真剣にジャズ・ヴォーカルを目指し、ボクは純粋に日本一のジャズ・シンガーに育てたいと思った。ちょうど北村英治が歌手を探していたので彼女をつれていって紹介した。歌わせてみると、北村はこれはモノになりそうと言って、ジャズ喫茶の仕事などに共演してくれた。南里文雄さんも彼女の素直な唱法は良いと言って仕事を入れてくれたものである。

この年の七月にボクは「テネシー」のオーナーに呼ばれ、専属の司会者にならないかと誘われたが、即答は避けた。専属のほうが条件は良いが、単なるジャズ喫茶の司会者になる気もなかった。このころ油井正一さんが上京し日本橋に事務所を開いたので、よくお邪魔して親交を重ねた。油井さんにも相談したと思う。結局専属の話は断り、一回いくら(五ステージで千円!)で契約することになった。今から考えると安いようだが、何しろ大学卒の初任給が一万円前後の時代である。ボクにとっては安定した収入であった。

この銀座のジャズ喫茶「テネシー」について書いておきたい。戦後急速に若者の間にひろがっていったジャズ熱(といっても本当のジャズばかりでなく、ハワイアン、ウェスタン、ラテン、タンゴなど軽音楽一般であったが)は、主としてジャズ・コンと呼ばれたコンサートで発散されていた。日比谷公会堂を主とするコンサート会場で、決められたプログラムを聞くのである。あとは学生を中心とするダンス・パーティーの会場か、ナイト・クラブやキャバレーに行くしかなかったが、これはあくまでダンスの伴奏であって、聞かせるための音楽ではない。

ここに目をつけた林文雄という人が、銀座六丁目にコーヒーを飲みながらジャズが聞ける店をオープンしたのは一九五三年のことである。そしてこれが朝鮮戦争後の景気上昇とあいまって、大当たりし、同じスタイルの店が各地にできるようになった。いわゆるジャズ喫茶の誕生である。今ここに「テネシー・ニュース」なる小冊子が十部ばかり残っている（なぜ残っているのか信じられない）。これは開店二周年を記念して発行されたもので、月二回無料でサービスされたものだ。つまり五五年の十月のものだが、ここにいソノ・てルヲ君とボクの対談が載っている。

これによると、いソノ君が前からここで司会をしていて、ボクはこの年の春から加わった。そして主としていソノ君がモダン・ジャズ系のバンドを、大橋がトラディショナル系を担当することになっている。そしてウェスタンやハワイアンには司会をつけず、彼らが自分たちでやっていた。当時のプログラムを見ると、南里文雄、鈴木章治、北村英治、渡辺晋、河辺公一、沢田駿吾らのバンドが交代で出演している。一方、ウェスタンは、小坂一也、堀威夫（ホリプロ創業者）らを擁するワゴン・マスターズが人気を独占していて、これにつづいて新人平尾昌晃（当時は昌章）をヴォーカルに、ドラムスに田辺昭知（現田辺エージェンシー社長）を据えたオールスターズ・ワゴンが登場した。

ここではあくまでジャズが主で、ウェスタンは昼の部が多く、全体の三分の二はジヤズが占めている。ロカビリー・ブームでこの位置が逆転するのはまだあとの話で、このころはジャズの司会ができる人は少なく、ボクの出番はどんどん増えていった。いソノ君は当時アメリカ大使館のＶＯＡ（ヴォイス・オヴ・アメリカ）勤務で時間に制限があったので、時間の自由なボクが多くなったのだろう。五五年の秋の日記を読むと、一ヵ月に二十数日出演している。一日千円でも二十日出れば二万円である。これは大きな収入源であったが、もうひとつ重要なことは、マーサ三宅のコーチとして、ここは絶好の仕事場であったのである。

いくら師弟関係と言い聞かせても、共通の目的をもった若い男女がひんぱんに会っていれば、特別な感情が生まれてくるのは自明の理である。当時の日記を読むと、しばしば自戒の言葉——特に初恋の破綻を引用した言葉が出てくるが、所詮《しょせん》空しい試みであった。マーサ三宅とボクの間には、止めようのない恋愛感情が生まれてしまっていた。初めは「美人ではないが……」などと書いていたのに、夏になると「今夜の彼女は黒のドレスで美しい」などと表現が変わってくる。

秋になってボクは彼女に告白の手紙を書き、彼女も隠し切れなくなった（周囲のミュージシャンや評論家たちの間では、とっくに評判が立っていた）。彼女は戸越《とごし》銀座の小さな借家に住んでいたが、このころはもう両国の家よりもこちらにいるほうが多くなっていた。しかし前回にこりたボクは、絶対に一線だけは守ると、くり返し誓っている。それが長続きする秘訣であると書いてある。十一月も末になると真剣に結婚を考え出し、そのためには父の仕事を継いでも良いと思った。彼女は、二人とも不安定な仕事より、ボクに定収入があったほうが良いと考えていた。

そんなとき、事件は起こった。十二月二十三日、クリスマスのイブイブと呼ばれていた夜で、テネシーはスペシャル番組として、人気絶頂のビッグ・フォーを出演させた。テナーが松本英彦、ピアノ中村八大、ベース上田剛、ドラムスがジョージ川口の四人である。そして歌がマーサでボクが司会、テネシーは立ち見客もいる超満員であった。その日の日記には——

〈二人でクリスマス・プレゼントを買いにいった昼間はハッピーであったが、夜になるとすべてはぶちこわしになった。いくら人気ものでもビッグ・フォーのメンバーは——特にピアノの中村八大はひどい。尊大で、彼女の伴奏をわざと間違えたりして喜んでいた。彼女は音程が取れず泣きそうであった。ボクは奴を殴り倒してやりたいのをこらえるのがやっとだった。いまいましいピアニストめ、彼女のためにいつか必ず復讐してやる！〉

その後ボクはずっと長い間、中村八大のことをよく思っていなかった。一緒に仕事をしたこともあったし、ポーカーをやったこともあった。しかし決して心を許さなかった。天才的なピアニストとわかっていても、進歩がないとか、コマーシャルだとか批判した。あの夜のことが、ずっと尾をひいていたのである。

　ずっとあとになって、八っちゃんと二人きりで話す機会がきた。彼はあのころ麻薬に頼っていたことを告白し、素直に詫びた。そして屋上から飛びおりて自殺しようまで思いつめたことを告白した。すべては氷解したが、八っちゃんはもういない。

テレビ初仕事

　明けて一九五六年、大橋家は完全にバラバラになっていた。母を失った傷心の父はしばらくは仕事も手につかず、叔父の篤之助と山崎三郎君という少年に任せきりであったが、二年目のこの年になると新しい恋が芽生えて家を留守にしがちになった。ボクはというと前に書いたように、ほとんど家に寄りつかなくなっていた。「両国の家より、三宅家の方がホームのようだ」と日記に書いている。貧乏くじを引いたのは次姉の洋子で、前年花井茂氏と結婚したのに、相変わらず妹と弟の母親代わりをさせられていた(母の店は彼女が継いだ)。

　ボクは前年(一九五五年)の秋ごろからしばしば腹痛に見舞われ、心配したテネシーのママの林千册子さんが、東京医科歯科大学病院を紹介してくれた。診断の結果は慢性虫垂炎、いわゆる盲腸である。先生に今のうちに手術しないと、厄介なことになると言われ、ボクは三月に決心して入院した。手術は成功し予後も順調で入院は一週間で済んだ。しかし、前述のような理由で、両国の家からは誰も付き添いに来られなかった。交代で付き添ってくれたのは、マーサ三宅と優しい彼女の母親であった。

これが決め手だったと思う。ボクたちは六月に結婚した。仲人にはジャズ評論家牧芳雄こと牧田清志慶大教授ご夫妻になっていただいた。披露宴にはジャズ関係者が集まり、皆で祝福してくれた。父は約束どおり式と新婚旅行の費用と、中野区野方に新居を買ってくれた（ここまでが親の義務だと彼は常々言っていた）。この家は今で言う3LDKで、五十坪ほどの土地がついて百五十万円であった。今なら何十倍はするだろうが、台風で浸水して売ってしまった。

結婚前にクリアーしなければならないことがひとつあった。ボクはあのままずっと昭和五年生まれで通ってきたが、入籍したらわかってしまう。そこで思い切って一夜彼女に告白した。彼女は相当ショックを受けたらしい。なぜなら自分が三歳年下と思っていたのに、実は十ヵ月ほど彼女のほうが年長になってしまうからである。しかし結婚の障害になるほどの問題ではないので、対外的には伏せておくことで解決した。

ボクは約束どおり父の仕事に戻った。朝バスに乗って中野駅までゆき、国電を両国で降りて生家まで歩いて通った。したがって日曜以外、テネシーの昼の部は出演できなくなった。月に二十日以上もやっていたのに、十日を切るようになる。原稿は家に帰って書くのだが、次第にフラストレーションが溜まってきた。父の会社の仕事には、まったく興味がもてなかった。ついに耐えられなくなったボクは音楽一本でゆくことを妻に話し、もし認めないなら離婚もやむなしとまで言った。結局彼女も認めざるを得ず、ボクは父の会社を辞めた。半年も経っていなかったと思う。

父に会社を辞めたいと話しに行ったときのことは、今でもよく憶えている。叱られると覚悟して行ったのに、アッサリ認めてくれた。「オレも長男のくせに、おじいちゃんの仕事を継がなかった。お前にその気がないなら、仕方がないだろう。哲（弟の哲也）が大人になるまで、篤（叔父の篤之助）とサブちゃん（従業員の三郎君）に頑張ってもらうさ。ただし克己、わかってるだろうが、いったん出ていって失敗しても帰ってくるなよ。お父さんは絶対助けないから」

わかりすぎるほど、よくわかっていた。前にも書いたが、父の実の弟に対する態度は目の奥に焼きついていた。ボクのワガママで出てゆくのだから、死んでも成功してみせる、とボクは心に誓っていた。ジャズ評論家だけでなく、それをベースに何でもやってやろうと考えた。

その時点でのボクの収入源は限られていた。「ダンスと音楽」誌には、大橋巨泉の署名原稿の他に、池間仙也《いけませんや》の別名でラジオ・テレビの音楽番組評を書いていた。月間約五十枚書いていたが、それでも五千円にしかならない。「スイングジャーナル」誌は一枚百五十円くれたが、せいぜい十枚程度で千五百円、銀座テネシーが月十日として一万円、雑収入（進駐軍のクラブでの英語の司会など）を入れても二万から三万の間であった。妻の収入のほうが多少多かったとしても、二人合わせてせいぜい五、六万円といったところだ。これは当時のサラリーマンの収入と比較したら多いのだが、われわれの場合は、交通費も食費も衣装代もすべて自前である。時間的にタクシーが多くなる。これで妻の母と三人の暮らしはぎりぎりであった。

その年（一九五六年）の暮れも押しつまったある晩、仕事帰りのタクシーの中で、このままでは年が越せないと妻に言われた。明日質屋へ行くという話になったが、ボクはそれまで質屋というところへ行ったことがなかった。どうやって金を借りる交渉をするのかとたずねるボクに、彼女は「大丈夫、私が行くから。私は慣れてますからね」と言った。改めてボクは恵まれていたのだなと母の顔を思い出しながら、タクシー代を出そうとズボンのうしろのポケットに手を廻した。

そのとき、何かが手に触れた。何枚かの紙切れである。拾いあげて暗い車中にすかして見ると、なんと千円札ではないか。前の客が落としたのだろう。小さな声で妻に告げて、あたりを手さぐりしてみた。まだあった。合計七枚の千円札がバックシートに落ちていたのである。ボクたちは警察に届けなかった。財布ならともかく、裸の札である。ボクは母がくれたように思った。そしてなんとか年を越すことができたのだが、将来は決して明るくなかった。そして明けて一九五七年、思わぬ展開が訪れるのである。

一九五七年、ボクは仕事を求めていた。何でもやってやろうという気持ちはあったが、ジャズ評論家としての仕事は限られていた。戦前からの大御所をはじめ、働き盛りの三十代の人たちがそろっていた。したがっていソノ・てルヲ、福田一郎とボクの三人はまだ新人で、ベテランたちのおこぼれを頂戴する状況である。ジャズ関係のLPレコードの解説は〝おいしい〟仕事なのだが、これがボクたちにまで廻ってくるのは、まだ二、三年先の話になる。さいわいボクには、テネシーでの「司会」の実績があったので、むしろしゃべる仕事のほうが来るようになった。
テネシーでコンビを組んでいたジャズ・コンボに進駐軍のキャンプでのショウの仕

事が来ると、バンドマスターが自腹を切ってボクに司会を頼むようになった。ボクが英語で盛りあげると客の兵士たちの「ノリ」が良くなり、また仕事が来るようになったのだろう。きっかけは河辺公一さんであった。この芸大出の名トロンボニストは、なかなかユーモアのセンスにあふれた人で、ボクとはたいへん気が合った。彼が当時率いていたオールスター・ジャイアンツはすぐれたモダン・ジャズ・コンボで、ピアノに八城一夫（のちに世良譲）、ドラムにジミー竹内などを擁していた。このグループとあるオフィサーズ・クラブ（横田かジョンソン基地だったか）に行ったとき、大いに盛り上がった。テナーサックスの保坂俊雄さんがテーブルの上にとび乗ってブローすると、昂奮した女将校がスカートをまくって踊り狂うという有り様になった。マネジャーは大喜びで、もうワンステージおまけにできないかと言ってきた。ボクは交渉して、ステーキ食い放題、ウィスキーとコーラ飲み放題という条件で引き受けた。皆大よろこびで、この話がバンド仲間に広まり、ボクの仕事も増えるようになった。ちなみにこのテナーの保坂さんは、人気歌手イルカの父上である。

レコード・コンサートのＤＪはあまり金にはならなかったが、大きなものから小さな喫茶店単位のものまで断らずにこなした。ジャズ喫茶関係では、この年神戸の三宮に「コペン」という店が誕生し、ボクは夜行列車に乗ってときどき出かけたものである。

書くほうでは、親交をつづけていた油井正一さんからの話で、二人でビリー・ホリデイの自伝を翻訳することになった。いくら英語ができると言っても黒人やジャズの俗語が出てくるこの仕事は大難事であった。当時日本に駐留していたボウジー・ホワイトというジャズに詳しいアメリカ人には随分助けてもらった。これはボクにとって初めての単行本であり大いにうれしかったが、この清和書院という出版社はすぐに倒産してしまい、まったく収入にはならなかった。本当の転機はひとつの電話から訪れるのである。

電話は日本テレビ音楽部の井原高忠さんからであった。話があるからちょっと会えないかという。彼とは大分前から知り合いであった。この日本のテレビ・ショウ番組の草分け的ディレクターは、慶応大学在学中ウェスタン・バンドでベースを弾いていた。黒田美治を看板とするチャックワゴン・ボーイズである。ここから小坂一也をフィーチュアしたワゴン・マスターズが生まれる。

一九五三年、日本初の民放テレビとして日本テレビがスタートしたとき、ボクは早稲田の二年生であったが、この局にはよく出入りできた。理由はジャズ評論家の先輩である藤井肇氏が、音楽部長として入社したからである。五四年だったと思うが、ホットクラブの例会で藤井さんの担当コーナーに急に穴が開いてしまった。おそらく日本テレビで急用ができたのだろう。これがヴォーカルものだったのでボクに白羽の矢が立ち、藤井さんのピンチヒッターを無事つとめた。この御礼にボクは日本テレビに招かれ、スタジオ見学と食事をご馳走になったのである。

その後何かジャズ関係の番組があると、藤井先生（我々は皆そう呼んでいた）から電話が入り、「スタジオに見にきませんか」と誘われるようになり、玄関の守衛さんとも顔馴染みになった。ボクはこれを利用して、早稲田の同級生やあるときは新聞科の内野教授も案内して、大いに顔を売ったのだが、かといって単位がもらえるわけではなかった。とにかくあの当時、テレビ局のスタジオを見たり、テレビ塔にのぼったことのある日本人は、まだまだ少数だったのである。

藤井先生はディレクターで副調整室にいる。フロマネといってスタジオを仕切っていたのが、井原さんであった。先生の紹介で知り合い、ジャズやウェスタンの話をした。

それからときどき局で会ったり、二、三仕事を頼まれたりしたことはあったが、それほど親しくしていたわけではなかった。何だろうと出掛けてみると、『ニッケ』を見ているかと聞かれた。これは毎週水曜夜の十五分番組で『ニッケ・ジャズ・パレード』という番組のことである。当時人気絶頂のハーフのモデル、ヘレン・ヒギンズの網タイツ姿が評判で、この時間になると飲み屋が空いてしまうという噂さえあった。カバーガールのヘレンのショットをはさんで、ジャズを始めポピュラー歌手が四曲ほど歌うのだが、人気が出るにつけ歌詞の意味がわからないという苦情がくる。そこでボクに訳詞をしてほしいというのだ。ボクは一も二もなく引き受けた。

ボクのテレビ初仕事となった『ジャズ・パレード』の訳詞は、幸いたいへん好評でその後一九五九年にこの番組が終了するまで、二年以上つづいた。よく憶えていないが、ギャラは一本三、四千円だったと思う。ということは月に一、二万の収入になり、これは大橋家にとって大きなプラスになった。井原高忠さんがボクに白羽の矢を立てたのは、ボクの英語力だけでなく、アメリカのスタンダード曲をたくさん知っていたからである。前にも書いたが、ボクは高校時代から勉強を兼ねて、進駐軍放送から歌詞の聞き取りをしており、このころはすでに千曲以上の歌詞をもっていたと思う。思わぬところでこれが生きたのである。

裕ちゃんの大ヒット曲誕生秘話

同じころボクは、妻のマーサ三宅（当時は三宅光子を名乗っていた）を通じて、映画界からも話をもち込まれていた。彼女の知り合いの作曲家、大森盛太郎さんが、日活のジャズをテーマにした映画の作曲を頼まれ、それについて話があるという。会って話を聞くと、アクション・スターとして売り出し中の石原裕次郎にジャズ・ドラマーの役をやらせる企画だという。共演が笈田《おいだ》敏夫、渡辺晋とシックス・ジョーズ、唄・山崎唯《ただし》、さらに新人平尾昌章にようやく日本にも浸透しはじめたロックを歌わせるというジャズっ気の多いアクション映画なのだ。したがってジャズの楽曲に強いボクに作詞を依頼したいという。ボクは打ち合わせに井上梅次監督の自宅を訪れたときのことを、今でも憶えている。大森さんと二人で伺うと、監督夫人の月丘夢路さんが出迎えてくれた。朝だったこともあり、まったくのスッピンだったが、ものすごく奇麗だった。これが本当の美人というものかと、つくづく思ったものである。

まずボクは平尾君の映画デビューになるロック曲を作詞することになった。これは「銀座でロック」というタイトルで、文字どおり激しいロックンロール・ナンバーであったが、なぜかレコード化されなかった。のちに「ミヨちゃん」「星はなんでも知っている」が大ヒットしたところをみると、もっと甘い歌が平尾君には適していたのだろうが、監督の注文はハードなロックであった。もう一曲、山崎唯の唄とシックス・ジョーズで「このリズム」という歌も書いた。

そして裕次郎の歌うテーマ曲に関しては、井上監督執筆の脚本を渡された。そしてドラムを叩きながら歌うシーンの長いセリフを、大森さんと協力してジャズっぽい曲にしてほしいと頼まれたのである。大森さんの曲ができ、ボクは脚本のセリフを損なわないように詞にしてあてはめていった。そしてどうしても入り切れないところは、セリフにしてもらうことで決着した。これがあの「オイラはドラマー、ヤクザなドラマー」という大ヒット曲の誕生秘話である。

一九五七年の秋であった。ボクは調布の日活撮影所で、石原裕次郎とはじめて会った。紹介があってすぐボクは、「簡単な曲ですから、もう憶えたでしょう?」と聞いた。

「すぐ仕事の話は止めましょうよ。まずビールでも一杯飲んで、それからで良いでしょう」。これが裕ちゃんの答えであった。

自慢じゃないが、酒は少年時代から飲んでいて、しかもたいへん強かった。しかし朝からという経験はなかった。ボクは今でも酒は暗くなってから、というコードを頑なに守っている。ゴルフ場でも昼間は絶対飲まないのは、ボクのゴルフ仲間では有名である。これが酒量に比して、ボクの肝臓を長もちさせている秘訣かもしれない。

しかしあのときのビールは旨かった。付き人がどんどん瓶をあける。あっという間に数本飲んだ裕次郎と山崎唯とボクは、いい気持ちでスタジオに入っていった。そこで山崎がピアノをひき始める。ボクがまず歌う。裕ちゃんが口ずさむ。まったく練習も何もしてきていないのだ。しかしこの男の音感と勘の良さに、ボクらは舌をまいた。なんとその日の午後「嵐を呼ぶ男」の録音は完了したのである。しかしボクの驚嘆をよそに、このくらいのことは当時の映画界では日常茶飯事だったらしい。

今回この原稿のために日活にチェックしたところ、映画『嵐を呼ぶ男』のクランク・インは昭和三二年十月二十四日、クランク・アップは十一月二十七日、そして十二月二十九日には正月映画としてもう封切られている。なんとたった一ヵ月で撮影、二ヵ月後にはスクリーンを飾っていたのだ。今ではちょっとしたテレビドラマでももっとかかる。まさに映画全盛時代ならではの話である。

この話が出るといつもボクは友人から馬鹿にされるのであるが、ボクは「銀座でロック」以外のこれらの曲についての印税契約を一切していない。ボクは単に大森盛太郎さんを介して、日活の仕事を三万円でどうかと聞かれた。おそらくスタジオへ行って録音に立ち会う分も含まれていたのだろう。ボクはもうびっくりしてしまって、一も二もなく引き受けてしまった。何しろ大学出の初任給が一万円台だったころの話だから大金である。とにかく三万円という金をいっぺんにもらったのは、おそらくこのときが初めてだったはずだ。また仮に印税一枚数円と一括三万円のどちらを取るか、と言われたとしても、ボクは〇・五秒で「三万円」と答えたと思う。

こんなことを言ったら叱られるかもしれないが、大森さんもスケジュールに追われて手抜きでつくったと思える単純なマイナー・メロディーにズンチャ・ズンチャの単純リズム。井上監督の脚本のセリフを当てはめた単順な歌詞。これが空前の大ヒットになったのだから、今思えば井上さんに見る眼があったということだろう。

男としての本能

翌一九五八年は、日劇の「ウエスタン・カーニバル」で幕を開けたと言って良い。この年の二月、渡辺プロの企画により、ジャズ喫茶から大舞台に上った若手のウェスタン系の歌手はアッという間にスターになっていった。小坂一也を筆頭に、平尾昌章、山下敬二郎、ミッキー・カーチス、守屋浩らの面々である。いわゆるロカビリー・ブームの幕あけであるが、これは来るべくして来たと言って良い。

要するにそれまでは、ひと口にジャズなどと言っていたが、いわば十把《じっぱ》ひとからげの軽音楽ブームにすぎなかった。敵性音楽と禁止されていたこれらの音楽が、終戦と同時にワッと拡がって十数年、やっと落ち着くところに落ち着こうとしていたにすぎない。鑑賞音楽としてのジャズやタンゴやシャンソンと、若者たちの青春のはけ口としてのポップス（この場合はロカビリー）とがようやく分かれようとしていた。ここに注目した渡辺晋・美佐夫妻の眼は鋭いと言わざるを得ない。これを境に、この世界はナベプロの天下になってゆくわけだが、これはボクらジャズ屋にとっては由々《ゆゆ》しいことだったのである。

まず大きな職場であったジャズ喫茶のステージが、どんどんウェスタン・ロック系のバンドや歌手によって占められ、ジャズ系の仕事は少なくなってゆく。まもなく新宿や銀座のACB《アシベ》や池袋のドラムなど、ほとんどロック系ばかりの喫茶が誕生してくる（出演者はほとんどナベプロ系）。名門の銀座テネシーでさえ、ジャズバンドの出演回数が減ってきた。これはボクや妻の収入減につながる。

そんなとき一大朗報が入った。大手製菓会社「不二家」が音楽喫茶を出すという。企画の段階からかんでいたボクは、不二家に「この店からロカビリーをシャットアウトしたい」と提案してみた。一種の賭だったのだが、意外にも不二家はこれを受け入れ、この年の五月、有楽町の高速道路の下に新設されたフード・センター内に「不二家ミュージックサロン」としてオープンした。

今にして思えば不二家のファミリー・イメージにロックは似合わない。ジャズを中心に、タンゴやハワイアン、ラテンやムード音楽まで、いわゆるノン・ロックの音楽喫茶として好評を博した。ボクは企画・編成者として毎月のプログラムを組み、司会者の一人としても登場した。若者の嬌声《きょうせい》に包まれたロカビリー喫茶と異なり、ここのお客は大人が多く、音楽を鑑賞するムードであった。文化人も多く、ボクが三島由紀夫さんと話をする機会を得たのもここであった。

これをキッカケにボクの収入は飛躍的に増え、もう年が越せないような状況とはほど遠くなっていた。しかしこれが必ずしも幸福を呼んだとは言えなかったのである。ウエスタン・カーニバルの成功を口火として、渡辺プロダクションは芸能界に「ナベプロ王国」を形成してゆくのであるが、五八年当時これに対抗しようとしたもうひとつの芸能プロが存在したことは、今やほとんど知られていない。その名を山口プロダクションといい、社長の山口氏は元トランペッターであった。その関係か、南里文雄とホット・ペッパーズと、同じく人気トランペッターの松本文男とミュージック・メーカーズを傘下におさめていた。前記の不二家ミュージックサロンを牙城にして、ウエスタン・ロカビリーにジャズで対抗しようというプランに賛同したボクは、ここの顧問に就任し、妻の三宅光子をはじめ、いくつかのジャズバンドや何人かの歌手を参加させたのである。

今ふり返れば、まさに「蟷螂《とうろう》の斧《おの》」であるが、当時は圧倒的ロックの勢いに対してジャズの職場を守ろうと必死であった。夫婦でジャズで食っているボクとこのプロダクションの利害が一致していたのだから、ボクはタレント・スカウトや新職場開拓に精を出した。これはすなわちナイト・クラブやキャバレーの歴訪を意味する。二十四歳の若者に、これほど面白くかつ危険な場所はない。こちらはクラブ側の特別なゲストとしてゆく場合が多いから、ホステスたちは大事にしてくれる。酒は強いし話は面白いから、よくモテた。

そんなあるとき、横浜の最高級クラブ「ブルースカイ」のナンバーワンだった女性と、わりない仲になってしまった。この人はボクより三、四歳は年長だったと思うが、実に上品で優しい人であった。しかも横浜の一等地に自宅をもっており、ボクは夢中になって家に帰らなくなってしまった。彼女はしきりに帰宅をすすめるのだが、若く、熱くなっているボクは、かえって居続けていた。

しかしポケットが空に近くなり、山口プロに顧問料を受け取りに戻ったところ、社長から一枚のメモを渡された。それは妻からで「今週中にお帰りがなければ、ここは貴方の家ですから、私たち母娘は家を出ます」とあった。再び横浜へ向かおうとするボクを、社長と専務が必死に説得した。実は帰るキッカケを失っていたのだが、彼らはアリバイをつくると言う。

その足でボクは帰宅した。「ただ今、ああハラ減った！」と言って。アキレ果てた顔の妻の、いったいどこへ行っていたのという問いに、「社長や専務、それにゲソ（笈田敏夫さんの愛称）の家でマージャンをやっていた」と言った。アリバイはできていたのだが、彼女は電話をかけたりはしなかった。何しろ一週間近く家を空けていたのだ。ただ、これ以上事態を悪化させたくなかったのだろう。周りは皆オトナで、ボクだけがコドモであった。でもボクはそれに気づいていなかったようだ。

笈田敏夫さんといえば、二〇〇三年に惜しまれてこの世を去ったが、ボクはこの日本が生んだ最初の本格的男性ジャズ・シンガーと親交を重ねていた。ジャズ歌手と評論家、慶應と早稲田、年齢の違い、下戸《げこ》と酒飲みなどいろいろな相違があったが、妙に気の合うところもあって、「巨泉・ゲソ」と呼び合う仲であった。共通の趣味はギャンブルで、麻雀、ポーカーともにお互いに認め合っていた。女性に関しては月とスッポンでアチラが大先輩であったが、ボクはこの先輩の薫陶《くんとう》よろしく成長していった。

笈田さんと急速に親しくなったには、「労音」の存在がある。今と違って当時は労働組合の全盛期であり、各地労組が組合員のために毎月開催する例会コンサートは、クラシック、軽音楽（嫌な言葉だったが、今やほとんど使われなくなったのは御同慶の至り）を問わず、ミュージシャンにとって最高の仕事場のひとつであった。ジャズ評論家としてのみならず、構成・演出家、司会者として急激に売り出してきたボクのところにも、このころから労音の仕事が入るようになる。

一九五八年の八月、ボクは大阪労音で、原信夫とシャープス・アンド・フラッツ（原さんとも長い間親しくツキ合わせていただいた）、唄・笈田敏夫、小川洋子（のちに藤間大助と結婚して引退した美人歌手）という豪華キャストの司会者として起用された。最初はさすがに緊張したが、いったん始まってしまえば乗ってしまうのがボクの習性で、会場を大いに沸かせ、この成功がボクを各地の労音に向かわせることになる。

笈田さんも大層よろこんで、終了後高級クラブにつれていってくれた。「気に入った娘がいたらあれこれ迷ってはいけない。その娘に集中しろ。ただし初日はあっさりとね」。これが先輩のコーチ。二日目の晩、二人ともハントに成功して大阪の某ホテルで翌朝を迎える仕儀になり、先輩からオホメの言葉を頂戴したのであるが……。

一ヵ月ほどしたある夜、もう深夜であったが、電話が鳴った。取るとゲソの低い声である。

「隣にマーサいるか?」「うん」「やばいんだ。今日、日劇の楽屋へ二人で訪ねてきた」「二人?」「例の大阪のコだよ」「えーっ?」「今日はなんとか二人でホテルに泊らせたが、明日空いてるか」「うん」「四人で会ってから大阪へ帰るんだと」「四人じゃないとダメだって?」「そう」

眠っていた妻が起きて「誰?」「ゲソ」「なんだって?」「麻雀の誘いなんだけど、明日二人しかいないんだって。四人じゃないとダメだろ。だからボクと、もう一人探せって」

なんとか切りぬけた。ゲソだって、当時の宝塚の大スター、宇治かほるさんと結婚したばかりであった。男のハンターとしての本能は、結婚とか愛情とは別に存在することを、ボクは学んでいた。

川口前NHK会長との縁

ボクの仕事はどんどん拡がっていった。この年(一九五八年)の三月、東芝から発売された中島潤の「四月の恋」と「夢のレインツリー」の訳詞は大橋巨泉であった。当時東芝はレコード産業に手を染めたばかりで、コロムビアやビクターの旧勢力に対していわば新参者であり、したがってボクのような新人にも仕事が廻ってきたのだろう。部長だった松田十四郎さん、担当の二荒《ふたら》芳忠さん（のちにハワイアンの女王エセル中田と結婚）とは長い間仕事をした。特にヴォーカルに造詣《ぞうけい》が深かった二荒さんとは意見が合い、のちにナット・キング・コールやフランク・シナトラなどジャズ・ヴォーカルのLPの解説はほとんどボクが手掛けることになる。

テレビでは、日本初の本格的バラエティー・ショウ番組ともいうべき『光子の窓』がスタートしている。これは例の井原高忠さんの演出で、構成は岡田憲和、キノトール、三木鮎郎、永六輔といったところが週替わりで担当していた。ボクは井原さんの『ニッケ・ジャズ・パレード』の訳詞を書いていたから、毎週二度ほど日本テレビには顔を出す。あるとき井原さんから、「巨泉、来週の日曜空いてる？」と聞かれた。空いてると言うと『光子』に出てくれと言う。なんで出るのか聞くと「大山親方やってくれない？」であった。

当時NHKの相撲解説をしていた大山親方のモノマネがボクは巧かった。しかしそれはあくまでウチウチの話である。それをテレビの、しかも人気番組でやるとは、と普通は考えるだろうが、ボクと井原さんとは考え方の上で相当通じ合っていたから、即座にOKした。この名演出家のモットーは、最初に役柄ありきでそれにぴったりのタレントを探す、であった。したがってイメージが合えば、それが役者でなく、ジャズ評論家だろうと、モデル会社の社長（SOS社長の旗昭二さんのお公卿さんなどまさに適役だった）だろうと、大道具のオジさんだろうと一向に構わなかった。またそうした「任」を見つける名人でもあった。

今どきのプロデューサーは、まずタレントありきで、タモリをつかまえる、たけしをおさえるから始める。そしてタレントに合った台本をつくらせる。井原さんは、まず作家に面白い本を書かせ、それに合ったタレントを探した。この差は実に大きい。近年のテレビに面白い番組が少ないのは、実はここに起因していると思っている。台本に金をかけないで、くだらないタレントのアドリブに頼っているから、我が国のテレビのショウは下落の一途なのだ。

閑話休題。大山親方が好評だったボクは、それからもたびたび、いろいろな役柄でゲスト？出演したが、テレビにレギュラー出演するようになるキッカケが、この草笛光子さん主演の番組の関係者から生まれようとは夢にも思っていなかった。ただし、それにはまだ二年の歳月を要する。

テレビの次はラジオがきた。明けて一九五九年、ボクになんとNHKラジオから仕事がきた。もってきたのは旧知の菊池安恒さんというプロデューサーで、この人は慶應在学中、三保敬太郎（夭折した天才ピアニストで、『11PM』のテーマ曲の作曲者）や西条孝之介（日本のスタン・ゲッツといわれるテナーサックス奏者）らとジャズ・コンボ「クール・ノーツ」をつくり、ヴァイブラフォンを弾いていた。

その後NHKに入り、音楽部にいるが、ジャズ番組をつくりたいと言う。彼とはこのあと数年にわたって、いくつかのジャズ番組をつくった。同じく紅林清さんの制作番組の構成もやった。そしてそのころ歌謡曲番組を担当していて軽口を叩き合っていた林叡作ディレクターが、二十数年後に『世界まるごとHOWマッチ』をつくるようになるのだから、因縁とは面白いものである。

もっと不思議な縁は、このころの音楽部の副部長が、誰あろう川口幹夫前NHK会長だったことである。直接番組でご一緒したことはないが、よく一緒に麻雀をしたり、メシを食ったりした。NHKの音楽部にはしょっちゅう顔を出していて、笈田敏夫さんやボクは麻雀の準レギュラー・メンバーであった。川さん（川口会長はこう呼ばれていた）はカモであって、今もって「あのころ巨泉さんにはよく取られた」とおっしゃるが、あれから三十余年を経て川さんが会長になり、ボクが半引退の身ながらNHK・BSでアメフットの解説をするようになるとは、誰も予測し得なかったことであろう。

前年（一九五八年）の暮れに開局したラジオ関東は、関東の中波では最新参である。東芝のケースと同じで、こうした場合は新人のところへ仕事がくるものだが、このときは少々変わっていた。ホットクラブで知り合いだった高桑敏雄君が入社していて、あるときボクに相談した。ベース奏者だった故本多俊夫が、モンティー本多の名で、『ミッドナイト・ジャズ』という番組をはじめていたのだが、こんな投書が来たという。番組の冒頭、モンティーがあの低音で「皆さん今晩は、モンティーです。まだ起きていらっしゃったんですか……」。せっかく起きて待っていたのに「まだ起きて」はないだろうと、お叱りを受けたという。ボクは早速「ようこそ起きていてくださいましたネ」というコピーを書いた。これは好評で、ボクはこの番組の構成をするようになり、ゲストとしてもときどき出演した。

この高桑ディレクターは非常に熱心なジャズ・ファンで、なんとかジャズメンの生演奏を放送できないかと相談にきた。ただし予算はまったくないという。ボクはなんとかしてみようと答えたが、成算があるわけではなかった。

今回、ラジオ日本（当時のラジオ関東）の高桑君に電話で確かめてみた。几帳面な彼はちゃんと資料を残していた。番組の名は『モダン・ジャズ・コーナー』で、一九五九年の九月十五日から（火曜日の夜九時半〜十時）、不定期に七回にわたって放送されている。ボクの構成・出演料は合わせて一回二千五百円、ミュージシャンは一人一律千円だったという。今考えても、よくこの予算でやれたものである。出演者の中には、渡辺貞夫オールスターズ（宮沢昭、八木正生他）、八城一夫トリオ、北村英治カルテット、西条孝之介とウェスト・ライナーズ、杉原淳とイースト・サウンズといった当時のトップ・ジャズメンが並んでいる。

実現したのは、高桑君とボクの熱意にジャズメンが応えてくれたからである。前に書いたようにこのころはロカビリー全盛時代で、モダン・ジャズメンの発表の場は限られていた。特にラジオやテレビにはほとんどなく、ときたまＮＨＫにあったくらいだったろう。彼らは主としてクラブの仕事で生計をたてていた。そこでボクは考えた。録音は仕事が終わった後の深夜から早朝にかけて行う。ベースやドラムスなどの大きな楽器は、ボクが車で運ぶ。曲目や演奏内容は、一切の商業主義を離れて、やりたいものをやって良い。このアイデアを伝えると、皆よろこんで賛成してくれた。

今でもハッキリ憶えている。当時ボクは中古のオースチン（英国の車だがニッサンが販売していた）をもっていたが、夜中の十二時ごろミュージシャンや楽器を積んで銀座のクラブを出る。大体もう一台か二台、他のメンバーの車がつづく。夜更けの第二国道（東名はおろか、第三京浜さえなかった）は比較的空いていて、午前一時ごろには横浜の放送局に着く。高桑ディレクターが待っていて、スタジオを開けてくれる。あとはミキサーが一人いるだけだ。

打ち合わせのあとリハーサル。ボクはアナ・ブースに入って司会をはじめ、キューが出て本番となる。皆若かった。ゴリゴリ演奏した。八城一夫の名演「モンキー・ドライバー」（童謡お猿のかご屋をジャズ化したもの）や、北村英治のモダン・ジャズ（ベニー・グッドマンものでなく）が聴取者を驚かせた。

終わると大体三時を過ぎていた。空腹になっている。皆で朝までやっていたレストラン「根岸屋」（まだ存在しているのだろうか？）にゆくのが定番であった。ボクが払うのが常だったから、いつも足が出た。しかし白み始めた第二国道を東京に向かいながら、ボクは言葉に表せないような充足感を楽しんでいた。ジャズメンのボクに対する信頼もうれしかったが、日本のジャズのために貢献しているという気概に燃えていた。このころのボクはまだ、ジャズ九・テレビ一の状態であった。

一九五九年八月、長女の美加が生まれた。結婚して三年、必死の共稼ぎの結果、大橋家の財政も安定してきたし、特にボクの仕事が増えたので、妻が半年ほど仕事を休んでも大丈夫という計算だったのだろう。ジャズ・シンガーとしての三宅光子の名は年々高まり、この年の三月に有楽町のビデオ・ホールで第一回のリサイタルを開いた。ボクの構成・演出・司会によるこのコンサートは非常に好評で、人気投票でも丸山清子さんと首位を争うまでになっていた。

　せっかくの上昇期に出産で休むのは損な面もあったろうが、仕事が増えるにつれて遊び廻る回数も飛躍的に増えた夫に、父親としての責任感を植えつけようという気持ちもなかったとは言えまい。しかし二十五歳という遊び盛りのボクは、子供ができて止まるような男ではなかった。かえって一層遊び歩くようになったようだ。ジャズの世界というのは、いつも酒と女と、もっと悪いケースでは麻薬に囲まれているようなものである。仕事が終わって真っすぐ家庭に帰るようなヤツに、良いジャズはつくれないといった伝統があった（これはまったくのウソで、渡辺貞夫や前田憲男のように真面目で最高級のジャズをつくり出す人はいくらでもいた）。これを良いことに家に帰らないのである。妻としてはそれが仕事の延長だということを知っているだけに、ノーと言えないジレンマがあったと思う。

　彼女が仕事を再開すると、当然美加は祖母の手にゆだねられる。これがまたたいへん優しく、子供好きな女性なものだから、たちまち美加は「おばあちゃん子」になってしまった。今やジャズ歌手としてばかりでなく、映画評論家としても有名になったこの長女に、ボクはいつも心の中で詫びている。彼女は大事な幼児期に、親の厚い庇護と愛情を得ずに育ったのである。

麻薬についても書いておきたい。当時われわれの間では、マリファナ（隠語である「お茶」を逆にして「チャーオ」と呼んでいた）は常識であった。三、四人で廻し飲みをして、オーバーな話をしてゲラゲラ笑うだけの、たわいのないもので、到底麻薬とは言えない代物であった（北海道に自生する大麻をもって帰るジャズメンが多かった）。アメリカには、習慣性が弱いのでマリファナを合法化して、煙草をドラッグに指定せよと言う人がいるくらいだが、ボクは与《くみ》しない。

たしかにマリファナは大した麻薬ではないかもしれない。しかしエスカレーションが怖い。マリファナであれだけ楽しめるのならと、より強い効果を求めてコカインやヘロインに手を出してゆくのが常だからだ。マリファナだけで止まれたボクはラッキーだったし、それも取り締まりが厳しくなってやめたのだと思う。やはり麻薬は一切禁止というのが正論だろう。

第五章　放送作家からタレントへ

テレビ揺籃期の熱気

一九六〇年（昭和三五年）、ボクにまたひとつ転機が訪れる。前の年の暮れ、日本テレビ系で『ペリー・コモ・ショー』がスタートした。これはアメリカNBCが人気歌手コモをホストとして始めて大好評を取っていた一時間の音楽バラエティー番組である。ボクは藤井肇氏（NTV音楽部長）、清水俊二氏（洋画の字幕づくりの第一人者）と三人で監修者になった。主として出てくる歌の訳詞が仕事であるが、他の楽しみもあった。

この話をもってきたのは当然井原高忠さんであったが、彼がボクの起用を決めたのは、もうひとつの側面があったと思っている。当時ボクは『ジャズ・パレード』の訳詞と同時に、『光子の窓』との関わりも深くなりつつあった。前述の「出演」ばかりでなく、訳詞（これは字幕用でなく、出演者が歌うほう）や構成面でも相談を受けることが多くなった。特に永六輔さんが井原さんと喧嘩して構成者を降りてから、ボクに相談するケースが増えたように思う。

ボクのテレビに対する興味は急速にふくらんでいたのだが、この『ペリー・コモ・ショー』が与えたインパクトが決定打だったかもしれない。アメリカの最新技術が、毎週のようにショックであった。井原さんとボクは、くり返しくり返し飽きずにビデオを見た。当時の日本のテレビ技術は、はるかに遅れていた。

今ではなんでもないワイプ（次の場面に移るのにカットでなく、車のワイパーのように左右に開いて変わる技術）さえ、日本にはなかった。研究熱心な井原さんは、二つのカメラのレンズ前にそれぞれ板（放送台本のこともあった）を用意し、それを「せーの」と同じタイミングで左から右に引いて、手動ワイプを完成し『光子の窓』で使っていた。一方を斉藤太朗（ギニョという渾名《あだな》だった）、他方を白井荘也という二人のフロマネが担当するので「ギ・白式」ワイプと呼ばれた。

『ペリー・コモ・ショー』で不可解な画面転換が現れると、必死になって解き明かそうとした。技術の藤井英一さん（この人は名ジャズ・ピアニストでもあった）も加わった。どうしてもわからないものもあったが、原理がわかればなんとかしようとした。この熱心さと執念は、誰も井原さんに及ばなかったと思う。何しろこの人は、仕事も趣味もテレビだったのだから——。

今思い出しても、このテレビの揺籃《ようらん》期の熱気は魅惑的であった。毎日発見があり、創造があった。スタジオにゆくのが楽しみであった。ボクはできる限りスタジオに顔を出した。そして映像から音声、照明や大道具・小道具まで、すべてのことを学んだ。そんなある日、電話がかかってきた。『光子の窓』で知り合いになっていた、東宝の山下武さんからであった。

山下武さんは、喜劇王と言われた柳家金語楼さんの息子さんで（したがって山下敬二郎の異母兄に当たる）、東宝で草笛光子さんの担当として日本テレビに毎週来ていた。ボクもすぐ知り合いになり、冗談を交わすようになっていたが、このところ顔を見ていなかった。

「実はボク東宝辞めてね。今度できた日本教育テレビ（現テレビ朝日）に入ったのよ。ちょっと話があるんだけど会えないかな？」

ボクはすぐ出かけてゆき、六本木近くの喫茶店で会ったように思う。山下さんの話は、新しいテレビ番組の企画で、ジャズ喫茶からの中継をやりたいと言う。毎週月曜の昼の三十分番組で、山下さんはボクに司会と構成を頼みたいと言う。あとから考えてみると、これがボクの長いテレビ人生で初めてのレギュラー司会番組なのであるが、このときはそんなことは夢にも考えなかった。タレントになる気など毛頭なかったし、あくまでジャズ評論家もしくは番組構成者としての仕事だと思っていた。司会については、テネシーや不二家でもう長い間やっていたし、ジャズ喫茶で司会する感覚であった。

記録によると、この番組は一九六〇年の五月に始まっていて、一本を生中継でやり、もう一本を翌週用にビデオに撮るというスタイルで制作費を合理化していたようだ。場所は東京の数ヵ所を廻りもちし、内容もジャズあり、ロックあり、ハワイアンありと雑多であった。たしか半年か一年くらいで終わってしまったのでよく憶えていないが、一人だけ記憶に残った歌手がいた。

あるとき、ダニー飯田とパラダイス・キングが出た。ボクの構成はまったくストレートに音楽を聞かせる週（主としてジャズの場合）もあれば、ちょっとしたギャグを混ぜるケースもあったのだが、この場合は後者であった。ニキビだらけの少年のような歌手とボクとの間でギャグがあったのだが、この子の行動が強く印象に残った。結構キワドイことをやらせたのだがまったくイヤ味にならず、温かくユーモラスな雰囲気をかもすのである。ボクはこの少年は必ず大成するだろうとスタッフに言った。もうお解りだろう。彼こそ今は亡き坂本九である。

これはただし臨時の副業のようなもので、テレビの仕事としては日本テレビでの訳詞や構成のほうが主であった。毎週少なくとも三回は日本テレビに顔を出していたのだが、あるときなんと珍しい友人とバッタリ顔を合わせた。早大の同級生で親友の山岡重晃である。「おー、大橋じゃないか」「なんだ山岡こんなところで何してる」「オレは仕事で来てるんだよ」「なんでお前がテレビ局で仕事するんだよ」

そこへ顔見知りの局員が顔を出し、「これは山岡さん、お早いではありませんか」と最敬礼している。ボクは狐につままれたようだった。

山岡が、日本テレビでちやほやされているには訳があった。当時の視聴率ナンバーワンは、なんといっても力道山のプロレス中継であったのだが、山岡は学校を卒業して三菱電機に入り宣伝部に所属していたのである。今と違ってあのころは大きな番組でも一社提供であった。ということは日本テレビの局員にとってみると、山岡はドル箱番組のスポンサーということになる。あるときボクが「おーい、山岡」と呼んでいたら、側にいた営業部員に「山岡とはなんですか」となじられたことさえある。「あいつは、学校の同級生なんですよ」と説明したが、思えばあのころのスポンサーは偉かったのだ。

山岡の父君は読売新聞の副社長だったから、早稲田の新聞科を出たら当然読売へゆくものと同級生は皆思っていた。ところがまったく畑違いの電機会社に入り、しかものちに宣伝部長にまで出世するのだから、彼の選択は正しかったのだろう。プロレス中継中飛び散ったリング上の汗や血を、休憩中に三菱の電気掃除機でクリーンにするという彼のアイデアが当たって、ベストセラーになったらしい。山岡にはのちにボクが書いたTBSのテレビ・ミュージカルを買ってもらって、民放祭に出品したこともある。賞は取れなかったが、面白い作品だった。また、ずっと下って一九九〇年代に、ボクと二人の娘で歌った「ファミリー・ビジネス」というCDは、彼が社長をしていたメルダックから出した。

本職のジャズは、評論よりもむしろプロデューサーや構成・演出の仕事のほうがずっと多くなった。いちばん話題になったのは、今でいう五月のゴールデン・ウィークに、有楽町のビデオホールで行った「ヴィデオ・ジャズフェスティバル」だろう。これは当時ホールの次長をしていた藤田潔(現ビデオ・プロモーション会長)と二人で練りに練ったアイデアで、ヴィデオ・ジャズ・リサイタルの五十回記念として三日間興行を打った。ボクの企画・構成・演出で、ディキシーからモダン・ジャズまですべてを網羅《もうら》、しかも最終日の五月七日には、オールナイト・ジャム・セッションを行った。ジャム・セッションはジャズ用語で、ミュージシャンが皆飛び入りで、えんえんアドリブを続ける。モダン・ジャズは一九四〇年代なかばのニューヨークでのジャムから生まれたといわれる。

ホールの廊下にバーとおにぎりスタンドをつくり、出演ミュージシャンは飲み放題食い放題とした。これはニッポン放送が生中継し、日本ビクターがLP化するための録音をした。

ボクは日本のジャズメンのために採算を無視して仕事をつくってきただけに、ほとんどすべてのプレイヤーが参加して大いに盛り上がった。新聞や雑誌にも取材され、当時流行したファンキーという言葉とともに、ボクの名も喧伝された。明け方の舗道を有楽町のほうに歩きながら、ボクはファンキー・ブームの到来を感じていた。

ジャズ評論家としての全盛期

前にも書いたように、ボクはロカビリー・ブームに対抗してジャズの灯を守ろうとしたために、どちらかというとアンチ・ナベプロ派といわれていた。しかしファンキー・ブームの到来で、渡辺プロとしても大橋巨泉の存在を無視できなくなってきたのである。この年（一九六〇年）の六月の最終週、日劇で「ファンキー・オールスター・ジャズ」が催されたとき、ボクは頼まれてオールスター・ジュニアを編成した。これには当時の若手ミュージシャンの有望どころはすべて参加し、なんと日劇の舞台にハードバップのサウンドが鳴りひびいたのである。

今は亡き渡辺晋さんは本当に心の広い人であった。「なぁ、巨泉。いろいろ言いたいことはあるだろうが、これはジャズのためであり、ジャズメンのためなんだよ。協力してくれないか」。考えてみれば早稲田の先輩である。二人だけで話すと、いつも優しい先輩であった。当時は人気上昇中の白木秀雄クインテットがナベプロ所属で、ボクは白木と親しかったので、白木もボクとナベプロが和解したのを喜んだ一人である。

夏になると藤田潔の別のアイデアが実を結んだ。サントリーと組んで、ウイスキーの樽の形をしたワゴン車に乗り、リゾート地を演奏して歩く「ファンキー・キャラバン」の編成である。この構成・演出もボクが担当し、ジョージ川口とビッグ・フォー・プラスワン、白木秀雄クインテットらの人気バンドを乗せたわれわれは、軽井沢、芦ノ湖、河口湖、江の島などをキャラバンし、若者たちを熱狂させた。ファンキー・ブームは止まるところを知らなかった。

ボクは仕事に困らなかった。現在手元にある資料だけでも、七月には「小野満・北村英治のジョイント・リサイタル」（サンケイ・ホール）、白木秀雄クインテットを中心とする岡山ジャズフェスティバルの構成・演出（後者は司会も）をこなしている。十月には三日間の読売ホールでのジャズフェスティバル「モダン・ジャズのすべて」の構成・演出、さらにヘレン・メリルのコンサートも手がけた。彼女を呼んだスワン・プロモーションの社長樋口久人はミュージシャンの出ですぐに気が合い、その後も彼の呼ぶサム・テイラー、トリオ・ロス・パンチョス、ザ・プラターズなどの演出や司会をしたものである。

十二月には渡辺貞夫をフィーチュアした八城一夫トリオと北九州を旅し、押しつまった三十、三十一の両日は読売ホールで「'60の日本ジャズ総決算」なるコンサートの構成・演出をした。一九六〇年といえば安保闘争で知られる年であるが、大橋巨泉が最もジャズで輝いていた年でもあった。なんとビジネスにも手を出していたのである。

話は夏に戻る。のちにボクのバンド、ザ・サラブレッズのリーダーとなる杉原淳から電話があった。一九五三年に高校生ですでに登場した杉原とはなんと五十年を超えるツキ合いになるが、このころの彼はイースト・サウンズというバンドのリーダーで、若手テナーサックスのトップにいた。なんでも彼の後輩が鎌倉に住んでいて、由《ゆ》比《い》ケ浜《がはま》の海の家の一部を安く借りられるから、そこで夏の間ジャズ喫茶をやったら入るんじゃないかというのである。ファンキー・ブームだから、大橋さんのもっているハードバップのLPをバンバンかけたら、客がジャンジャン入ってドンドン儲かる……はずであった。

実際は、由比ケ浜はファンキーとは無縁の場所であり、狙った客はほとんど寄りつかなかった(土、日はまだ入ったが、週日はひどいものであった)。それでも売り上げゼロということはなかった。近所に銀座のゲイ・バー「青江」の支店があり、そこのオネエさんたちが、うちで働いていた若いボーイが可愛いと言って必ず来てくれたそうである。たしか七万円の欠損で、杉原は降りますと言った。翌六一年の夏、ボクはこりずにギターの沢田駿吾とピアノの三保敬太郎の三人出資でもう一度トライしたが、欠損は大きくなるばかりでとうとう投げ出した。

今ここに『戦後史グラフィティ』という、話の特集社から一九八九年に出版された本がある。色川武大《いろかわたけひろ》、長部日出雄《おさべひでお》、村松友視の三氏が戦後を三つに分けてそれぞれの時代を書いている。和田誠さんの絵も楽しく、たいへん面白い作品になっている。その中にこの店が登場する。長部さんの文章を引用させていただく。

「安保闘争の大波が、いちおう去った夏、鎌倉の由比ケ浜に並ぶ葭簀《よしず》ばりの小屋で、『ファンキー』という名のモダン・ジャズ喫茶を訪ねた。

店を経営している若いジャズ評論家に、そのころ起こった〝ファンキー・ブーム〟について聞くためだった。

『ファンキーとは、根底に黒人特有のブルーなものがあって、しかも大らかで明るい感じ』と説明しながら、海水パンツひとつの巨体で、砂浜に坐っていた男は、なんだかひどく憂鬱（ブルー）な感じに見えた。

今いかにも大らかで明るい独特の発声で、手がける番組をことごとくヒットさせていく大橋巨泉をブラウン管で見ていると、あのあとでなにかふっ切れたんだろうな、とおもう」

ボクはこのインタビューをまったく憶えていないが、作家の眼の鋭さに脱帽した。このころのボクは、結婚生活、子供のいる生活に息がつまり、この店をやったのも家を抜け出せる絶好の言い訳になるからであった。

明けて一九六一年、正月早々アート・ブレイキーがジャズ・メッセンジャーズを率いて来日し、サンケイホールはファンキー・サウンドに沸きに沸いた。ボクは「ジュークボックス」誌にコンサート評を書いているが、もうすでにファンキー・ブームの先行きについて疑問を投げかけている。彼らがファンに迎合して単なるブロー・ジャズ(昂奮を呼ぶための単調なくり返しフレーズ)に陥る危険があることを警告しているのだ。そしてこの心配は不幸にして的中し、戦後の第二次ジャズ・ブームはこのときを頂点として、坂道をころげ落ちてゆくのである。今冷静にふり返ってみると、かなり難解な音楽であるジャズが、ポップスやロックのような大衆的流行音楽になるべくもなかったのだ。そしてこれはジャズにとっても決して悪いことではなく、次第にすぐれた鑑賞音楽として深く日本人の間に定着してゆくのである。

ボクはもちろんジャズを主な仕事としていて、前の年につづいて、この年も各地労音をはじめ、多くのコンサートを手がけたり、評論も書きつづけていた。そのうえファンキー・ブームのおかげで知名度も上がり、他のマスコミからも仕事の依頼がくるようになった。手元に残っているだけでも、この年の「人間専科」の新年号に、大藪春彦、永六輔の両氏と新春放談のタイトルで鼎談《ていだん》をしたり、「笑の泉」「マンハント」などにエッセイを書いたりしている。

一方テレビのほうは、五月に『あなたとよしえ』が始まった。これは草笛光子さんの結婚で終了した『光子の窓』につづく、井原高忠氏の作品で、今度は最初からボクは構成作家の一人として名を連ねた。このころはすでに訳詞家としてのボクの力量は日本テレビで定着し、多くの音楽番組から声がかかった。思い出すだけでも『魅惑の宵』『茶の間のリズム』『ハニー・タイム』『シャボン玉ホリデー』『ウィークエンド・イン』『寿美花代とともに』などがある。ディレクターは皆顔なじみであり、依頼があれば気軽に引きうけた。こちらとしては率の良い臨時収入であり、あちらにしてみれば非常に便利な存在だったと思う。この数年の間、ボクは週に何回も日本テレビの音楽部に顔を出し、すでにスタッフの一員のようであった。

四月に次女の千加が生まれたが、大橋家の経済は安定していた。長女をおばあちゃん子にしてしまった反省から、次女のときはよく面倒を見た。おムツも取りかえたし、おフロに入れたり、寝かしつけたり、ボクとしてはかなりの努力をした。そのせいか、この娘はいまだにボクによくなついている。やはり幼時のスキンシップというものが、親子の関係にはいちばん大切なのだろう。しかしそうした意味では、トータルに見るとボクには父親になる資格はなかったと思う。

ギョロナベとの交遊

それまで日本テレビ一辺倒だったボクが、ＴＢＳ（当時は東京放送――ＪＯＫＲといった）の仕事もするようになったのは、残念ながら一九九六年に世を去ってしまった渡辺正文との交遊が始まったこの年（一九六一年）のことだったと思う。

最初の出会いは二年ほど前の五九年だったように憶えている。のちにＴＢＳの演出部長になり、「女の意地」や「赤坂の夜は更けて」などのベストセラーズの作曲家としても有名になる鈴木道明さんから電話があった。鈴木さんは早大の先輩であり、ジャズの造詣も深かったので、以前から面識はあった。良いものを見せてあげると言われてＴＢＳに出かけると、アメリカから買い入れた三分から五分くらいのフィルムを見せてくれた。ポピュラーものも入って玉石混淆《ぎょくせきこんこう》ではあったが、エリントンやベイシー、キング・コールやペギー・リーなどのすばらしい作品も混ざっていた。このときジュースだかコーヒーだかを試写室まで運んできたのが渡辺君だった。眼のギョロっとした（のちに彼は「ギョロナベ」と呼ばれるようになる）、痩せた青年で、鈴木さんからは「こいつは慶応だが、ピアノをひくし、ジャズも結構わかってる」と紹介された。

その彼（二人は一生「ナベ」「巨泉」と呼び合った）から連絡があり、会いたいと言う。『あなたとよしえ』を見て、一緒に仕事をしないかと誘われた。いよいよ自分がディレクターとなって音楽番組を始めたのだが、もっと本格的なものをやりたいというのであった。TBSにも足場をつくりたかったボクは、一も二もなく引きうけた。

鈴木道明さんがプロデューサーとしてつくる音楽番組は、荻原啓一さんや碧海《あおみ》康夫さんあたりがディレクターをやり、ナベはAD（アシスタント・ディレクター）かフロマネ（フロア・マネジャー）という役どころであった。

前にも書いたが、あのころのテレビはほとんどナマだったので、いろいろなハプニングがあった。あるとき鈴木さんは、オールスター・ジャズの番組をつくった。ボクもスタッフの一人として（構成か訳詞か忘れた）スタジオにいたが、番組も終わり近くになって問題が発生したのである。タイム・キーパーが突然叫んだ。「あら、五分足りない！」。つまりこのままでは五分前に番組が終わってしまうのだ。

「巨泉、なんとかしろ！」との先輩の命で、ボクはスタジオに降りた。なんとかカメラに映らないように這《は》い廻《まわ》りながら、バンドのメンバーに曲目（「インディアナ」だったと思う）を告げて廻り、ジョージ川口さんにドラムのイントロを四小節、つづいて合奏からソロをまわし、エンドレスで演奏するよう頼んだ。百七十八センチの長身が、このときほど恨めしかったことはない。それでも無事に番組が終わり、鈴木さんにホメられたときはうれしかった。口は悪いが本当は優しい先輩ではあった。

ボクとナベとの公私にわたるツキ合いは、これから五、六年にわたって親密につづいた。何本番組をやったか憶えていない。ほとんどは数字（視聴率）の取れない番組だった。この男はハナから数字を気にしていなかった。音楽的内容の高い、洒落《しやれ》た番組をつくりたがった。泥臭い内容で当たっても意味がないと思っていたフシがある。

それでも番組が廻ってくるのは、抜群の営業力？であった。したがってスポンサーを探してくるのだか　ナベは当時電通の天皇といわれた吉田秀雄氏の甥っ子であった。

サー探しには十分すぎるコネをもっていた。自分でスポンサーを探してくるのだから、編成・制作も文句のつけようがない。しかもそのスポンサーは、数字はそこそこで良いから、当社のイメージを損なわないような質の良い音楽番組をつくってほしいというところばかりである。ナベはボクには何でも打ち明けたから、今度の番組はこの線から外れなければ大丈夫というような指示を出すときは、大体スポンサーの好みを意味していた。

彼の好みは、ビング・クロスビー―ボブ・ホープのコンビやディーン・マーチン―ジェリー・ルイスの底抜けもののような、軽いコメディー・タッチで、唄はペギー・

リーを頂点としていた。「重さ」「泥臭さ」を嫌い、「軽さ」「洒落っ気」を重視した。ビリー・ホリデイ狂のボクとは意見が合わないこともあったが、それ以上に二人の気が合った。

大酒呑みで何でも食べるボクと、下戸で好き嫌いの激しいナベ。しかし共通点も多かった。音楽と映像が大好きなこと、〝面食い〟であること、ギャンブルやスポーツが大好きなことｅｔｃ．……だったのでプライベートでも、ほとんど一緒だった。

ゴルフやボウリングはボクのほうが上になったが、スキーはナベのほうが巧かった。よくスキーに行った。冬場にナベとキョセンを探すなら、岩っ原のロッジに電話しろと言われたほどである。ギャンブルは互角と認め合っていたが、麻雀は僅差でボク、ポーカーは微差でナベに分があったか。

数年を経た一九六四年、ついに二人は『踊るウィークエンド』というヒット番組を出した。今は亡き坂本九主演の音楽バラエティーである。ボクが『ペリー・コモ・ショー』で学び、井原さんと研究した音楽映像を、ナベと二人でほぼ完成させたと思っている。この番組終了直後、ボクは『11ＰＭ』に出てタレントとなり、二人の仲は次第に遠くなっていった。

十年ほど前ハワイのマウイ島でバッタリ会った。相変わらず美しい女性をつれていた（現未亡人だと思う）ナベは、リタイアしてそこに住んでいたボクに、「巨泉、お前の生き方が正解だったよなあ」としみじみとした口調で言った。もうナベはいない。

ゴルフは怪物

一九六二年の春、ボクの後半生を決定させるようなことが起こる。このころのボクは、すでにテレビ八・ジャズ二のような生活になっていて、日本テレビ（NTV）とTBSに毎日顔を出していた。TBSはナベとの番組だけだったが、日本テレビでは数本の番組に噛んでいたから、すでにスタッフの一人のようであった。特にNTVの音楽の録音を一手に引き受けていた番町スタジオ（通称「番スタ」でNTVのすぐそばにあった）とは、社長以下親しいツキ合いをしていた。

この春、番スタがNTVの音楽部の主だった人々を箱根に一泊旅行の招待をしたとき、ボクもそのメンバーに入っていたのには、そうした理由があったのである。温泉に入って宴会になり、夕食後は麻雀となるいつものコースであったが……。いつもは徹夜も辞さぬ連中が、半荘《ハンチャン》二度くらいで止めようと言う。

「明日は大箱根でゴルフだから、早く寝よう」だと。

ボクはそれまでゴルフと言われると、決まってこう答えていた。

「ゴルフなんて老人のスポーツじゃないか。四十すぎて野球がしんどくなってから始めたって遅くないさ」

一九五七年に中村寅吉・小野光一の日本ティームが「カナダ・カップ」（現ワールド・カップ）に勝ち、しかもトラさんが個人優勝までして、我が国には第一次ゴルフブームが起こってはいた。しかしボクはまだ野球に未練があった。ジャズメンを中心に、ボクが監督・三塁で三番を打つ「イースト・コースターズ」のオーナーとして、毎週神宮や青山の球場で白球を追っていた。

この時代の業界の野球ティームには、作家のキノトールさんを中心とする「東京ライターズ」、日本テレビの「イチャモンズ」、モデル・グループの「ＳＯＳ」などがあり、ボクらは後二者とは定期戦をもっていた。イチャモンズには浦和高校のエースだった井谷田君（ＮＴＶ美術部員）という速球投手がおり、ボクらは彼に備えてバットを短くもって特訓をした。ボクの手には、初めて彼の外角球をセカンドの頭の上にもっていった感触がいまだに残っている。ボクは毎年三割以上を打ち、信じられないだろうが盗塁王であった（足はそれほど速くないが、モーションを盗む技をもっていた）。

そんなボクの気持ちがぐらついていた。

あまりにも楽しそうなゴルフの会話に、つい「オレもやってみようかな？」とぽろりと洩らしたボクの言葉を聞き逃さなかったのは、のちにボクとは金曜イレブンのコンビとなる横田岳夫であった。

「巨泉、始めろよ。オレが面倒みるから。ゴルフは面白いゾ」

この一言が決め手となった。

横田岳夫君はボクとは同年（ただし遅生まれなので学年はボクが上）で、声楽家の四家文子さんの長男で慶應ボーイである。考えてみると不思議なことに、ボクの仕事上のコンビは慶応が圧倒的に多い。今まで登場した、井原高忠、渡辺正文両氏とも慶応出身である。

横チン（横田君の愛称）はボクをアメ横につれてゆき、国産のハーフ・セットを買わせた。ドライバーにスプーン、アイアンは3、5、7、9番で、それにサンドウェッジとパターをつけて、計八千円だったと記憶している。モノの安い時代であった。今ではアイアン一本買えまい。

次にボクをつれていったのは、四谷の上智大学の運動場で、当時はゴルフ練習場としても使われていた。そこでボクが経験したことは、ほとんどの読者の初体験とまったく同じであろう。長年野球で三割を打っていたボクとしては、カーブしたり、ホップしたりする球を打っていたのである。止まっている球などなんでもないと思ったが、これはとんでもない間違いであった。第一打は無惨な空振り、ボールは動こうともしない。つづく二打でボールは動いたには動いたが、それはクラブに当たったからではなく、マットを激しく叩いたので、その震動でマットの外に出ただけであった。

これからゴルフを始める読者がいたら、まず肝に銘じてほしい。野球の打撃とゴルフは、ほとんど関係がないのである。一言で言うなら「野球は打つもの」で、「ゴルフは振るもの」である。それどころか「ゴルフに打つという動作はない」という金言があるくらいである。

ところが悲しいかな、野球をやっていた人はとにかく打とうとしてしまうのである。「打とう」「当てよう」とすれば、金槌で釘を打つのと同じ動作で、どうしてもクラブは外から入ってしまう。これがひどいスライス・ボールを生むのだが、それを直そうと思って今度は手首を使う。すると左のほうへスッ飛んでいってしまう。これではフェアウェイにゆくわけがない。ボクの初ラウンドもたしか130をわずかに切ったくらいだったと思う。

ここでゴルフをやめてしまう人は、まだ幸せである。スライスとか引っかけの中間には、まっすぐ行くときがある。長いパットが入って初めてパーでも取ると、もう立派なゴルフ病患者である。

残念ながらボクは後者であった。のちにセミ・リタイアを宣言したとき、よく人に言われた。「もっとゴルフをやりたいがために、人気番組を全部降りるなんて」。理由は簡単、ゴルフは思いどおりにならないし、奥が深すぎるからである。ボクにとって人気番組をつくることのほうがずっと易しかった。テレビはもう十分やった、という思いであった。ボクにテレビまで捨てさせた怪物ゴルフとの出会いは二十七歳（二十八になっていたかも）のときだったが、話を仕事に戻そう。

『昨日のつづき』

一九六〇年代の日本のミュージカルといえば、東宝、そして菊田一夫氏が支配？していたと言っても過言ではない。われわれはテレビの音楽番組はできても、舞台の本格的ミュージカルには手が出なかった。才能はあっても金がなかった。

前年（一九六一年）あたりから、ミュージカルをつくりたいという若いスタッフが集まっては、夢を語り合っていたが、ついにこの年（一九六二年）の春、グループを旗あげするところまで漕ぎつけた。集団の名前は「ハイ・ノーズ」、直訳すれば高い鼻——金はないが志は高くという意味がこめられていた。なにぶん資料が残っていないので、間違っていたらお許し願いたいが、ボクの記憶では次のような人々が参加していたはずである。

演出家として井原高忠、横田岳夫、渡辺正文。プロデューサーとして樋口久人。作家としてキノトール、三木鮎郎、永六輔、前田武彦、青島幸男。作曲家として前田憲男、三保敬太郎、広瀬健次郎。振り付けの浦辺日佐夫、照明の赤司彰三、装置の真木小太郎（マイク真木の父君）等々である。

しかしこの集団は、たった一回の公演をしただけで解散してしまう。理由はなんと言っても金も小屋もない、いわゆる素人の集まりにすぎなかったということだろう。一回でも公演できたことで、もって瞑《めい》すべきか。

この公演はたしかこの年の四月、三日間にわたって東京のサンケイホールで行われたと思う。作品は大橋巨泉作、井原高忠演出の『砂とコンクリート』。音楽は前田憲男で振り付けが浦辺日佐夫というスタッフであった。主演は水谷良重と藤木孝に藤村有弘、スタジオNO1ダンサーズというキャストである。

物語は簡単で、ミュージカルのスターである藤木が、海辺の寒村で良重を見つけ、大都会につれてくる。田舎娘の彼女に知識・教養を与え、ようやくスターとして完成させたと思ったときに、彼女は耐えられず田舎に帰ってしまう。何やら『マイ・フェア・レディ』に似ているが、実はストーリーなど重視していなかった。物語が中心で音楽が貧弱なそれまでのミュージカルのアンチテーゼとして、ミュージカルの中心は音楽ということを示したかったのである。

お客は入ったが採算はとれなかった。それでも充実感はあった。ボクはテレビとミュージカルにどっぷりとつかり、ジャズはどんどん遠くなっていった。小田原労音の会報の六月号が残っていてそこにボクは近況を書いている。それによると、ボクはゴルフに夢中でゴルフに明け暮れているとある。ジャズはすでにペットであり、仕事はラジオ、テレビ、ミュージカルと書いてある。これはボクの結婚生活の危機を意味していたのだが、若いボクはまだ気がついていなかった。

ボクとマーサ三宅は、ジャズを介して結ばれた夫婦であった。ボクは彼女にジャズ歌手としての素質を認め、日本一にしようと思った。彼女は十分それに応え、今やトップ歌手に成長した。ところがボクはジャズから遠ざかろうとしていた。ジャズは大好きである。しかし仕事は限られている。一家五人の働き手としてどんどん仕事を拡張してゆくうちに、テレビやラジオのほうにとり込まれてしまったのだ。

前にも書いたように、次女の千加の面倒はよく見たボクであったが、それもだんだんできなくなった。ジャズ評論であれば、極端な話、片手間でも書けた。労音や音協のコンサートの仕事も、それほど苦労はない。ボクの顔でバンドも歌手もいくらでも揃った。問題はテレビの本である。こちらは未知の分野であるし、相手が井原、渡辺と妥協しないディレクターである。選曲や構成やギャグなどに頭を絞った。家にいると可愛い盛りの娘がまとわりついてくる。仕事にならないから、外に出るようになる。NTV関係ではフェアモント・ホテル、TBSでは赤坂寮や赤坂旅館にカン詰めになることも多くなった。

タイミング悪く、ゴルフに夢中になってしまった。たまの休みですから、親子四人でどこかへと言っている日にコンペが入る。どうしてもそっちへ行くことが多くなる（仕事がらみもある）。それでも上野の動物園へ行ったりしたが、長続きしなかった。とにかく新しい仕事が面白くて仕方がないのだ。

一方マーサのほうはジャズの仕事ばかりである。当然すれ違いが多くなる。ただ彼女にとってジレンマであったことは、井原さんにしてもナベにしても、前に述べたNHKの菊池プロデューサーにしても、ときどきは彼女にも出演のチャンスを与えてくれる大事な人でもあったのだ（事実ボクが台本を書いて彼女が出演したNHKラジオの『コールポーター物語』は大好評を得た）。だからそういう人たちとの仕事をしないでとは言えなかったのである。そうしてゆくうちにも夫はどんどん離れてゆく。今ふり返ると彼女のつらい立場は非常によく解る。
野方《のがた》の家が水害に遭って、ボクたちは同じ中野の沼袋《ぬまぶくろ》に家を買い替えた。このとき二百万ほど金が足りず、ボクは父のところに出掛けた。父は愛さんというパートナーを得て、麴町で再婚生活を送っていた。事情を説明して月賦で返済しますから貸してくださいと頼むと、父は二つ返事で貸してくれた。金に困ってでないことは彼がいちばんよく知っていたのだ。三年ほどで完済したとき、ボクは別に十万円包んで「利子ではなく、ボクの気持ちですから」と言うと、「バカヤロウ、こんなもの要らねぇよ」と言いながら、父はとても嬉しそうだった。ボクも嬉しかった。

一九六三年（昭和三八年）は、結婚生活の危機を内蔵しながら過ぎてゆく。ジャズのほうでは相変わらず労音の仕事が多く、横浜労音と東海労音（小田原、熱海、沼津、静岡、浜松など）はほぼ定期的に行っていた。七月には稲垣次郎リサイタルの構成をしたが、ここでデビューしたての新人トランペッターと出会う。今や世界的なミュージシャンに成長した日野皓正である。ボクはこの若者にしびれ、十月の小田原労音の白木秀雄クインテットにゲスト出演させ、プログラムに「今年出現した驚異的ニュースター」と紹介している。ビデオ・ホールにも定期的に顔を出していたが、ここでひとつの転機が訪れる。

前に書いた現ビデオ・プロ会長の藤田潔と打ち合わせが終わってホールをのぞくと、ラジオの番組の録音が行われていた。永六輔と前田武彦が若い女性をアシスタントとして放談する『昨日のつづき』というラジオ関東のトーク番組である。もちろんこの二人とはテレビ局で顔馴染みであったから「巨泉、ちょっとしゃべっていかない？」などと誘われて、無料出演したこともあった。ディレクターは染谷さんという温厚を絵に画いたような方で、今は電波関係の大学で教鞭をとっておられると聞いている。

あるときその染谷さん（われわれはソメちゃんと呼んでいた）から電話がかかってきた。「明日ホールに来ていただけませんか」という。理由は、「永さんが突然番組を降りてしまったので、代役は巨泉さんが良いと前田さんに言われまして……」と申し訳なさそうな声であった。番組に穴があいてはと、仕事の都合をつけて駆けつけ、一週間分の収録をした。

永ちゃんの衝突――降板癖は、このころから業界では有名であった。もう時効だから書くが、『光子の窓』を降りたときもそうだった。永ちゃんは六〇年安保のデモに行っていて台本が遅れた。井原高忠さんが怒って「アンポと番組とどっちが大事だ!」と電話すると、「それは当然アンポです」と永ちゃんは答えたという。妥協をしない男であった。そのときもこのときも、ボクは彼の代役をして、そのまま後釜に座ることとなった。先日NHK・BSの彼の番組にゲスト出演した際、この話をして大笑いになった。「最近は降りなくなったの?」というボクの問いに、この天才はにっこり笑って答えた。「うん、あんまりやらなくなった」。

さいわいボクが加わった『昨日のつづき』は好評で、二、三年やったように思う(ボクが抜けたあとは、はかま満緒君が入ったはず)。政治・経済からスポーツ・芸能まで、なんでも切りまくるこの番組を聞いて育った人たちは今五十代から六十代。先日もゴルフ場でそんな一人に会った。のちの『ゲバゲバ90分!』の下地は、この番組でできたのだと思う。

裕次郎の兄弟ゲンカ

一九六三年の秋、日本テレビの井原高忠さんから電話があり、会いたいと言う。井原さんとは『あなたとよしえ』が終わったあと、この年の夏『夜をあなたに』という音楽番組を二人でつくった。ワンクール(三ヵ月)くらいのつなぎのような番組であったが、それだけに数字(視聴率)にこだわらず、凝りに凝ったゆえか、なんと「テ

『昨日のつづき』の一コマ、(左から)著者、富田恵子氏、前田武彦氏

レビ記者会賞」を取ってしまった。水谷良重と藤木孝にスタジオNO1ダンサーズ、ボクの唯一のミュージカルと同じキャストである。

井原さんは開口一番、「『今晩は裕次郎です』見てる?」と聞く。「うん、一、二回見たけどつまらなかった」と答えると、「そこなのよ、かあさん」とおカマ言葉になった。ボクたちが当時おカマ言葉でしゃべっていたのは、故藤村有弘の影響である。今でこそ市民権を得たおカマ・バーも、当時はまったく蔭の存在でしかなかった。しかしゲイの連中の会話の面白さを認めていたボクたちは、よくバンサ(藤村の愛称)に連れられて、新宿あたりのゲイ・バーに遊びにいったものである。彼らとの会話を通じて、このやわらかい喋り方がスタジオの荒ぶった雰囲気を和らげる効果があることを悟ったわれわれは、いつの間にか使うようになった。今でも前田武彦と会えばこの口調になる。良重が水谷八重子を襲名したときのパーティーで、ボクは彼女を抱きかかえて「ねえさん、おめでとう」と言ったものだ。するとこの座長女優はボクの耳に「かあさん、ありがと」と答えを返した。あと何も言わなくても、気持ちは通じ合ったのである。

映画の大スター石原裕次郎の初のテレビ番組は、鳴りもの入りで日本テレビ系で始まったのだが、評判は今イチで、視聴率も下り坂であった。そこで上層部がテコ入れを命じ、井原・大橋の受賞コンビに白羽の矢が立ったのであろう。テコ入れの成功率はこの世界では低い。ボクの中にはためらう部分もあったが、裕ちゃんともう一度——しかも今度はテレビというボクの土俵で——仕事ができるという魅力もあった。そのうえ井原さんのこの言葉は強いインパクトをもっていた。「これは石原プロ払いだから、ギャラは0《ゼロ》がひとつ多いと思うよ」。

よく憶えていないが、当時の三十分番組の構成料は五千円か六千円だったと思う。それが二万とか三万とかいう数字であった。ボクは結局引き受けたが、これは褌《ふんどし》をしめ直してかからねばと心に誓った。業界中が注目していると思った。これにボクの放送作家としての将来がかかっていると考えた。特に一本目は必死の思いで書いたのである。番組の評判が良くないのは、裕ちゃんの司会が下手だからというテーマで、小島正雄さんを始め司会の達人が司会術を教えるというプロットであった。ボクは裕ちゃんと会った。

「嵐を呼ぶ男」以来、六年ぶりの再会であった。井原さんを筆頭とするスタッフとの公式な打ち合わせのあと、石原裕次郎とボクは酒を飲みながら語り合った（井原さんは酒を飲まない）。ボクは裕ちゃんに、映画とテレビの違いを訴えた。のちにボクは「映画は監督のもの、テレビはホストのもの」という金言を掲げたが、セリフを言うのではなく、もっと自分の言葉で語ったほうが良い。ショウの流れを自分のリズムで進めるべきだ。いろいろ言った。裕ちゃんはもっぱら聞き役であったが、とにかく「やれるだけやってみます。よろしく頼みます」ということで別れた。

一本目「司会（四海）波高し」は非常に好評であった。裕次郎の新しい面を見た、という評もあった。二本目にボクは、雪村いづみをゲストに迎え、二人のヒット曲をお互いが歌うという構成にした。番町スタジオでの録音は、「嵐を呼ぶ男」のときよりスムースだった。裕ちゃんの大ヒット「錆びたナイフ」をトンコ（雪村の愛称）が歌うのだが、ボクは替え歌で「砂山の砂を指で掘ってたら、真っ赤に錆びたジャック・セラーが出てきたよ」と歌ってみせた。ジャック・セラーとはトンコと離婚したアメリカ人の名前である。裕ちゃんもトンコもスツールから落ちそうになって笑った。なごやかな雰囲気がスタジオに満ち、すばらしいメドレーが出来上がった。裕ちゃんは次第に乗ってきて、好評裡に番組を終えることができたのである。

この数ヵ月は本当に楽しかった。二人は非常に気が合い、しょっちゅう一緒に遊んだ。赤坂のクラブ・リキ（力道山の店）が多かったが、明け方まで飲んだこともある。ボクも強いが、裕次郎も強かった。二人とも乱れないので、バカ話とともに真面目な話もした。あるとき再び映画とテレビの話になり、裕ちゃんは「やっぱり、オレは映画のほうがいい」と言った。ボクもそう思った。あれから死ぬまで、彼は二度とテレビのショウをやろうとはしなかった。理由はボクがいちばんよく知っているつもりである。

ギャンブルもやった。当時四谷に「エキゾッカ」という会員制のクラブがあり、麻雀やポーカーのできる部屋をもっていた。ここによく行ったが、あるとき芦田伸介、立川談志とボクたちというメンバーでテーブルを囲んでいた。ふと呼ばれて裕ちゃんはバーのほうへ立っていったが、残った三人は激しい口調で言い争う声を聞くのだった。それは裕次郎と兄の石原慎太郎氏のものであった。

「あんな連中とつき合っているから、お前最近ダメなんだ」という声をはっきり聞いた。

「いくら兄貴でも、オレの友達はオレのもんだ。そこまで言われるいわれはない！」。そう言う裕ちゃんの声も聞こえた。

席に戻ってきた石原裕次郎の顔は、かなり赤味がさしていた。兄との口論の余韻が残っていた。

「すみません。お聞き苦しいところを聞かせてしまって。兄も悪気はないんですが……。けったくそ悪いから場所を替えましょう」

芦田伸介、立川談志と四人で替えた場所は、新橋で（のちにヘンリー・ミラーと結婚した）ホキ徳田がピアノを弾いていた場所だったように思う。この夜珍しく裕ちゃんは酔った。後年、慎太郎氏が書いた『弟』という本をボクは読んでいないが、仲の良かったこの兄弟の間にも、他人がうかがい知ることのできない葛藤があったのではないかと、ボクはこの事件から考えている。

　とにかくボクは裕ちゃんが大好きで、番組が終わってからもツキ合っていたのだが、この出来事以来すすんで連絡するということをしなくなった。もちろん偶然出会うことはあった。岩っ原のスキー場でボクが新雪につっこんで転倒し、眼鏡がふっとんで困っていた。強度近視のボクにとって銀世界での探しものは困難を極めた。ふと目の前にストックにひっかけた眼鏡がぶら下がっていた。

「これ探してんでしょう？」。懐かしい低音とともに裕ちゃんが笑っていた。

「曲がろうとするからいけないって言ったじゃない。スキーは直滑降ですよ。じゃまたあとで」

ロッジめがけて裕ちゃんは直《ちょ》っ滑《か》っていった。いかにも彼らしいが、足でも折らなければいいがとボクは案じていたら、一週間後、石原裕次郎スキーで骨折のニュースを読む羽目になった。

こんなこともあった。ボクは一九五九年ごろから車をもっていたが、ずっと無免許であった。これには訳があって、免許を取りには行ったのだ。ところがボクは両眼で〇・八まで見える（もちろん眼鏡使用で）のに、左が〇・六しか見えないのでダメだと言われた。両眼とも〇・七以上ないといけないという。ボクは両眼で運転するのになぜと食い下がったが、答えはまったく官僚的で冷たかった。腹を立てたボクは、無免許で運転してやろうと心に決めた。

しかし、時がたてばつかまる。この間二度つかまって、罰金は倍増していた。裕ちやんは「オレの運転手はまえ、鮫洲《さめず》の試験場にいたから顔が利く。待たなくても済むようにするから行ったほうが良い」と言ってくれた。ボクも懐が痛くなったので、厚意に甘えることにした。まず両眼とも〇・八以上見える眼鏡をつくり、鮫洲へ行った。一発合格であった。それもそのはず運転はすでにベテランであった。

ボクがテレビで有名になってから、新幹線でバッタリ会ったことがある。裕ちゃんの挨拶は「ご活躍で」であった。こうした物言いが大好きだった。最後にゆっくり話したのは、病を得て熱海の病院に入っていた彼を、伊東に住んでいたボクが見舞ったときだったが、生かしておきたい男であった。

生活費をギャンブルで稼ぐ

この間もボクはゴルフに熱中していた。前年（一九六二年）の秋、ボクが理事長になってＭＪＣ会（モダン・ジャルフ――ジャズとゴルフをくっつけた造語――クラブ）というのを旗あげした。ここには各放送局の音楽関係のスタッフ、ジャズメン及び歌手、そしてその友人たちが加わり、多いときには五十人近いメンバーがいた。毎月各ゴルフ場で例会を行い、年一回のグランド・コンペもあった。なぜか残っている記録を見ると、堀威夫、作曲家の服部克久、ジャズメンでは小野満、西条孝之介、杉原淳らに交じって渡辺貞夫の名も見える。ただしハンデ36でまったくの初心者であった（現在のナベサダは確か12くらいのハンデのはず）。夭折した美声歌手の中島潤、デューク・エイセスの谷、吉田両君はほとんど毎月出場した。

先日も若いゴルフ仲間との話に出てきたのだが、当時と今とどちらのゴルファーが恵まれているのだろうか。道具に関しては断然現在のほうが上だ。しかし他の面では四十年前のほうが良かったとも言える。まずゴルフが安かった。世田谷区にあった砧《きぬた》ゴルフ場は9ホールで五百円、八千代パブリックCCは八百円（18ホール）、藤沢パブリックは千円（同）だったと思う。いろいろな経費はついていなかったし（税金も安かった）、だいいち食事も安かった。キャディーは一人に一人ついたし、二人に一人だと割引であった。

高速道路なんてなかったが、車の絶対量が少ないので、所要時間はそんなに変わっていないし、帰路は現在のほうがかかると思う。だいいち砧や芝（ただしショート・コースで今の東京プリンスホテルのところにあった）でゴルフができたのである。東京都の意向で、砧ゴルフ場が都民公園になるとき、ボクはテレビで反対意見を述べたが、所詮かなわぬ話であった。

あれから四十年、ボクは二、三回あの公園に足を踏み入れた。いつも閑散としていた。一度などは初夏だったゆえか、ゴム製品が捨てられていた。もしゴルフ場として存続していたら、もっと都民に有効に利用され、しかも都の財政を助けたような気がする。車に乗ってわざわざあの公園に行こうという人は少ないだろうから、ほんの近所の人々の役にしか立っていないのが現実だろう。

ゴルフ場を金持ちの遊び場、自然の破壊者のようにしてしまったのは誰なのか。もちろんゴルフ場で一攫千金を夢見て自然を毀した不心得者も多くいたに違いない。しかしそれはゴルフ場が悪いのではない。老人福祉を食いものにする輩さえいるではないか。バンクーバーやホノルルの都心にある市民のための安いゴルフ場を見るにつけ、庶民の健全なスポーツとしてゴルフを見られなかった日本の不幸をつい考えてしまうのである。

順調にゴルフも上達し、一九六三年の八月には初めてハーフ39を出すまでに至ったのだが、六四年の夏にはまた逆戻りすることになる。それは危機的な状況を迎えていた結婚生活と関係してくる。

前にも書いたように、ボクの仕事がジャズからテレビ、ラジオのほうに移るにつれ、ジャズ歌手である妻とはすれ違いが多くなり、仕事上の外泊も増えるようになった。家では仕事ができないし、雑誌と違ってもっと〆切がきつい仕事だけに、イライラして家族とぶつかることも多くなる。かといって家を中心にしていては、新しい仕事についてゆけない。ついにボクは別居したいと申し出た。二回くらい徹夜で話し合ったが、彼女は終始反対であった。これは当然だったと思うが、ボクはこのままではボクも家庭も両方破滅に向かうと信じていた。次善の道を選ぶしかないと決心したボクは、ある日妻に長文の置き手紙を残して、沼袋の家を出た。一九六四年の夏であった。

ボクはこのままでは自滅してしまう、なんとかこの道（放送作家）で成功して家を支えるようになるには、しばらく自由に勉強し、書ける環境に身を置かせてくれ、一年経ったら（二年だったかもしれない）帰ってくると書き残した。当時もっていた日産セドリックに、スーツを二着、シャツや下着、靴下を少々、それに好きなジャズのLPを十五枚もって家を出た。

TBSの渡辺正文のところへ数日世話になった後、赤坂にアパートを借りた。ボクの部屋は二階だったが、なんとその真上の三階にコメディアンの谷幹一が住んでいた。タニカンはよくボクが書く番組に出演していたので、ときどき彼のところで夕食をご馳走になった。あるときそこで彼の親友である渥美清さんと一緒になった。当時

ＮＨＫで永六輔の作品『夢であいましょう』のレギュラーだったこの名コメディアンは、意外と寡黙でシャイな人であった。ボクとタニカンがしゃべり、彼はほとんど聞き役だったように記憶している。そしてこれがボクと寅さんのただ一度（もしかするともう一度こうした機会があったかもしれない）のめぐり逢いである。三十年以上も同じ芸能界にいたのに、思えば不思議なことであった。

この間まったく女性が介在しなかったと言ったら嘘になる。その人はある実業家の想いもので優雅に暮らしていた、細面の美しい人であった。ボクがアパートを借りたので、身の廻りの面倒を見てくれたりしていたが、あるとき住居を探しあてたマーサと鉢合わせしてしまった。彼女は結局旦那と別れてしまったので、放っておくこともできず、かといってここは奥さんに知られているから怖いと言うので、仕方なく麻布に引っ越したが、ここでも隣に芸能人が住んでいた。世の中本当に狭い。

麻布に越したボクの隣にはなんと、いしだあゆみちゃんが両親と妹さんとで住んでいたのである。彼女は十七、八歳だったと思うが、すでにビクターの歌手としてヒットを出し、ボクが書く音楽番組にも出ていた。したがって彼女は、ボクが別居中に女性と同棲していたことを知っていたはずだが、誰にも言わなかった。

別居する条件は、第三者を立てて正式に話し合われることとなった。当時ボクは税務処理上の理由で、エマノン・プロという事務所に所属していた。ここはタレントというより作家や作曲家などが主で、社長の広瀬礼次さんは経理にくわしい人であった。この広瀬さんが保証人になって、月々の生活費を責任をもって家の口座に入れるということで別居が認められたのである。

さあ大変である。当時のボクの収入は、どんなに多く見積もっても十万円には達していなかった。そして家への送金で、そのほとんどが飛んでしまうのである。ボクの性格として判を押してくれた広瀬さんに迷惑はかけられない。社長には事務所に入るボクの収入は、まず家に送金してくださいと言ってあった。すると自分の生活費はどうする？　ボクはすでにプランを立てていた。

もう時効だから書くが、すべてギャンブルからの収入でまかなっていたのである。ギャンブルといっても、麻雀とポーカーの二つであった。ボクの麻雀の腕は、早大時代より格段に上がっていた。それについては、新宿御苑の近くにあった雄飛閣という雀荘を除いては語れない。

それは早稲田を中退する前後、つまり一九五五〜五七年くらいの話である。ここの主人と会わなかったら、ボクの麻雀は学生時代のままで止まってしまったかもしれない。俳優の田武謙三《たぶけんぞう》さんに似たこの人は、その辺の雀荘のオヤジとはまったく違って

いた。だいいち達筆で、男性用のトイレの壁には、

「百尺の竿頭、更に一歩を進めよ」

と書かれていた。ただ者ではない。

あるときボクが「ツモが悪いなあ、今日は」とぼやいたところ、帰りしなに呼び止められてお説教された。それを言うなら「ツモが下手だなあ」と言うべきだ、というのである。ボクを「素質がある」と買ってくれたこの人は、麻雀の技術以上に、ギャンブルの「運気」について教えてくれた。技術には、インチキをしない限り限度がある。それよりも「運の流れ」をつかむことがギャンブルの要諦だと言う。

ボクはのちにギャンブルについての著書を十冊以上も書いたが、ボクの哲学は「押さば押せ、引かば引け」（相撲の極意は「引かば押せ」）だと必ず書いた。ツイているときは強気に、ツキが去りかけたら惜しまず降りる。このギャンブル哲学を会得したのは、この雄飛閣においてであった。


妻子と別居した一九六四年の夏から六六年の春までの二年弱の間、ボクはギャンブルで生計を立てていた。麻雀とポーカーの相手は、各放送局のスタッフ、ジャズメン及び芸能プロのマネジャー、ナイト・クラブの関係者、そして友人たちとまさに種々

雑多であった。要するに誰でも良かったのだが、ただし暴力団が介在するところには一度も顔を出していない。これはボク特有の用心深さのなせるワザだが、一方で「プロにはしょせん敵わない」という認識をもっていたことも確かだ。

　ボクはもう二十年以上も麻雀をやっていないが、理由は二つある。ひとつは煙草の副流煙がイヤだからと、もうひとつはインフレ・ルールでやりたくないからである。裏ドラとかノーテン罰符のようなルールは、いたずらに運の要素を増やしてしまった。『11PM』のルール（ドラ有の一飜《イーハン》しばり）くらいまでの麻雀は、ちょうど技術と運の要素が拮抗《きっこう》していてフェアなルールだったと思う。近年の麻雀の衰退を見るにつけ、日本人はこの中国生まれの優れたゲームの首を自分でしめてしまったような気がしてならない。

　たしかにあのころのルールでは、技術が上の人間が勝つ（だからルールを改悪していったのだが）。しかしそれは碁、将棋ほどではない。下手な人だってツイていれば勝てる。そして技術を磨けば上手くなれる。ボクは技術をもっていたうえに、ギャンブルの運気を読む技をも身につけていたから、ほとんど負けなかった。勝率は八割を超えていたと思う。それに生活がかかっていたから、「引き」が強かった。四枚目のペン張《チャン》で待ってもツモるようなことが多かった。のちに阿佐田哲也さんとその話になった。驚いたことにこの名人もボクと同じことを言ったのである。「ボクは昔みんな使ってしまったので、もう引きがないんですよ」。

ポーカーのほうが儲かったが、危険も多かった。こちらはヘレン・ヒギンス（強かった！）やデヴィッド・ジョーンズ（大相撲の千秋楽「ひょうしょうじょう」で有名になったパンナムのGM）らのマンションでもよくやったが、いちばん多かったのは田村町のバーであった。ここは秘密のギャンブル・クラブになっていて、TBSのナベ、スワンプロの樋口やボクはレギュラーで、今は亡き宮城千賀子さんもよく加わった。若かりしころの某製薬会社社長もときどき顔を見せた。

ポーカーは究極のギャンブルである。なぜなら他のギャンブルは金を賭けなくても成立するが、これはまったく成立しない。必ずしも良い手が勝つとは限らないからだ。したがってある程度の金がないとできない。もちろん友人同士だから足りなければ「借り」になる。ボクがこの生活を打ち切ったとき、ボクの手許には当時の金で三百万円くらいの借用証が残っていた。あのころは本当に強かったと思う。

親友であったギョロナベこと渡辺正文が、このころのボクの生活を称してこう言った。「巨泉は仕事のあるときより、ないときのほうが金廻りが良い」。この言葉が実に正しいのは、どんなにギャンブルで金を得ても、ボクは仕事を優先させていた。つまり、仕事のあるときはギャンブルをしなかった。そこで犠牲になったのがゴルフで、あれほど熱中していたゴルフはほとんどできなくなった。一九六四年の九月、十月は月一回しかプレーしていない。

夜行列車に乗って

仕事の中心はTBSに移っていた。この年の秋から一年間、坂本九主演のミュージカル・ショウ番組『踊るウィークエンド』の作・構成を担当し、他にいくつかのスペシャルも手掛けた。中でも長い間ナベのアシスタントだった青柳脩（現クリエイティブメディアエージェンシー社長）の初仕事となった『ブレンダ・リー・ショウ』は、構成作家としてのボクの最高傑作のひとつだと思っている。

一方日本テレビでは、井原さんがアンチ渡辺プロに固執して休養に入ったため、ボクの仕事も単発に限られてしまった。そこで地方の仕事は積極的に行った。当時売り出し中の弘田三枝子ちゃんのジャズ的素質に目をつけたボクは、東海労音に企画を売りこんだ。西条孝之介とウエスト・ライナーズとの組み合わせのこのショウは大当たりであった。

十月になるとラジオ神戸（現ラジオ関西）の末広光夫さんから、毎週神戸に来られるかと問い合わせがあった。末広さんはＤＪとしてばかりでなく、ジャズ研究家としても知られており、ボクもときどき神戸に行った折などゲスト出演していた。話は局が始めた電話リクエストの火曜日をジャズにしたいのでゲストで出てほしい、というものである（その後全国に広がった「電リク」は、ラジオ神戸をもって嚆矢《こうし》とする）。

毎週月曜日の晩、ボクは東京駅から夜行列車に乗る。「月光」とか「銀河」とか、ロマンチックな名前がついてはいたが、夜が明けてもまだ名古屋を過ぎたあたりであった。この先が長い。須磨まで行って、打ち合わせ――本番と済ませ、神戸まで戻る。よく（そのころまた神戸に戻られていた）油井正一さんと待ち合わせ、駅前の「一楽」というヤキトリ屋で、夜行列車の時間まで飲んだ。楽しい時間であった。その後フリーになったと聞いた末広さんは、お元気であろうか。口うるさいが、明るく面白かった一楽のおばちゃんは健在なのか。四十年近くも経つのに、いまだに店の名前を憶えているのは不思議議である。

また十月には別の転機が訪れた。ＴＢＳラジオの池田靖さんから電話があり、ちょっと新しいタイプのラジオのショウを企画しているので乗ってくれないかと言う。ボクはすぐ飛んでいった。

ＴＢＳラジオの池田靖さんは、慶應出で（前にも書いたが、ボクの周りはなぜか慶應ばかり）本当の意味のインテリであり、ボクが心から尊敬した数少ない業界人の一人である。本来ならテレビのトップで活躍したはずの方であるが、裁判官の子息らしい硬骨漢で、上司に迎合しなかったためにラジオに止められたというのが真相のようだ。しかしそれがボクにとっては好運であった。

以前からの知己で、彼の番組にゲストで出たり、一緒にゴルフをしたりする仲であったが、今回の話はレギュラーだという。アメリカ帰りのロミ山田という歌手の深夜番組をつくるのだが、彼女の内容がよく解らないので、ボクの協力が欲しいということであった。彼女の歌だけではもたないし、おしゃべりも未知数であったから、構成には苦労した。それでも「たばこの煙」という歌で始まって、二人のおしゃべり、ロミの歌とピアノ、ゲスト（第一回は立川談志で、ボクは柳家三亀松師匠や林家三平ちゃんなど寄席関係の人をよく呼んだ）、そして『昨日のつづき』タイプの「巨泉戯評」、ラストにロミの詩の朗読「リリカ・ロミ」でしめるというこの番組は好評であった。最後の詩の部分は、当時ＮＨＫの『夢であいましょう』で黒柳徹子が永六輔の詩を読む「リリック・チャック」のラジオ版のつもりであった。意外と受けたので、のちのボク自身のＤＪ番組で続きをやった。聴取者からの希望が多く、当時のディレクターの森勲君の努力で「巨泉の詩」という小冊子ができた。いま手元に十冊ほど残っている。

この番組は二クール（半年）で終了したが、大橋巨泉のラジオ・タレントとしての評価は、TBS内で非常に高くなった。その後手掛けた番組についてはおいおい書いてゆくが、ほとんどの番組は成功し、ボクは功労者としてゴールデン・マイクロフォン（金色のマイク）を贈られることになる。すべては池田靖さんが、ボクの素質を見抜いて起用したことに始まっている。この人のセンスの良さ、音楽に対する造詣の深さ、倫理観の豊かさ、こうした人物をもっと大きく使えなかったところに、TBSののちの凋落があったと思うのは、果たしてボクだけだろうか。

話はまったく無関係になるが、十一月の初めボクは池田さんの家であるものを見る。一緒に砧でゴルフをしたあとだったか、近くの池田邸でお茶をご馳走になった。そのときテレビで競馬をやっていたが、ボクはまったく無関心であった。なんでもシンザンという馬に三冠がかかっているのだが、夏体調を崩して前走弱敵に負けて危ないという。

なんの気なしに見ていたのだが、直線苦しそうなところから出てきたシンザンの走りを見ていて、「競馬ってなんだか、単なるバクチではないな」という気がしていた。でもそれだけであった。これがボクの競馬人生の遠因になろうとは思ってもいなかった。

第二部
『11PM』の時代
1965年〜1973年

（前頁写真）深夜番組の先駆けとなった『11PM』（日本テレビ提供）

第一章　野球は巨人、司会は巨泉

「巨泉のなんでもコーナー」

正確な日時は憶えていないが、一九六五年（昭和四〇年）の夏だったような気がする。日本テレビの井原高忠さんから電話があって、新番組のブレーン・ストーミング（アイデアを出し合う会議）に出てほしいと言う。場所も憶えていないが、集まった人のうち何人かは憶えている。間違いなく中原弓彦（小林信彦）さんはいた。前田武彦、永六輔、青島幸男、キノトールの諸氏のうち何人かはいたと思う。第一広告か協同広告の人がいたような気がする。

井原さんは開口一番、面白いことをしゃべり出した。曰く、テレビは今もてはやされているが、実は売り場面積に関してはその辺の八百屋や魚屋にも劣る。彼らは客さえ来れば無限に面積を増やせるけれど、テレビは目一杯売っても一日二十四時間しかない。現在はやっと十五時間くらいが売れていて、深夜・早朝はまったく商売になっていない。白黒の古い映画なんか流している夜中なんて、まったくお金になっていないのだ。この辺を開拓したいのであると言う。

こう書くとこの人は凄い経営者と思う読者もいようが、それが全然違うのだ。ソロバンずくで考えているのではなく、なんとか面白い番組をつくりたいだけなのである。前にも書いたと思うが、この人にとってテレビは「趣味」なのだ。ただ局や代理店を乗せるためには、こうした「商売」をもち出すのが早い。とにかくテレビの揺籃期に、こうしたアイデアと情熱をもった人がいたということは、ラッキーなことだったと思う。

このころアメリカで、ジョニー・カースンが司会する『トゥナイト・ショウ』という深夜のトーク・ショウの人気がうなぎ登りだという。他局にさきがけてこの時間帯を開拓するために、諸兄のアイデアをお借りしたいというので、われわれはいろいろな提案をした。井原さんはメモをとりながら話に加わっていた。そして、われわれはお車代をもらって帰ったように憶えている。

秋になって今度は、横チン（横田岳夫）から電話があった。例の深夜番組が具体化して十一月から始まるのだが、彼は月曜日担当になったので第一回を見て批評してほしいと言う。彼とは番組の構成やゴルフ、ポーカーなどを通じて八年のつき合いがあり、すでに親友といって良い仲であった。

その番組は『11PM』というタイトルで、十一月八日の月曜日が第一回であった。月、水、金が日本テレビ制作で、火、木は大阪の読売テレビがつくる。初めは報道局制作のニュース・ショウに近い構成で、司会は週刊読売編集長の山崎英祐さんという方であった。ボクは約束どおり飲みにも行かず生放送を見た。

翌日横チンから電話があって日本テレビに出かけると、「どうだった？」と聞かれた。ボクは「正直言って硬いネ」と答えた。彼も同意見であった。やはり報道局がつくるもの（彼は制作局からの出向の形だったのだろう）だし、もっと困ったことに言い出しっぺの井原さんがスタッフに入っていないと言う。井原さんは時を同じくして久しぶりのバラエティー『九ちゃん』をスタートさせたので、単なる「生みの親」となっただけで番組制作には関わっていない。当時報道局のスポーツ担当プロデューサーだった後藤達彦という人が、P（プロデューサー）になったという（この男と近い未来に苦楽を共にすることになろうとは、ユメにも思っていなかった）。

横チンは少なくとも、自分の担当の月曜くらい、もっと深夜らしい軟らかなものを入れたいので、ボクの助言を求めてきた。もちろん、あくまで構成作家としてである。ごく初期の『11PM』は、山崎さんがニュース（翌日の朝刊のネタ）を伝える。高原良子ちゃんという美人のアシスタントがいて、小林さんという読売新聞の人が解説する。言ってみれば、現在の『ニュースステーション』の原型である。違うのはそのあとが、いろいろなコーナーになって、ニュースよりバラエティー・ショウになっていた。しかしこのネタが今イチ硬いのである。徳川夢声さんの「テレビ講談」などあったが、これも新鮮味はない。

そこでボクは「今までテレビで取りあげなかった、競馬とか麻雀とかゴルフとか、スポーツやギャンブルのコーナーを設けたらどうだろう。深夜だから主婦連（まだあるんですか？）もうるさくないだろう」と提案すると、横チンはすぐに乗ってきた。そこで翌週からボクがその部分の台本を書くことになったが、では誰にやらせるかというところで、二人とも困ってしまった。ボクは第一候補として三橋達也さんを挙げたように思う。あと藤村有弘とか高島忠夫とか、いろいろな人の名が出たが、最初からムリがあった。こうした俳優さんを毎週ナマでしばるのは不可能だし、だいいち予算もない。山崎さんは到底できまいし、局アナでは面白くない。

最後にとうとう横チンは「どうだろう、巨泉、自分でやってみない？」と言い出した。それなら台本を書く必要もないし、いつもの調子でしゃべれば良いんだから、ということになった。とにかく時間がない。まあ「ダメ・モト」でやってみようと思って引き受けたのである。

これは「巨泉のなんでもコーナー」と名づけられ、翌週つまり十一月十五日から放映された。第一回は麻雀で、パイと状況を書いたパターン数枚だけで、麻雀の定石について語った。まったく地のままでしゃべったが、やはり結果は気になった。「巨泉のなんでもコーナー」に対する反響は悪くなかった。中にはテレビで麻雀をとりあげるとはモッテのホカという電話もきたし、しゃべっている奴はいったい誰かという問い合わせもあったらしい。しかし大半は面白いと言ってくれたようで、来週は何をやると聞いてくる人もいたという。二週目はゴルフで、三週目は釣り、四週目は競馬だったと思うが、今思い出すと冷や汗が出るような話ばかりである。

麻雀はまだ良いとしよう。すでに触れたように、このころでもボクは上級者の技術をもっていた。釣りも幼時から父に連れられて親しんだし、南里文雄さんや北村英治と東京湾、相模湾を釣り歩いていた。しかしゴルフは始めてまだ三年余り、ハンデキャップは14か15だったはずだ。競馬にいたっては、まだ本格的に始めて半年も経っていない。それがテレビでもっともらしい話をするのだから、これ以上図々しい話もない。ただボクはいつも「ダメ・モト」の精神で始めた。失うものは何もないのである。ジャズも、番組構成もまったくゼロからのスタートであった。ただボクはいつも、ボクがやることに対する愛情と努力を欠かさなかった。それが好きで、しかも一所懸命にやった。そしてそれが良かったのだと思う。

関西のほうは、藤本義一・安藤孝子のコンビが好評でそのまま続いたが、東京側は大揺れだったらしい。山崎・高原・小林のトリオはどうしてもブラウン管になじめず、翌年の三月いっぱいで降板ということになった。ボクは「なんでもコーナー」が好評だったので、水曜や金曜にも呼ばれて出演していた。主として山崎さんが苦手なスポーツや芸能関係のゲストのインタビュワーとしてであったが、いわゆる便利屋みたいな役どころであった。

一九六六年の四月から東京側は報道局から芸能局の制作に移り、後藤・横田以外のスタッフ・キャストは総入れ替えとなる。司会者としては、作・編曲家、指揮者、そして司会者として名声の高かった小島正雄さんに白羽の矢が立った。小島さんは週三回はきついので二回ならという条件で引き受けた。残る一日のホストの人選はかなりもめたらしい。横田君はボクを推薦してくれたのだが、局内には反対も多かったという。あれは軽薄すぎるとか、下品だとか、貫禄がないとか、いろいろ言われたらしい。しかし他に適当な人もいず、結局横チンの主張が通ってボクは正式に金曜日のホストということに決まった。

この間の事情は逐一横チンからボクに連絡が来ていたので、真相は以上のようなストーリーなのだが、のちにボクが成功すると、「巨泉を司会に起用したのは私だ」と言う人がたくさん出てきたのである。横チンによると、その中にボクは軽薄だからと真っ先に反対した人もいたという。

黒ぶち眼鏡のナゾ

一九六六年を境に、ボクはテレビ・タレントとしての道を歩むわけだが、この時期のことで書き残しておきたいことが二つある。

まず「野球は巨人、司会は巨泉」というキャッチフレーズについてである。これはもちろんボク自身がつくったフレーズであるが、やはり放送作家としてのボクのバック・グラウンドが生ませた言葉だと言える。

前田武彦にしても青島幸男にしてもそうだが、放送作家出身のタレントが成功するのは、どんなことを言ったりやったりすれば視聴者が喜ぶか知り尽くしているからだろう。しかもそれを他のタレントにあてはめずに、自分でやるのだからもっと易しいのである。

ボクはもともと語呂合わせが好きだし、少年時代からの巨人ファン（現在はアンチ巨人だが）だったし、放送局が巨人の関連会社だし、これは会心の出来だと横チンに話すと、巨人ファンの彼も大賛成だった。といってもボクは、これを『11PM』でしか使わなかった。というより「金曜イレブン」に限っていた。だからのちに「朝まるで弱い朝丘雪路のコンビでお送りします」と下の句がついて完成したのである。

巨泉・雪路の名コンビの誕生は偶然であった。先に述べたように、司会者大橋巨泉はぎりぎりまで決まらなかったので、相手役についてもまったく未定であった。横チンとボクは、朝丘さんの他に、雪村いづみ、沢たまきら何人かの候補者をあげた。できれば外国系の歌を唄える人というのが条件であった。そして第一回目が雪絵ちゃん（朝丘さんのニックネーム）だったのだが、やってみると二人の呼吸はぴったりで局の内外とも好評だった。ボクのツッコミと、彼女のボケとカマトトぶりが受けたのだろう。それまで「芸者小夏」が大ヒットだったあの朝丘雪路の新生面が視聴者を驚かせたのだと思う。したがって第二回目は他の人がつとめた（彼女は他の仕事が入っていた）が、三回以降はレギュラーにと正式に依頼し、彼女も引き受けてくれた。かくしてコンビ誕生となったのである。

『11PM』の名コンビ、朝丘雪路氏と（日本テレビ提供）

雪絵ちゃんにしても一大決心だったと思う。それまでずっと美人女優、美人歌手で売ってきただけに大転換である。今から思えば彼女はちょうど三十歳になったところだった。二十代に別れを告げ、新たな脱皮にかけた彼女の勇気に拍手を送りたい。このあと「ふり向いてもくれない」「雨がやんだら」と大ヒットをつづけたのだから、彼女の選択は正しかったと思う。

もうひとつ、これは画面には出なかったが、葉山のロケでプールにとびこんだ彼女の水着から、例のボインが二つとも飛び出た事件があった。あんなキレイな胸は見たことがなかったと先日話したところ、還暦を過ぎたはずの彼女は答えた。「今でもキレイよ」。これが雪路の真骨頂である。

もうひとつ書いておきたいのは、テレビ・タレントとしてのボクの黒ぶちの眼鏡の件である。あの眼鏡にはレンズが入っていない。のちにボクが有名になってから、あのダテ眼鏡にはしかじかの巨泉の計算があるとか、したり顔に言う評論家もいた。真相はこうである。

ボクの近視は幼時からのものであり、小学校四年生のときから眼鏡をかけていた。しかも読書好きのボクは、戦時中の灯火管制の下でも父の蔵書を読みまくっていたから——それに当時の食糧事情の影響もあってか——戦後はすでにかなりぶ厚い眼鏡をかけざるを得なかった。したがってジャズ関係者も、放送関係者も、大橋巨泉といえば眼鏡をかけている顔しか見ていないのである。

そんなボクに一大転機をもたらしてくれたのは三木鮎郎さんであった。のちにイレブンの水曜日の司会者となったこの先輩放送作家は、また大のゴルフ・ファンで、「ラフ・ラフ会」なるコンペを主宰していた。ある日小雨の中で一緒にゴルフをしていたとき、眼鏡をはずしては水滴を拭いているボクにこう言った。

「面倒だろ、巨泉。コンタクト・レンズにしてみないか。良いところを紹介してあげるから」

その良いところとは有楽町の「そごう」デパートの五階眼鏡売り場であった。鮎郎さんの紹介状をもって訪れたボクの検眼をして、かなり強度の近視プラス乱視と診断のうえ、当時やっと日本に入ってきたコンタクト・レンズを作製してくれた。ボクはあのときの感激を一生忘れないだろう。それまではっきりしなかった物の輪郭が実に明瞭に見えるのである。何か生まれ変わったような気がした。それ以来いまだにずっと「そごう」（有楽町がつぶれたあとは千葉の）でコンタクト・レンズをつくってもらっている。今回この原稿のために調べてもらったところ、それは昭和三八年九月二日のことだそうだ（カルテは全部とってあるそうだ）。なんと四十年前のことになる。ということは前に書いた運転免許のとき、ボクはすでにコンタクトをしていたのだ。よく見えたはずである。

初期のハード・コンタクトは横からの風に弱く、いつも薄いサングラスをかけていた。いざテレビに出るというとき、ボクは井原さんや横田君と相談した。皆巨泉のイメージは眼鏡がないとおかしいよと言った。夜の番組だからサングラスは合わないので、素通しの眼鏡をかけることになった。すると横チンが、どうせ素通しならレンズがないほうが光らなくて良いと言う。「ほらダークのゾウさん、あれ枠だけなんだよ」。この一言が決め手になってあの眼鏡にしたわけで、まったく他意はない。したがってこの件に関しては、ダークダックスのゾウさんこと遠山一さんが先輩である。この眼鏡は仕事のときしかかけないからモチが良い。たしか三十年間で三回くらいしか替えていない。

競馬の話を書こう。六四年の菊花賞でシンザンが三冠を達成するのを、ＴＢＳの池田靖さんのお宅でテレビで見た話はすでに書いたが、ボクは競馬にまったく興味がなかった。麻雀やポーカーなどギャンブルは大好きだったのに、競輪・競馬などのレース類には一切手を出さなかった。自分が直接プレーせず、他人が騎乗するものに賭けるということが理解できなかった。ときおり新聞などで八百長事件などが報じられると、「人が乗るものに賭けるほうが悪い」という反応しか出てこなかった。したがってシンザンの姿に感動に似たものを覚えはしたものの、その後も競馬とは縁がなかった。初めて馬券を買ったのは、それから半年以上経った、六五年の六月のことである。

当時ボクはＮＨＫの音楽部の仕事を続けていたが、あるときジャズの生演奏の録音があった。録音が終わって、当時のたまり場であった田村町の喫茶店「珠屋」でコーヒーを飲んでいると、ジャズメンたちは皆競馬新聞と首っぴきである。レースは古馬の重賞「日経賞」で六頭立てであった。アサホコ、ヤマトキョウダイという二頭の天皇賞馬が出ていて、この3－6で石より堅いという。新聞を見せてもらうとなるほどそうだ。「格が違うんですよ」と誰かが言った。「千円のりませんか。三千六百円になりますよ」ともう一人が言う。千円ならと出した。バンドボーイが新橋の場外に走り、われわれはラジオに耳を傾けた。

四十年近く経っているが昨日のように憶えている。フジイサミとブルタカチホが一、二着で2－5となり、六千数百円の大穴（六頭立てである）となった。皆ふてくされて新聞を投げ捨てていた。ボクはどうしても納得がいかなかったので、「この新聞もらっていい？」と聞いた。「終わった新聞もっていってどうするの」と皆に笑われながら、ボクは家に三種類ほどの予想紙を全部もって帰った。

どの新聞を何回読んでも3－6のはずである。それが2－3とか、5－6とかなるならまだしも、六頭立てで2－5となってしまうのが理解できなかった。猛然と興味が湧いてきた。よしこの謎を解くまで、競馬を研究してみようと考えた。この辺はボクの面白いところで、普通はビギナーズ・ラックで当たって病みつきになるものだが、まったく逆であった。それから三ヵ月、夏のローカルはほとんど馬券は買わなかったが、毎週予想紙を買っては自分でシルシをつけてみた。当たる確率は一日一レースか二レースであったが、徐々にギャンブルとしての競馬が見えてきた。

そして秋の競馬シーズンに入ってまもなく、『11PM』が始まったのである。そんな素人がテレビで競馬のことを語っていたのだから大胆といえば大胆、無謀といえば無謀であった。

離婚

一九六六年（昭和四一年）はものすごいスピードで過ぎてゆく。ボクの人生で、これほどの変化と衝撃のあった年はないと言って良いだろう。四月から正式に『11PM』のホストになった話はすでに書いたが、時を同じくして、フジテレビでまったく新しいタイプの音楽番組のホストをつとめることにもなった。

今まで書いてきたような事情があって、ボクはどうしてもNTVとTBSの先行二局との関わりが深かった。それでも第三の民放局としてフジテレビが誕生したとき、その開局記念番組の構成の一部を担当している。今から考えると信じられないような話だが、この番組のディレクターは、のちに『三匹の侍』をヒットさせ、数々の時代劇やアクション映画の監督として名声を馳せた故五社英雄さんであった。ボクはこのとき一度だけ五社さんにお目にかかったが、実は彼はジャズ・ファンであり、ギターの沢田駿吾と親交があり、そんな関係で駿吾ちゃんからの紹介だったような気がする。

新番組の名前は『ビートポップス』といって、いわばラジオのディスク・ジョッキーをテレビでやったら、というアイデアであった。この面白いアイデアを実現させた男は、石黒正保といってフジテレビの新鋭ディレクターである。彼と放送作家の河野洋がボクに相談にきたのは、この年の初めだったように思う。ボクはジャズならともかくポップスは、といって尻込みしたのだが、ポップスの専門家をつけるからというので引きうけた。ボクはただ面白く番組を仕切ってくれれば良いというのである。

河野洋は青島幸男の弟子で、よく青島について歩いていた。テレビ局の廊下などで会うと、青島とボクは立ち話を始める。そのときボクが必ず、「おい洋坊、元気でやってるか？」とか声をかけるのだそうだ。のちにこの男とは公私にわたって親交が生まれ、藤田弓子さんとの結婚の仲人までつとめるようになるのだが、一緒に仕事をしたのはこれが最初であった。洋は今でも「あのころの巨泉さんは怖くてしようがなかった」と言う。何が怖いのか解らないが、声が大きかったからかもしれない。

今ここに『ビートポップス』の第二回目の台本が残っている（なぜ残っているのか解らない）。それによると日時は四月九日（土）の午後二時〜三時となっているから、

第一回は四月二日で生放送であった。ポップスの解説者として星加ルミ子と木崎義二がおり、車の解説にレーサーの式場壮吉、ニュースを読むのは小林大輔アナとなっている。ラジオのDJと同じように、ファンからのリクエストでベストテンを選び、十位から順にレコードをかける。ただしテレビなので何か画《え》をつくらねばならない。そこに石黒・河野の苦心があったのだが、なかなか巧くつくられていた。

このやや安易な番組『ビートポップス』は意外にも大好評で、（放送時間こそ変化があったものの）結局一九七〇年の一月三十一日まで、つまり四年近く続いたのである。音楽のバック・グラウンドには、いろいろなものが登場した。まずビートルズなどの人気歌手の場合は、アーティストの写真やフィルムが使われたし、映画主題歌は映画の一部が使えるので楽であった。あとは佃公彦さんのほのぼのとした漫画を使ったり（のちには水森亜土がスタジオのガラスに直接絵を画くようになった）、歌詞をスーパーしたりした。

しかしこの番組のキーとなったのは、視聴者がスタジオに来てヒット曲に合わせて踊ることだった。ようやくロックンロールが定着した当時の若者は、社交ダンスでなくロックやゴーゴーを踊るようになっていた。番組で公示すると、毎週フジテレビのスタジオには百名の若者が集まった。やはり女性のほうが多かった。しかし玉石混淆なのは当然で、スタッフは踊りの巧い子やスタイルの良い子を集めてグループをつくり、彼らを前面に押し出した。そしてこのコーチ役にコメディアンの藤村俊二を起用したのである。おヒョイの渾名で知られるこの男の前身が、実は日劇のダンサーだったことを知っていたのは河野洋であった。このダンサーズはどうしてもハーフの子が多くなる。やはり踊りのリズム感の問題なのだろう。この中からのちにモデルやタレントとして売り出した杉本エマ、小山ルミ、ケイ・アンナらがいたのである。

今考えても、これはかなり先取り番組であったと思う。「深窓《しんそう》の令嬢」などという表現があったほど、人前に顔を見せないことが美徳とされたヤマトナデシコの変化を十分に察知した試みであった。自己顕示欲は誰にでもある。解放された日本の女性が二十年経ってテレビで腰をゆすって踊ったのだ。のちに「ジュリアナ現象」などと言われたものを、三十年近く前に試みたのだから大したものだと思う。

このころのボクは、まだジャズ評論家とか音楽の専門家という部分をひきずっていて、そんな男がテレビの司会者として売り出したというところであった。したがって構成作家として最後の仕事も音楽番組であって、これはTBSのギョロナベこと渡辺正文を通じてきた。歌謡曲を嫌っていたボクを、金になるからという理由でナベがボクにもってきた本当の理由をボクは知らない。しかし貴島研二さんと二人で書いたこの『歌謡曲ベストテン』という番組はよい収入源であった。のちにボク自身が司会者となって『歌のグランプリ』となり、さらに後年黒柳徹子・久米宏のコンビで高視聴率をとったベストテン番組の源流となったのである。

久米君といえば、ボクは彼がまだＴＢＳの駆け出しアナウンサーだった頃から注目していた。その頃、愛川欽也と見城美枝子さん（彼女もまだ局アナだった）が、キンキン・ケンケンというコンビで昼の帯番組をやっていた。ボクは録音や打合せでＴＢＳに来ると、生放送中のスタジオに乱入した。スタッフは顔見知りだし、欽也も歓迎していたので出入り自由だったのである。その番組の一コーナーで若いアナが平野レミと二人で、曲のイントロをかけ、男性歌手が出るか女性が出るかという、他愛ないクイズを視聴者相手にやっていた。ボクはこのアナウンサーの明るさとユーモアのセンスを買い、局のディレクター連にこの若者を大事にするよう言って廻ったものである。アナウンサーが独立して成功するかどうかは、「読む」技術から、「言う技術」に移れるかどうかだとボクは思っているが、この久米宏という若いアナは、まさしく自分の言葉でしゃべっていた。

そのうちに音楽やジャズと無関係な仕事が入るようになった。当時ボクはエマノン・プロというところに所属していたが、前述したようにここは主として経理事務所でタレント用のマネジャーがいなかった。ボクが意外にもタレントになってしまったので、当時山口プロで沢たまきについていた近藤利廣という若者をボクの専属マネジャーとして入社させたのである。この小柄な青年（現サラブレッド・プロモーション社長）は、このあと二十年にわたってボクと苦楽を共にすることになるのだが、ジャズ関係の出身だけに新しい職場で苦労したと思う。しかし持ち前の明るさと人見知りしない性格で、どんなところにも積極的に出てゆき、ボクの職場をひろげていった。

『11PM』の成功で、ボクはギャンブルや遊びの専門家、ないしは遊びに通じたプレイボーイというふうなイメージで見られていた。週刊誌に「ギャンブル百科」を連載したり、連載対談をはじめたり、活字畑の仕事も入ってきた。後者は週刊平凡で、ここには早大新聞科の同級生、木山硬吉が入っていて、その関係だったと思うが、「男と男、何でも話そう」というタイトルだった。当時売り出しの男性タレントが、兄貴のような年齢のボクと男同士で打ち明け話をするという内容で、第一回のゲストは坂本九であった。今やタモリ以下のタレントを擁する大手田辺エージェンシーの社長になっている田邊昭知もゲストの一人だったし、まだ紅顔の少年だった加藤茶も来た。

活字といえば、この年（一九六六年）の十一月、ボクは初めての著書を出版する。

『巨泉人生教室』というタイトルでコダマプレスから出版されたこの本は、独身術、スポーツ、ギャンブル、音楽、女性に関するエッセイで、まさに『11PM』を単行本にしたようなものである。今も一冊だけ手許に残っているが、いわゆる売り出し中のタレント本の一種で、中には読み返して恥ずかしくなるような文章もある。

出版社といえば、アサヒグラフからの取材が忘れられない。グラビア取材で、やはりよくある売り出し中のタレントの一日というパターンである。早稲田へ行って麻雀をさせられたり、車のトランクの中で競馬新聞を読まされたりしたが、重要なPRですからと近藤に言われて渋々やっていた。三十男の独り住まいを撮りたいと言われ、麻布の借家で寝転んでいる写真をとって終了、記者の人と一緒に一杯やることになった。

たしか中西さんといったと思う。「巨泉さん、勝手口に女物の履きものがありましたよ。今後もあるから気をつけたほうが良い」。ドキッとしたボクは「書かないんですか？」と聞くと、「今回の取材目的とは無関係ですから」とすましていた。本当に良い時代であった。

前にも書いたが、このころのボクはT子と同棲していたのだが、週刊誌の取材があって以来、彼女は恐慌を来してしまった。非常にシャイな人で、自分の名が公表されることをたいへん怖れていた。ましてやゴシップやスキャンダルの記事など、もってのほかであった。今回は記者の温情で助かったが、二度目の保証はない。近藤も心配していた。そこでボクはホテル暮らしを決意する。前々からNTVの井原さんと仕事場として使っていた三番町のフェアモント・ホテルと交渉して、シングルベッドの部屋を長期滞在の割引レートで借りることにした。彼女のほうは青山にアパートを借り、ここへはときどき泊まりにゆくという生活である。

一方妻のほうとは離婚話が暗礁に乗りあげていた。もう二人の仲は修復できないことは了解ずみで、あとは条件だけになっていた。ボクはボクが百パーセント悪いことは知っていたので、家庭裁判所の言うことはすべて承諾した。沼袋の家は慰謝料としてすべて妻と子に渡す。さらに慰謝料と二人の子供の養育費も全額負担する。ところがこれでもOKせず、彼女のほうはもっと増額を要求、家裁は投げ出してしまった。

「大橋さんは、現在までの最高額を呑んでいるのですよ。これでダメなら手を引きます」というのが家裁の言い分である。

あとで解ったことだが、彼女のほうに悪い弁護士がついていて、別れた当時と違って今はテレビで稼いでいるからもっと取れると踏んでいたようだ（実際は新人の出演料などタカが知れていた）。しかし傷心と愛憎にさいなまれていた妻は最初、弁護士の言いなりだったらしい。

ここで登場するのが今は亡き渡辺プロの総帥渡辺晋さんである。前にも書いたが、山口プロ時代そして反ナベプロとして知られた井原高忠さんとコンビを組んでいたボクは、アンチ・ナベプロの人間と見られていた。しかし晋さんはボクを呼んで言うのだった。

「巨泉、お前とマーサがいつまでもモメているのは良くない。もともと二人ともジャズメンじゃないか。ここはオレに任せてくれないか」

当時マーサは石井好子事務所に所属していた。晋さんは直接石井さんとマーサと会って理路整然と説いたようだ。巨泉が売り出したのは業界のためにはプラスだ。しかも巨泉は全面的に自分が悪いと認めている。これ以上もめるのは二人のためにも、業界のためにもならない。ここで彼女も、弁護士が自分の取り分のためにもめていることを悟ったという。保証人を別居のときと同様、再び広瀬社長に頼んで、二人の離婚は翌年の三月に正式に成立した。晋さんが他界したとき、ボクは祭壇にぬかずいて心の中で改めてお礼を述べた。祭壇の笑顔は「巨泉、お互いジャズメンじゃないか」と言っているようであった。偉い人だった。

ボウリング熱

ある日マネジャーの近藤が変な話をもってきた。「大橋さん、毛利ちゃんがNETに入って番組をもったんですよ」(この男は一度もボクのことを「巨泉さん」と呼んだことはない。いつも大橋さんであった)。毛利ちゃんとは、TBSでボクが書いていた番組のアシスタントをしていた男で、NETとは現テレビ朝日のことである。

そこまでは良いのだが、なんとその番組は『ボウリングの魅力』というのだそうだ。「バカヤロウ(これはボクにとって単なる接続詞である)、オレがボウリングやらないの、お前知ってるだろ?」「もちろん、そう言いましたよ、でも――」

要するに毛利君としては、自分が初めて担当する番組なので、なんとか面白いものにしたい。しかしボウリングはようやく日本に入ってきたばかりで、視聴層は限られている。そこでTBS時代可愛がってくれた巨泉さんが、タレントになって売り出しているので、なんとかしてくれないか、というところであった。

「解説には矢島純一プロがいるし、中森さんという専門家もついています。巨泉さんには脇にいて何か面白いことを言ってもらいたいんです」

「じゃあ勝手なことを言うよ」ということで、引き受けてしまった。

それまでボウリングは、やるどころか見たこともなかったので、甚だ無責任なゲスト（といってもレギュラー）である。ブルックリンからストライクが出ると、「あれ、裏街道から攻めましたね」なんて言うのだが、これがボウリングに未知な視聴者には受けたようだ。ボクは現在でもこの姿勢を保っていて、NHKのアメフット解説などでも、つとめて専門的にならないよう心掛けていた。

二週分まとめて撮るし、気軽なゲストなので、収入だけを考えて出ていたようなものだ（タレントになって非合法なバクチをやるわけにもゆかず、ひたすら正業？で稼ぐしかなくなっていた）。したがってボクはボウリングなどやる気はさらさらなく、終わればすぐにボウリング場を後にしていた。

ところがある日、意外なことが起こった。VTRの機械が故障して、二時間ほど空白ができたのだ。カメラマンもスタッフも退屈してボールを投げ始めた。矢島君が「ちょっと投げてみませんか？」と言った。他にやることもなかったので、貸し靴に貸しボールで、矢島君の言うとおり投げてみた。たしか一球目はストライクだったと思うが、文字どおり裏街道から入ったものだった。矢島君のは見事なフックボールである。

例の好奇心がムラムラと湧いてきた。フックボールの投げ方も教わってみたが、これは自分の指に合ったボールを持たないと無理のようである。「ボールっていくらするの?」と聞いているボクは、もうボウリングをやる気になっていた。

ひょんなことから始めたボウリングに、ボクはこれから五、六年の間熱中してしまう。例によって研究熱心なボクは、矢島純一プロにフックボールの投げ方を教わり、みるみる上達した。しかしボウリングにのめり込んだには、もうひとつの原因がある。それは「麻布ボウリング・クラブ」という会員制のクラブに入会したことだ。ここは狸穴《まみあな》のソ連大使館（当時）の裏、アメリカン・クラブの前にあって、まったくのプライベート・クラブであった。

入会をすすめたのは、しばらく前から知り合っていた杉山彰という青年で、ボクはこの男としばらく兄弟のようなつき合いをする。彼は東京オリンピックの競泳の候補になったスウィマーで、ボクとは非常に気が合った。麻布には毎週ティームによるリーグ戦があって、彰とボクは多々良君と望月君という二人の青年を誘ってコマンダースというティームをつくり、これに参加した。このティームがついに宿願の優勝を果たしたとき、四人で朝まで六本木・赤坂を飲み歩いたのを、昨日のように憶えている。麻布には塩月弥栄子女史のティーム、今でもときどき昼のワイドショーに顔を見せている女優の長谷川待子さん（この人は抜群に巧かった）のティーム、今や猿若清三郎を襲名している中村ゆたか君（この人がナンバーワンだった）のティームなど強豪が多かったが、われわれはティームワークで勝った。四人の個人主義者が、ティームのために（個人の成績を捨てて）スプリットの一本を取りにゆくささやかな全体主義に酔ったのである。彰の父君は杉山四郎博士で、日本の産婦人科の第一人者である。のちにボクは再婚のとき仲人になっていただくのだが、杉山家との交遊についてはまた後で触れたい。

ボクのボウリングのハイライトは一九六八年の八月三十日「第一回明星オールスター・ボウリング」で訪れる。これはボウリング・ブームにあやかって雑誌明星が始めた芸能文化人によるトーナメントで、当時アベレージ180以上を誇っていたボクは順当に一回戦、二回戦と勝ち上がっていった。しかし後述するようにギックリ腰をやった影響で、だんだん腰が痛くなっている。決勝で当たった青年はフックボールを投げているのに、こちらのボールはのびぎみになっていた。それでもガッツで10フレームをダブルして2ピン差でボクは逆転優勝を遂げた。このトロフィーは今でもわが家に保存してあるが、この青年は五月みどりさんの弟で、のちに須田開代子さんとおしどりプロといわれ数々のタイトルをとった西城正明君である。

のちにボクは12チャンネルで『巨泉のチャレンジボウル』という番組までもつほど

ボウリングに熱中した三十代半ばの頃

熱中したが、やがてこのスポーツからは離れてゆく。最大の原因は腰痛だが、ゲームの単純さもあったと思う。

司会者は憎まれ役になれ

『ロミ山田ショー』で、構成作家としてばかりでなく、タレントとしても認められたボクだが、本格的なラジオの仕事はやはりこの年（一九六六年）、『11PM』が成功してからになる。池田靖さんから内密な話があった。実は集英社が、「平凡パンチ」に対抗する新しい男性向け雑誌を発刊する計画があるという。そしてその第一号の少し前から、深夜に若い男性向けのラジオ番組をつくって盛りあげてゆきたいというのだ。

記録によれば、この番組『プレイボーイクラブ』は六六年の十月三日にスタートし、毎夜零時十分から三十分まで二十分間の月〜金帯番組であった。ボクはラジオに大きな魅力を感じていた。これは現在自らをラジオ・タレントと名乗る永六輔とも共通しているので、おそらく世代的なものだろう。相撲も野球もラジオ中継で育った。徳川夢声さんの朗読にしびれた。『えり子と共に』や『話の泉』『とんち教室』を毎週聞いていた。進駐軍放送の『ヒット・パレード』で英語とジャズの勉強をした話は前に書いた。ジャズ評論家になりたてのころ、ラジオ東京（ＴＢＳラジオ）のスタジオへ、志摩夕起夫さんや三国一朗さんのＤＪを聞きに、深夜押しかけたものである。

池田さんと担当ディレクターの森勲君（彼とはＴＶを含めると二十年以上一緒に仕事をした）と連日ミーティングをした。まず構成者としてのボクの頭脳をしぼった。プレイボーイという特にビジュアルな雑誌を、どうラジオで表現するかというのが難題であった。その結果、雑誌の見出しに当たる部分を、すべて「巨泉は――する」というフレーズにした。たとえば「巨泉は占う」とか、「巨泉は怒る」とかである。そして雑誌のコマーシャルは必ず「巨泉は訴える！」とした。普通の動詞だけでなく「巨泉はジャズる」とか、「巨泉はギャンブる」とかの造語も出てきて、大いに受けた。毎週プレイメイト（若い女性）を呼んできて、トークるのである。セクシーな話題も入れた。例の詩の朗読はボク自身がやり、自作の他にケストナーやリルケや高見順の作品も読んだ。高見順の遺作『老いたヒトデ』を、「バッハのチェンバロとクラリネット」をバックに読んだときは、反響がすごくて再放送したほどである。

この番組には気合が入っていた。六八年の十月までの二年間つとめて、ボクは降板させていただいたが、番組自体はこのあともミッキー安川、田宮二郎、宍戸錠とホストを替えて続いたようだ。ボクが降りたのは、雑誌社の一社提供という枠にマンネリを感じたからで、もっとジャズっぽいフリーなDJをやりたかったのである。そして森君とはこのあと、『巨泉＋《プラス》1』『巨泉のシャバドビア』『巨泉のアフター・アワーズ』等々、約十年にわたって続けることになる。

もうひとつラジオ東京で忘れられないのは、『大学対抗バンド合戦』である。これは『プレイボーイクラブ』とは逆に、番組のほうは以前から存在していた。もともとは一九六三年の十月にスタートしていて、モンティー本多さんや小島正雄さんが司会をしていたらしい。ボクのところに話が来たのは、やはりこの六六年であり、十月十九日から毎週水曜の午後八時から、一時間半にわたる番組であった。いわゆる「テコ入れ」と称する番組の内容強化であったようだ。

読んで字のとおり、全国の大学の軽音楽部や同好会のバンドが出演し、審査を受ける。決勝に残ったバンドは年一回の全国大会に出場し、各部門別のナンバーワンを決めるシステムであった。審査委員長は小島正雄さん、委員は八城一夫（ジャズ）、エセル中田（ハワイアン）、藤井肇（ポピュラー全般）の各氏で、毎週一人ゲスト審査員が来ていたような気がする。担当D（ディレクター）は船橋経治君といって、そのセンスの良さはまさに池田靖さんの直弟子？みたいな人であった。

ボクたち三人は、少々マンネリ化して単なるコンテストと化しているこの番組を、いかにエンターテイメントとして盛り上げるかを話し合った。そしてボクが取った方法は、自らが憎まれ役となって出場者にバシバシつっこむ策であった。これはのちにテレビの番組でもずっと貫いてきたボクの方針である。司会者が良い子になっては番組は伸びない。自分以外の出演者がスターになれば良いのである。

記録によれば、ボクはこの番組を二年半（夏のナイター・シーズンは休みだったから、三シーズン）にわたってやったわけだが、本当に楽しい仕事であった。ボクのつっこみに刺激されて小島さんや八城さんも毒舌を吐くものだから、TBSホールは毎週爆笑につぐ爆笑であった。しかも年々学生のレベルが上がって、早大のハイソサエティや慶應のライト・ミュージック、法大のオレンジ・オーケストラなど、プロ顔負けのビッグバンドも出現した。それどころか、この中から本当のプロのミュージシャンも出たのである。

一九九五年、NHKで『巨泉のジャズ・スタジオ』をやることになったとき、池田明彦プロデューサーと名刺を交換した。「初めまして」と言うボクに、彼は「実は初めてじゃないんです。慶應のカルア・アイランダースにおりまして……」と言う。すぐ解って「バンド合戦で？」「ハイ」「悪口言われたでしょう」「いえ、まあ」と温厚なプロデューサーは口ごもったが、世の中本当に狭いのである。

この番組でいちばん残念なのは、ボクとは肝胆相照らす仲だった八城一夫さんが、今やこの世にいないことである。ジャズに対する考え方も同じなら、ユーモアのセンスも共通していた。

合掌。

ツケ馬事件

この年（一九六六年）の十一月、ボクはNTVの横田岳夫ディレクターと二人で、羽田空港からヨーロッパ取材旅行に飛び立った。初の海外旅行と言いたいところだが、実は三年ほど前に香港に行ったことがあったので二度目の海外になる。とにかく今では想像もできないような制限があった。個人がもち出せる金は五百ドルまで、ただし当時の五百ドルは十八万円である。それにNTVから取材費として千五百ドルくらい出たらしい。これでホテル代からタクシー代から食費まで全部まかなうのだから、横チンも大変だったはずだ。飛行機はタイアップしていた日本航空しか使えない（予算がない）。したがってスケジュールも飛行機次第になる。

当時JALはまだ週二便しかヨーロッパへ飛んでいなかった。だからたとえばローマに火曜日に着いたとする。次のJAL便は金曜日に出る。するとその三日間で全撮影を終わらさなければならない。それを逃すとあと三日待たなければならないし、そんな余分なホテル代はない。

今思い出しても、あんな面白い旅はなかった。とにかくスタッフとキャスト含めて二人しかいないのである。横チンがディレクター兼カメラマン兼出納係、ボクがタレント兼通訳（ドイツでは横チンが通訳）兼レストラン探しと、二人でなんでもやった。空港では一人が荷物をチェックしている間に、一人がタクシーを探す、といった状態である。羽田から台北について、美しい案内係を見つけることができて、この三日間は本当に楽しかった（そのくせ、その後二度と台湾へ行っていないのは、この地が買春旅行の目的地になってしまったからである）。

香港から南廻りでローマに向かうとき、レバノンの首都ベイルートに一時停機した。二人ともここが中東のパリといわれる美しい町であることを知っていたが、予算もないし降りることは不可能であった。のちにテレビで戦火に焼かれたこの街を見たとき、あのときが最後のチャンスだったのかなと思った。本当に戦争はいけない。

とにかく『11PM』は男性路線の深夜番組である。通りいっぺんの観光フィルムはつくれない。ガール・ハントのコースを探ろうということになったが、モデルがいない。台湾ではうまくいったが（筆談で）、イタリー語はムリだ。そこでJALのステユワーデスに頼んで相手役になってもらった。おすすめの場所は、古代コロッセオ（競技場）を見おろす丘の上のレストラン「ドムス・オーレ」であった。

　ここは踊れるレストランになっており、実に器用なイタリアン・バンドがムードを出していた。ようやく離婚にこぎつけて、結婚は二度とすまいと決心していたボクも、こんなところへ来るなら恋人と一緒に来たいと漠然と考えていた。

　つづいて我々はパリを経由してハンブルクに向かった。この間すでに二週間近く経っていたが、いまだに日本食にありついていない。三十数年前のヨーロッパには、日本料理店はほとんどなかったのである。町につくとすぐ中華料理店を探した。そこでチャーハンやチャウメン（焼きそば）を食べるのが唯一の東洋の味であった。ここハンブルクにも当然和食堂はなかったが、当時ようやく増えつつあった日本企業の駐員の奥さんたちが、我々のためにカツ丼をつくってくださった。あの味はいまだにこの舌に残っている。

　ハンブルクは有名なセックス産業の町でもある。ここでなんとかそうしたネオン街の隠し撮りをしたいものと、横チンとボクはまず下見に出かけた。ポン引きの数がすごい。ボクらを日本人と見て、「本田さん、本田さん」と呼びかける。「アイ・アム・ノット・ホンダ」と答えて通りぬけようとすると、別のポン引きが「鈴木さん、鈴木さん」と声をかける。次のはまた「本田さん」で、次のは「川崎さん」であった。要するにオートバイの名前を呼んでいたのだ。このころ日本車はまだヨーロッパには入っていない（三週間でたった一台コロナを見かけただけ）。ただしホンダやスズキのオートバイはすでに進出していたのである。

なんとかそれらしい店を見つけて、二人はロケハンにその店に入った。客席は四ないし六人用に分かれており、それぞれが独立したようになっていた。中央に舞台があってヌード・ダンサーが踊っていた、と思った。我々の席には金髪と茶髪の美人が座り、まずビールを頼んだ。しばらくするとワインが欲しいと言う。結構達者な英語で、「もしワインを注文してくれたら貴方のために私が踊る」と言う。これも取材のためだと（ウソツケ！）ＯＫすると、ワインが抜かれた。そしてまず金髪が席をたったと思うと、すぐ舞台で踊り出した。だんだんぬいでゆくのだが、それはそれは見事なプロポーションである。次に茶髪が今度は貴方のために私がぬぐからと、横チンに言っている。普段はほとんど飲まない男だが、ワインぐらいいいやとか言いながらＯＫした。

この茶髪もすばらしいヌードであった。踊り終わると席に戻ってきて、「貴方のための踊りはどうだった」と聞く。「ブンダバー（ワンダフル）」と答えると、抱きついてきて胸をおしつけたり、キスしたり大変な喜びようだ。ふと気がつくとまたワインが抜かれている。

隠しカメラでどう撮ろうなどと一応話しながらデレデレしていたボクたちも、さすがにちょっとヤバイなと感じ出した。この辺で一応勘定と言ったほうが良いと思い、「チェック」と頼むと、「まだ帰らないで、終わってからの話もあるし……」などとしなだれかかってきた。

ボクたちは結構酔ってはいたが、とにかく撮影に来るにしても一応は値段を知りたいので、また明日来るからと言って勘定してもらった。しばらくしてテーブルに届いたビル(請求書)を見て、二人とも酔いが消しとんだ思いであった。われわれとしては米ドルで二十ドルから三十ドルの間だろうと考えていた(とにかく物価の安い時代で、一流のホテルに二十ドルくらいで泊まれたのだから)。

初めは二十ドルかと思った。しかしどう目をこすって見直しても二百何十ドルかである。文字どおりマッサオになった。もちろんクレジット・カードなどというものは存在していない時代である。前にも書いたが、一人が海外にもってゆけるのは五百ドルというきびしい制限があった(ヤミドル所持が見つかると外為法違反でぶち込まれた時代だったノダ)。横チンと二人合わせても千ドル、しかもこの二週間で大半使ってしまっている。その時点で二人がもっていた現金は百ドルもなかったと思う。

金が足りないとなると、奥からシュワルツェネッガーみたいなのが出てきた。どこにゆけば金があると聞かれてホテルと答えると、では一人はここに残れ、一人はオレと一緒にホテルへ行けと言う。これは長い間二人だけの秘密にしていたのだが、もはや時効？なので書く。日本テレビから預かった撮影費の中から支払うしかなかった。ホテルのセイフティー・ボックスに入っていたが、それは横チンしか開けられない。彼がツケ馬のシュワちゃんと出てゆき、ボクはそこに残った。

手のヒラを返すというが、今までしなだれかかっていた金髪はソッポを向いてタバコを吸っている。茶髪はもう他のテーブルに移っていた。金髪が残っているのは、要するに見張りである。三十分たった。まだ帰ってこない。一時間すぎてもなんの音沙汰もない。まさかとは思うが、横チンだってサラリーマンだ。会社の金に手はつけられない。「巨泉、ゴメン」と心の中で手を合わせ、ホテルの裏口から逃げたのではないか。このところ良い話ばかりありすぎた。せっかくテレビで売り出したのに……。まさか殺されはすまいが、一生ここで皿洗いぐらいさせられそうだ。悪いことばかり頭をよぎる。氷がとけてぬるくなった水割りをすすっていると、横チンがシュワと帰ってきた。

あんなにうれしかったことはない。テロリストの人質になっていて、FBIに助けられた人は、こんな気持ちだろう。道が混んでいたのだそうだが、さすがに横チンはがっくり来ていて、そのままホテルに帰るという。ボクは到底眠れそうもないので、近くのホテルのバーで飲み直した。その後リッチになった日本人は世界中でボラれたはずだが、まだ貧乏だった日本人の最初のボラれ事件である。しかし、この体験を生かして取材に成功するのだ。

ツケ馬事件で学んだことは、あまり裏通りの店はヤバイということと、まず値段を聞くべしという二点であった。われわれはこの点を踏まえて、大通りに堂々と店を出している、テレフォン・バーの隠し撮りを敢行した。まず下見に入ってみると、各テーブルに番号札と電話が置いてある。真ん中は踊れるようにフロアになっていた。一人一人任意のテーブルに座って飲みものを注文し、気に入った女性がいたら、その娘の座っているテーブル番号に電話するのだ。電話で一緒に飲まないかと誘うと、向こうからやってくる。あとはお客さんの腕次第というシステムであった。入店料と飲みもの代だけで、実に明朗会計である。

しかし今度は撮影がかかっているので、デレデレしてはいられなかった。まず横チンと二人で、薄暗い店内で、それでもいちばん明るそうなテーブルを探す。そこにボクが座ることにする。横チンはフィルモという小型のムービーカメラをトレンチ・コートの下に隠す。入り口では風邪をひいているからという理由で、コートを着たまま入る。ボクはやはりいちばん明るそうで、あまり遠くないテーブルに電話をする。女の子が電話をとる。しゃべっている有り様を撮影し、その子がこちらのテーブルへやってくる。横チンはちょうどアングルのよい席に座り、店内の女の子を物色しているようなふりをしながら、コートのポケットの穴からフィルムを廻しているのだ。

ただ困ったのは、このフィルモというカメラは、旧式の巻きあげで、音は低くて良いのだが、一分廻すとまた巻き直さなければならない。二人はサインを決めて、ネジを巻いている間会話を延ばして時間を稼いだりした。今やポケット・サイズのビデオ・カメラを素人が廻している時代だから、若い人は想像するのも難しいだろうが、実に大変な撮影であった。しかしこのボヤボヤの盗み撮りが『11PM』で放映されるや、男性視聴者の反響は凄かった。要するに一般の日本人がまだ海外へ行けない時代の、一種のカタルシスの提供であったと思う。いずれにしてもこの取材は大成功であった（二人で必死に切りつめたので、例の出費はバレなかった）。

帰国すると十二月になっていたので、暮れや正月番組が入ったりして多忙を極めた。せっかく横浜カントリークラブの平日会員（六十万円だったが事務所から前借りして、五万円ずつ返済した）になれたのに、ゴルフをする時間さえなかった。大晦日には民放四社の共同制作になる『ゆく年くる年』の司会者の一人に抜テキされた。総合司会は高橋圭三さんだったと思うが、ボクは横浜港に停泊中の氷川丸からのリポートを担当した。ボクはこれで一人前の司会者として認められたと喜んで出かけたが、目前にせまっていた悲劇を知る由もなかった。

第二章　大ヒットCMの誕生

腰痛との長いつき合い

一九六六年の『ゆく年くる年』の総合司会者高橋圭三さんは京都の名刹の静寂の中にいた。ここからカメラが切り替わると、横浜の氷川丸船上でエレキ・ギターの大音声をバックにツイストを踊る若者たちの姿があった。ステージ上には売り出し中の、田辺昭知とザ・スパイダースがおり、ギターをかき鳴らして絶叫していたのは堺正章と井上順であった。ボクは革のコートを羽織って若手司会者の代表のような顔で中継し、折から人気ドラマ『ザ・ガードマン』の扮装で登場した宇津井健さんにインタビューしたような記憶がある。

出番が終わったボクは、近藤マネジャーと二人で氷川丸の階段を早足で降りた。最後の二段をいつものくせでポンと飛んで地上におりたったそのとき、ボクは腰に異様な痛みを感じたのである。ボクは近藤の肩を借りて駐車場まで歩き、当時買いたてで自慢のアメ車バラクーダに乗りこむと、近藤を助手席にのせて一路深夜の第二国道を東京に向かった。

当時のボクはフェアモント・ホテルを出て、赤坂のプリンスホテル（木造の旧館である）に住んでいた。ひょんなことから支配人の竹内錦成《きんせい》さんと知り合いになり、実に家族的なサービスをうけて大いに気に入っていた（なんとこのホテルには以後再婚まで三年以上も住むことになる）。玄関につくと、いつものようにボーイさんが「お帰りなさいませ」と迎えてくれた。さあ降りようと思ったが、腰に激痛が走って動けない。近藤とボーイさんにかついでもらって、ようやくベッドに倒れこむ始末であった。ベッドに横になっても、寝返りが打てない。そのままの姿勢で寝たのである。トイレには這っていった。

明くれば元旦、売れっ子タレントだったボクは元旦から仕事が入っていたが動けない。小島正雄さんが、良い指圧の先生がいるから来いと言ってくれて、ボクはタクシーで小島邸にうかがった。その人は指圧と整体の先生だったようだが、痛い部分にはまったく触れず、手足をひっぱったり、押したりして約一時間、「ハイ、どうぞ立ってください」と言う。恐る恐る立ってみると、なんと立てる。歩いてもまったく痛まない。まるで魔術である。チップまではずんで意気揚々とスタジオへ行った。

その日は『夫婦百景』というドラマの本読みリハーサルだった。青島幸男と三浦布美子、ボクと朝丘雪路という二組の夫婦の話だった。本読みを終えてさあ帰ろうと思ったが、まったく立てない。激痛が走る。

小島さんに電話すると、先生は「張り返し」だから明朝来いと言っている。翌朝行ってまた押してもらうとウソのように痛みは消えたが、夕方の立ち稽古では再発し、すべてのシーンを座ってやるように台本を変えてもらう有り様であった。

一九六七年の正月は惨めなものであった。『11ＰＭ』もすべて特別仕立ての椅子に座ってやった。コンビの朝丘雪路さんが助け舟を出してくれた。当時雪絵ちゃんは伏谷さんというお医者様と結婚していたが、彼は慈恵医大の先生で病院に呼んでくださった。丸毛教授という斯界《しかい》の権威が診察してくれたが、第四椎骨《ついこつ》と第五椎骨の間の軟骨がとび出していて、これが神経に触るので激痛が走る。いわゆる典型的椎間板ヘルニアの状態だという。前述の指圧の話をすると先生は笑って、それは単にその場しのぎであり、治療には長期戦を覚悟するよう言われた。

今ふり返ってみても、この腰痛との闘いは長い。極端な話をすれば、今も続いていると言っても良い。ボクがセミ・リタイアして冬はオーストラリア、夏はカナダという生活に入ったひとつの理由にこの腰痛がある。これの大敵は寒さと湿気で、再発するのは大体冬場か梅雨以降の湿度の高い時季であった。仕事中、特に取材ロケ中に再発してスタッフに迷惑をかけたことも何回かあった。とにかく歩けないどころか、立ってもいられなくなるのだから始末が悪い。

丸毛教授に言われたことは、座薬と体操で治すのだが、日常生活がいちばん大事である。ベッドの下には板を入れて固くする。畳の場合は敷布団は一枚にする。椅子にかけるときは浅くかけて、できれば小さめのクッションを置く。寝るときはあおむけはダメ、横向きに寝てエビのように丸くなって寝るとよい。いちばん重要なことは、重いものは絶対に持ち上げない。棚の上から物を降ろすのもいけない。要するに腰に負担をかけることはしないようにと言われた。したがってボウリング、冬場の釣り、長時間の麻雀や将棋、正常位のセックス(!?)などは好ましくないのだ。

ボクは先生の言われたとおり心がけたが、本格的に治癒に向かったのは、今でも親交をつづけている荒川区の仲村整形外科医院の院長、仲村威先生とめぐり合ってからである。先生の仲村式体操は二十年以上朝夕欠かしたことはない。あお向けに寝て、足を片方ずつ垂直に上げる。これを十回以上くり返す。近年はこれにストレッチを加えているので、このところ十年ほどは再発しないでいる。

しかし最大の敵は肥満だということは解っている。中年になって飽食・運動不足でハラが出てくると、人間はいつも腹をつき出して立っていることになる。しかも上体はどんどん重くなり、下半身は日に日に弱まる。これでは支えている腰はたまらない。典型的な現代の生活習慣病なのだ。したがってこの十年ほどは、どの家にもフロ場に体重計を置き、毎日量る。七十五キロの線を超えていたら、食事を控え、歩いたり泳いだりする。これ以前は、なかなかこれができなかった。

『11PM』が二年目に入った一九六七年の二月、ボクはプロデューサーの後藤達彦(この男も慶應であった)と二人で羽田から宮崎に向かった。このころはON《オーエヌ》の二枚看板に国鉄から金田正一投手が入って、まさに巨人の黄金時代に入っていた。もともと運動部出身の達っちゃんが面白いことを考えたのだ。これだけの巨人人気を冬の間、テレビが放っておくのはもったいない。ファンは宮崎キャンプの様子を知りたがっているはずだ。そこで『春を待つプロ野球』という番組をつくり、ボクにキャスターをやってくれという。少年時代からの巨人ファンであるボクは、一も二もなく引きうけ、二人は機上の人になったわけである。

ここでボクは奇妙な体験をする。タレントとしてデビューして一年、金曜ばかりか月、水のイレブンにもインタビュワーなどとしてよく出ていたし、『ビートポップス』も好調だ。町に出ればよくサインや写真をねだられ、ちょっとした有名人気取りであった。だから宮崎空港に着いたときも、サングラスを掛け、トレンチ・コートの襟を立てて人目を避けるように歩いた。それにしても誰も気づかない。誰も声をかけない。今度はちょっとものたりなくなって、襟をおろし、顔が見えるようにしたのだが、何も起こらない。妙なこともあるものだと思い、タクシーに乗った。タクシーではサングラスをはずし、達っちゃんとイレブンの話などするのだが、運転手はまったくの無反応。とうとう巨人の定宿「江南荘」に着いたが、何も起こらない。番頭は「いやあ後藤さん、お久しぶり」なんて言っているが、ボクには知らん顔である。

この謎は夜になり、川上監督や牧野コーチ、金田、長嶋、王らと食卓を囲むころになって、やっと解決した。なんと宮崎では『11PM』も『ビートポップス』も見られなかったのである。当時の日本は、地方にゆくとNHKの他は民放一つしかチャンネルがなかった。したがってNTV系かTBS系に限られ、フジテレビ以下はほとんど大阪くらいしかネットがなかったのである。要するに宮崎では大橋巨泉も藤本義一もまだまったくの無名であったのだ。これはその後地方にゆくたびに経験した。前の晩

1967年、巨人軍宮崎キャンプで王貞治選手にインタビュー

は『11PM』の話題でもち切りだったのに、山ひとつ越すと翌日はもう『お笑い頭の体操』（TBS系）の話しか出ないということもあった。福島と仙台での話である。

それにしても宮崎は楽しかった。ゴルフで一人勝ちの川上さん（八十歳を過ぎた現在もお上手）を夜麻雀に誘ったら、ボクの顔を見て「敵を知り、己を知らば、百戦危うからず、これ孫子の兵法なり」と言って二階に上がって寝てしまった。ムリヤリ入れられた王ちゃんが負けて気の毒だった。あの監督の下なら九連覇するわけだ。

ドラマ初出演

なんの芸もないボクが、三十年にわたって芸能界に君臨？できたのは仕事の数を制限したからだと考えているが、デビュー一年の六七年ころはまだ「なんでもやってみよう」という時代であった。もちろんマネジャーの近藤利廣がもってきた仕事はなんでもやるというのではないが、企画を見て面白そうならOKを出した。TBSから話が来たときは、否も応もなかった。これで全国の顔になれます、と近藤は言った。もちろんNHKでレギュラーをやれば全国ネット間違いないのだが、あそこは司会者は原則としてアナウンサーであるし、ゲストとして出るにも、麻雀やゴルフの番組はなかった。

このころの窓口はやはりギョロナベこと渡辺正文で、なんとドラマの話であった。三浦啓次さんという喜劇の得意なディレクターで、前から制作局で顔見知りだった。「三浦ちゃんならシャレが解るから」というナベの言葉を信じて引きうけた。ドラマのタイトルは『窓からコンチワ』といって、いわゆるシチュエーション・コメディー（現在はシトコムといわれる）であるが、なぜかここに第二回目の台本が残っている。それによると脚本はなんと松山善三さんではないか。それにしても『ビートポップス』にしてもこれにしても、なぜ第二回目の本が残っているのだろう。不思議だ。

ボクはお蛙寺という寺の長男の役で、父の住職は田武謙三さん、近所のレギュラーに、江戸家猫八、林家こん平、武智豊子、左とん平、三遊亭歌奴（現圓歌）、園佳也子さんらの芸達者がそろっていた。土曜日の七時半という時間帯を考えて、人気の子役、沢田雅美ちゃんと蔵忠芳君もレギュラーで、マドンナ役は宗方奈美さんという美人女優であった。

毎週ゲストに大物が出るのだが、一番の思い出は三木のり平さん（銭湯の主人で準レギュラーだった）との共演であった。のり平さんは高校の先輩でボクの尊敬する業界人の一人である。あるとき往年の日活スター白木マリさんが離婚後の再起のゲスト出演をしたが、ほとんどのり平さんとボクとのからみであった。のり平さんはセットのどこかにセリフを書きつけておくので有名だったが、ボクはその風呂桶を隠してしまった。これがきっかけで二人はえんえんアドリブ大会に入ってしまった。カメラマンさえ必死に笑いをこらえるほど面白かったが、気の毒なのは白木さんで呆然と立ち往生する始末。たまりかねた三浦ちゃんがブザーを鳴らしカット。ブースから声あり「たいへん面白いのですが、御両所。三分のシーンが十五分になってます。この分ではドラマが終わりませんので、残念ながらカットさせていただきます」。

原則としてアドリブを認めてくれた三浦さんのおかげで、たいへん楽しい経験であったが、ボクは基本的にドラマの人間ではなかった。

もうひとつこの年始まった番組に『チャンピオンズ・ゴルフ』がある。日本テレビの番組だから、やはり後藤達彦を通じての話だったのだろう。ホスト・プロが当時ビッグ・スギといわれ文字どおり第一人者だった杉本英世プロ、解説が日本プロゴルフ協会の理事長をつとめた浅見緑蔵プロ（一九九六年まで会長をつとめ、日本のプロゴルフ界の改革に功のあった浅見勝一プロの父）、そしてボクが司会であった。毎週ゲスト・プロ（稀《まれ》に金田正一さんのようなアマも出た）を招き、杉本プロと18ホールのマッチプレーをやる。大体栃木県の鹿沼ＣＣで録画し、一試合を四、五週に分けて放映するという三十分番組だったと記憶している。

ボクは画面では司会のみだが、実際は毎回プレーしており、当時のトップ・プロのプレーぶりが見られて随分と勉強になった。ベテランでは、日本にゴルフブームを呼んだ中村寅吉、小野光一の両プロをはじめ、小針春芳、林由郎、橘田規、陳清波、呂良煥、杉原輝雄、関水利晃らそうそうたるゲストが来た。若手では河野高明、光隆の兄弟、のちにＰＧＡの会長になった石井富士夫、石井弘（現裕士）、内田繁、内田袈裟彦（この人にケサゴンというニックネームをボクがつけたのもこの番組であった）らで、安田春雄君が最年少のゲストだったと思う。青木功は無名でゲストになれず、ジャンボ尾崎はまだプロにもなっていないというのだから、随分昔の話である。

思い出はいろいろあるが、いちばん勉強になったのはヒデ坊（杉本プロ）がボクにあることを頼んだときである。2ダウンくらいしていた彼は、あるホールのティーに向かうときボクに、「大橋さん、頼みがあるんだけど」「なんだい」「今度のティーに上がったら『あ、左ＯＢか』と言ってほしいんです」「ああ、いいよ」。

ボクが何げなくそう言うのを聞いた相手のプロは必ずドライバーを曲げた。右へプッシュアウトして林の中か、左へのフックでＯＢであった。このあともずっとボクの先生をしてくれたヒデ坊は、「左のＯＢを意識した途端に振れなくなるんです。だから狭いホールほど、振り切らなければいけないんですよ」。これは今でも教訓として守っているが、それでも振れないものだ。

もうひとつは中村寅さん。「おめぇ、大分巧くなったが、前下りが下手だなぁ」と言われた。教えてくれと頼むと、前下りは手で打つものだというので、「手で打ってますよ」と言うと、「いや打ってねぇ、おめぇのは顔で打ってる」。つまり足場の不安定なライでは下を止めて、手だけで打つものだが、アマチュアはしっかり打とうとするあまり、必死の形相で叩いてミスをする。これもまさに至言だし今でも守っている。それにしても金言を守ってもミスが出るのはなぜだ。

『お笑い頭の体操』

順調に人気を高めていった『11PM』に、この六七年そして六八年に変化が起きる。まず六七年の十二月、名コンビといわれた朝丘雪路さんがオメデタのため一時降板、ピンチヒッターとして当時失神女優といわれた応蘭芳《オウランファン》さんが起用された。

ボクの造語で、その後歌のタイトルにまでなった「ボイン」という言葉は、雪絵ちゃんの豊満な胸を指して言ったものである。今考えると、当時はテレビで「オッパイ」と言うのもはばかられた時代だったのだ。かといって深夜番組であの突き出た部分を話題にしない手はない。考えた末に、ジャズ屋時代から得意だった音感語で「ボイン」とやったのだが、これがウケて定着してしまったのである。ボクの造語では「ハッパフミフミ」が有名だが、自分ではこの「ボイン」がうまいと思っている。

応さんはとても人柄の良い方だったが（そのうえ負けずにボインだったが）、やはり雪絵ちゃんの座を埋めるのは困難だったようで、翌年には巨泉・雪路の名コンビは復活している。

一九六八年の変化はもっとショッキングであった。なんと新年早々小島正雄さんが、五十四歳の若さで急逝されたのである。たしか、ご自宅での心臓発作だったように記憶している。後藤達彦からの電話でこれを知ったボクのショックは大きかった。前にも書いたが、小島さん（ボクたちはチャーちゃんの愛称で慕っていた）は早大の先輩であり、ジャズマンとしても先輩（本職は作・編曲、指揮でブルーコーツの指揮者として有名だった）であり、しかもボクがいちばん尊敬していた司会者であった。

チャーちゃんの教えで、その後最後までボクが守ったことがある。彼はステージでもテレビ・ラジオでも絶対に出演者に敬称をつけなかった。普通の司会者が「では、ペギー葉山さんの歌で……」というところを、必ず「歌はペギー葉山です」と言った。一部には「尊大だ」とか「生意気だ」とかいう声もあったが、チャーちゃんは絶対ゆずらなかった。あるときボクが理由をたずねると、先輩はこう答えた。

「いいか巨泉、ステージの上にいる者はギャラをもらって商売しているんだ。下で見ている人たちは金を払って来ているお客様だ。売っている人間同士が買ってくださるお客に対して『さん付け』で紹介するなんて、それこそ失礼だと思わないか。外国では全部呼び捨てだよ」

それ以来、ボクは「生意気」と言われようが、「威張ってる」と陰口を叩かれようが、先輩と同じ姿勢を通した。そのうえ番組の中で人の名を呼ぶときは、楽屋で呼ぶときとまったく同じにした。「態度が大きい」と言われてきたが、楽屋では呼び捨てのくせに、画面でだけさん付けで呼ぶよりはましだと信じている。

それにしても先輩の死はあまりにも急で、ボクは週三日間『11PM』の司会をさせられることになる。

ボクは一月二十二日の月曜日から、月、水、金の三日間とも司会を担当することになった。プロデューサーの後藤達彦は、なんとか水曜のホストは見つけるから、月、金はやってほしいと言う。ボクはレジャー・ガイド以外のこともやりたかったので引き受けたが、それにしてもこの一ヵ月間の忙しさは異常であった（約束どおり一ヵ月ほどで三木鮎郎さんが水曜のホストになった）。

というのは『ビートポップス』も『チャンピオンズ・ゴルフ』も続いており、さらにこの二月から『お笑い頭の体操』という番組がTBSで始まり、テレビが週六本、ラジオが三、四本あったと思う。前に書いたドラマ『窓からコンチワ』は半年間で終わったが、つづいて続編ともいうべき『こりゃまた結構』がすぐに入った。しかしアドリブが生命で同じことのくり返しが大嫌いなボクにとって、本読み——立ち稽古——カメラ・リハーサル——ランスルー——本番と、五回も六回も同じセリフを言わされるドラマはまったくの苦痛であったので、もうドラマはやりたくないとTBS側には伝えてあった。すると局側からも、やはりボクは司会者のほうが良いと、新番組の企画が来た。本来なら一月から始まるべきところを（つなぎの番組を入れてまで）二月スタートにしたのは、内容やキャストの選考に時間がかかったからである。

当時のベストセラーに多湖輝《たごあきら》氏の『頭の体操』があり、これをタイトルの一部にいただいたこの番組は大成功して、その後八年も続いたので憶えておられる読者も多いと思う。現在も日本テレビで続いている『笑点』のように、問題に対してトンチで答える番組で、『笑点』がプロの落語家なのに対し、こちらは歌手や俳優といったいわばお笑いのシロートが答えるところがミソであった。しかしそれでは不安なので、唯一のプロとして月の家圓鏡（現橘家圓蔵師匠）さんをレギュラー解答者として起用したのである。

今でこそ普通のタレントがお笑い番組に出るのは当たり前になったが、当時はまだ線が引かれていた。歌手や俳優（特に二枚目で売っている人）がお笑いをやると、本業にさしさわりが出ると思われていた時代である。この番組はそうした意味で、まったく時代を先取りしたものであった（ボクの番組は例外なくその精神であった）。

男性では高島忠夫さんがうまかった。のちに黄門様で有名になった佐野浅夫さんも良い味を出していた。女性では和田アキ子、アン・ルイス、研ナオコらが、この番組で新境地を開いた人たちである。「世の中は澄むと濁るの違いにて」というボクの問いに、「チンコは一つで、ジンコー（人口）は一億」とアッコが答えたときは、週刊誌のネタになったほどである。

『お笑い頭の体操』で、ボクは初めて早大出のプロデューサーと出会うことになる。それまではほとんどが、奇妙なことに慶大出身だったのだ。この男は居作昌果《よしみ》といって、以前から顔見知りであった。渡辺正文の番組の台本を書いていたころ、彼は効果班にいた。信じられないようなキャラクターの持ち主で、たとえばナベが「居作（イヅクリと読むのだが、皆イサクと呼んでいた）ちゃん、頼んでおいた音できてるよね」と聞くと、この効果係はテープ操作機のボタンに手をやりながら横を向いて、「押してみなくちゃ解らねぇ」と言う。

ボクはあのナベが黙って、「それではリハーサル行きます」と言うのが信じられなかった。その場面でキューを出すと、イサクがボタンを押す。まさにピッタリの効果音が飛び出すのである。あとでナベに聞くと「いいんだよ。あいつは変わりもんでね。下手に怒らすといいもの作ってくれないんだ。ただ任せとけば良い仕事するんだよ」という答えが返ってきた。ナベの話によると、本当は演出部にいるべき男なのだが、上司と喧嘩をして効果に飛ばされているのだそうだ。知り合ってから、麻雀やポ

『お笑い頭の体操』（TBS提供）

ーカーをやったが、ギャンブルは強かった。

このイサクが『頭の体操』の二代目プロデューサーとして、ボクと一緒に仕事をすることになったのである。あるとき飲みながら話を聞くと、ナベの話どおり上司と衝突していろいろなところへ廻されたが、やっと演出部に帰ってきたという。そしてなんと一九五二年入学の早大のまったく同期だということも解った。もっと面白いことに、ボクは三月二十二日生まれで最年少だと思っていたら、この男は三十日生まれだという。普通は四月生まれとして届けるものだが、この男の頑固さは父親譲りに違いない。

今だから正直に書くが、あの番組は問題を前もって解答者に伝えてあった（『笑点』もそのはずである）。それどころか圓鏡さん以外のタレントには、作家が考えた解答例をいくつか示し、その人に合ったものを選んでもらっていた。もちろんボクはまったくタッチせずに白紙でのぞむのだが、才能のないタレントは答えをとちったり、中にはあからさまなカンニングをしたり、答えを忘れて！しまう人もいた。ボクがこぼすと、このクールなプロデューサーは「いいんですよ。結局は当人が損をするんだから。その辺は司会者の腕でなんとかまとめてください」とすましていた。

しかしボクも居作もこの番組でタレントの才能がよく把握でき、のちの番組に大いに役立った。彼はのちにTBSの制作局長（現在はタイクス社長）にまでなり、ボクとは二十数年間苦楽をともにした。因みに景山民夫の傑作小説『トラブル・バスター』の上司のモデルは居作である。

ハッパフミフミCMの舞台裏

一九六八年の四月一日、この日はボクにとって大きな転機となった。『11PM』のプロデューサー後藤達彦から、昼間ホテルに電話があった。すぐに会いたいと言う。赤坂プリンスホテルからNTVまでは歩いてもゆける距離である。喫茶店で会うと、彼はいきなり「今夜一時間の特番の司会やれる？」ときり出した。

ボクも昼のニュースで知っていたが、アメリカのジョンソン大統領が、ベトナム戦争終結の第一歩として、北爆を停止すると声明していた。こういうことが起こると通常は報道局が特番を組むものである。ところがこの日は報道特番はやらないという。そこでタッちゃんは、『11PM』で特番を組んで報道のハナを明かしてやりたいというのだ。以前書いたように、『11PM』は最初報道局の番組としてスタートした。それがうまく行かず、芸能局に移って成功したのだ。どこの局でもそうだが、報道と制作（芸能）は仲が悪い。別の意味でお互いに馬鹿にしているところがある。

ボクは引きうける前に内容をただした。タツの話では、「報道がやれば通りいっぺんのベトナム和平万歳」みたいになるところを、もっと柔軟な姿勢でやりたいと言う。ベトナム戦争の経過から、アメリカの目論見違い、日本への影響（ベトナムで負傷した米兵が運ばれてくる日本の野戦病院で働いている日本人の失業問題も含めて）など、この戦争を両面から見る構成であった。

それにしても時間がない。タツはフィルム編集に走り、ボクは資料を頭に入れることに集中した（しかしこの日は他局の仕事が入っていて、夕方以降しか時間がなかった）。台本もなく、メモを頼りに一時間特番の司会をした。ゲストには軍事評論家の小山内宏さんがいたように思うが、さだかな記憶はない。ただ麻雀の話とは違うので、全神経を研ぎ澄ましてやったことだけは確かである。

この特番は視聴率も高く、評判も良かった。毎日新聞のテレビ評に、評論家の岡本博氏が「『11PM』のスタッフはただ者ではない。大橋巨泉の司会も素晴らしい」と書いてくれた。それまで「エロブンPM」だの、「主婦の敵」だのと悪口ばかり叩かれていたこの深夜番組が、初めてホメられた日と言っても過言ではない。

旬日を経ずしてタッちゃんから、なんとあの特番が「本部長賞」をもらったと報告があった。世間ばかりか、局内でも「鬼っ子」扱いだったスタッフを抱えた彼の喜びはどれほどのものだったろうか。それでも洒落っ気を捨てない彼は、賞金の十五万円を全員で分けたら小額になるので、翌週の「皐月賞」で足してイレブン（11）になる馬券に全部賭けようと提案した。結局はずれてしまったが、誰も文句を言わなかった。われわれは金より大きなものを得たと思っていたから。

前に一九六六年はボクにとって最大の転機になったと書いたが、この六八年も実にいろいろなことが起こっている。のちにボクの代名詞のようになった「ハッパフミフミ」のCMもこの年にできた。テレビ・タレントとして成功して以来、ボクのところにもCMの話はいくつか来たが、CMとしてヒットしたものはなかった。理由はボクに似合う商品が少ないということであったろう。まったく非家庭的なプレイボーイとして売り出したボクに、家庭で使うものの宣伝はマッチしない。

しかし若者の間では人気は急上昇していた。この年の「大学・高校生から見た司会者ベストテン」というのを見ると、なんと第一位がボクで、以下②芥川也寸志《やすし》③三橋達也④玉置宏、前田武彦⑥黛《まゆずみ》敏郎⑦小島正雄⑧ロイ・ジェームス⑨宮田輝、高橋圭三、三木鮎郎となっている。

ここに目をつけたのだろう。電通から万年筆のCMの話が来た。高校・大学生をターゲットにした軽量・短小型ペンのＣＭだという。電通の担当村山欽哉さんと、マネジャーの近藤の話では、パイロット万年筆はボールペンに食われて不振で、八百人にのぼるリストラ（こんな言葉はまだなかったが）が予定されていて、会社と組合が対立しているという。「巨泉さんに賭けているといったところですね」という話であった。

届いた台本はつまらなかった。一応撮ってみたが、まったく面白くなかった。ボクはアドリブでやらせてくれと申し出た。セットも何もいらない。ホリゾントに譜面台とスツールがあれば良いと言った。ただしアフレコはまったく不可能だから、同時録音にしてくれと頼んだ。カメラはボクのバスト・ショットだけ、何を言うか解らないからねと言った。

「みじかびの、きゃぷりてぃとれば　すぎちょびれ、すぎかきすらの、はっぱふみふみ」と切って「解るね」と言って笑った。スタジオは狐につままれたようであったが、台本のより面白いと言う人が多かった。パイロットの人は、両方もって帰って会社で検討したうえで、どれを採用するか決めさせてください、と言った。ボクはお任せしますと言ってスタジオを出たが、近藤には「台本どおりのを出したら会社はつぶれるよ」と言った。

あとはご存知のとおりである。あんなワケの解らないＣＭを採用したのは、やはり

パイロット・エリートSのCM（パイロット社提供）

会社も「賭」に出たのだろうと思う。賭は成功し、パイロット・エリートSは爆発的に売れた。八百人解雇も雲散霧消してしまった。

数ヵ月して、パイロット社主催の「感謝パーティー」に招待された。和田社長がボクに感謝状と記念品を下さったのはよくある話だが、そのあと組合の委員長が壇に上って感謝の辞を述べた。これはあとにも先にも唯一の出来事で、今でも何かとてつもなく良いことをしたような気がしている。

赤い糸

この年（一九六八年）の四月にもうひとつ妙なことが起こった。マネジャーの近藤が、ニッポン放送の新番組の話をもってきた。そのころボクはNHKを除く民放ラジオ各局に番組をもっていたが、そのほとんどはいわゆる月〜金のオビ番組であった（ニッポン放送でもやっていた）。しかしこれは日曜日の朝十時半から十一時半とかいう一時間番組で、ギャラが良いという。オビ番組の録音をする日の前後に一緒にとれば効率が良いと、近藤はしきりにすすめるのだ。若いアシスタントの女の子と全国から来た聴取者のハガキ（ギャグが書いてあった）を読みながら、リクエスト曲をかけるというまったく楽な仕事なので引きうけた。

あとで考えると、ボクのような専門家がなぜ気がつかなかったのかまったく不思議である。新番組というのは通常四月か十月にスタートする。一月もあるし、稀に七月ということもあるが、五月からというのはまずない。そんなことは気にもとめず（きっと近藤がうまいことを言ったのだろう）、気軽に始めた。相手役は浅野順子という十九歳のクラウンの歌手で、眼の大きな丸顔の可愛子ちゃんであった。あとで書くように独身生活を満喫していたボクは、こんな子供？には見向きもせず、お茶に誘ったこともなかった。たいへん礼儀正しい娘で、録音が終わると「お疲れさまでした」と最敬礼をして帰ってゆく。ボクはそのあと、オビ番組の録音をするのである。したがって一年半ほどあとに、この娘と結婚することになるなど、夢にも思わなかった。

あとで女房から聞いたのだが、この話にはある陰謀が隠されていた。まずこの『ヤング作戦』という番組は新番組ではなかった。前年の十月から青島幸男と女房とでやっていた番組で、ニッポン放送ではいちばん聴取率を稼いでいたらしい。ところが青島が七月の参院選に出るので降板せざるを得なくなった。そうなると青島の代わりは、人気投票から見てもボクか前武しかあり得ない。ただし二人ともピンチヒッターはやらないだろう。そこへ近藤が助け舟を出したのだ。日曜の朝十時半ならボクは必ず競馬場にいるので、その番組は絶対に聞いていない。だから新番組と言って引き受けさせましょう。ただしギャラはちょっと高くなりますよ。そんな筋書きだったのではないか。

ボクは必ずしも運命論者ではないが、この話を思い出すと「赤い糸」の存在を否定し切れない。それにこれより一年ほど前に、女房がミス・ティーンの日本代表で渡米し、二位になって帰国したときにミス・インターナショナルと共に『11PM』に出たそうなのだ。そのときもボクはまったく無関心だったが、なんと結婚後書斎を掃除しているとそのときの台本が出てきた。「やっぱり縁があったのかな？」と言うと、「ミス・インターの電話番号でも書いてあったんでしょ」と言われてしまったが。

六八年の春だったと思う。近藤が映画の話をもってきた。東映の『喜劇　競馬必勝法　一発勝負』という伴淳（伴淳三郎）さんと谷啓の人気シリーズものに出演交渉が来たという。ドラマは好きではないが、この話にボクが乗ったのにはいくつかの理由がある。まず第一にタレントになったからには、一度くらい映画も悪くなかろうという気持ち、第二は主演が谷啓であったからだ。二人ともジャズ出身で気心は知れており、だいいちボクは評論家時代から彼のトロンボーンを高く評価していた。しかし最も重要なポイントは監督であった。この瀬川昌治さんという人のお兄さんは、瀬川昌久さんといって（本職は銀行につとめていたが）ジャズ評論家で旧知の間柄であった。瀬川監督は近藤に、アドリブ大いに結構、巨泉さんのやりやすいようにやってくださいと言ってくれたという。

それもそのはずで、ボクは二役——ひとつは『11ＰＭ』のホストであるボク自身、もう一人は大橋巨泉になりすましたサギ師というプロットであった。これなら面白いと引きうけて、蔵王へロケに出かけていった。瀬川さんはお兄さん同様やさしい紳士で、本当にアドリブで良かった。谷啓とのからみで、ギンギンに張り切ってアドリブをかますと、谷啓が休憩時間にボクに「あんまりアドリブしないほうが良いですよ」と忠告するのだ。「あとでアフレコで苦労しますから」という旧友のアドバイスを素直に聞いておけば良かったと知ったのは東京に帰ってからの話、ロケ中はまったく歯《し》牙《が》にもかけなかった。

一ヵ月ほどして練馬の東映スタジオで録音があった。スクリプト係の女性が台本をくれて、ボクはスクリーンにうつる自分の口を見て愕然とした。「ボクこんなことしゃべってないよ」と抗議すると、「いいえ、おっしゃってます」とその女性はクールにテープを廻した。そこからは楽しげにアドリブをしまくっているボクの声が聞こえてきた。まったく口が合わない。谷啓が「だから言ったでしょ」という眼で見ている。それからの数時間は、まさに地獄であった。今思い出してもゾッとする。自分がアドリブでしゃべったことを、一ヵ月前のテンポとタイミングで再現することの不可能さを改めて思い知らされたのである。

九月になって封切られたのだが、試写を見るのがイヤだった。しかし恐る恐る見にゆくと、なんともうまく編集されている。このとき前述のボクの金言「映画は監督のもの、テレビはホストのもの」ができあがったのである。この苦い体験にこりて、ボクは近藤に二度と映画の話をもってくるなと厳命した。ちなみにずっとあとになって、親友藤子不二雄Ⓐの原作、篠田正浩監督の『少年時代』に友情出演をしたが、あれは同時録音でありました。

人間ドックを欠かさぬ訳

映画を撮り終わったボクを待っていたのは、『11PM』のメキシコ・ロケであった。二年前のヨーロッパ取材の話はすでに書いたが、あれが好評で翌六七年には再び訪欧した。そのときは朝丘雪路さんも同行して結構珍道中であったのだが、いずれにしても海外情報は好評であった。現在と違って海外旅行にゆける日本人がごく限られていたころで、ボクらのつくる映像は、働き蜂の日本人に夢を提供していたのだと思う。その後海外で会う人々に、「巨泉さんのイレブンを見て、外国へ行こうと思ったんですよ」と何回言われたことか。『11ＰＭ』という番組は、急成長中の日本とピッチを合わせるように育ったのであろう。

今回のロケは、ディレクターの横チンとボクの他に、服部名人こと善郎さん、松本カメラマン、さらに月曜班から勝田建ディレクターまで参加して、総勢五人であった。横チンと二人きりで悪戦苦闘したヨーロッパのころから見ると、イレブンの予算も増えたものである。

なぜ勝田君が加わったかというと、この東大独文出の秀才は、まさに語学の天才で、スペイン語もペラペラであった。ボクの知っている限り、この男は日、英、独、西、伊、仏の六ヵ国語に通じていたし、オランダ語やポルトガル語も日常会話なら十分できた。のちにロケ先のドイツで倒れ、そのときの輸血から肝炎にかかって夭折したが、この男は『11ＰＭ』のエースとも呼ぶべき英才であった。下手な通訳を雇うより、お勝のほうが役に立つということで同行したのであろう。

まずロス経由でメキシコ西岸のマザトランでフィッシングの撮影をし、メキシコ・シティーで観光フィルムを廻して、マイアミで再びフィッシングとゴルフを撮るという、三週間近い旅程であった。八月のマザトランの暑さは、今思い出しても汗がにじみ出る。四十度近い気温に高い湿度がプラスして、冷房のきいたホテルを一歩でも出ようものなら、五秒後に全身汗まみれであった。

その代わり、魚もよく釣れた。百キロ級のカジキマグロを数本仕とめて、意気揚々と引き揚げてくる。キャプテンは釣れた数だけ小さな旗をマストにつける。青い旗はブルー・マーリン、赤い旗はセイル・フィッシュ（芭蕉カジキ）というふうに色で魚種が解るようになっている。舟宿のおカミさんは、引き揚げてくる舟が見えると、大急ぎでウェルカム・ドリンクをつくる。

ボクたちが波止場につくと、お盆に一杯のグラスを差し出す。グラスの周りには塩がついている。何だと聞くと「マルガリータ！」という声が返ってきた。あの強さは強烈だった。近ごろどこでも飲めるようになったが、本場のマルガリータはあんなに甘くない。あれはうまかった。しかし楽しかったのはそこまでだった。

ボクたちは出発前から注意を受けていた。メキシコの水をそのまま飲んではいけない。サラダも注意して食べるようにと。現地の人は平気だが、日本人は必ず胃腸をやられるという。その晩もビールは飲んだが、水は一切口にしなかった。五人のうち横チンと名人は下戸である。松っちゃんはビール一本で十分という人、お勝は酒豪だがビール・オンリーという変わり種であった。その代わり興が乗ると大ビン十本でも飲

1967年の『11PM』ヨーロッパ取材（右から著者、朝丘雪路氏、横田岳夫ディレクター）

釣りあげたカジキと一緒に（右から横田岳夫ディレクター、著者、服部善郎釣り名人）

める（これほどのビール党は、その後石坂浩二に会うまで知らなかった）。ボクは今やワイン党だが、このころは徹底したスコッチ派であった。

部屋に帰ったボクは、寝酒にスコッチをと思い、ルームサービスで氷を頼んだ。水割り用の水はミネラル・ウォーターだったのに、氷のことまで考えなかったボクが迂《う》闊《かつ》であった。それでなくても腸の弱いボクは、この晩はほとんどトイレとベッドとの往復で過ごした。

翌日の撮影はつらかった。まったくの空腹でカジキと格闘するのは大変な作業であった。少しでも力をとパンの軟らかいところを紅茶に浸して食べたが、一分ともたず出てしまった。マルガリータを横目に医院に直行したが、薬をもらっても下痢は一向に止まらなかった。この漁村では大きな病院もなく、悪化する症状に不安になったボクは、一人ロスに戻ることになったのである。

お勝が手配してくれていたロスの病院で検査をうけてみると、特に風土病などの徴候はないという。ただし衰弱しているので、日本に戻って入院したほうが良いというアドバイスであった。当時まだ直行便はなく、途中給油に寄った深夜のホノルルで、おそるおそるコンソメ・スープを飲んだことを憶えている。

羽田空港には近藤が待っていて、そのまま東京女子医大に直行した。ここの麻酔専門医の南孝雄先生とは、かねてから懇意であった。法政大学のジャズ研究会にいて、ジャズ評論をやりたくてボクに弟子入りした故畑本健（のちに放送作家）が先生と親しくて、ボクや井原高忠さんに紹介したのである。テレビの撮りだめなどで疲れたと言うと、よくスタジオに来て栄養剤を注射してくれた本当に優しいお医者さんだった。

一応話を聞いた先生は、念のため胃カメラで検査したほうが良いという。今でこそ器具が進歩して細くなったが、あのころのカメラは太かった。「大丈夫、ボクが麻酔してあげますから」と先生に言われ、全身麻酔で内視鏡検査をうけたのである。あとのことはまったく憶えていない。目が覚めると先生の笑顔と美人の看護婦さんが見えて（麻酔から覚めてみる看護婦さんは必ず美人でアル！）、「検査は終わりました。結果は二、三日で解りますから」と帰宅を許されたのだが……。

数日経ってボクは、井原高忠さんから会いたいという電話をうけた。また新番組の相談かな、くらいの軽い気持ちでゆくと、ターさま（井原さんの愛称）の顔は意外にこわばっていた。

「これはあらかじめ知らせておいたほうがいいと思うんだが、この間の検査で胃の中にポリープが見つかったんだって」

「えっ！」とボクは絶句した。母を癌で失っているボクは、癌に対する恐怖が人一倍強かった。井原さんの話では、そのポリープは内視鏡についているフックでうまく取れたので、今大学の病理科で精密検査中だという。

「南先生がね、直接言うより井原さんから言ってもらったほうがと言うんでね。大丈夫、早期発見なら十分治るし……」という言葉は上の空で聞いていたように思う。したがって数日後、南先生のところへうかがうときには、十分覚悟を決めていた。すぐに手術してもらうつもりであった。しかしいつもと変わらぬ笑顔の先生は、「良かったですね。良性のポリープでした」と言ってカルテを見せてくれたのである。あんなうれしかったことはない。その晩は先生と近藤と畑本と四人で、何軒はしごしたか解らない。ただし、ボクは母親の体質をひきついでいるかもしれないので、これからは毎年人間ドックに入ってほしい、と言われた。

「幸い、ボクの女房のオヤジが大田区で病院をやっているんで話しておきます。小さい病院だけどかえって人目につかなくて良いと思いますよ」

ボクはそれ以来なんと二十四年間の長きにわたって、この松井病院の人間ドックを欠かしたことはなかった。南先生は若くして世を去られたが、奥様のお姉様の夫君がボクの腰痛を治してくれた仲村威先生である。松井卓爾先生は天寿を全うされたが、長男の松井秀夫君が院長を立派につとめている。

この事件はボクの人生観を大きく変えた。健康を第一に考え、少しでも疑いがあれば積極的に病院へ行き、手術などまったくいとわなくなった。かつて『患者よ、がんと闘うな』という医師の本が話題になったが、ボクは大反対である。一回の人生、最後まで闘うべきだと思う。母は子宮筋腫を放置した結果、若くして世を去った。したがって彼女は命とひきかえに、ボクに何かを伝えてくれたと信じたい。

いずれは死ぬ身だが、あちらで母と再会したときに「バカだねぇお前は、お母さんの言うことを聞かないで」と言われるより、「お母さんのおかげで長生きできたよ。本当にありがとう」と言ったほうが、母も喜ぶと思っているからである。事実それに近いことが起こるが、それは十年以上先の話になる。

初の出演映画が封切られたころ、ボクは新しいテレビ番組の準備をすすめていた。これは同じNTV系でも、大阪の読売テレビの制作で、いわゆるプライス・クイズであった。二週に一度大阪に出張するわずらわしさに二の足を踏んでいたボクに出演を決意させたのは、末次攝子さんというプロデューサーの説得力であったと思う。この方はのちに大阪府の要職につかれることになるのだが、まさに女傑であった。なぜボクでなければならないか、そしてボクの将来にも絶対にプラスになると力説されたのだが、考えてみるとこれがボクの本格的クイズ番組の最初のホスト役だったのだから、彼女は正しかったことになる。

　この番組は『巨泉まとめて百万円』というタイトルで、大成功であった。コンスタントに二ケタの視聴率を取り、二〇パーセントを超えることもあった。なんと一九七二年の十月いっぱい、四年にわたって続いたのである。高価なものから手頃なものまで、あらゆる品物が出てきて、出場者が値段を当てるクイズなのだが、ボクはこの番組で一般視聴者の出場者だけを相手に、いかに番組のテンポをキープするか、面白く盛り上げるかを学んだ。ディレクターは豊田千秋という人で、ボクに自由にやらせてくれたのも成功した理由のひとつだったと思う。

　この番組について書いておきたいことがあと二つある。ひとつは提供スポンサーだったタイガー魔法瓶の菊池嘉人（現嘉聡）社長との交友である。この人とは同世代（ボクが一級上）で非常に気が合い、よく飲みに行ったものだ。四年後にボクがこの時間帯から去るとき、キンキン（菊池さんの愛称）は「もう一度必ず一緒にやりましょう」と言った。普通は社交辞令だが、その後も文通だけは絶えず、それから二十年もたってから、ボクが最も力を入れた番組『巨泉のこんなモノいらない!?』の提供スポ

『巨泉まとめて百万円』（読売テレビ提供）

ンサーになってくれた。そのときのいきさつは後にゆずろう。

もうひとつは、三年たってマンネリ化したので新番組をつくったことである。これは『巨泉のチャレンジクイズ』といって、実に凝ったクイズ番組であった。解答者は示された問題から、５Ｗ１Ｈ（ＷＨＯ、ＷＨＥＲＥ、ＷＨＥＮ、ＷＨＡＴ、ＷＨＹとＨＯＷ）のひとつを選べる。たとえば「８６８」という問題を、「王貞治のホームラン数」と答え、ＷＨＯを選べば「第１号の相手投手は？」という質問が出たり、ＷＨＥＲＥなら「８６８号を打った球場はどこ？」と聞かれたりする。

ボクは末次、豊田両氏と計り、問題制作作家にも金をかけ、相当自信をもって臨んだのだが、なぜか不発で二クールで終わってしまった。今でも面白い番組だったと信じているが、ちょっと複雑すぎたかもしれない。それに気がつくのは『クイズダービー』が始まってからであった。

第三章　二度めの結婚

ザ・サラブレッズ結成

明けて一九六九年（昭和四四年）、ボクは前の年からの計画を実行にうつしつつあった。まずエマノン・プロから独立すること。前に書いたようにこの会社はもともと芸能プロではない。経理事務所であった。したがってボクの仕事がひろがるにつれ、到底近藤一人ではできなくなっていった。とはいっても近藤は一マネジャーであり、彼としては何もできない。そこで二人で相談して一年以上前から独立を決めていたのだが、ポンと辞めるのはボクの気が済まない。古いと笑われようと、ボクの倫理観だから仕方がない。広瀬社長には離婚のとき保証人になってもらった義理もある。ボクは近藤をつれて広瀬宅を訪れ、一年後に独立したいが、これからの一年は「御礼奉公」

としてエマノンにパーセンテージを払いますと申し出た。六八年の三月の話である。広瀬さんも快諾してくれ、独立はこの年の四月からということになっていた。

もうひとつは、ジャズ屋時代からの夢であった自分のバンドの設立である。ボクには『11PM』という職場があり、これにレギュラー出演させようと考えた。まず長年の友人であるサックスの杉原淳に相談し、彼にリーダーを頼んで人選をはじめた。このころボクがよく通っていた赤坂の深夜レストランに「カナユニ」（かなりユニークの意）という店がある。今でも同じ所にあるが、横田宏君というスマートなマスターの趣味が良く、いかにもニューヨークの下町にありそうな店であった。『11PM』が終わってから、ボクはよくここで夜食を食べ、興が乗ると二、三曲歌ったり、下手なピアノを弾いたりしていた。そこのバンドはベースの根市タカオがリーダーで、ピアノが中島一郎、ドラムスが池貝まさとしというトリオであった。根市とは昔からツキ合いがあり、彼が一時ジャズ屋を辞めてサラリーマンになるときも、また諦め切れずに堅気？を辞めてベーシストに戻るときも相談に乗ってやった。

結局この四人が正式に「ザ・サラブレッズ」のメンバーになるのだが、ボクとしてはプロデューサーのOKをとりつけなくてはならない。そこですでに親友であった後藤達彦（この男についてはもっと後で書くことがたくさんある）に話を打ちあけた。タッちゃんとしては基本的には賛成だが、深夜番組に男五人では色気がない。女性歌手を一人入れてほしいと注文を出されたのである。

まことにもっともな話なので、近藤と二人で早速人選にとりかかった。条件は三つ、ある程度ルックスが良くて、ジャズないしポピュラーが歌えること、そして毎週月曜の夜ナマ放送があるので専属歌手になってくれることである。その方面には顔が利いたのでなんとかなると考えていたが、いざとなると帯に短し、タスキに長しである。時間もなくなって焦り出したころ、近藤が思ってもいなかったことを言い出した。

「大橋さん、LF（ニッポン放送）で一緒にDJやってる浅野順子っていう子、レコードも出してる歌手なんですよ」と言うのである。

もう二月に入って時間に追われていた。ボクは早速次の録音のとき、ちょっと話があると言うと、彼女はドキッとした様子であった（後で聞くと、マネジャーからボクはプレイボーイで危険だから、仕事以外の話はしないようにと言われていたという）。近藤を交えて専属歌手の話をすると、「私は歌が巧くないからダメです」と言う。「だいいちジャズなんて知りません」とも言われた。それはこちらで教えるし、「当分の間はマラカスでも振ってニコニコしていれば良いんだよ」などと言って口説いたものである。すると「しばらく考えさせてください」ということになった。

こちらはクラウン・レコードから出ている数枚のレコードを聞いてみたのだが、彼女の言うとおり歌はうまくない。いわゆるアイドル歌手みたいなもので、ジャズ的な要素もほとんど見られなかった。ところが数日を経て彼女のほうから、「レパートリーをつくって、教えていただけるならやってみたい」という返事が来たのである。実はこのときクラウンとの契約が切れるところで、一方では東宝からの話もあり、歌手か女優か迷っていたのだそうだ。芝居は子役からやっていたので、何か新しいことをやりたかったのかもしれない。

こっちは渡りに舟で早速給料を決めて専属契約を結んだ。タッちゃんに話すと、あの娘ならサントリーの生CMでも使えると言う。『11PM』でこのCMの代理店をしていたのは、あのビデオ・ホールの藤田潔であった。東京のジャズ・ファンを沸かせたオールナイト・ジャム・セッションの仕掛け人二人が、『11PM』という深夜に再び一緒に仕事をするようになったのも何かの縁であったろう。

『11PM』のほうはOKが出たが、レパートリーが一曲もない。英語はまったくダメだという。デビューまで一ヵ月半、この間に最低三曲くらいはレパートリーを作らねばならぬ。ボクは淳と相談して、ソロは二曲ボクが考える。あとはコーラスの部分を考えてくれと頼んだ。

一曲は「虹の彼方に」にした。『オズの魔法使』の主題歌で、子供っぽさの残る彼女にはぴったりだと考えた。訳詞はお手のもので、すぐに作った。テンポの速いものは、まだジャズ曲はムリなのでオリジナルにしようと思った。いつか書いた「巨泉の詩」の中から「二十年前に……」で始まる初恋の歌があった。これにメロディーをつけようと考えたボクは、深夜の赤坂プリンスホテルの食堂のピアノを借りて作曲に着手した。できあがったメロディーを淳と中島に見せて、コードの手直しをしてもらって完成した。しかし歌わせるのは、それ以上に大変であった。

ザ・サラブレッズは三月二十七日のデビューに備えて、毎週集まって練習した。器楽やボクの歌はなんでもなかった。長年一緒にやってきたので呼吸は合っている。あとはちょっとしたアレンジをするだけであった。問題は歌手であった。勘は悪くないのだが、楽譜は読めない、英語はダメ、ジャズはまったく知らないと三拍子そろっている。

ボクは週にテレビ六本、ラジオ六本のレギュラーを抱えていたが、それ以外の時間はすべて彼女のレッスンに充てた。彼女も仕事が残っていたので、とんでもない時間しかない日もあった。ボクはホテル暮らしなので、よく彼女の家へ（ピアニカ持参で）

行った。それまでお茶を一緒したこともなかったので知らなかったが、なんと彼女はボクの生まれた墨田区内の業平橋《なりひらばし》に住んでおり、ボクの生家からは都電で一直線であった。

彼女の家は浅野輪業といって、オートバイや自転車を販売していた。父親は彼女が五歳のとき他界したそうで、母と兄と三人(別棟に次兄夫婦)で住んでいた。母親(残念ながら一九九六年十二月に天寿を全うした)は娘のレッスンに来る有名人に、申し訳ないと言って食事をつくってくれたりした。玉子焼きも、魚の煮つけも、ほうれん草のごまよごしも、懐かしい下町の味であった。ボクはいやがる母親を説得して、いつも台所で食事をいただいた。なんだか昔の両国のようであった。長い間忘れていた味のような気がした。

中野の家を飛び出してからもう五年の歳月が過ぎていた。この五年間は仕事のうえでは大きな変化があったわけだが、私生活はまったく「家庭」とは無縁であった。それ以外の部分では、まさに黄金時代とも言えた。ギャンブルで食っていた最初の二年を含めて、まさに花の独身を楽しんでいた。もう結婚はしないと公言してはばからなかった。よく伊丹十三、岡田眞澄らと〝独身貴族〟の代表として女性誌から取材されたりしていた。特にホテル暮らしを始めてからは、まさに「自由」そのもので、誰にも拘束されない。近藤にだけは必ず居所を知らせていたから、仕事に穴を開けるようなことはなかったが、とにかくその晩どこに泊まるか解らないという生活であった。

『11PM』が終わってから、六本木か赤坂に出かける。イレブンのない日は大体麻布でボウリングか、銀座で飲んでから、やはり六本木か赤坂であった。ナイト・クラブでは「コパカバーナ」が六割、あとは「ラテン・クォーター」その他である。クラブがはねてから行くのは、六本木が多く、「キャンティ」「シシリア」「テラス・ヴューー」「シュヴァリエ」といった小さな店である。特にあとの二店や「カナユニ」では、ピアノの弾き語りをしながら一杯やっていると、まとまらない話もまとまってしまう?のであった。

二度と結婚はしないはずが

こうした「甘い生活」にクエッション・マークを感じさせたのは、杉山家の存在であった。ボウリング仲間の杉山彰の実家は、杉山産婦人科といって環七の側の和泉町にある。彰のご両親は杉山四郎博士と喜代子さんといって、ボクを子供のようにもてなしてくれた。何回泊めていただいたか解らないし、食事の数などは数え切れない。ご加藤さんというお手伝いさんがまた優しい人で、おいしい料理をつくってくれた。ご両親とも下町の出で、ものすごく居心地が良かった。妹の奈々子や美奈子ともすぐ仲良くなって、ボクは家族扱いであった。毎年正月には、昔の両国の家でそうしたように百人一首を取った。ボクは町内大会に出たほどの腕だったが、ママや奈々子も強かった（ボクはパパ、ママと呼んでいたし、今でもそう呼ぶ）。

しかしまだまだ「甘い生活」の魅力は強かった。T子とはある事情があってボクと一緒になれないことを彼女は知っていたので、彼女が生活できるようにしてあげて別れた。もう同棲するようなことはしなかった。それに近いこともあったが、必ずホテルの部屋はキープしてあり、そこが（赤坂プリンスの一一九号室）ボクの公然の住居であった。したがって二、三回週刊誌にかぎつけられたときも、大きなスキャンダルにはならずに済んだ。だいいちワイドショーもレポーターも、写真週刊誌も存在しない時代であった。時代が良かったと言うしかない。

もう二度と結婚しないと言ったのは嘘ではない。ハッキリ言ってボクはこりていた。初めてのときも最初の妻のときも、本当に愛していると思ったのに、結ばれてしまうと気持ちが冷めてゆく。最初の妻の場合はジャズというものが介在したからある程度続いたが、心は他の女性を求めていた。男の恋心というものが、リビドーに基づいていることをボクは悟っていた。他の人は知らず、ボクの場合は手に入れるまでのプロセスが楽しいのであって、セックスそのものでもないことにも気づいていた（だから買春にまったく興味がなかったのだ）。再び結婚をするということは、もう一人の女性を傷つけることにしかならない。それだけは止めようと思った。この「黄金時代」に、本気で好きになった人がいないわけではない。しかしやはり結果は同じであった。

今度の場合はしかし、少々事情が違った。とにかく「甘い生活」は中断されている。仕事以外の時間はすべてレッスンに費やされている。ロマンチックなものは何もない（大体この娘は酒は飲まないし、ダンスもできない）。会うのは下町の自転車屋である。ところがあるとき、彼女は兄妹たちとスキーに行った。ボクは一人赤プリの食堂でピアノを弾きながら曲を作っていた。突然ボクは、胸に大きな穴が開いていることに気づいたのである。

ボクは『マイ・フェア・レディ』のヒギンズ教授だったのかもしれない。ボクはバーナード・ショウの原作（『ピグマリオン』）のときからこの物語が好きであったが、まさか自分が主人公を演ずるようになるとは夢にも思わなかった。ボクは考えこんでしまった。本当にあの娘を愛してしまったのであろうか。それとも例のリビドーなのか。

どうもそうではないらしい。ボクには複数のガールフレンドがいて、その意味ではまったく不自由していなかったし、依然モテまくっていた。大体ボーイッシュで、セックス・アピールはない。趣味も違えば、性格もまったく違う。ただ明るくて、ユーモアのセンスに溢れているところに惹かれた（太っていない丸顔の美人という点もはぶけない）。とにかく会話が快かった。しかしボクに家庭生活ができるかどうか自信はない。もう一人女性を不幸な目に遭わせるわけにはいかなかった。

まったく妙な話だが、セックスということはまったく考えなかった。ただ二人でいる時間が楽しく、一人になると何か欠けている感じであった。亡き母が「お前はね、気立ての良い下町の娘と結婚するんだよ」と言っていたのを思い出した。いつ、どこでプロポーズしたのかはまったく憶えていない。女房にたしかめてみたが、彼女も憶えていないと言う（誰だ、二人ともボケ出しているなんて言うのは！）。二人でヨーロッパへ行こうとは言われたという。セックスもなしで、次第に結婚へ向かって進んでいたというのは、今の若い人には奇怪かもしれないが、事実そうであった。

一方レッスンの効果はあって、なんとか四曲のレパートリーは完成し、三月二十七日に赤坂プリンスで、ザ・サラブレッズの披露パーティーをやり、四月（実際は三月三十一日放映分）から『11PM』でデビューした。バンドも彼女の歌も特に評判には

ザ・サラブレッズのメンバー

ならなかったが、『11PM』の他にTBSラジオの『巨泉＋1』にもレギュラー出演が決まり、仕事には困らなかった。一方浅野順子個人の仕事は結構入って、フジテレビの新番組『巨泉のスター百面相』のレギュラーにもなった。

これはペプシ・コーラの提供で、現在でもやっている欽ちゃんの『仮装大賞』の前身のような番組であったが、彼女はスタジオ生CMも担当した。あるときなんとこの娘は開口一番「コカ・コーラ」と言ってしまったのだ。全員一瞬マッツァオ。ところが「——よりおいしいペプシ・コーラは……」とやったのである。普通なら「ゴメンナサーイ」で撮り直しとなるところだが、なんというクソ度胸であろうか。もちろんカットで撮り直しとなったが、ボクはこの娘のこういうところが好きであった。もちろん「いちばん間違えてはいけないところを間違えるなんてトンデモナイ」ときつく叱りはしたが、内心ではこれはアメリカ人のセンスだなと思っていた。

『11PM』の硬派路線でギャラクシー賞受賞

六九年四月、ボクはエマノン・プロから正式に独立、株式会社大橋巨泉事務所を設立した。事務所を原宿と青山の間の神宮前に構え、代表取締役社長には近藤利廣、ボクは筆頭株主（オーナー）ではあったが単なる取締役であった。もちろんボクに会社を経営する気はなかったし、事務所にはボクの部屋もなかった。これはボクの考え方で、いくら近藤を社長にしても、ボクがいれば彼は形だけの社長になってしまう。それでは彼のやりたいようにできないだろう。彼に責任をもってもらうためにも、ボクはいないほうが良いと考えた。もう四年も一緒で二人の仲はツーカーであったし、重要なことはすべてボクに相談してくれた。

『11PM』の独走であった深夜に、時を同じうしてフジテレビが挑戦してきた。当時人気絶頂で十時台で三〇パーセントという驚異的な視聴率をとっていた『夜のヒットスタジオ』の直後にホストも同じ前田武彦で『ナイト・ショー』をスタートさせたのである。マスコミは大騒ぎして、二人の人気司会者の激突とはやし立てた。第一夜はあちらが三〇・四パーセントに対してこちらは四・五パーセントと大差であったが、これは『夜のヒットスタジオ』からのなだれ込みで、その後はどんどん落ちていった。こちらは二回目から一〇パーセント近くに回復し、その後はコンスタントに上であった。四月九日付の東京新聞には、「巨泉強し、前武は一回目だけ」と見出しがついている。

しかしこれは最強の挑戦だったと思う。その後TBSをはじめ各局とも、この時間帯に進出してきたが、一度も脅威を感じたことはなかった。前田武彦だけは別格だと思っていた。このころの切りぬきを読み返してみても、ボクは本気で彼を話術の天才だと思っていたし、今でもこの気持ちに変わりはない。それは前述した『昨日のつづき』でよく感じていたし、彼の番組を見てもボクより一枚上であった。もしボクが彼に勝るものがあるとすれば、それはボクのほうが真面目で、勉強家だということしかないと思っていた。前田は番組で自分も楽しんでしまうようなところがあって（これはタモリも似ている）、それが長所になる番組に向いていた。ボクもそう映るかもしれないが、あくまで番組を取りしきり、演出しているという気持ちを忘れない。そこが微妙な違いだと思う。

ボクはこのころから月曜イレブンで、「巨泉は考える」というシリーズを始めた。これは例の「北爆停止スペシャル」で自信をつけ、すすんで政治経済などの硬派路線に進んだのである。ようやく出てきた福祉問題、公害、沖縄返還、韓国・北朝鮮問題も取りあげた。のちに大問題になった従軍慰安婦の問題もすでにこのとき取材、放映している。そしてこの年の五月、放送批評懇談会から「ギャラクシー賞」をもらうことになった。

六九年度のギャラクシー賞は、「月曜『11PM』のスタッフと大橋巨泉」に贈られた。ボクは勲章反対論者だし、もともと賞には縁のない男で、ゴルフやボウリングのトロフィー以外、賞らしい賞はこれ以外もらったことがない。それでもこのときはやけにうれしかった。というのはボクだけでなく、スタッフと一緒だからである。

ボクが正式に月曜日のホストになってから、ボクと気持ちが通じ合うスタッフにしてもらった。これは小島正雄さんの急逝という事情で、プロデューサーの後藤達彦の弱み？につけこんだところもある。放送作家として長くテレビ番組の制作にかかわってきたボクは、ディレクターとホストの気脈が通じていないと良い番組はできないと信じていた。撮影が前後してもあとで編集する映画と違って、起承転結の流れの中で作るテレビのトーク番組にはこれが不可欠なのだ。

ボクは随分ワガママを言った。こんな本で番組ができるかと言って、台本を投げつけたこともある。どうしてもボクと合わない人は水曜に移ってもらった。その点プロデューサーとツーカーなので助かった。「考えるシリーズ」をやったのは都築忠彦で、よくも悪くも東大という男であったが、問題提起の鋭さと取材の執拗さは群を抜いていた。のちにUFO研究家になった矢追純一も、公害問題で「考えるシリーズ」をつくった。五百円札の岩倉具視の曾孫に当たる岩倉明は、パロディーに異常な才能があった。ふんどしを「ジャパンツ」と命名して売り出すパロディーなど、今でも通用すると思う。「オリーブの首飾り」のメロディーで視聴率をとった東威は、いつも裏文化？に眼を光らせている視点が面白かった。これに前述した勝田建（のちにプロデューサー）が月曜の五人組で、ボクは月曜イレブンの成功は、いつでも彼らと分かち合うべきだと考えている。

　ボクが彼らといつも話し合っていたことは、鳥瞰図《ちょうかんず》でなく虫瞰図《ちゅうかんず》で行こうということ、つまり上から見ないで地面から見ようであった。それといつも平易に叙《じょ》すということ、朝日新聞の社説を読む人を相手とせず、ストリップを見る人を相手に番組をつくろう、であった。そして最後は、いつでも両側からモノを見るようにしよう、ということであった。

　そして我々の支えは後藤達彦であった。この男は相手がどんな団体であれ、必ず責任の半分はもってくれた。立派な男であった。ボクに競馬を教えてくれたが、日本テレビの社長になるためにと言って競馬をやめた。好きな女とも別れた。しかし父君と深いつながりのあった正力松太郎氏が亡くなってからは不遇でそのまま亡くなってしまった。こんなことなら好きなことをさせてやりたかったと思う。

ローマでの挙式

　ある日ボクは今は亡き浅野タキノさんのところへ、娘さんを下さいと頼みに行った。この小柄な母親は、たいへんありがたい話だが、六歳のときに「りぼん」(集英社の月刊少女雑誌)の表紙になって以来、芸事ばかりで家事は一切やらせていません、炊事や洗濯などを習わせますから一年待ってくださいと言った。そのときのボクの返事はこうであった。

「お母さん、ボクはもう三十五ですよ。一年待ってる間に悪い虫?がついちゃいます。家事はおいおい憶えれば良い。すぐ下さい」

考えてみれば、虫の良い話であるが、親子三人で話し合った結果は寿々子(順子は芸名)の意志ということで、急転直下決まってしまった。四月十九日に父に結納をもっていってもらい、婚約してしまったのである。

ここからが大変であった。ボクは当時一応スターであったし、彼女はほとんど仕事場でも一緒である。下町の娘だから、ボクがテレビ局の食堂などでメシを食い終わると、ハンドバッグからさっとツマ楊枝を出す。これが話題になって、週刊誌がつけ廻し出した。ただボクとしては、なんとかスキャンダラスになる前に、奇麗に仕上げたかった。

実は名馬スピードシンボリが、七月にイギリスで行われるG1レース「キング・ジョージ六世&クイーン・エリザベス・ステークス」に出走することになり、オーナーの故和田共弘氏、騎手の故野平祐二さんと親交のあったボクは、これに応援にゆくと約束していた。そこでハネムーンをこのスケジュールに合わせようと、『11PM』のタイアップで親しくしていた日本航空の広報に相談したのである。できれば七月中旬に北欧で式をあげたいから探してくれと頼んだ。

意外に難航した。スウェーデン、デンマーク、フランス、すべてカトリックが中心であり、市民かキリスト教信者でなければムリとの返事であった。まったくダメというわけではなく、手続きが一週間以上かかるというところもあったが、時間的余裕がなかった。「ローマはどうです？」と聞くと、「カトリックの総本山ですよ」とアキレ顔をされたが、一応当たってみると言ってくれた。

ところがなんとローマの由緒ある古い教会の神父さんが、「二人が本当に愛し合っているのなら、式のお手伝いをするのにやぶさかではない」と言っているというのだ。これはまさに地獄に仏である。お礼はとの問いには、「御心のままに」という返事だったという。今や日本人の挙式は海外で大きなビジネスになっているのだから、昔の話ではある。

いくら昔でも、週刊誌などは各ホテルの予約などを探っていたらしいが、ボクらはまんまとウラをかいて、七月二十日、平野公英機長の操縦する日航機で羽田空港を飛び立った。平野さんにいただいたお祝いのカードは今でもここにある。

羽田を発ってコペンハーゲンに向かう機内で、ボクは女房にそこに「東京レストラン」という日本食堂があり、そこのスキヤキがいかに旨いかと話していた。イレブンのロケで横チンと二人でむさぼり食った思い出のレストランである。寿々子も大きな期待を抱いていたはずだが、案に相違してまったく美味ではなかった。大体にんじんの入っているスキヤキはあまりお目にかからないものだ。シェフが替わったんだろうなどと言っていたが、今考えると簡単に答えが出る。イレブンのときは南廻りで旅行して、二週間以上まったく（ドイツのカツ丼を除いて）和食に接していなかった。だから旨く感じただけだったのだ。今度は前の日まで東京で一流の和食を食べつづけ、北廻りで直接来たのだから（時差もあり）むしろ不味いと感ずるのが当然であろう。人間の味覚なんて、まったく相対的なものである。

もうひとつの約束は正しく履行された。ストックホルムでは、（夏には）夜の十一時半に公園で新聞が読めると言ったのだが、女房は信じていなかったらしい。その代わり午後七時ごろ盛装してディナーに出かけようとしたら、日本でいえば正午くらいの明るさで、気分が出ないとキャンセルしてしまったこともある。まさに白夜の季節であった。

イギリスでは和田共弘夫妻と日刊スポーツの橋本邦治記者と一緒に、野平祐二騎乗のスピードシンボリを応援した。スローペースの二番手につけた祐ちゃんが、独特の長手綱《ながたづな》のまま四角《よんかく》すぎに先頭に立ったときには、もう「勝った」と思って絶叫したものである。日本でこうしたケースでは、この名馬は抜かれるどころか、逆に後続馬をひき離して勝つのが常だったからだ。ところが百メートルもしないうちに、内と外からアッという間に三頭の馬にかわされた。「この違いはなんだろう?」。この疑問が、このあとボクを「日本競馬改革」のために立ち上がらせるのである。

フランスはパリよりも、ニースやモナコのほうが思い出が深い。酒も飲まないくせに異常なオリーブ好きの寿々子がボクのおツマミのオリーブ（皿いっぱい約五十個くらい）をケロッと平らげて、バーテンの目を白黒させた。

ニースのカジノで二人でルーレットのテーブルに座ったときのことである。彼女には小銭をもたせて好きな数に賭けろと言っておいた。ところがあるときボクの袖をひいて「この人（クルーピエ）変なのよ。私が8の上に置くと隣の7にずらしちゃうの。二度もよ」と言う。ボクは何かを感じてそのままにしておくように言った。見ているとなんと球の止まったところは7であった。彼は女房のほうに笑ってウィンクしたそうだが、これ以来ボクはルーレットをやらない。連中は自分の狙った数字を出せるのである。

楽しい婚前旅行?を終えたボクたちは、八月に入ってローマに入った。当時の駐イタリア大使は与謝野秀氏（与謝野晶子の次男）であったが、ボクは競馬を通じて交友があった。与謝野さんは親切にも、その時期はローマにいないが、ということはボクの車も空いているから運転手ごと使ってくださいと言ってくれていたのである。

翌日はそのオウレリアスという運転手が迎えにくるという八月四日の晩、ボクは寿々子を約束の「ドムス・オーレ」につれていった。このコロッセオを見おろすレストランは、絶対に今度来るときは本物の恋人と一緒に来ようと誓った場所である。食前酒をのんで（もちろんオリーブをつまんで）、フロアに出た。彼女はダンスができなかったが、スローな曲なのでボクにつかまっていれば良いと言った。踊っていると突然泣き出した。たいへん気丈な娘で、羽田で家族と別れるときもケロッとしていたので、びっくりした。

ディナーを摂りながら話を聞くと、「ああ私は、もうこの人しか頼る人がいないんだなぁ」と思ったら、急に涙が出たのだそうだ。せっかくのお化粧も涙で台無しになっていたが、ボクは今度こそこの娘を幸せにしてやろうと心に誓った。

翌朝与謝野さんの車で、サン・ジョヴァンニ・ヴィア・ポルタ・ラティーナという古い教会に行った。何回も戦火のために増改築されたそうだが、オリジナルの部分は四世紀のものだという。したがってステンドグラスなどなく、雪花石膏《せっかせっこう》か大理石を薄く切ったものが窓にはめられていた。

立会人は川口日航ローマ支店長夫妻にお願いし、堀田副支店長がカメラマンをやってくださった（外に二人ほど外国人のカメラマンがいたが、これは日本の週刊誌に依頼された通信社の人であった）。神父を入れても全部で十人ほどという結婚式であったが、実に荘厳ですばらしい式であった。キリスト教にうとい我々は、すべて副神父（英語ができる）の指示どおり動いたが、寿々子はいつ「イエス」と言うのか、そればかり心配していた。しかしカトリックではイエスもノーもないのだ。神父がキリストになりかわり「二人を夫婦とする」と言うのである。

したがって式のあと神父の部屋に通された二人は、教会の結婚者名簿にサインするように言われた。そして神父はこう言ったのである。

「私は日本の法律は知りません。だから貴方がたが日本の法律に従って離婚することは自由です。しかしたとえ離婚しても、この教会では貴方がたはまだ夫婦なのです。ではは末長くおしあわせに」

通訳してやると女房は感激して、その日にでもカトリックに入信しそうであった。

一方のボクは、なんだか一生この娘と一緒にいるような気がしていた。

八月五日の挙式後、われわれは南廻りで香港に行った。彼女の母のタキノさんと、マネジャーの近藤、放送作家の奥山侊伸と待ち合わせをしていたのである。ここでささやかな親孝行をし、中華料理をたらふく食って羽田に帰ると、空港ロビーは記者とカメラマンでいっぱいであった。

近藤のすすめもあって、披露宴は八月二十一日に東京プリンスホテルで、マスコミ関係者も多数加わってパブリックに催された。ただし仲人は杉山四郎夫妻に頼んだ。パパはマスコミの重圧に目を白黒させていたが、立派につとめてくれた。

うれしかったのは前田武彦が司会役を買ってでてくれたこと、そしてハナ肇がドラムス、渡辺晋がベース、青島幸男が歌という滅多に見られないメンバーで演奏して祝福してくれたことであった。晋さんには離婚から再婚まできっちりシメてもらったことになる。

ボクたちは日本テレビから徒歩一分のマンションに新居をかまえた。寿々子は結婚と同時に(前からの仕事は少々残っていたが)芸能界を引退して家庭に入った。これは二人で話し合って決めたことで、ボクは二人とも仕事をしていたら結婚生活に自信はない、とハッキリ言ったが、彼女も結婚するなら仕事はやめたいと言う。まったく二人の意見は一致していた。

友人の間で今や料理上手で有名になっている女房だが、この時点では正真正銘何もつくれなかった。しかしボクは亡き母の「お父さんにおいしいものを食べさせたいという一心があれば、料理なんてうまくなるのよ」という一言を伝え、気長に待つからと言った。あれから三十五年になろうとしているが、思えば長い道のりであった。山も谷もあった。しかしいつでも二人だけで正直に話し合って解決してきた。反対意見もあろうが、結婚の成功の秘訣は、できるだけ一緒にいることである。

『ゲバゲバ90分！』

今でも鮮明に記憶に残っているほど楽しいハネムーンではあったが、帰国したボクには大きな仕事が待っていた。今でも日本のテレビ史上、最高のバラエティー番組といわれる『巨泉×前武ゲバゲバ90分！』が始まったのである。実際にオンエアされ出したのは、この六九年の十月七日からであるが、VTR撮りは九月から、打ち合わせは旅行から帰ってすぐであったと思う。

これも井原高忠さんであった。井原さんにアメリカのテレビ番組『ラフ・イン』のビデオを見せられたときの感銘は忘れられない。ローワンとマーティンという二人の

1969年、ローマでの挙式

東京での披露宴、仲人の杉山四郎夫妻とともに

コメディアンが司会で、十数人のレギュラーが皆面白かった。今をときめく大女優ゴールディ・ホーンもその一人だった。とにかくギャグの連発で、五秒間に一回笑わせるというのがキャッチフレーズだったと思う。特に感心したのは連ギャグで、これは『ゲバゲバ』でも名物になった。それから「サッキットウ・ミー」とか、「ヒヤ・カムズ・ザジャッジ」とか決まり文句があって、これが出てくると客がどっと受ける。「アッと驚くタメゴロー」というのは、その日本版であった。

その司会役を前田武彦と二人でやってほしい。そしてギャグや役者もやってもらいたいというのが井原さんの頼みであった。当時ボクと前田は大ライバルのように言われていたが、前にも書いたようにボクは彼を尊敬していたし、好きでもあった。二つ返事で引き受けたのは良いが、渡された台本を見て、これは大変なことになるゾと思った。とにかく厚いのである。普通の一時間ドラマの本よりも厚くて大きい。大きいというのは、字だけでは説明しきれないので絵も入る。したがって通常の台本の倍の大きさになるのだ。今考えてもゾッとするが、なんと七ページにわたる独白（ひとりゼリフ）なんていうのもあったのである。

ただし前田と二人の司会の部分はアドリブで良かった。この部分はナマ放送だったので、その日の話題から入ることが多く、実際に日本テレビの前を通るデモ隊の話を

テレビ史上最高のバラエティーといわれる『ゲバゲバ90分！』で前田武彦氏（右）と（日本テレビ提供）

やったこともある。むしろ大変なのはVTRのほうで、「巨泉のある人生」というシリーズは、ボクが主演の人物コメディーでセリフも多く憶えるのが大変だった。よく女房に相手をやってもらって憶えたものである。やれ葬儀屋だの、やれ電話工事人だの、いろいろな職業の人を演じたが、今VTRを見ても笑えるほどの傑作が多い。これは超一流の作家をそろえていたからで、井上ひさし、津瀬宏、城悠輔、河野洋、田村隆、奥山侊伸と当時一人で一本番組をもっていた人が十数人集まって書いていたのだ。この一事をもってしても、もう二度とあんな番組はできないと思う。

したがって井原さんは、原則として出演者のアドリブを禁じていた。これらの作家より面白いセリフはないと信じていたようだ。ただし前田とボクと、コント55号の二人（二郎さんと欽ちゃん）の四人には特に許可した。それもコントの最後に「そこで何かひと言、よしなに」と要求するのだ。これには参る。相当なことを言わなければならぬ。リハーサルのときは黙っていて、本番でいきなりやる。これが当たると傑作が生まれるが、ハズレだとオンエアのときはカットされていたりする。きびしかったが面白い三年間であった（三年目は『ゲバゲバ一座のチョンマゲ90分』というタイトルで、ボク一人で司会をやった）。

新婚生活はそのまま日本テレビから徒歩一分のマンションで始まった。とにかく月・金の『11PM』と『ゲバゲバ』、週に最低三回は日テレで仕事があるのだから、非常に便利である。あとレギュラーのあるTBS、フジテレビ、文化放送、ニッポン放送もすべて車で十数分というところにある。

仕事をやめて専業主婦となった寿々子だが、最初はなかなかうまくゆかなかったようだ。ハネムーンから帰った翌朝、ボクはひそやかな電話の会話で目を覚ました。女房が母親にかけたのだ。

「ねえお母さん。オミオツケなんだけど、お味噌が先だっけ、具が先だっけ？」

思わずギョッとなったが、母親に大見得を切った手前何も言えなかった。ただ素質があったのだろう、料理は上手だった。もちろん失敗することもある。帰宅するとやや不機嫌な顔で、

「きょうはＲ（近所のレストラン）の仔牛のクリーム煮です」

なんていうことがある。ほのかに焦げくさい匂いがしている。

「うん、ちょうど食べたかったところだ」

などと調子の良いことを言って、ボクは喜んで食べた。努力して失敗したことを責めてはいけない。怠けてやらなかったら叱ればいい。あれから三十五年、ボクたちがうまくやってこられたのは、お互いを理解しようとしてきたからだろう。

そんなある日、一通の手紙を受け取った。有名な浪曲師の国友忠さんからである。まったく浪曲を知らないボクがいぶかしげに封を切ると、内容は浪曲とは関係なくサラブレッドのことであった。そして国友さんがこのマンションを訪ねてこられた。前から馬主であった国友さんだが、今回の馬は血統馬で値段もやや高額なので、競馬通でしかも運気のあるボクと共同で所有したいと言われる。その馬はなんと、地方競馬から中央入りして「天皇賞」「有馬記念」を連覇した名馬オンスロートの全弟だという。なるほど血統書には、父カネリュー、母ヤハギとある。値段は六百万円、つまり

ボクのもち分だけでも三百万だ。当時としては大金である。ボクは血統書と写真をあずかって、二、三日考えさせてくださいと言った。

当時大橋巨泉事務所の経理は、塚本さんという人が担当していた。ボクが前にいたエマノン・プロにいた人で、もう古いつき合いで気心は知れていた。ボクは信頼するととことん任せる性質で、営業は社長である近藤に、経理は塚本さんに任せきりで、実印もあずけたままであった。これがのちに大事件に発展するとはユメにも思わず、ボクは塚本氏に電話して三百万使えるかと聞いた。大丈夫です、預金がありますの答えに、勇んで国友さんにＯＫの返事をした。これがボクが初めてもったサラブレッド、チャージャー号である。

この六九年のラストは、寿々子とのハワイ旅行でしめくくられる。なんとボクはハワイに行ったことがなかった（女房はミス・ティーンで第二位になったごほうびに、ロサンゼルスの審査の帰途ホノルルに二泊したことがあるという）。この話を仲人の「パパ」こと杉山医博にすると、パパの姪がハワイに嫁に行っているから面倒みさせると言ってくれた。

このリタ・クニヨシさんを通じて夫のエディーさん、友人のジョン・コメタニ医師、ゴルフ場でレストランをやっていたラリー・仲間夫婦などと知り合いになった。

特にこのラリーは一メートル五十センチ台の小柄な沖縄二世だったが、そのゴルフの巧いことには舌をまいた。さらにリタの紹介で、カナダ人の富豪ビル・オアと夫人のメアリーとも親交が生じたが、これがのちのカナダ進出に結びつくとは神ならぬ身の知る由もなかった。今でこそ「一期一会」はボクの座右の銘だが、このハワイ旅行にも、数々の出会いがあったのである。

一九七〇年は新番組とともに幕を開けた。局はフジテレビで、担当は『ビートポップス』で一緒だった石黒正保、構成は『ゲバゲバ』の中心ライターの河野洋だから、面白くないはずはない。タイトルは『巨泉にまかせろ』といい、レギュラーに藤村俊二と熊倉一雄、それに三波伸介、戸塚睦夫、伊東四朗の〝てんぷくトリオ〟という豪華なものである。ボクは今でも、この番組をボクの代表作のひとつだと思っている。毎週一人の女性（女優か歌手）をメイン・ゲストに迎えて、大パロディーをやる。江利チエミちゃんのときは「マイ・フェア・レディ」をやり、団令子さんのときは「医者ドラマ」、朝丘雪路さんの「芸者小夏」となんでもやった。歌手のときはその人のヒット曲におヒョイ（藤村）とクマたん（熊倉）とボクの〝モンダイ・コーラス〟がバック・コーラスをつける。これが前田憲男苦心の作品で、当の歌手には本番まで教えない。ナマ本番で突如やる。たとえば、いしだあゆみちゃんが「あなたならどうする」を歌ったときのことだ。

あゆみちゃんが「行くの、帰るの、死んじゃうの――」と歌った途端、モンダイ・コーラスが「死んじまえ――」とからむ。笑いこけてあゆみちゃんはあとをまったく歌えなかった。

ところがこの番組は三ヵ月（ワンクール）しか続かなかった。理由はたしか編成上の問題だったと思うが、ボクがフジテレビに不信感をもったことは確かである。ただし少々時代を先取りしすぎたこと、バラエティーをナマでやる時代を過ぎていたことも理由になるかもしれない。唯一残念だったのは、チエミちゃんにつづいてトンコ（雪村いづみ）も出てくれて、ともに面白かった。これをみたひばりちゃんがぜひ出たいと言ったのに、実現前に番組が終了してしまったことだ。河野洋とあれこれアイデアを話し合っていたのに……。

それだけに番組の打ち上げパーティーは盛大だった。普通ワンクールで終わる番組に打ち上げなんてないのだが、不評で終わるわけではない。石黒君はじめ、もう一度同じスタッフで番組をつくると言っている。皆で伊東温泉へ行った。以前三橋美智也さんに紹介された「松川別館」（現在は存在しない）という旅館が、地下に温泉プールなんかあって実によかった。ここを予約し、さらに釣り船を一艘仕立てて伊東湾で釣りをやった。鰺をねらったのだが、船頭がためしに入れていた仕掛けに大物がかかった。「巨泉さん、やってみるかい」と言われて、交代したが、船頭の仕掛けだけに竿はなく、手釣りである。河野洋がくれたタオルをもっていなかったら指が千切れたかもしれない大物だった。長い間のやりとりの末あげたのは、なんと七キロ余りのブリであった。

その晩宿で、十数人で食ったが、食べきれなかった。しかしその刺身といい、中落ちの塩焼きといい、今でも舌に残るほどの美味であった。

競馬が生活の一部に

あとのレギュラー番組は好調であった。月曜イレブンでは「巨泉は考える」シリーズの最盛期であり、特に前年（一九六九年）の十二月に放映した「巨泉〝沖縄返還〟を考える！」は今もって忘れられない。

あのときボクは、「沖縄返還なくして戦後は終わらない」と大見得を切った佐藤栄作首相に真っ向から反対した。「本土並み返還」はまやかしであり、もし本土並みなら基地を東京をはじめとする本土に移すべきだと言った。もともと琉球諸島の人々は日本人とは違うのだし、しかも日本防衛の楯になってあれだけの犠牲を強いたのだから、この際沖縄を独立させ（あるいは自治権を与え）、我が国が無償の援助をすべしと主張した。ボクは孤立無援であった。沖縄選出の衆院議員・上原康助さんでさえ、ボクの言わんとすることは理解するが、独立には反対であった。それでもボクのこの主張は、三十年以上たっても変わっていない。それどころか近年の沖縄問題を見ると、いかにあの主張が正しかったかと、むしろ誇りに思っている。もちろん青くさい書生論であったことは承知していた。しかしこうでも言わないことには、日本人としての矜持《きょうじ》が保てないと思ったのである。

『ゲバゲバ』も大好評で、視聴率も高かったが、ギャグだけでなく、問題発言もしばしばあった。そのひとつに「いずみたく盗作事件」がある。ある夜のナマ放送のパートで、ボクはサラブレッズのピアノの中島君に、いずみさんのヒット曲「夜明けのスキャット」と「いいじゃないの幸せならば」を弾かせた。そのうえでサイモン&ガーファンクルの「サウンド・オヴ・サイレンス」と、サンバの名曲「クマーナ」を弾かせ、これは明らかに盗作であると言ったのである。さすがに世間は騒いだ。何しろ対象が、前年のレコード大賞受賞曲である。三月二十八日付の新聞で、作曲家の塚原哲夫氏は「もし盗作でないというなら、訴えたまえ、いずみ君。それが出来ないならレコード大賞は辞退すべきだ」とまで書いた。しかしいずみさんからの反応はゼロ。今やいずみさんもこの世にないが、これもボクは主張を変えていない。それにしても何でも「なぁなぁ」で済ませてしまう国ではある。

またこの年（一九七〇年）は、ボクの生活の中に競馬が本格的に入ってきた年でもある。それまでも、スポーツニッポン紙や競馬専門紙「馬」に予想を載せたり、テレビ・ラジオにゲスト出演したりはしていた。しかしレギュラーとして登場するのは、この年からである。ラジオ関東（現ラジオ日本）の宮原逸雄プロデューサーの依頼で、『RF競馬ロータリー』の解説者として毎週土曜と日曜、競馬場に通うようになった。前年の「有馬記念」で海外遠征後のスピードシンボリは、七歳馬ということもあって人気がなかった。しかし新婚旅行の途中で、彼が英仏の一流馬相手に善戦したのをこの眼で見ていたボクは、敢然とこの馬を本命にした。「格」が違うはずとボクは言った。この馬の単勝とこの馬からの流し馬券を六点、ラジ関（ラジオ関東）にゲスト出演していたボクは推薦し、菊花賞馬アカネテンリュウとの連勝馬券はなんと四千円を超す穴馬券となった。これで予想家としてのボクの人気は急上昇し、同局もボクのレギュラー化にふみ切ったのだろう。ボクはこれから丸五年間、この番組のレギュラーとして出演する。

一方ボクと野平祐二騎手（のちに調教師）、和田共弘シンボリ牧場オーナーとの親交は、ますます密なものになった。中山開催時は、放送終了後（交通混雑を避ける名目で）は必ずと言ってよいほど野平家（時には和田家）を訪れ、嘉代子夫人の手料理（野平食堂の異名があったほどおいしかった）で盃を重ねながら競馬論を戦わせたものである。祐ちゃんは、競馬を愛する人なら誰でも歓迎した。馬券を取ったの、馬でもうけたのという話はあまり好まず、いかにしたら日本の競馬を良くするかということしか考えていない人であった。あのアスコットの敗戦を糧に、配合、育成、調教、騎乗で世界に通用する馬をつくろうという祐ちゃんと、ペンの力でその環境づくりをしようと思ったボクとの交友は二十年にわたって続くのである。

その祐ちゃんから頼みがあった。秋だったと思う。彼が最も尊敬した競馬記者故井上康文さん（サンケイ新聞）からの依頼だという。サンケイが競馬専門紙を企画していて、その目玉としてボクに専属予想家になってくれというのだ。同じ予想でも前日の夕方に予想を入れれば良い日刊紙と違って、専門紙は木曜日に原稿を入れなければならない。そして前日の午前十一時ごろ（ＪＲＡから枠順の発表がある）には予想の目（2－3とか3－5とかいうヤツ）を入れる仕組みになっている。これは相当時間を取られるので、最初はお断りした。しかしサンケイ側の譲歩——日曜の特別3レースの

1970年、『11PM』ロケで、エプソム競馬場を訪れて

みで良い、また土曜の夜のフジテレビの番組で変更も可能など——と破格のギャラ、そして祐ちゃんの再度の頼みでボクは首をタテに振った。こうして「競馬エイト」は、翌七一年の四月二十五日創刊されたのである。九月には日刊スポーツ紙に「巨泉の競馬」というコラムをもち、本格的競馬評論もはじめた。土曜夜のフジテレビ『競馬ダイジェスト』では、盛山毅アナとのコンビで翌日の重賞予想をやった。競馬はこうして、ボクの生活のかなりの部分を占めるようになったのである。

　だからこの年（一九七〇年）の『11PM』のヨーロッパ・ロケ（例のツケ馬事件以降も人気衰えず）には、ぜひ英国のエプソム・ダービー観戦を入れてほしいと申し入れていた。競馬評論家としては本場のダービーはなんとしても見ておきたかった。かくして六月の第一木曜日、ボクは女房とＮＴＶの矢追純一君（現ＵＦＯ研究家）とともに、ロンドン郊外のエプソム競馬場に姿を現したのである。このときの驚きは、まさにカルチャー・ショックそのものであった。単なる競馬の大レースではないのである。ダービーなんて、集まった数十万の人々のごく一部しか見ていない。エプソム競馬場を取りまく大きな草っ原に、小さな町がいくつもできている。それらは商店あり、劇場あり、占い師あり、食堂あり、見せ物あり、遊園地ありで、大多数の人はそこで遊んでいるのである。一方、女王一家をはじめエリート階級は目一杯盛装してスタンドに陣取っている。芝保護もなんのその、皇室一族は馬場にロールスロイスを連ねて入ってくるのだ。要するに貧富貴賤（わが国と違ってイギリスには厳然と存在する）一体となっての一大お祭りなのである。

これはのちに世界各国で経験した。アメリカでいえば、アメフットの王座決定戦「スーパー・ボウル」であり、オーストラリアなら競馬の「メルボルン・カップ」であろう。もとはスポーツなのだが、それがすでにスポーツを離れてフェスティヴァルになっている。のちに詳述するが、イタリーやブラジルにおけるサッカーのワールド・カップ決勝なども それに当たる。ところが考えてみると日本にはそれがない。国技大相撲も年六場所になって焦点がない。野球の日本シリーズなど、年々盛り下がって? いる。いつまでも巨人中心で、野球自体を盛り上げることを怠ってきた罰である。夏の高校野球のほうがずっと盛り上がるらしいが、未熟な子どものスポーツでしか盛り上がれないニッポン国の文化的貧困の象徴だね。

さてこのダービーでは歴史的名馬ニジンスキーの勝利に立ち会えたわけだが、そのあとで廻った南仏にも思い出が残る。ニースからカンヌと、大好きなコート・ダジュールを撮影したわれわれは、ボクのたっての希望でゴルフ場を探した。今でもゴルフがあまり盛んでないフランスでは無理な注文だったが、矢追君が調べて見つけてきてくれた。カンヌからさらに西にゆくと香水で有名なヴォルヴォンヌとかビオットという村があって、そこに存在するというのだ。両方ともプレーしたが、ゴルフ場よりヴォルヴォンヌのクラブハウスにびっくりした。それは中世のお城がそのまま使われていて、昼間もうす暗い食堂で一人の老人が遅い昼食をとっている。正装した給仕がぴったりと寄り添っているところを見ると、老人は城主の子孫でもあるのか。何か中世の亡霊を見るようで、一同そそくさと立ち去ったのであった。

このあと女房とボクは撮影隊（といっても矢追君と松本カメラマンの二人）と別れて、

ローマに入った。前年の結婚式のお礼参り?に行こうというのである。教会に行ってみたが司祭は夏休みで留守、なにがしかの寄附をして、写真を撮ってホテルに帰った。ホテルはエクセルシオール、ローマの代表的高級ホテルである。奮発したのだから、今夜は二人きりでダイニング・ルームでディナーとしゃれたのだが、それが間違いのもとであった。

まず広大なダイニング・ルームに客はわれわれ二人きりであった。正装したメートルディー(給仕頭)が食前酒を聞きにきた。そこまでは良かった。ところがいつまで経っても酒が来ない。十分ほどしてやっと届いた。二人で乾杯したが、次が来ない。ようやく戻ってきた彼が、メニューを渡して説明をはじめた途端、ロビーのほうで大歓声が起こった。その瞬間「エクスキューズ・ミー・サー」の声とともに、給仕頭の姿は消えていた。しばらくしてやや上気した顔で戻ってきたが、説明している間も心ここにあらずという態度が明白であった。ボクの声を聞くよりも、耳はロビーかキッチンのほうに行っているようだ。料理を頼んでもこれが来ない。ワインを頼もうにも誰もいない。サービスの良さで鳴るこの高級ホテルでいったい何が起こっているのか。腹を立てたボクは、デザートもコーヒーも取らず(それでも優に三時間はかかった)、レストランを出た。この間一人も客は入ってこなかった。

そしてボクらがロビーで見たものは、テレビの前の黒山の人だかりであった。ボクは今もってサッカーのファンではないが、この国におけるサッカー熱の凄まじさをこの眼で見たのである。この日はワールド・カップの、たしか準決勝で、イタリーが宿敵西ドイツと対戦していたのだ。したがってコックたちもテレビの前から離れず、給仕頭の異様な行動も解った。さらにもっと凄かったのは、イタリー・ティームが勝ったあとの出来事である。散歩に出ようとしたわれわれ夫婦は、ホテルのマネジャーから、危険ですから部屋にいてくださいと懇願された。渋々部屋に戻り窓を開けると、そこには数千という人々の姿があった。熱狂した人々が大通りでサッカー・ボールを蹴りながら、歓喜に酔いしれているのである。彼らは駐車中の車の上にまでかけ上っている。警官は？　と目をこらすと、結構な数の警官が見えた。しかし彼らも一緒に大通りサッカーに加わっているのだ。いかりや長介ではないが、「ダメだ、こりゃ」であった。その夜は深夜まで寝つかれなかった。翌日の新聞に、死者数人、怪我人多数と出ていた。やはり日本人とは人種が違うのである。

派手な幅広ネクタイ姿

同じ海外でも四月に行ったニューヨークは、まったく別の意味があった。これは放送作家の河野洋、田村隆、奥山侊伸（三人とも青島幸男の弟子だったが、このころはボクとの仕事が圧倒的に多かった）、そしてタレント仲間で早大の一年後輩に当たるおヒョイこと藤村俊二との五人連れで行った。ちょうど『ゲバゲバ』で一緒に仕事をしていて、本場のニューヨークの音楽、ショウ、テレビ、文化に触れてこようというわけである。ジャズも聞いたし、ショウも見たし、テレビも深夜までつけていたが、いちばん影響を受けたのは前年から始まっていた「ピーコック革命」であった。これは男性ファッションにおける革命的変化で、孔雀（ピーコック）のように、男のほうが派手であるべしとする思想である。

ワイシャツという日本語は、ワイト（ホワイト）・シャーツという英語からきているように、男のシャツといえば白であった。それがブルーやピンクのカラー・シャツ、さらにはストライプや模様入りまで店頭に並んでいた。ネクタイも幅がぐっと広くなり、それまでは考えられなかったような柄もプリントされている。ジャケットも無地でなく、種々雑多な模様のものがあって目を丸くしてウィンドウを見ていた。それでも「先取りイレブン」のホストであるボクは、見ているだけでなく、ジャケット一枚にシャツ数枚、ネクタイに至ってはかなりの本数を買い入れたものである。大橋巨泉というと、派手なスーツにカラー・シャツ、それに幅広ネクタイというカリカチュアをされたが、それはこのピーコック革命かぶれの数年間だけの話なのだ。ただし、この期間にボクのテレビへの露出がいちばん多かったのだから、そんな戯画《ぎが》化も甘んじて受けるが……。

帰路ラスベガスに寄ったが、ボクはほとんど賭場にはいなかった。トロピカーナでゴルフをやり、ショウを見、うまいものを食べるほうに専心した。麻雀や競馬はゲームとして楽しむが、ルーレットやブラック・ジャックのような運の要素の強いギャンブルは好きではないのである。したがってツキ合いでちょっとやる程度なので損はしない。数百ドル勝ったらやめてしまう。これは今でもまったく変わっていない。

後年になってテレビの取材で、ラスベガスのカジノ関係者に会う機会があった。ボクのカジノ観を聞いた彼は、苦笑しながら言ったものだ。「あなたみたいなお客がいちばん困るんですよ」。つまりラスベガスでは、ギャンブル以外のすべてが格安になっている。豪華なホテルの部屋も、一流タレントのショウも、上等なレストランも、ニューヨークや東京の値段と比較するとずっと安くなっている。飲みものに至ってはプレー中は無料だ。それは皆ギャンブルでお金を使っていただくために、ディスカウントされている。あなたのようにギャンブルで金を使わず、安くなっている他のものばかり楽しまれたら、われわれはお手上げです、と言うのだ。しかし笑っているのは心配していない証拠。ギャンブル以外の目的でラスベガスに行く人間なんて、ほとんどいない。しかしボクのやり方が正解であることに変わりはない。

さてそのときのショウの主役が誰であったかは憶えていない。サミー・デイヴィスJr.か、トニー・ベネットだったかもしれない。二階の席に陣取ると、日本人の一団が入ってきた。奇遇である。なんとドリフターズの連中ではないか。いかりや長介、荒井注、高木ブー、仲本工事そして加藤茶。志村けんはまだいなかった。ボクはそれほど親しくしていたわけではないが、同行の田村隆などはドリフのギャグを書いたりしていたので、まずは一緒に見ようということになった。

ラスベガスのショウは、主役が歌手なら、必ずコメディアンが前座をつとめる。このときは売り出し中のスタンド・アップ・コメディーのボブ・ニューハート（のちにテレビで大ヒットをとばし、今も大スターである）であった。主役は忘れたがこちらを憶えているには理由がある。あちらのコメディアンは、五秒か十秒に一回くらい笑わせないと使ってもらえない。客はゲラゲラ笑っている。ボクも八割は解るから笑っていた。加藤茶がたまらず口を出した。

「巨泉さん、スイマセン、一人で笑ってないで訳してくれませんか？」

仕方がないから、訳してやった。それからは、珍妙なことになった。ニューハートがジョークを飛ばす。一階の外国人客がドッと受ける。ボクが素早く訳す。二階の一団が笑う。このタイミングがおかしいのか、ニューハートがときどき二階を見上げていた。ちょうど日航機がサンフランシスコ沖に不時着したあとで、これをとらえてニューハートは、

「日本人は背が低いので、機長は尻の下に電話帳を二冊敷いていたのですが……」

とやった。もちろん一階は大受け、ところが二階の反応は少々違った。ボクの訳を聞いて背の低さでは人後に落ちない茶が怒鳴ったものだ。

「バカにすんな、コノヤロー！」

ラスベガスを発ってホノルルに寄り、女房と待ち合わせをして、前に触れたハワイの旧友たちと再会した。このとき、日本ではハワイというと冬にゆくものと思われていたが、春（四、五月）が最高と知った。マンゴー、パパイヤなどの果物もおいしく、気候も空気が乾いて過ごしやすかった。前述のカナダ人、オアさんとも食事を一緒にしたが、そろそろカナダへ帰るとおっしゃる。そして十一月、カナダが寒くなるころまたホノルルに来るのだそうだ。「さすが外国の金持ちのやることは凄いな」。そのときはそれだけの思いだった。

帰国するとTBSラジオの池田さんから電話があり、新企画を打ちあけられた。テ

レビ全盛の時代にラジオが生きてゆくには、ローカル性と足を使うことだと、相変わらず一歩先を読んでおられた。ターゲットは学生と若手サラリーマンのヤング層で、若者に人気のボクにキャスターをという話であった。たしか土曜夜の生放送で、初めは『ヤングタウン赤坂』といったが、人気が出て幅を広げるため、赤坂を東京に直した。第一回、途中でスタジオを出たボクは、向かいのホテル・ニュージャパンに行った。そこでギターを弾きながら唄っていたのが、デビュー早々の藤圭子であった。「十五、十六、十七と私の人生暗かった」と無表情に唄うこの娘の顔を見ながら、これは売れるナとボクは思った。七〇年安保に敗れた若者たちの気持ちをぴったり表していたからである。

第四章　カナダ取材ツアー

着服事件で大借金

仕事は順風満帆であったが、実はこの年（一九七〇年）重大事件が起こる。発端は宍戸錠ちゃんの家に招待されたことに始まる。ボクたちは日本テレビから徒歩一分のマンションに住んでいたので、『ゲバゲバ』のレギュラーがときどき飲みにきたりしていた。そんな一人の錠ちゃんは昭和八年の遅生まれで、ボクとはいわば同期の桜である。日活の大スターであったが気さくな人柄で、すぐに仲良くなった。彼は成城《せいじょう》近くの上祖師谷《かみそしがや》というところに住んでおり、一度来ないかという話になって、女房とお邪魔したのである。モダンな鉄筋コンクリートの二階家で、前は広々としたキャベツ畑、さらにその先は東京農大の農場で、実に静かなところであった。游子夫人の手

料理で、グビグビやっていた二人は、

「いいところだなあ」

「どうだい、前へ引っ越してこないか？」

「だって高いんだろ？」

「オレ、地主知ってるから話してやるよ」

とメートルが上がって、話が進んでいった。ついでにここで游子さんにお礼を言っておく。このとき出されたおツマミのひとつに、セロリのくぼみにカニ肉をマヨネーズであえたものを入れたオードブルがあった。それまでボクは西洋野菜が大の苦手で、特にセロリが嫌いだったのだが、これはおいしかった。そしてセロリ嫌いが直ってしまい、今ではナマでバリバリ食している。もしあのときあれに手を出していなければ、ボクは今でもセロリが食べられなかったかもしれない。

ということで、ボクは旬日を経ずして錠ちゃんに伴われて、その地主に会いに行った。偶然その人も宍戸さんといったのだが、まったくの無関係だそうだ。そしてとんとん拍子に話がすすみ、ボクは宍戸家の真正面のキャベツ畑を、百六十坪、坪十七万五千円で買うことになってしまった。土地代が二千八百万円（ユメのような話だろうが、その後の値上がりが常軌を逸していたのだ）、建築費を三千万として約六千万円かかる。しかし当時のボクの収入とその上昇度からいって可能な数字だと思った。因みにそのころの『11PM』が一本十万円（週二回）、『頭の体操』が一本二十万、『ゲバゲバ』が四十五万、『まとめて百万円』が二十万、これだけで年間四千万円である。あと週四、五本あったラジオ番組、競馬関係や雑収入を合わせると七千万くらいの収入はあったはずである。

ボクは塚本さんに相談した。彼は前年のサラブレッドのときと同様、大丈夫ですと答えた。富士、第一、芝信用金庫などに預金があり、これを担保に借りられます、ということであった。ボクは何も借りなくてもと思ったが、銀行関係のことにはまったく弱いので黙っていた。ただどうしてもよく解らなかったので、近藤に芝信金へ行かせて担当者にたずねさせてみたところ、部長が特にボクに話があるので会いたいという。取るものも取りあえず芝に出向くと、その部長はとんでもないことを言い出すのであった。

まずボクの預金はほとんどゼロであり、チャージャーの代金も借金、今度の場合は土地を担保にローンを組むことになっているという。「もしかして、大橋様はご存知ないのでは？　という気がして参りましたので、こうしてお話しさせていただいているのですが……」と言って眼を伏せた。

茫然とはこの事である。しかし気を取り直して部長に礼を言い、彼のアドバイスに従って他の銀行に連絡してみると、どこの預金もゼロに近い状況であった。塚本さんは姿を消してしまった。取引のある放送局や出版社に電話して、当分の間ボクのギャラは凍結して、振り込まないように頼んだ。何しろ相手は実印をもっているのである。

もちろん近藤以下手分けをして探したが、塚本さんの行方は解らなかった。奥さんはすぐに会ってくれたが、実は彼には女がいて家にはほとんど寄りつかないと言う。要するに銀座のホステスだというその女がキーだったのである。その女に貢ぐためにボクの金に手をつけ、その穴埋めを競馬でしようと思って穴を拡げたらしい（前から競馬好きで、ボクによく予想を聞いていた）。

数日後奥さんの協力で塚本さんに会えた。憔悴《しょうすい》しきって現れた彼の話では、金は一銭もないという。女に高級マンションを買ってやったのだが、それは彼女の名義になってしまっているので、手がつけられない。しかも金の切れ目がなんとやらで、その女はもう会ってもくれないという。奥さんが、なけなしのお金を百万円ほど集めてきたがケタが違う。とにかく着服された金額は四千万円以上にのぼっていたのだ（今の金にしたら数億円であろう）。

塚本さんはすっかりフテ腐れていて、私には返すアテがないので、刑務所に行きますと言ってうなだれている。とりあえず帰宅してもらって、ボクは弁護士と相談した。彼の意見では、警察にとどけて裁判になっても、一銭も返らない。文字どおり塚本さんを刑務所に送るだけという。和解すると、彼は何十年もかけて返すことになるが、最低の生活費は保障されるので、これまた彼に仕事のアテのないことを考えると、ほとんど返ってはこまいとのことであった。ボクは柔和な塚本さんが好きだったし、刑務所に送っても後味が悪い（ボクに見る眼がなかったのだから）。そこで月三万円ずつ（生活に関係のない金で）返済ということで示談にした。かりに塚本さんが本気になって返したとしても百年以上かかるので、これは事実上の無罪放免である。事実ボクは、結局一銭も返してもらわなかった。

しばらくして近藤からこんな話を聞いた。塚本さんが酒の上の話で、「テレビでエラそうなことを言っているが、巨泉も甘いよ」と笑っていたそうだ。さすがにボクはイヤな気がしたが、切りかえの早い性格なので、すっかり忘れてしまった。するとまたしばらくして近藤が新聞の三面記事をもってきた。それには交通事故の記事が載っていて、不運な死亡者は一人、それが塚本さんであった。この事件がボクをして「人間の運の総量」ということについて考えさせるキッカケとなったのである。ボクは運の総量は皆同じではないかと考えるようになった。たとえ不運に出くわしても、どこかで穴埋めされる。人間は、その運をどこで使うかということで、一生の幸不幸が決まるような気がしてならない。

とはいうものの、このときは大変であった。一文無しのうえ、大きな借金を抱えこんだ。さらに家を建てるのであれば、もっと金がいる。いやその前に塚本さんの後釜も探さなければならない。ただこれに関しては、ボクにはすでにプランがあった。ボクにはまったく経理はできない。かといって誰を雇ってもボクは任せてしまう。するとまた着服される危険がある。どうせだまされるなら、肉親ならば諦めもつく、とこう考えていた。

弟の哲也はボクより八歳下で、このとき二十八歳になっていた。日大の新聞科を出たが、ボクが家を出てしまったので、父の商売を手伝っていた。父はすでに再婚していて古稀を迎え、実務にはたずさわっていなかった。好きな株をやって暮らしていたようだ（〝飲まず、打たず、買わず〟の超真面目人間だったくせに、株だけは好きであった）。弟とはときどき会っていたが、現在の状況には満足していないようで、とり仕切っている叔父が保守的で何もやらせてくれないと不満を言っていた。早速呼び出して打ち明けると、芸能界も経理もまったく素人なので不安だが、やってみる気はあるという。

問題は父である。自宅をたずねて、切り出してみた。すると父は——ボクがなかば予想していたように——「哲がやる気なら、オレはいいよ」と、あっさり認めてくれた。このころはカメラのアクセサリーの製造卸が主だったが、大企業に押されてだんだん下請けの仕事が多くなって、将来性はないという。叔父とサブちゃんが食ってゆくには困らないが、もし哲がチャンスに賭けたいのなら、面倒みてやってくれと言われた。前にも書いたが、基本的に父は個人主義者でリベラリストなのだ。そして「先取り精神」が好きであった。

哲也は七月二十五日に巨泉事務所に入社して経理担当になったが、もちろん初めてなので、経理学校に通いながらの仕事で大変だったと思う。ただ大橋家の血統を引いて頑張り屋なので、短期間でマスターしてくれた。

そんな弟が、ボクに住友銀行青山支店の小椋支店長に会ってほしいと言ってきたのは、夏休み明けの九月だったと思う。家の建築資金が必要なのだが、土地はすでに担保に入っており、話は行きづまっていた。ところが固いので有名な（当時はデス！）住友が貸しても良いと言い、直接ボクに会いたいと言っているそうだ。挨拶のあと、「実は何も担保がないのですが……」と言うボクの顔を正面から見て小椋さんは、

「結構です。大橋巨泉というタレントを担保に御用立てするつもりです」とハッキリ言った。

「ただし、ひとつだけ条件があります」

「…………」

「今後大橋巨泉さんの資産は、当行の青山支店に統一していただきたいのです。芝信金で組んでいる土地のローンも住友で返済して、改めて有利な利率でお貸しいたしましょう」

このときはなんて俠気《おとこぎ》のある方だろうと感謝したものだが、このディールは住友にとっても決して割の合わないものではなく、要するに小椋さんがすぐれたビジネスマンだったのだ。とはいっても、もしボクがすぐ死んだりしていたら大変で、たしかにギャンブルではあったはずだ。

かくして第一銀行、富士銀行などに分かれていた個人預金は住友に統一され、ボクは家を建てられることになった。設計は宍戸錠邸と同じ鈴木淳で、斬新なアイデアで売り出し中の若手デザイナーであった。文字どおり生まれて初めて自分で建てる家である。何回もミーティングを重ねて激論をたたかわせた。結局外側は彼の言うとおり、鉄筋コンクリートの打ち放しとしたが、中身はほとんどボクの希望どおりにしてもらった。ボクの夢は大好きなサウナで汗を流し、そのままフリチンでプールに飛び込むことで、そのためサウナとプールが一直線になるように設計してもらった。そしてリビングは吹きぬけで南向き、全面ガラスで枠はサッシでなく木材にしてもらった。そのため真冬でも日光があれば暖房いらずの暖かさであったが、逆に夏場は暑すぎて困った。まだこのころは子供をつくるつもりだったので二階には子供部屋もあった。懐かしい家ではある。

今度は詐欺？

明けて一九七一年、この年は念願のひとつがかなった年でもあった。一月早々から「週刊朝日」で、連載対談「巨泉の真言勝負」が始まったのである。早大新聞科の落ちこぼれとしては、朝日にはコンプレックスがあった（同級生は三人入っている）。それが小松恒雄編集長直々のお声がかりだったので、一も二もなく引き受けた（すぐに工藤宜氏に替わり、のちに涌井昭治氏と三人の方とおつき合いした）。「週刊朝日」の対談といえば、徳川夢声さんの「問答有用」以来の伝統があり、ボクは気合を入れて臨んだ。

結局この連載は丸二年つづき、計百五人の方とお話をさせていただいた（そのうち二十二篇が一冊の単行本となって一九七三年に出版された）。いちばん得をしたのはボクだと、今でも思っている。これだけの数の各界の一流人と、膝つき合わせて数時間話ができ、いろいろ吸収できたことは大きい。その後ひそかに人生の師と仰いだ山口瞳先生をはじめ、大岡昇平、畑正憲、小山内宏の各氏など個人的な交友のキッカケになったのも、この対談であった。朝日側も力を入れてくれて、余程のことがない限り編集長自ら同席した（先日「サンデー毎日」の小宮悦子対談のゲストに出た折その話をしたら、悦っちゃんはビックリしていた）。日本一の速記者秋山節義さんの存在も大きかった。

こういう人はどんどん少なくなっているが、この方は職人であった。名人といっても良いと思う。普通の速記者の方は、ただただ会話を取っているだけだが、秋山さんは違った。もちろん黙々と鉛筆を動かしているのだが、ゲストやボクが言葉につまったり、用語を忘れたりしたとき、真っ先に助け舟を出してくれるのは秋山さんであった。すべてのことを理解しているようで、彼の起こした原稿から誤字を発見するのは至難の業だったと思う。人柄も好きで、二人で飲んだこともあった。そんな折、彼の碩学《せきがく》ぶりに触れると、「いやあそんな、ただ長い間いろいろな方の話を聞いてきただけですよ」と照れておられたが、ボクの見たところかなり勉強していたと思う。のちに訃報に接したとき、ボクは相当忙しいスケジュールであったが、なんとか時間をつくって葬儀におもむいた。ひと言秋山さんの柔和な遺影に「ありがとうございました」と言いたかったのである。

三月に妙なことが起こる。ボウリングを通じて知り合った友人から、あるパンフレットを見せられたのがキッカケであった。それには英語で「暖かい南西部で、あなたは長生きできる！」と書いてあった。要するに新開地の宣伝なのだが、条件が良いので一応家にもって帰って女房に見せた。彼女はまだ二十二歳で何も解らなかったから、ひたすらボクの説明を聞くだけである。場所はニューメキシコ州の州都アルバカーキ市の郊外で、冬でも日中は二十度を超すこともあり、夏は三十度以上になるが湿度が低いので過ごしやすいとあった。会社はアムトラックといって、全米で五本の指に入る鉄道会社だし、信頼度は高い。何よりも、購入者には現地無料案内がつく、というのが魅力であった。

結局買うことにした。このころのボクには、まだ早くリタイアして外国に住むなどというアイデアは確立されていなかったが、漠然とした夢はあった。ひとつのロットは二分の一エーカー（約六百坪）で、価格は五千米ドル（当時のレートで約百二十万円)だったと思う。これは東京——アルバカーキ——ラスベガス——ホノルル——東京の一週間の視察旅行込みの値段だから安いと思った。そこで、女房と二人で一ロットずつ買うことにして、頭金(百万円だったと思う)を払って、旅行に参加したのである。日本からの参加者は二十人ほどいた。

現地に着くと三月だというのに暖かく、半袖でゴルフができた。その新住宅地の名前をとって「リオ・ランチョ・グランデ」というゴルフ場は雄大なコースであった(これに釣られた面も大いにあった)。フェアウェイをはずしたら、ボールは探さないほうが良いと言われた。ラフにはガラガラ蛇がいるという。しかしわれわれは蛇には会わず、可愛らしいリスばかりに出会った。フェアウェイは広いし、グリーンは良いし、何よりもロッキー山脈の南端にあたるサン・ドーヴァルの山々を見渡す景色がすばらしかった。昼は優に二十度を超していた気温も、夜のディナー時には十度を切っていたと思う。いわゆる典型的な砂漠の気候なのだが、湿度が低くて大いに気に入った。ホテルに帰ってテレビをつけると、半分はスペイン語のチャンネルである。『アンタッチャブル』をやっていて、ロバート・スタック扮するエリオット・ネスがある家に捜査にやってくる。ドアを開けた主婦に「コメスタ・ウステ(ごきげんいかが)」とネスが言うのがオカシくてしばらく見ていた。

翌日アルバカーキの町を案内された。ここは近代的なニュー・タウンと、昔ながらのオールド・タウンに分かれていて、興味深かったのは後者である。メキシコ系の住民が多く住んでおり、スペイン語のチャンネルがある理由が解けた。アンティーク・ショップ（いまだに新しい旅行先では必ず寄るところで、ときどき『開運！　なんでも鑑定団』で掘り出しものと言われているのはそのせい）に寄ると、珍しいものを見つけた。戦時中の日本紙幣や、中国・南方で発行された軍票である。価格が非常に安かったのでたくさん買ってしまった。しかしのちに調べると、アメリカの軍人が戦地からもち帰って二束三文で売ったもので、大量に出廻っていて価値は高くないと言われた。

とにかくわれわれは丁重にもてなされた。市長から名誉市民証はもらうし、現地に案内されてモデルハウスを見せられて目を見張った。当時の日本では考えられないような設備の家で、キッチンや洗濯室の近代的電気製品の前で女房はため息をつくばかりであった。そのあと連れてゆかれた土地は、まだ砂漠に近い荒れ地であったが、一応区画整理はできていた。とにかく世田谷に百六十坪の土地を数千万円で買ったばかりである。二百万円で買う二ロット分（約千二百坪）はあまりにも広大で、女房を一端に立たせ、案内人を別の端に立たせてみても、どこに家を建てるのか想像もつかない状態であった。別にすぐ家を建てなければならぬというような条件もないので、とりあえず売買契約書にサインした。

帰国して残金を振りこむと、土地の登録証が送られてきて、土地保有税の請求書が同封されていた。金額はたしか数千円単位で、アメリカは随分安いものだと感心したのを覚えている。その後二年ほど、この時期になると請求書が送られてきて、そのたびに送金していたが、多少の値上がりはあっても何十ドルという単位であった。ところが三年後に世田谷から伊東に移住した際、すっかり忘れていて住所変更を伝えなかったため、その後通知を受け取らなくなった。

それから数年たったある日のこと、ボクがカナダで始めたお土産店「ＯＫギフトショップ」のパートナーである、日系カナダ人のゴードン・門田から封書が届いた。近況を知らせる手紙の他に雑誌（確かタイム誌）の切りぬきが入っていて、「貴兄の興味を惹くかも？」という但《ただ》し書《が》きがついている。その雑誌のページのトップには「詐欺？」と大きく書かれていて、大会社のアムトラックが、アルバカーキの住宅地をめぐって詐欺事件にまきこまれている、という報告ではないか。読んでみると、水道、ガス、電気完備ということで売り出されていたリオ・ランチョは、いまだに荒れ地のままで、詐欺の容疑で訴えられているという。なぜこれまでそれが明るみに出なかったかというと、多くの購入者は将来のリタイアメントか投資で買っていて、すぐに住むという人がいなかったからだとも書いてあった。

ボクは直ちにゴードンに電話をして、われわれの土地がどうなっているかを調べてもらったところ、その土地はもうないという。理由はわれわれが土地保有税を支払っていないので、法律により競売に付され、その代金をもって税金に充当したという答えであった。引退してアルバカーキに住む夢は消えたが、ひとつの教訓を得た。外国ではどんな売買にも、必ず弁護士を雇う必要があることで、それ以降、常に実行している。北米で、石を投げれば弁護士に当たるといわれる所以《ゆえん》であろう。

アメフットを知るきっかけ

一九七〇年代にボクが凝ったものに、スキン・ダイビングがある。これは放送作家の河野洋にすすめられたもので、やってみるとすぐ病みつきになった。必要なものはゴーグルという眼鏡にスノーケルに足ヒレ、手袋ぐらいで金はかからない（のちに魚をつくスピア・ガンに凝り出してからは結構かかったが——）。プールにつれてゆかれて基本を教わったが、〝耳抜き〟をマスターしたらあとは簡単であった。もともと水泳には自信があったし、海が大好きだった。問題は水恐怖症の女房で、これぱかりはとうとうやらなかった。しかしいつも料理係で同行したが——。

洋たちのグループ（作家仲間の奥山侊伸や、渡邊恵章）の根城《ねじろ》は、西伊豆の田子町にある田子館という旅館であった。ここの主人は山本勝己という男で、皆勝っちゃんと呼んでいた。親切な好人物で誰からも好かれていたが、漁師に多いオーバーな表現と口のうまさを兼ね備えていた。ボクはあらかじめ洋から聞いていたので驚かなかったが、「この間見たじんべえ鮫はオラが船の倍はあった」とか、「昨日は湾中が魚であふれて、打ち上げられる魚を拾うだけでバケツいっぱいになった」などというセリフには、さすがに興奮させられたものである。しかしそのうちに馴れた。だって勝っちゃんは、いつでも「昨日までは魚がいた」って言うんだもん！

われわれはほとんど毎週月曜の『11PM』が終わると、麴町の日本テレビを出発するのであった。東名で沼津までゆき、そこから西伊豆に向かうのだが、当時はまだ道路が整備されていず、伊豆山中のうねった道では、誰かが決まって気分が悪くなった。田子館に着くのは明け方で、ビールを飲んで寝てしまうのだが、それでも九時ごろには起きて朝食をとり、勝っちゃんの船で沖の田子島まで送ってもらう。昼食はおにぎりとおしんこだけで、あとは釣果を待つしかない。

最初は根魚から教わった。これはモリで突くことより、魚を見つける眼を養うことであった。カサゴが砂をかぶって眼だけ出していると、素人にはまったく解らない。

これが解るようになると面白い。動かないものを真上から突くのだから取るのは簡単だ。メバルは、海中の岩穴の中に住んでいて、これも比較的とりやすいのだが、問題は穴の中に入る勇気があるかどうかである。

あるときボクはかなり大きなタコを突いた。頭を貫通したモリを空中にかざして、島にいる仲間に叫んだ。皆拍手してくれた。ボクは早くもち帰りたくて泳ぎ出した。誰かが大声で何か叫んでいる。きっとボクの大手柄をほめているのだろう。ふと水中の獲物に目をやったボクは、ガク然とした。彼は今やボクのモリの先から離れようとしているではないか。あわててモリをたぐるより早く、タコは底に向かって泳ぎ出した。ボクも必死に追ったが、その速いこと。おまけに慌てていて息を吸い込むのを忘れていたので、すぐ苦しくなった。水面に上がって「逃げられた」と叫ぶと、皆口々に何か言っている。先ほど聞いたのは、タコは水につけるとどんなに貫通していてもモリから外れてしまうから、必ず空中に上げてもち帰るのが鉄則なので、そうするように叫んだのだという。口惜しかったがひとつ学んだ。毎日が勉強だった。

前からやっていた連中はベテランで、特に恵章は凄かった。料理係の女房が何が足りないと言うと、「ハイ」と言って水に飛びこむ。五分もすると魚を五、六匹ぶら下げて上がってきた。岩の上で刺身をつくり、持参した鍋で魚を煮たり、網で焼いたりして食う昼めしは最高だった。もちろんビールも飲んだ。そのあとは昼寝タイムで、それぞれ松の木蔭などに横たわってまどろんだ。

モグリは初心者でも、釣りはベテランであったから、釣りになるとボクがリーダーであった。東京から最新の仕掛けをもっていって、大釣果をあげたこともある。しかしやはり最大の思い出は、はじめて石鯛を突いたときのことだろう。動く魚はなかなかとれない。魚の進行方向を狙うのだが、初めはそのタイミングが解らない。それとつい魚を追いかけてしまう。追ったのでは魚のほうが速いに決まっている。本当は岩の裏側にもぐって、岩の端で魚を待つのである。しかしこちらの息にも限度があるのでなかなかうまくゆかない。ボンベを使えば簡単だろうが、ボクたちのグループは「素潜り」専門であった。魚はエラ呼吸で人間は肺呼吸だが、人間はモリをもつ。これでスポーツとして対等だという考えである。ボクは今でもこの考え方は、フェアだと思っている。初めて獲った石鯛は三十センチに満たず、今から考えると縞鯛の大きめのだったろうが、皆拍手で迎えてくれた。海の仲間の友情である。その夜田子館での宴会は、ボクの手柄話をサカナに盛り上がったが、飲んだ量の割になかなか寝つけなかった。相当な興奮だったのだろう。

この年（一九七一年）も、ボクの人生で転機になるようなことがいろいろ起こった年であるが、七月に世田谷区上祖師谷に引っ越したこともそのひとつだ。まずこれはボクが自分で建てた最初の家である。前に書いたように設計図は鈴木淳君にひいてもらったが、内容は女房と相談して自分で考えた。高い吹き抜け天井の一階の三分の二あたりのところに、二階へ上る階段があり、小さいほうが食堂、広いほうがリビングになっていた。リビングの奥はファミリー・ルームで、ステレオやテレビ、ピアノなどが置いてあり、その奥はパティオであった。二階は南向きの書斎、奥が主寝室でトイレつき、それに並んで客寝室と子供部屋がつづいていた。相当考えたつもりだったが、今考えると随分欠陥のある家であった。まず子供部屋が二階では不便だ（のちにそれは不用になるのだが）。台所は古い考えのまま北西の暗いところだったが、現在ならもっと明るいところにつくる（要するに冷蔵庫や冷凍庫のなかったころの思想である）。立派につくった玄関からこの家に入ったことは数えるほどで、車庫からのアクセスが大事なことに気がついていなかった。数えあげればキリがないが、この経験はのちの三十年間に生かされてきたと思う。

引っ越してまず探したのはゴルフの練習場である、というのは嘘で、実は引っ越す前から二、三目星《めぼし》をつけておいた。近所に「成城ゴルフ」と「祖師ヶ谷第二ゴルフ」

という二つの練習場があったが、ボクは比較的空いていて駐車スペースの多い後者を選んだ。ここに日大野球部出の小林武人君というアシスタント・プロ（現在はプロ）がいて、彼との出会いがボクをシングル・プレイヤーにし、ゴルフがボクの「生涯の友」になるキッカケをつくったと言える。

もうひとつ、ここの練習場で島崎勝利という青年と出会った。そして彼を通じて、佐野元信、水野利夫、末永雅章、小菅敬らと知り合いになった。彼らは皆日大出身で、野球部だった小菅以外は皆、アメフット部のOBであった。ボクは当時アメリカン・フットボールにはまったく興味がなく、ルールのルの字も知らなかった。初めはゴルフ談義からであったが、家が近いので自然にボクの家に集まって飲むようになった。何よりも共通していたのは、全員呑んべェであったことだ。三人来れば三本、四人集まれば四本スコッチ（ビールではない！）の瓶が空になった。皆ボクより十歳ほど年下であったが、酒の強さではボクも負けなかったので、よく飲んだ。そのうちアメフットの話になり、ルールを説明されてやや興味をもつようになったが、二十数年経ってまさかNHKで解説をするようになろうとは、このうちの一人さえ考えなかったはずだ。

アメフットに夢中になったのは、のちに連中がハワイのボクのコンドミニアムに泊まりがけでくるようになってからで、年末年始のカレッジやNFLのプレーオフに賭けては大騒ぎをした。あれから何回も引っ越しをして、世田谷とはまったく遠くなってしまったが、彼らとの交友は絶えたことはない。小菅の仲人もしたし、佐野には今でも千葉の家の改築をしてもらっている（彼は大丸ハウスという建築会社の社長である）。人生は本当に出会いだと思う。あのときボクが「成城ゴルフ」のほうへ行ったとしたら、ボクは「スーパー・ボウル」を見ることなく一生を過ごしたかもしれないのだから。

祖師谷の家には、長さ十五メートル、幅五メートルの鉄筋コンクリート製のプールをつくった。このころボクは第一期の肥満に悩んでいた。さすがにガンジーと渾名された学生時代の痩身ではなくなっていたが、その後も百七十八センチの長身としては七十キロ台を保っていた。しかしそれは単なる不摂生と不規則な生活が原因だったようで、結婚して規則正しい食事を摂り、睡眠も十分になると、たちまち太ってきた。八十キロに近くなると持病の腰痛が出てくる。主治医の話では水泳が一番ということで、プールをつくったのだ（この庭にはプールと芝生しかなかった）。

連中とプール開きをやろうと言うと、行きつけの店だった六本木の「福鮨」の主人、福沢錠爾が、日曜にしてくれたら、オレが若い衆を連れていってスシ・バーを開いてやると言う。こうして毎年「プール開き」のスシ・パーティーが行われた。錠爾や若い衆が泳いでる間はボクが握った。錠爾が手ずから教えてくれた。今の人はボクが寿司を握ると驚くが、ボクの腕は福鮨仕込みなのである。

カナダに魅せられた‼

八月になると、もうひとつの大きな転機が待っていた。月曜イレブンのスタッフの一人、矢追純一君から「カナダに行く気、ありませんか？」と聞かれた。「カナダ？ オレもうスキーもスケートもやめちゃったからなぁ」。これがボクのそのときの答えであるから、今考えると顔から火が出る思いである。とはいっても、今から三十二年前の日本において、カナダがどんな国か正確に答えられた人の数は、ごく限られていたはずだ。海外旅行がまだ大多数の日本人にとって夢だったこの当時、外国のイメージは映画を通じてに限られた。したがってヨーロッパやアメリカのことはある程度知っていても、他の国となると世界地図を見て得る印象にしばられてしまう。ボクにとってカナダのイメージは、大好きだったマリリン・モンロー主演の『ナイアガラ』で見た、滝も凍るような雪景色しかなかったのである（考えてみると、あの映画は冬のナイアガラが背景であった）。

「そうでもないらしいですよ」という矢追の言葉に、ボクは一応赤坂にあったカナダ大使館に赴いた。この企画をもちこんだのは、当時は大使館内にあった「カナダ政府観光局」である。ビル・マクリーンというその局長は、片言の日本語を話し、局員のトミーこと鈴木富男氏とともに、熱心にボクの誤解を解いてくれた。たしかにカナダは北国だし、スキーやスケート（特にアイス・ホッケー）で有名だが、それは冬場の話で、夏は巨泉さんの好きなゴルフやフィッシングもすばらしい国だと言う。ボクの心を動かしたのは、アメリカのゴルフ雑誌のグラビアに「世界で最も美しいショート・ホール」として紹介されていた、バンフ・スプリングス・ゴルフ・コースの8番ホール（現在は4番）であった。なるほど、これほど雄大で美しい打ち降ろしのホールは見たことがなかった。「ここでプレーできますか?」「もちろん、パブリックですから!」。ビルのこの一言で、ボクの気持ちは決まっていた。

八月のある日、ボクたち夫婦は矢追ディレクターと松本カメラマンと四人で、羽田発ニューヨーク行きのＪＡＬのＤＣ－８に乗った、と書くと実に時間の経過が解る。当時はまだ成田空港もジャンボ機も存在していない。したがって直行便などなく、アンカレッジ経由で、長い長い空の旅であった。バンクーバーには当時Ｃ－ＰＡＬと呼ばれていたカナダ太平洋航空しか飛んでいず、ＪＡＬとタイアップしていたわれわれはニューヨークからナイアガラに入る道を選んだのである。

それにボクにはニューヨークに行く理由があった。われわれ夫婦の仲人である杉山医博の長男で、ボクが弟のように可愛がっていた彰の嫁の喜子の兄である野間口洋二と会う約束をしていた。彼は当時の日航ホテルの社長であった野間口英喜さんの次男坊で、当時からボクとは気の合った友人になっていた。たいへん興味深い男で、兄の勉君が日本航空、弟の久君が三菱商事と大会社に就職したのに対し、彼は自分で事業をしたいとニューヨークを選んだ。父君の出資になる高級和食店「けごん」の経営に当たるかたわら、何か新事業はないかと計画を練っていた。今でいうヴェンチャー・ビジネスを始めるアントレプレヌァー（起業家）が、アメリカン・ドリームを達成し出して話題を呼んでいた当時のことである。日本からは「紅花」の経営に成功させたロッキー青木がいた。洋二はボクに、高級客相手の「紅花」でなく、一般サラリーマン相手のファースト・フード店を考えていると言っていた。そして公民権運動以来急速に増えてきた黒人サラリーマンをターゲットにチキンのテリヤキを主とするレストラン・チェーン「チキテリ」を開業し、次第にフランチャイズを増やしつつあった。時代の先取りという話題で週刊朝日も乗ってくれたので、洋二とはニューヨークで対談することになっていたのである。

実際に行ってみて驚いた。ランチタイムではあったが、黒、白、黄色、いろいろな人種のサラリーマンたちで満員であった。それもそのはず、このハーフ・チキン（まさに一羽の半分）のテリヤキがたった九十九セントである。「これでもうかるのかい？」というボクの質問に、洋二は「まったくもうかりません」と笑って答えた。「でもチキンだけで終わる客はいないんですよ」という彼の言葉どおり、トレイをもってセルフ・サーヴしている客を見ると、チキンの他にライス（アイスクリーム・スクープ一杯分）、ピクルス（お新香のことで、ほんの少々）、ミソスープ（味噌汁）などの小皿も載せている。これがどれも二十五セントで、利益はここからあげるのだそうだ。

とにかくこの男の目のつけどころは、いつも優れていた。人の考えないところ、あるいは人より一歩早く手をつける。ボクがテレビで成功したやり方とまったく同じで、お互いに啓発されるところがあった。ニューヨークでテレビ会社をつくったり、日本企業相手のゴルフ場を買ったり、どれも成功をおさめた。それほど先を見る感覚をもった男が、銀行不正融資事件に連座して告発の憂き目に遭うのだから（結果は不起訴）、やはりバブル経済は人間を狂わせたとしか言いようがない。今にして思えば、バブルの最中、ゴルフ場開発に成功した洋二がボクに言った言葉が実に暗示的であった。会員券の値段がウナギのぼりのころ、彼はボクにこう言ったものである。「大橋さん、ボクは最近なんだか札束を刷ってるみたいで、怖くなるんですよ」。洋二は立派に立ち直ったから良いものの、経済人はそれなりの責任を取らされているのに、バブルを煽《あお》ったり放置したりした政治家や官僚はなんの責任も取らないのは、まったく納得がゆかない。

ニューヨークから飛行機で一時間、バッファローに着いた。ここもニューヨーク州だという。ニューヨークの大きさに驚きながら、車で三十分でナイアガラに着く。これも初めて知ったが、ナイアガラにはアメリカ滝とカナダ滝の二つがあり、世界的に有名なのはカナダのほうである。橋のたもとで入関を済ませ、橋を渡ってカナダ滝を見たときの感激は忘れられない。ボクも旅行好きの両親に連れられて、華厳《けごん》の滝や那智の滝などの名滝を見たことがあるが、スケールがまったく違う。まさに想像を絶した巨量の水の落下に、息を呑むばかりであった。そして夜になってライトアップされた滝を見たとき、もう一度全員で「ワオー」と言った。

ここに二泊して車でトロントに向かったのだが、このドライブも忘れられない。すぐにハイウェイに出ずに、しばらくはオンタリオ湖に沿った小道を走り、巨大な湖の彼方に蜃気楼《しんきろう》のように浮かぶ大都市の絵など、松本カメラマンをうならせるような美しさであった。その後アメリカ北部の工業都市の排気ガスのため、スモッグの影響でこうした光景が見られなくなった。近年、長年にわたるカナダ政府の抗議に、ようやくアメリカが同意して規制を強めたので、いつの日かまたあの夢のような景色が見られるようになるのだろう。

トロントはまだ現在のような人口過密都市になる前で、のんびりした良い街であった。女房と二人で、市役所の前の芝生に寝ころんでいたら、周りを尻尾の長い黒リスが走っている。声をかけるとなんと近づいてくるではないか。女房がハンドバッグから朝食の残りのクラッカー（この動物好きは必ず何かもっているのダ）を出すと、喜んで取って食べる。クラッカーの一片を両手（正しくは両前足）でもって、くるくる廻しながら食べる有り様が可愛くて、彼女はもう天にも昇る心地であったが、これが単なる前奏曲に過ぎなかったとは！（今はこの芝生はなくなってしまっている。念のため）

トロントからウィニペッグ経由でバンクーバーに着いたわれわれは、ここで同じイレブンでも金曜のスタッフである名人こと服部善郎さんと、悪役こと小林昭男君と落ち合った。ここではわれわれは「BC（ブリティッシュ・コロンビア州の略）サーモン・ダービー」に参加することになっていた。百万都市のバンクーバーの街が見える湾内でサーモンが釣れるとは、ちょっと信じられない話だが、これは毎年行われている市民行事で、優勝者には高額な賞金が出る。そこでこちらは撮影を兼ねて名人にも参加してもらい、あわよくばを狙ったのだが、結果は二キロほどの小物一匹とカレイが一匹、それにダンジェネスと呼ばれる大きな蟹が一匹かかっただけであった。ところがこの蟹をゆでて食べると、その美味なこと。いまだにボクらは毎夏この蟹を食べに出かけている。

ゴードン・門田さんと出会う

名人たちは雪辱を誓って日本へ帰り、われわれは月曜班に戻ってロッキーに向かうことになった。まず政府観光局さし向けのコーディネイターに会う。場所は名門ホテル・バンクーバーのロビー、なんと今のOKギフトショップのなんめ前である。その人は、ボクと同じくらいの年格好で、小柄だが肩幅のがっしりした日系人であった。黒々とした長髪に長いモミアゲだが、実に柔和な笑顔をしていた。「ゴードン・門田と申します」。なんのナマリもない美しい日本語だった。「二世の方と聞きましたけど、日本語お上手ですね」「ハイ、小学生のときに日本にゆき、大学一年までおりましたから」。まさかこの男と、三十年以上にわたり友人として、またビジネス・パートナーとしてつき合うことになろうとは、考えもしなかった。ボクはその後一週間彼

ゴードン・門田氏（左）とともに

の完全なバイリンガルぶりに舌を捲いた。

それまでにボクはハワイやカリフォルニアで、多くの日系二世に会ってきたが、多くの人は日本語は片言、英語も土地訛《なま》りの強いものであった。ところが、ゴードンのは違った。日本語はわずかに関西の匂いを残すが立派な標準語だし、英語も英国訛り（変な言い方だがあるのです）も米国アクセントもない、実にキレイな英語である。そのうえ両方の読み書きができる。汽車や車の旅が長かったので物語は全部聞いた。

ゴードン・亮・門田さんは、一九三三年バンクーバー生まれ（ボクより一歳年長）の日系二世で、戦前の一九四一年、母方の祖母の病気見舞いのため一時帰国していたが、そこで第二次大戦が始まってしまう。最後の交換船が出るとき、母上は病気の親を置いてゆけないと日本に残った。そのとき八人兄弟の末弟である彼も残ったのである。そしてボクと同じ疎開（鳥取県）も経験し、戦後は神戸に戻って関西学院大学に進んだ。しかしここで彼は再び母とともにカナダに帰る決心をし、バンクーバーで改めてＵＢＣ（ブリティッシュ・コロンビア大）に途中入学するが、生活のため中退し、以降さまざまな職業を経て、現在の旅行業に至ったという。彼にとっては大変な前半生だったろうが、バイリンガルにはまさに最適な経過だったのだろう。

さてボクたち五人は、バンクーバーの国鉄終着駅から汽車に乗った。夕方の六時ごろだった。夏のカナダは（八月でも）九時までは暗くならないが、ゴードンの話では食堂車でディナーの予約を入れてあるという。一応それぞれの寝室に荷物を入れ、夕食用に着替えをして食堂車に向かった。一両手前にラウンジ・カーというのがあって、まずそこで一杯食前酒を飲む。明るい車外を眺めるとあまりパッとしない光景がひろがっている。雑草の生い茂った空き地、倉庫、それに見栄えのしない家並み……。これはこのあと北米各地で見る共通の景色であった。つまり汽車（または汽船）の終着駅を中心としていたかつての中心地が、戦後の急速なモータリゼイションと航空機の発達で、オールド・タウンと化してしまう。そこは倉庫街や、低所得者層の住宅地となり、新しい街の中心は飛行場から便利なところ、ハイウェイに近いところに移ってしまうのである。このバンクーバーなどまだ良いほうで、のちに訪れたアメリカの南部などでは、ほとんどゴーストタウン化してしまったところも見ることになる。

一杯飲んで食堂車に移り、決められたテーブルに着く。時計は七時近くなっているのに、列車は一向に動こうとしない。オードブルを口に運ぶボクたちを見て、近所の子供たちが笑っている。なんだかバツが悪い。車掌に聞くと、ちょっとしたトラブルで発車が遅れているが、別に問題はない、まもなく出ますという。このヒゲをはやした車掌さんが、カナユニ（かなりユニーク）な人であった。メイン・コースが出るころ、おもむろに演説を始めたのである。曰く、

「レイディース・アンド・ジェントルメン、皆さんはこちらのテーブルで何が起こっているのかと訝《いぶか》っておられるやもしれませんが、こちらの方々は、日本から来られたTVクルーの皆さんです。わがカナダを彼の国に紹介しようという大切な方々です（車内に拍手が起こり、ボクと女房は立ってお辞儀をした）。したがってもしカメラが貴方のほうを向いたら、にこやかに笑ってください。万一カメラに写って都合の悪い方が

いたら、私にお知らせくだされば、決して写さないよう頼みます。もっともこのフィルムはカナダでは流しませんがね」

ここでドッとうけた。車掌にしておくには惜しいキャラクターであった。彼はつづける。

「私も鉄道にたずさわる人間の一人として一応の知識はございます。日本には世界一速いブレット・トレイン（鉄砲玉列車——新幹線のこと）があるそうですが、わがカナダ国有鉄道はそれに比べれば遥かに、遥かに遅い。おそらく五倍は遅いでしょう。しかしあまり速いのも考えものでございまして、景色を観賞するヒマもない。こちらはゆっくり楽しめます。まもなく日が暮れてまいりますが、暮れなずむ街の灯を楽しんでいただいたあとは、展望車で満天の星を眺めていただけます。さらにゆっくりおやすみいただき、明朝になりますと、カナダ中西部の景色を、そして昼ごろには待望のカナディアン・ロッキーに入りまして……」

車掌の講釈を聞きながら、もう一度計算しなおすと、なんと目指すジャスパー駅に着くのは翌日の午後二時というから、時差を引いても優に十七時間はかかることになる。飛行機なら一時間という距離だから、これは確かに新幹線の五分の一のスピード、ということは時速四十キロくらいで走るのだ。のんびりしているな、と思った。

しかしこれがボクの人生観を変える旅の前奏曲だということに、まだ気づいてはいなかった。

夜行列車で眠るのは、ラジオ神戸へ通っていたころ以来だが、ゆっくり走るのでよく眠れた。目が覚めると平坦な田舎を走っていたが、朝食を済ませたころから次第に山岳地帯に入っていった。ゴードンに「これがカナディアン・ロッキーですか？」と尋ねると、「ええ、ほんの西のはずれですけど――」という答えが返ってきた。彼の説明によると、カナダ太平洋鉄道（このときは国鉄に乗っていたが、私鉄のこちらはバンフ経由で東へ向かうという）がこの鉄道を完成させるまでは、カナダは事実上二つに分断されていたのだ。「箱根の山は天下の嶮《けん》」どころの話ではない。富士山あるいはそれ以上、四千メートル級の高峰が林立する、世界に冠たるロッキー山脈は、一九世紀までの人間にとって大海原よりも厄介な存在だったはずだ。「ほとんどのカナダ人は、太平洋を見ずに一生を終えたはずですよね」という言葉に驚いたが、ゴードンによると、太平洋どころか、一生海を見ないで過ごしたカナダ人も多かったという。

そうこうするうちに、列車はまことに狭い山間を縫うように走り出した。両側の山の頂を見るには、車窓から身を乗り出さなければならない。中にはそうしてもなお見えない高峰もあった。人の姿はまったく見えない。トンネルに入る。また山あいを走る。それをくり返し、食堂車で昼食を摂ってからキャビンでウトウトしていると、「そろそろ着きますよ」と起こされた。ジャスパー駅に着いたのである。

「旅は道連れビューティフル」

このあとの数日間が、ボクの人生に対する考え方を根本的に変えたのである。三十年以上経った現在でも、鮮明に憶えている。特にジャスパーに三泊したあと、一日がかりでバンフまで下った車の旅は驚きの連続であった。ゴードンに「道端に車が止まっていたら、何か動物がいるのですから止まりましょう」と言われていたが、これほどとは思わなかった。鹿はジャスパーのゴルフ場でさんざん見たから驚かなかったが、エルク（大角鹿《おおつの》）、ムース（ヘラ鹿）、コヨーテ、ビッグホーン・シープ（大角羊）から、なんと熊の親子まで、ハイウェイのすぐそばまで出てくるのだ。休憩地で女房がリス（いろいろな種類のリスが無数にいる）にピーナツをやっていたら、いつの間にか木の枝から彼女の頭づたいに降りてくる始末。左手に缶をもって右手でエサをやっていると、なんと缶の中に逆さまに入っている。まるで人間を恐れないし、誰も彼らを脅さないのだ。これは前述のトロントでも経験したことだが、こちらの人は動物を大切にする。犬や猫を見ると、すぐに石をぶつける日本の子供とは大変な違いだと思った。

ジャスパーとバンフの間にはたくさんの湖があり、川が流れている。どの水も澄み切っていて、底まで見えた。「まるで飲めるみたいですね」と言うと、「ええ、飲めますよ」という声がゴードンから返ってきた。手に掬《すく》って――といっても冷たくて最初は思わずこぼしてしまったが――飲んでみると実においしい。かねて用意の釣り竿を出し、ルアーをつけて二、三回キャストすると、二十センチくらいの美しい虹マスが釣れた。なぜこんなに水がキレイなのかというと、この巨大な国立公園の中では、水深数百メートルというミネワンカ湖の遊覧船をのぞいては、エンジンのついたボートは一切禁止だからだ。手漕ぎボートだから、油による汚染がない。しかも貸しボート屋なんてないから、ボートの数も限られる。岸から投げているくらいでは（しかもエサ釣りは禁止）、魚の数も減らない。

こんな説明に感心していたら、それどころでないショックに襲われたのは、コロンビア大氷河に着いてからである。おそらく底のほうには何億年も前の氷が眠っているであろうその偉容《いよう》にも驚いたが、それよりも世界でも指折りのこの観光のメッカに、一軒しか建物がないことに驚愕した。それは一軒の木造建築で、ハイウェイをはさんで氷河の反対側に建てられていた。中は食堂と土産物屋で、隣にガソリン・スタンドがついている。ただそれだけである。「泊まるところはないんですか?」「ありません」「皆日帰りですか?」「ハイ、大体はバンフからの一日ツアーです」。これがゴードンとの会話である。

これが日本なら、すでにホテルが林立し、レストランやお土産屋や、おそらくパチンコ屋くらいできていよう。その証拠に、伊豆も箱根も国立公園である。このあとボクは伊東市の国立公園内に家を建てて住むようになるのでことさら痛感したのであるが、国立公園という概念が、日本と北米ではまったく違うのだ。日本ではすでに個人や会社が自由に所有している土地のある区画を国がそう名づけて〝指定〟するだけである。ところがこちらは、文字どおり国有地なのである。したがってカナダ連邦国家しか地主はいない。これものちにバンフにボク自身の店を出すようになって改めて知ったのだが、そこで営業する人も住む人も、連邦政府から土地をリースしてもらうだけ、誰も〝所有〟はできない。したがって政府――正しくは「ナショナル・パーク・ボード」(国立公園評議会)の同意なく、勝手に商売はできない。大氷河の近くにホテルなど好ましくないとボードが判断したのだろう。

しかもこの評議会は、十二あるカナダの州及び準州から一人ずつの評議員が指名されるので、地元の利益誘導はできない。日本のように地元選出の議員に頼んで――といった構造がないので、国立公園の尊厳と独立が保たれているのだ。のちに札幌オリンピックの最強の対立候補といわれたバンフが、投票前に降りてしまったのも、このあくまで自然が売りものの国立公園の価値をオリンピックに優先させた判断であったことを知るのだが、オリンピック後の恵庭岳《えにわだけ》などに残されたツメ跡を見たとき、カナダ人の叡知《えいち》に脱帽せざるを得なかった。

それにしても見事なまでのクリーンさであった。このロッキーの旅には、いくつもの名所があって、多くの人がバスや車を降りていくばくかの時間を過ごすのだが、ゴミも空き缶もついぞ目にしなかった。各所にゴミ箱が置いてあり、皆そこへ捨てている。これまた日本では考えられないことであった。多くの場合、周りに店も何もないので、ゴミや缶を捨てる必要もない。要するに鶏と卵のたとえだと思った。一度商業主義に負けてしまうと、悪貨が良貨に勝ってしまうのである。とにかくこの時点では、どこでもゴミを捨てるような気分にならなかった。

中世の古城のようなバンフ・スプリングス・ホテルに泊まり、最初の目的であった8番ホールも無事にパーで上がった。あの感動も忘れられない。たしか7番か8番のアイアンで打ったが、打ち終わってみると白球がロッキーの原始林に浮かび上がっている。それから何秒かかるのだろう。やがてポトンといった感じで、グリーンの上にボールが落ちる。それほどの打ちおろしであった。インコースは、至るところにボウ河が入りこんで、それはそれは美しいホールの連続である。ボクは撮影中カメラに向かって、「ミス・ショットしても腹が立たない、世界でただ一つのコースです」と言った。ボクのようなゴルフ狂にとってさえ、ゴルフが先か、景色が先かというコースであった。

ボウ河といえば前日、この河の源であるボウ氷河にも立ち寄った。コロンビアほど大きくはないが、美しい形の氷河の下にはボウ湖という湖があり、何秒と手を入れていられないほど冷たかった。何しろ氷河の水である。その湖の端からチョロチョロとこぼれた水が、一本の小川になっていた。「これが明日やるゴルフ場を流れている川になるんです」というゴードンの説明をプレー中に思い出した。「これは結局どこへ行くんです?」「明日ゆくカルガリーを通って北東に向かい、ハドソン湾にそそぐんです」。夜ホテルでカナダの地図を拡げてみた。ハドソン湾は首都オタワの北方にあり、北極海と北大西洋につながっている。ボクはしばらく茫然としていた。あとで考えると、これがボクの後半生の生き方を変える遠因だったかもしれない。

八月の半ばに帰国したボクは、休む間もなくヨーロッパに旅立った。この年契約を結んだサントリーのビール用のCM撮りの旅であった。「旅ゆけば、旅は道連れビューティフル——」と、のちにレコードにまでなったほどヒットしたCMソングを歌いながら、ヨーロッパ各地でジョッキのビールを飲み干しているボクを画面で見ていた方には想像もつかなかっただろうが、ボクの体調は最悪であった。過密スケジュールから来る過労で、下痢が止まらなくなった。最初のロケ地デンマークで発病し、次のハイデルベルク（西ドイツ）ではいったん治ったが、フランスのシャモニーで再発し、ノルマンディーからパリ経由で帰国するまで回復しなかった。したがってほとんどの場合、豪快に飲み干しているはずのジョッキのビールは、ディレクターの「OKです」の声の直後、吐き出していたのである。

いちばん残念だったのは、大西洋に面した漁村オンフルールである。桟橋に漁船が帰ってくると、大小のエビが陸揚げされる。待っていたおカミさんが、道端で大鍋でさっとゆであげる。新聞紙に包んで即売である。買った人は公園のベンチで即喰いなのだ。冷たそうな白ワインとともに——。それを横目に見ながら、紅茶に浸したパンを空の胃に流しこんでいたボクは、いつかここに帰ってこようと心に誓った。この誓いはまだ実現していないが、必ず果たすつもりでいる。今度は、フランス印象派が生まれた地として——。

今考えると笑ってしまうが、あのときはつくづく三十七歳という年齢を感じていた。「オレも年なんだ」と認め、少しは身体をいたわろうという気持ちが生じたのは大きい。このときもすぐ松井病院に行ってチェックしてもらった。主治医の佐野内科部長は同年だったので、よく意思が通じた。あれから三十年以上も生きのびているが、もしかするとあの苦しかったヨーロッパ旅行が、ひとつのターニングポイントだったかもしれない。

秋になって祖師谷の新居に、思わぬ客人があった。文化放送の深夜に若者の人気を一身に集めていた土居まさる君が、これまた「レモンちゃん」といわれて人気絶頂の落合恵子さんを伴って現れたのだ。当時は二人とも文化放送の現役アナだったが、土居君から、落合さんのことで相談に乗ってほしいと言われて招いたのだ。話は落合さんがフリーになることだったが、時期尚早という結論だったように憶えている。その後二人とも独立し、土居君は司会者として、落合さんは文筆業で成功したのは何よりであった。土居君とはその後仕事も一緒にしたし、ゴルフも随分やった。同じクラブに所属していたこともあったが、夭折したのは残念だ。悪意というものをもたないような男で、せめて平均寿命までは生かしたかった。落合さんとはその後まったく縁がなく、再会したのはなんと二〇〇一年の参議院議員会館であった。ボクは議員として、彼女はゲスト・スピーカーとして、ともに「テロ特措法」に反対のスピーチをした。今やなし崩しに二年延長されたこの法律は、単に小泉政権の対米追従政策のたまもので、日本国民には無用のものである。こうした席で、レモンちゃんに再会できたのは、とてもうれしかった。

第五章　東京を離れる決心

パイプカット

一九七二年は、故山口瞳先生の国立《くにたち》のお宅から始まった。瞳先生の主な交友は、文壇、競馬界、将棋界に分かれていた。そして毎年元日と二日に、お宅で新年会が催され、ボクら夫婦も招かれるのが常であった。いつもは競馬グループのほうに呼ばれるのだが、この年はスケジュールの都合があったのだろう、将棋関係の人が多かった。故芹沢博文、米長邦雄、大内延介といった人気棋士や、先生の指し仲間のアマ強豪などが飲んだり、指したり賑《にぎ》やかにしていた。そして「大橋さんも一局どうです」という先生の誘いに、ついフラフラと盤の前に座った。相手は丸坊主の少年で、奨励会の二段とか三段とかいう。

大橋家は祖父の代から将棋好きで、祖父は素人初段と聞いた。父はまったくの縁台将棋だったが、ボクは父に教わってよく指した。とにかくテレビもゲームもない時代で、室内の遊びは碁将棋とカルタくらいだったろう。駒落ちから始まって、のちに父とは平手となり、ほとんど勝つようになったのが中学時代。同級生の故青木繁夫と何百番も指したことは前に書いた。

大学に進むと、他にやることが多くなり、新聞将棋を読む程度になり、このころはほとんど駒に触れていなかった。したがって「二枚落ち」と言われて、そんなものかと思い、少年を相手にまったく定跡外の将棋を指していた。恐いもの知らずだからよく手が伸びたのだろう。少年が「負けました」と駒台に手を置いたとき、山口家は騒然となった。瞳先生は「巨泉は天才だ」とか言って、部屋中を走り廻っていた。ボクは狐につままれたようで、「たった三段の少年に二枚落ちで勝っただけでオーバーな」と思っていた。すぐに察知した先生が言う。「真部は単なる三段ではありません。将来A級八段になる子です。これにプロ初対戦で勝つなんて信じられない」と大昂奮であった。予言どおりのちにA級に上がった真部一男は、「普通は香を取って9一に成る角を、何も取らずに7三に成られて負かされました。すごい才能です。ぜひ将棋をやってください」と言った。

これがキッカケでボクは将棋にのめり込み、現在はアマ五段の免状をいただいているが、強くなってからあのときの勝利の意味が解った。今奨励会の三段に二枚落ちで勝ったら、文句なくアマ二段である。もっともあのときの真部君は、まったく定跡を知らない有名人相手で、多少手を抜いたはずだ。のちに多くのプロと指した経験から言うと、二連勝するか、お金を賭けて勝たない限り、プロに勝ったとは言えない。日本でプロとアマの差が激しいのは、一に将棋、二に相撲である。

この年もいろいろなことがボクに起こった。しかしその後のボクの人生に、最も大きな影響があったことといえば、この年の春行った「パイプカット」であろう。前述のように最初は子供をつくるつもりで子供部屋まで設計したのだが、だんだん考え方が変わってきた。最大の原因はこのころピークを迎えていた公害である。ハワイやカナダから羽田空港に帰ってくると、空気が悪く、のどがイガラっぽくなって、咳が止まらないこともあった。ちょうど月曜イレブンで、公害問題を取り上げていたこともあり、ボクは人類と地球の未来に関して、非常に悲観的になっていた（この考えは今も変わっていない）。恐竜がその巨大な肉体ゆえにこの世から消えたように、人間はその頭脳のもたらす科学によって滅亡に追いこまれると考えた。われわれの年代はともかく、子供や孫の世代はもっと悲惨な生活を強いられるかもしれない。

将棋のアマ四段の免状を手に、山口瞳氏（左から三人目）らと

次に相つぐ海外旅行であった。寿々子も旅行が好きで、必ずといって良いほど同行したし、今後も一緒に行動したがった。すれ違いの生活は、夫婦破局の最大の原因になると知っていたボクもそれを望んだ。しかし子供ができたら、そうはいかない。彼女は日本に残らねばならないケースが増えるだろう。

二人で何日も何日も話し合った。前の結婚でボクには二人の娘がいる。しかし寿々子はまったくの初婚で、しかも無類の子供好きときている。相当悩んだと思う。避妊もしたが、彼女は幼時に心臓弁膜症を患っていて、ピルは飲まないほうが良いと言われた。ハネムーン・ベイビーは杉山のパパに頼んで中絶していた（寿々子は今でもその子は男だったと信じている――ボクに男の子は永久にいない）。パパは帝王切開や中絶の名人で、外国からたくさんの医師が勉強にきていた。しかし中絶は身体に良くないと言う。寿々子は自分が不妊の手術を受けても良いと言ったが、パパは「するなら、大橋さんがしなさい」と言った。ボクはパパの言外の意（ボクが早死にした場合のことを考えてという）を察して従った。当時はこの「精管結紮《けっさつ》手術」は、まだわが国では世間の認知を完全に得ているとはいえなかった。しかしボクの周りでは、たびたび登場する井原高忠氏や、笈田敏夫さんがやっていて、その後健康上の障害はないと聞いていた。それでも「息子と一緒にラウンドする」という夢は永久に絶たれるのである。ただ寿々子の気持ちを考えると、ここは二人の将来を優先させようと決心し、ある日杉山産婦人科の門をくぐった。パパのような名手にかかると、手術は簡単であった。しかしその前にヌルめのお風呂につかって、ゆっくり睾丸のシワを伸ばしなさいと言われた。こちらのほうが重要なのに、これを怠るから手術は失敗するのだそうだ。「よくタマを三倍くらいに腫らした患者が大病院から送られてくるよ」とパパは笑っていた。とにかくこの手術でボクらの後半生の方向が決定したといって良い。その後「二両連結」と言われるほど、二人単位の生活をつづけてきた。

仕事のほうは大いに順調で、『巨泉まとめて百万円』のあと番組として『巨泉のチャレンジクイズ』をスタートさせた。今でも通用する面白い番組だと考えているが、一年しかもたなかった。このときの教訓、「クイズ番組はあまり凝りすぎないほうが良い」は、あとで大きな役割を果たす。

『11PM』、特に硬派の月曜イレブンは好調で、五月十五日放映の「捨てられた島、沖縄からの証言」は、大きな反響を呼んだ。二十七年前の終戦直前、日本軍の手によって三歳の子供を毒殺された八十二歳の老婆が証言した。十七日の朝日新聞の評が残っている。「(本土復帰で)一人の政治家(佐藤栄作首相)が泣いて喜んだらしいが、五月十五日という日は、すべての問題の実は出発点である。老婆たちの言葉にこそ、これからの防衛思想が盛りこまれている。この辺で日本人であることをやめて、ただの人間として生きようではないか」。今や日本国は、まったく逆の方向へ向かっているのはたいへん残念である。

森繁さんとの共演

大きな旅行は二つ。まず六月三日から三週間、『11PM』の取材でイタリーへ行った。これは「地中海クラブ」での生活を番組にしてほしいという企画で、日本テレビと阪急交通社のジョイントであった。ボクもその存在は知っていたが、詳しい内容を聞くのは初めてだった。主として地中海沿岸（他の地域にもある）にコミュニティーをつくり、そこに一週間単位で逗留《とうりゅう》するという新しい旅行のパターンである。なかなか面白いと感じたボクはすぐOKした。放映は月曜イレブンで、プロデューサーとして勝田建、ディレクター神戸文彦が同行した。そしてツアーに応募したゴルフ仲間の永田眞一君（現錦プロデューサーズ会長）と奥さんのいく子さんも一緒だった。ローマで挙式したほどだからイタリーには何回も行っているが、イタリー半島の南端に行くのは初めてだった。アドリア海に面したブリンジシという町まで飛行機でゆき、そこからは車で行った。よくハイヒールの靴にたとえられる半島だが、ヒール

（かかと）の部分にあたる。クラブの村があるのはオトラントという町で、この村に入ったら地中海クラブのルールに従わなくてはならない。村長がいて、彼がとりしきる。食事の席順も彼が決める。したがって勝手に日本人同士がかたまって座るということはできない。このとき参加していたのは、イタリー人をはじめ、フランス人（このクラブの本部はパリ）、ドイツ人、アメリカ人にわれわれ日本人といったところであった。交わされる言葉は主として仏、伊、英、独語であったが、両隣に異国人が座った場合、なんとか英語で意思の疎通をはかるよりない。

ここで大スターになったのが、わが勝田プロデューサーであった。前にも書いたが、この男はまさに語学の天才であった。村では二日目に、すでにこの才能が人々に知られ、食事のときなどいろいろなテーブルからひっぱりダコになった。「ケン、ケン（建）」の声がかかる中、お勝（ボクらはこう呼んでいた）は英、独、仏、伊語を駆使して通訳して廻っていた。まさにヒーローである。

われわれはかなり楽しんだが、外国語苦手の多い日本人はこのクラブは不向きかなと感じた。いちばん楽しかったのは、永田君夫婦と四人で行った、美しいアドリア海でのダイビングであった。前述のようにちょうど凝っていたころなので、クラブで聞いてスポットに行った。手頃な崖の下は砂地で、バラ根があり、鯛でもいそうな環境であったが、魚は小さなものしかいなかった。その代わり、ウニが無数にころがっている。永田君と二人で大きいのをひろって女房たちの待つ崖の上までもってゆくのだが、ナイフで開けてみると中は紫色で到底喰えそうもない。周りの子供たちはおいしそうな黄色いヤツを食べている。何回やっても失敗なので、子供たちに聞いてみた。英語は通じないが、一人の女の子が片言を理解した。もどかしいやりとりのあと、子供と一緒に潜ることになった。海の底で大きく、きれいなウニを獲ろうとすると、少年は手でダメの合図をして、小さくて格好の悪いヤツを指さす。彼の言うとおりに拾って開けると、見事な黄金色のウニが顔を出した。

お礼に女房がそのころ常にハンドバッグに入れていた醬油を分けてあげた。不思議そうな顔で一滴たらして食べた途端、「ブオーノ」と言った。「おいしい！」という意味だとすぐ解った。というのも、子供たちは奪い合うように、小さな容器の醬油を空にしたからである。それから女の子（ドロレスといった）を通訳にしゃべり合った。日本人を見るのは初めてだと言う。ウニの話から面白い展開になった。「大きいのはダメで、小さいのが食べられる」という話で、グランデ（大きい）とピコロ（小さい）という形容詞を学んだ。ボクがいたずらに「ピコロ　チンチン」と言った。こういう言葉はなんとなく解ってしまうものだ。子供たちが一人の少年を指して「ピコロ　チンチン」と言い出し、その子は顔を真っ赤にしてそうではないと抗議して、われわれも大笑いになった。ドロレスに、撮った写真を送る約束をして別れ、帰国後彼女からもらった住所に送ったところ、丁寧な礼状をもらった。拙《つたな》い英文であったが、温かい心が伝わってきた。この手紙はいまだにもっている。

帰路、永田君夫婦とローマに三泊したが、そのホテルに東京から電話があった。旧知のTBS鴨下信一プロデューサー（現TBSエンタテインメント相談役）からであった。ドラマ専門のカモからの電話とは驚いたが、若尾文子さん主演の『おはよう』への出演依頼であったにはさらに驚いた。前述したように、ボクはドラマには向かないと悟り、事務所にはドラマの話は全部断るように言ってあったからである。鴨下君としては事務所の近藤に断られたのに、国際電話をしてきたのだから、相当な覚悟の上だったろう。「若尾さんの夫の役で、ラブシーンもある予定です」には心が動いたが、とにかく帰国してから一度会う約束だけはした。

鴨下君は羽田まで来ていた。「ドラマはもうこりたよ」と言うボクに、執拗に喰い下がった。若尾さんの夫で、父は中村翫右衛門《かんえもん》さんという大変なキャスト。美人で働きものの女房がいながら、他の女のところに転がりこんでいるという遊び人の夫の役は、絶対にボクしかいないと力説した。結局カモの熱意と、親友のギョロナベこと渡辺正文君のすすめもあって、例外的に引き受けた。ナベが言ったのは、ディレクターが「わかってるヤツ」だからである。他のヤツなら断れと言うんだがとまで言われたディレクターとは、今や作家としても活躍している久世光彦《くぜてるひこ》君のことであった。

さすがナベの言うとおり、久世君の演出はツボを心得ており、くり返しリハーサルをすると飽きてしまうボクの使い方も巧妙であった。代役でやって、肝心なところでボクをスタジオに入れる。おかげでなんとか二十六本つとめ上げることができた（しかしその後二度とドラマには出なかった）。そのうえ、大御所で学校の先輩でもある森繁久彌さんと共演できた。森繁さんとは競馬を通じて交友があり、購入する馬の評価などで相談に乗ることもあった。それにしても大御所の偉力は大したもので、森繁さんの出演する回は、本読みの段階から全員ピリピリしていた。森繁さんが部屋に入ると、皆立って「先生、おはようございます」と挨拶する。ところが彼は真っすぐボクのところへ来て馬の話になった。二人ともいちばん競馬に夢中になっていたころだったのである。ボクが「シゲさん」と呼び、森繁さんがボクのことを「巨泉さん」と呼ぶのを聞いて、俳優さんたちのボクに対する評価が変わったのを感じた。最初は、人気者だがシロートと見ていたベテラン俳優たちも、一目置いて接するようになった。若尾さんからも「巨泉さんがいると、森繁先生の機嫌が良いので助かります」と感謝

若尾文子氏（中央）の夫役で出演したドラマ『おはよう』（TBS提供）

されたものである。

煙草の恐ろしさ

七月に二度目のカナダ撮影に行った。前年の好評に気を良くして、同じ月曜イレブンのスタッフで、今度は企画をひねってみた。今ではRVというのだろうが、あのころは「モーバイル・ホーム・ユニット」と呼ばれていた車で旅をしたのだ。バスみたいな大きな車で、八人まで眠れるように設計されている。キッチンもトイレもシャワーもついていて、生活ができるようになっていた。実際はホテルに泊まったのだが、アメリカやカナダでは一家で生活しながら、二〜三週間のバケーションを楽しむ人々が多い。これには仲人の杉山パパをはじめ、同じ産婦人科仲間の、大村、堀野両医博も加わって賑《にぎ》やかな旅になった。

前年の放送が好評だったので、カナダ政府観光局の他に、カナダ太平洋航空、CP（カナディアン・パシフィック）ホテルズ、BC州、アルバータ州両観光局などが続々と後援や協賛を申し出てきた。日本テレビ及び『11PM』としては、ほとんど予算を使わず取材旅行ができるので、恒例行事になってしまった（結局、金曜イレブンにひきつがれ、なんと十五年にわたって行われることになる）。この大型車の運転は、主としてボクとゴードンがやったが、昔のバスのイメージがあって最初は不安だった。しかし今やダブルクラッチも不要で、なんとオートマチックになっていた。特に今度はバンフからジャスパーまで、逆に北行したロッキーの旅はすばらしかった。パステルブルーの空、手ですくって飲める河や湖の水、出てくる野生の動物たち、ルアーで釣れるマス——高度成長で日本が失ってしまったものがカナダにはあった。ボクは疎開先の横芝の生活を思い出し、成長一途の日本の政治経済のあり方に、はじめて疑問を感じていた。

この思いは、帰国してかえって増幅することになる。羽田空港では二人とも咳がとまらない。東京の水道水のまずさを、これほどハッキリ感じたことはなかった。パイプカットのところで触れたように、地球や人類の将来に不安を感じていた二人だったが、より真剣に話し合うようになった。具体的に東京脱出を考え出したのである。目的地をしぼることにした。まずボクは山型でなく、近くに海のあるところが好きである。かといって房総半島は、戦争中の疎開でいじめられた悪い思い出がある。しかも京葉工業地帯を抱えている（実は後年、この地帯の煤煙《ばいえん》は北東風が吹けば伊豆半島方面に流されることを知ったが——）。三浦半島は交通の混雑及び、川崎の公害病（寿々子の姉の昌子が公害病を得ていた）がいやで除いた。するとどうしても伊豆ということになる。休みがとれると、二人で車を飛ばした。やがて空気の味が変わる地点を、小田原あたりに見つけたのである。

今やお向かいさんとなった宍戸錠さんに話すと、伊豆半島に将来の別荘地にと土地をもっているという。白浜の近くで、共同で建てても良いという話にまで行った。ある日二人で行ってみた。海につき出た岬で、環境も申し分なかったが、二つ難点があった。ひとつは交通の便が悪く、駅から遠い。伊東線は単線で（なんと今でも!!）、不便である。車ももし落石でもあると道が不通になってしまう。もうひとつは、この辺は休日や夏になると若者が押し寄せて喧噪になる。治安上も疑問が残る。やや落胆のうえ疲れてもいたので、伊東に一泊することにした。旧知のサザンクロスに泊まり、当時副社長だった北村順則さんと旧交を温めた。同い年で、一緒にゴルフをしたこともある。東京脱出の話をすると、そんなに遠くに行かなくても、この辺にも土地はあるとのこと、なんとサザンクロスの敷地内を譲っても良いという話にまでなった。とんとん拍子に話が進み、その土地を七百坪ほど分けてもらうことになった。そしてこの年の末に、契約を交わしたのである。

この年（一九七二年）の十二月にはもうひとつの大きな事件が起こるが、これも公害に関連している。このころボクたちはすっかりハワイが気に入り、正月休みはホノルルで過ごしていた。前に書いたコメタニ医師、ラリー・仲間夫婦、クニヨシ夫婦などの二世たちと急速に親しくなっていたからである。すると十二月は番組の「撮り溜め」になる。レギュラー番組はテレビが週六本、ラジオも五、六本あったはずだから、大変な量になる。特にこの年は風邪ぎみだったので、すぐに声がかすれてきた。朝丘雪路さんのすすめで吸入器を使ったが、すぐに声が出なくなる。主治医に相談すると、「本来なら、スタジオから外に出て深呼吸しなさいと言いたいところですが、今や外のほうが空気が悪いくらいですからねぇ。まあ、煙草を止めることくらいしかありませんな」との答えである。十七歳で好奇心から喫い出した煙草は、ボクの中ですっかり習慣となり、やめるなど考えたこともなかったが、これから先もノドは商売

ヘビースモーカーだった頃の著者

のもとであるから、考えてみようと思った。

ボクは何事も自分を納得させられないと行動しない男である。そのころのボクは、ショートホープを一日平均三十本吸っていた。いつもシャツの胸ポケットに一箱入れていた。早速翌日実験に入った。十一月の終わりか十二月初旬の小春日和の日であった。

幸いボクは朝食前には煙草を吸わない男であった。いつも朝食後の一服がうまいのである。この日もうまかった。しかしその後リビングで新聞を読みながら、ボクの手は自然に胸のポケットにのびている。「これはなんだ」とボクは思った。特に喫いたいわけではない。単なる「クセ」なのである。その後日本テレビに向かう車の中で、信号が赤になると胸のポケットに手がゆく。局の打ち合わせでパーラーのテーブルにつくと、自然にホープの箱を取り出していた。その日、すべての煙草について書き留めたメモを見ると、本当に喫いたいと思って喫ったのは、三度の食事のあとの三本だけであることがわかった。あとの二十七本はまったくの習慣である。今ではこれが、ニコチンのもつ恐るべき習慣性、中毒性と解ったが、このときのボクは改めてそれを証明したのである。たった三本のために、その十倍の量を喫わざるを得ないのはバカげている。この日は違ったが、飲みに行ったり、麻雀をやったりすれば何十本も喫ってしまう。やめよう、と決心した。

決心するとボクは早い。翌日寿々子に、すべての買い置きを捨てるよう命じた。高級ライターを含むすべての喫煙具も同様である。ところがのちに彼女が告白したところによると、すぐに気が変わるだろうと、しばらくは隠して取っておいたという。でもボクはそれ以降三十年以上、ただの一本も喫っていない。おかげで健康も若さも保っているが、禁煙に伴う苦しみは筆舌に尽くしがたい。まず胸のポケットに、チューインガムを入れて、手がそこへ行くとガムを噛んで誤魔化《ごまか》した。太り出したので、シュガーレスガムに切り換えたが、それでも肥満は止まらず、苦しいダイエットにはげむことになる。悪夢にも苦しめられた。典型的なものは、次のような夢である。飲んでいると、美しい女がそばにいる。女は紫煙を吐きながら言う。「巨泉さん、煙草やめたんですってね。私のような煙草くさい女とはキスもしないわよねぇ」「何を言ってるんだい。オレ煙草大好きだよ。ホラちょっと貸してごらん」。ボクはその女のもつ煙草をもぎとるや、深々と胸に喫いこんだ。「おい、なんてことをするんだ」と別のボクが言う。ハッと目が覚めると、冷や汗をびっしょりかいている。それから、すでに煙草を喫っていて、「もうこんなに吸ってしまったのだから、今さらやめても仕方がない」と夢の中で思い、煙草に手を出している夢も見た。これらの夢を見る頻度は年とともに少なくなったが、今でも一年か二年に一度見るところをみると、なんとも恐ろしい習慣性ではある。ボクがやめられたのはラッキーだったが、翌年の人間ドックのとき、やめたと言うと、主治医の佐野医師は目を丸くして「えっ、本当にやめたのですか？」と言ったものである。

持ち馬ロックプリンスがダービー出走

一九七三年は第一次石油ショックの年であるが、ボクは例年どおり山口瞳邸で元日を過ごし、二日は二日酔い休み、三日に武蔵ＣＣの「松の内杯」というクラブ競技に出た。そして39・40の79、ハンデ14でネット65で優勝したのである。上祖師谷に引っ越してから、本格的に小林武人プロのレッスンを受けていたのがよかったのだろう。ゴルフ上達の道はたったひとつ、プロについて習うことである。ごく一部の天才的才能に恵まれた人以外は、これ以外の近道はない。それに気づかせてくれた小林君には、今でも感謝している。その練習場に来る上級者ばかりで、「シングル会」（のちに「巨泉会」と改称）という会を主宰し、毎月コンペを開いた。ゴルフの腕はぐんぐん上がり、シングルになる予感はあったが、このときは10で止められた。この年の秋の競技で78で廻って、ネット68で優勝、晴れてシングル・プレイヤーになった晩は、会の連中と朝まで祝杯を上げつづけたものである。

しばらく触れなかったが、競馬のほうでも進展があった。先述したチャージャーは結局未勝利のまま骨折し、競走能力を失ってしまったが、預かってくれた成宮調教師とは親しくなり、もう一度やらせてほしいと言う。それでは自分で選ぼうと、親交のあった和田共弘さんのシンボリ牧場に行った。もちろん親友、野平祐二騎手（当時）も一緒だった。七一年の秋のことである。十数頭の二歳馬（現在なら一歳馬）の追い出しが始まった。すぐに一頭の馬にひかれた。まず栗毛の四白《よんぱく》（四本の足首が全部白い）という派手な色彩の馬だったこと、次に小柄だがピチピチしていて動きがすす早い

ダービー出走をはたした持ち馬ロックプリンスと（1973年）

ところである。和田さんに聞くと、「良い馬に目をつけましたね。父馬が人気薄なので高くないし——」とのこと。その父はバーボンプリンス、母はブルーロックと、両親輸入馬という血統なのに、値段は四百万円という安さであった。

この馬はボクの希望どおり順調に成長し、前年の夏に成宮厩舎に入った。ボクは持論（できるだけ父母の名を残す）に従って、この馬にロックプリンスという名をつけた。三歳時（現二歳）は勝てなかったが、年が改まって距離が伸びるに従って成長し、未勝利、一勝下の条件、さらに「山吹賞」という特別と三勝してしまった（この特別の賞品、山吹色の小判は今でも保存してある）。三勝馬はダービーに出られる。ただ使いづめて馬の疲労が心配で、千葉県白井にあった成宮厩舎を訪れた。成宮君は馬の状態を見て決めると言っていたが、カイバ喰いも良いので使うと知らせてきた。

この年のダービーは、歌にまでなった人気馬ハイセイコー一色であった。公営、中央を通じて十連勝無敗、おまけに公営出身で判官びいきのプラス・アルファ人気もあって、史上最高の支持率を得ていた。ボクは解説者として放送席に座っていたが、ハイセイコーの動きはほとんど見ていなかった。ボクの双眼鏡は、緑の帽子の20番、小柄な四白の栗毛馬に向けられていた。今と違って二十七頭立てという多頭数の中団でもまれた４２２キロのロックは、それでも持ち前の根性で直線一瞬伸びかかってボクを絶叫させたが、そこで他馬と同じ脚色《あしいろ》になってしまった。結果は11着だったが、十六頭のオープン馬に先着したことで満足であった。

それよりも忘れられないのは、今や二人とも鬼籍に入ってしまった川口浩、野添ひとみ夫妻のことである。彼らの馬主歴はボクらより長く、マジョルカという牝馬は桜花賞で入賞したことがある。しかしまだダービー出走馬にめぐり合っていなかった。ボクが出走馬馬主の印である菊の造花とリボンを胸につけているのを見ると、川口君は「うらやましいなぁ。これ一度つけてみたいんですよ」と正直に言うのだった。ボクはもちろん誇らしげに思っていたが、二頭目の馬で出られたのだから、まだまだチャンスはあると気軽に考えていた。あれから数十頭の馬を所有したが、これが最初にして最後の経験であった。川口君にもとうとうチャンスは訪れなかったと思う。本場のイギリスには、「宰相になるより、ダービー馬の馬主になるほうが難しい」という言葉があるが、ダービーに出られる馬をもつことだって至難なのである。

第三部

日本脱出への布石

1973年～1990年

（前頁写真）著者が「代表作」と語る『巨泉のこんなモノいらない!?』（日本テレビ提供）

第一章 「晴ゴル雨将」

田中角栄からの参院選出馬依頼

ダービーが終わってすぐ、三度目のカナダ旅行に出た。もちろん『11PM』の撮影であったが、この旅行にはもうひとつの目的があった。昨年（二〇〇三年）創業三十周年を迎えた「OKギフトショップ」の開店である。二度の旅行ですっかり「カナダ病」にかかっていたボクは、カナダで何か投資をしたいとゴードンに相談していた。最初は日本食レストランでもと考えたが、ゴードンは反対した。今では笑い話になっているその理由は、「もうバンクーバーには三軒もありますから」であった。現在バンクーバーの日本食レストランは、寿司バーを含めると二百軒以上存在する。そういう時代だったのだ。そこへ前年（一九七二年）、カナダに同行した杉山医博のグループが、土産物を買うのに一日がかりで大苦労するという事件があった。ハワイや香港と違い、日本人経営の店はおろか、日本人スタッフのいる店も皆無で、お医者さんたちはデパートなどを廻って、片言の英語で悪戦苦闘したのである。これを受けてボクは帰国後、何人かの知人のビジネスマンに話したのだが、訪れる日本人の数を知ると誰も引き受けなかった。『11PM』にも、お土産が買えないという苦情が届いていた。

ボクは、責任をとって?引き受けることにした。この十一ヵ月間にゴードンが三回来日し、手紙や電話のやりとりは何十回に及んだ。Eメールはおろか、FAXもない時代である。『ゲバゲバ』をはじめ、ボクの番組を多く手がけていた放送作家の河野洋君が、家庭の事情で日本を離れたがっていた。この話をすると、すぐ乗ってきた。日本流に言えば、ボクが社長、ゴードンが副社長、洋が支配人ということになった。

というと話は大きいが、あとは店員が三人で、そのうちの一人は洋の母親であった。資本金の大半はボクが出した（ゴードンと洋も一部負担）が、カナダの法律では外国人（ボクのこと）の株保有の上限は四九パーセントまでなので、筆頭株主ではあるが過半数はもてなかったのである。

したがって資金に限りがあったので、ゴードンが探してきたのは、中心街からちょっとはずれた木造二階建ての一階、印刷屋の跡であった。これに手を加えて（ゴードンの兄が大工さんだった）なんとか店舗の形ができたが、ボクが行ったとき、まだ印刷用インクの匂いが残っていた。ショーケースなども新品を買う金はなく、新装開店予定のデパートの古いケースをオークションで安く購入したほどである。当時のカナダドルは強く、ほとんど米ドルと同等であった。大体二百五十円から三百円の間だったと思う。ボクが最初に投資したのはたしか三万ドルだったから、八百万円——当時としては大金である。とにかくこの年（一九七三年）の六月二十三日、わずか十数人の人々が店に集まって開店の祝杯をあげた。とんでもない苦難の道が待っていることも知らずに——。

一方『11PM』の撮影は快調で、この年の八月（六月と二回行ったことになる）初めて本格的なサーモン釣りを日本に紹介する。日本で鮭といえば、専門の漁師さんが獲るもので、アマチュアのフィッシングとしては許されていなかった。ところが海の向こうでは、湖川の鱒と並んで、二大スポーツ・フィッシングの対象になっていた。われわれはバンクーバーの対岸のバンクーバー島にある有名な釣り場、キャンベル・リバーに出向いた。いくつかの舟宿の中から、エイプリル・ポイントを選んだ。そこの社長兼ガイド、ウォーレン・ピーターソンの案内のもと、生まれて初めての経験に酔った。そしてこのフィルムが放映されるや、日本中から釣り師がカナダを訪れるようになり、サーモン・フィッシングは日本にも定着したのである。

またこの年、日本航空主催のゴルフに、当時全盛だった樋口久子プロ（現日本女子プロゴルフ協会会長）と佐々木マサ子プロが特別参加して、一緒にプレーする機会があった。米加国境にあるピース・ポータルというゴルフ場で、樋口プロが77、ボクが78で廻った。「巨泉さんに負けなくて良かったわ。テレビで何言われるかわからないもの」と、彼女は真っ白な歯を見せて笑ったものだ。ところが驚いたことに、そのコンペが終わりパーティーが始まるまでの数十分、彼女は一人練習場でアイアンを打ち続けていた。聞くと、「少しミドルアイアンがドローしていたので――」と何げなく答えたが、トップ・プロとはそういうものである。四年後の七七年、彼女が全米女子プロを制したとき（いまだに日本人でただ一人のメジャー勝者である!!）、ボクはすぐにこのときの練習姿を思い出した。そしてこれがチャコとボクの長い交友の始まりだったのである。

このカナダロケから帰ってまもなくの八月三十日の新聞に大きな記事が載っていた。「巨泉に参院出馬を正式要請！」というものである。自民党の橋本登美三郎幹事長、小沢辰男総務局長が、正式に立候補を要請したというもので、これは決してガセネタではなかった。ボクは今でも、橋本さん直筆の手紙をもっている。和紙に毛筆で書かれた見事な要請状ではあったが、ボクは丁重にお断りした。立候補する気も、政治家になる気も毛頭ありませんと書いた。ところが事はそう簡単には終わらなかったのである。

九月に入ったある日、『11PM』のプロデューサーの後藤達彦から「社長が会いたがっているから、スケジュールを合わせて社長室へ行ってくれないか」と言われた。社長とは当時の日本テレビの小林与三次《よそじ》社長のことである。読売新聞の社主だった正力松太郎の女婿でもある小林さんは、東大をトップ卒業したことでも有名であったが、しゃべり方はまったくそうしたエリート臭を見せない独特のものをもっていた。

社長は開口一番言った。

「おめぇは、オレが考えていたよりずっと偉《えれ》えんだってな」

「そんなことはありませんよ、社長」

「いや偉えらしい。角の野郎（田中角栄氏のことでアル！）が言うんだ。おめえが出れば三百万票取れるって」

「そんなことはありませんよ」

「いや、角の野郎はウソは言わねえ。どうだ来年の参議院に出てやってくれねえか」

読者もすでにご存知のように、当時のボクは、『11PM』（週二回）をはじめ、いくつかの番組を日本テレビ系列にもっていた。小林さんは、いわば勤め先の社長のようなものである。角の野郎（おっとこれは社長の口ぐせだった）も、うまいところをついてくるものだ。とにかくボクにその気がないこと、議員になったらテレビで競馬や麻雀の解説もできないだろうしそれは困る、かといってテレビを辞めたら収入が激減する、などなど汗をかきながら説明し、固辞した。

後藤達彦にその話をすると、「社長は田中派で角さんとは親しいから、そう簡単には断れないと思うよ」と言っていたが、そのとおりであった。旬日を経ずして再び社長室に呼ばれたボクに、小林さんは言った。

「いやあー、問題は全部解決した。議員になってもテレビは続けていい。社長のオレがいいって言えばいいんだろ。それから金の話だが、金なら角の野郎が面倒みるってよ。三億でも四億でもいい。欲しいだけやるってよ。税金のつかねぇ金を」

ボクはのちに、ロッキード事件が起こったとき、すぐにこの話を思い出した。そして角さんが「金を一銭も私したことはない」と言ったときも、彼の感覚ではそうだったのだろうと思った。自分のために使ったのでなく、国や党のために使うという感覚からは、それが不法であるという認識が消しとんでいたのだろう。とにかくボクは必死に固辞した。社長が許しても世間が許さないだろうし、ボクはもっとテレビやラジオを続けたい。日テレだけでなく他局の番組やスポンサーの問題もある。どうしてもとおっしゃるなら、日本テレビの番組を降ろされても、お断りしますとまで言った。

数日後社長はこう言うのだった。

「そこまで言うなら仕方があるめえと、角の野郎も認めた。おめえの言うことに嘘はねぇと思ったに違ぇねぇ（このチゲェネエが十八番だった）。ところで出なくていいから、ひとつだけ約束してくれねえか」

「なんです？」

「他の党からも絶対に出ねぇと約束してほしいってよ、角の野郎が」

ボクは大喜びで「天地神明に誓って他の党からも出ません」と約束して放免されたが、社長は「おめぇは、そんなに偉かったんだなあ」と、最後まで腑に落ちない様子だった。こうして、宮田輝さん、高橋圭三さんにつづいて、参院全国区の自民党の目玉にならなくて済んだが、一貫して反体制的発言を続けてきたボクになぜ？の疑問は長い間解けなかった。この疑問が、ボクをして約三十年後に、民主党から立候補・当選する遠因になろうとは、神ならぬ身の知る由もなかった。

ユリ・ゲラーのスプーン曲げ

一九七四年は、「スプーン曲げ」の年であった。月曜イレブンのディレクターの一人、矢追純一君が一人のユダヤ人青年を連れてきたことから始まる。ユリ・ゲラーという名のハンサムな男は、数々の信じられないことができるという。何やら念じながらスプーンをこすっていると、いつの間にか金属の柄がぐにゃっと曲がってしまい、しまいには二つに折れて落ちる。透視ができる。物品の呼び寄せができる。矢追君は完全に彼の虜《とりこ》になっていた。ボクは基本的には疑っていたが、番組を盛り上げるために、驚くものには大きく反応した。

大きな話題を呼んだため、日テレでは三月七日の『木曜スペシャル』でこれを取り上げ、ボクに司会を依頼してきた。矢追からも頼まれていたので引き受けたが、これが大反響を呼んだので、その後何回かやることになった。ユリもだんだんエスカレートしてきて、宇宙人との交信にまで発展したが、その夜宇宙人が現れることはなかった。このとき日本テレビの屋上で、来るはずの宇宙人の見張り役をしていたのが、若き日の徳光和夫君である。当時局アナだった彼は、よく『11PM』のスタジオに〝勉強〟と称して遊びにきた。プロレスと巨人が売りものの同局では、スポーツアナが主役で、彼や福留功男君のような〝芸能派〟は軽視されていたが、ボクは彼が好きでよく励ましたものである。のちに独立して人気司会者となった彼が、ボクが『世界ウルルン滞在記』にゲスト出演したとき、「巨泉さんがボクの番組に出てくれるなんて夢のよう」と語った。若い視聴者は、単なるお世辞と受け取ったかもしれないが、ボクには彼の気持ちがよく解った。彼もあの寒い「屋上」を思い出していたのかもしれない。

スプーン曲げのほうは、あらぬ方向に進展した。日本でもできる少年が現れ、超能力少年ともてはやされた。ところが彼が折れたスプーンと取りかえる瞬間を週刊朝日が撮影し、これを「トリック」として発表したのである。可哀そうな少年は相当傷ついたと思うが、ボクもブームを煽《あお》った一人として、結構中傷を受けた。皮肉なことにのちに、ユリ・ゲラーは単なる手品師と告発したアメリカの手品師の番組の司会をすることになった。彼はユリのやったことを全部やってのけ、そのネタも明かしてみせた。ボクは基本的には合理主義者なので、あれはトリックを使った手品だったのだろうと思う。しかし古代の人間がもっていたであろう、(現代人は失ってしまった)不思議な感覚やパワーを否定する気もない。ただこうしたものは、意識的に使えるものではないと思う。それを常に見せようとすれば、どうしてもインチキを使うことになる。それにしてもこの「超能力」というテーマは、ボクの最後のレギュラー番組『ギミア・ぶれいく』でもやり、常に高い視聴率を稼ぐ事実から見ても、現代人にとって魅惑的なテーマなのであろう。

三月の『木曜スペシャル』のあと、金曜イレブンの取材で中米のパナマに行った。ボクはメキシコでこりていたが、パナマは水が安全だというので出掛けた。出掛けてよかった。今でも忘れられない思い出になっている。まずゴルフ場が凄い。この時季は乾季だそうで、もう二ヵ月以上雨がないという。ボクのドライバーは、なんと350ヤードも飛ぶ。転がり出すと止まらないくらいフェアウェイもグリーンも固い。あまりゴルフの盛んでない国だけに、手入れも悪いのだろう。ドライバーはまだ良いが、ウェッジでグリーンの真ん中に打つと、カーンという音とともに奥のブッシュにボールは消えてしまう。撮影のためのハーフラウンドだったが、とにかく笑いの止まらぬゴルフであった。

パナマ運河も見学したが、潮の干満を利用した当時のテクノロジーに感嘆した。大西洋側のフリーポート、コロンまで行き、結婚五周年のプレゼントに、エメラルドの指輪を女房に買ってあげた。彼女は大層喜んだが、傷つきやすいということで、二十五年間で十回しかはめなかったという。今から五年ほど前に盗難に遭ってしまったが、「こんなことになるなら、もっとして歩けば良かった」とは女房の後悔である。

当時のパナマは貧しく、道端に少年少女がいて、旅行者に金や物をねだっていた。しかし生まれて初めて見たナマケモノを、抱いて写真を撮ると一ドルと聞いたときは、喜んで払った。また少女がインコをもっていて、これも一ドル（彼らはウンドラーと言っていた）で売るという。女房が欲しいとせがむ。国を出るときは誰かにあげるという約束で買ってやった。きれいな緑色で、スペイン語のグリーン「ベルデ」と名づけた。

このあとの一週間、われわれはピニアス・ベイというフィッシング・ロッジに泊まりつづけなければならない。ロッジの周りは鉄柵で囲まれ、看板が立っている。曰く「この柵の外に出てジャガー（アメリカひょう）に襲われても、当ロッジは責任を負いません」。プールの水がぬるいのでマネジャーに言うと、「海で泳いで、人食いザメに襲われても一切責任は負いません」。疑いの眼で見ると、彼は海辺の片足のインディオや、片手でボートを漕いでいるインディオの青年を黙って指さすのだった。つまりボクたちは一週間、どこへも出られないのである。ベルデがどれほど女房の慰めになったか計りしれない。

フィッシングはすばらしかった。沖に出て大型のカジキマグロや、巨大なハマーへッドシャーク（しゅもく鮫）とファイトするのも面白かったが、島廻りのトローリングも最高であった。十種類以上の魚が釣れたが、中でもポンパノと呼ばれる平アジの一種は、よく引いて飽きなかった。またこれらの魚を、夕刻にバター焼きにして、ビールのつまみにするのも釣り師冥利につきた。同行した横田ディレクターや服部名人は魚を食べないので可哀そうだ。ポンパノとマヒマヒ（シーラ）は抜群であった。

後半生を決定付けたビルの一言

三年目に入った「競馬エイト」の予想はますます好調で、この三月「重賞六連勝」という記録を達成した。この記録は専門紙の記名予想ではいまだに破られていないのではないか。とにかくよく当たるとの評判が立ち、新聞も最後発のくせに今やトップに迫る売れ方で、ボクも鼻が高かった。しかし予想はしても、ボクはほとんど馬券を買わなかった。買っても一日に一、二レースにしぼるので損をしない。これには理由があった。競馬では先輩として畏敬していた後藤達彦の至言に打たれたからである。彼はこう言う。「競馬は売る人が儲かり、買う人が損をして初めて成り立つギャンブルである」。売る人とは、馬を売る生産者、馬券を売る競馬会、そして新聞を売る新聞社のことで、買う人とは馬を買う馬主と馬券や新聞を買うファンということになる。なるほど、とボクは膝を打った。せっかく売る側の新聞予想をして大金（テレビ、ラジオも含めて）をもらっているのに、何も買う側に廻ってそれをはき出すことはない。

競馬の神様とまで言われた故大川慶次郎さんの「馬券さえ買わなければ、家の二、三軒は建っていた」という言葉は有名である。大川さんや、ボクとは親交のあった故宮城昌康（ボクが最も評価した予想家）をはじめ、ほとんどの競馬関係者（特に予想者や記者）は馬券で大変な損をしている。ボクは予想をはっきりビジネスと割り切り、これによる報酬はしっかり確保しようと決心した。競馬場は誘惑に満ちている。馬主や調教師や騎手と交際が始まると、いろいろな情報が入ってくる。ボクらは「悪魔の囁き」と呼んでいたが、関係者から〝今日のウチの馬は堅い〟などという情報が入ると、もうたいへん堅い馬券に思えてくるものだ。こうした情報や、自分の〝眼〟を信じて、どれだけの金が浪費されたことか。ボクが競馬評論家として、放送の解説者として競馬場に通っていた二十数年の間に、何人の関係者が破産同様になったことか。消えてしまった記者も多く知っている。

ではボクはどうしたか。放送関係者の間では有名だったが、ボクは競馬場に本や新聞や競馬の資料をカバンいっぱいもち込む。そしてほとんどの時間を、読書や資料付けに費やすのだ。もちろんレースは見る。しかしあとの時間は他のことに没頭するのだ。すると決めたレース以外の馬券は買わなくなる。たまに「返し馬」（スタンド前に現れた出走馬の試走）で良く見えた馬がいても、複勝を千円買うだけにした。こうしてボクは、収支を付け出した二十年間の馬券のトータルを、僅かながらプラスとした。そうすることで、この間の年間数千万円に上る競馬評論家としての収入を、まるまる手にすることができたのである。今や「馬連」や「馬単」「三連複」など、多彩な馬券が発売され、ファンの射倖心《しゃこうしん》を煽っているが、タッちゃんの金言は真理である。ゆめゆめ馬券やカジノで儲けようと思わないこと。買う人が儲かっては、主催者のビジネスは成り立たないのである。

四月にアンディー・ウィリアムスとゴルフをする機会があった。『11PM』で放映されたが、大箱根CCでプレーした。「ムーン・リバー」をはじめ、数々の甘いバラードで知られる美声の歌手アンディーは、まったく非力なゴルファーであった。ドライバーは200ヤード飛ばず、アイアンは5番以下しかバッグに入れていなかった。その代わり、3番をはじめ、4番から8番ウッドまで、ウッドばかり六本か七本入れていた。それでポーンと高く上げてグリーンに乗せるのである。ボクはこんなゴルフは邪道だとひそかに考えていたが、今や古稀を前にして、1、3、4、5、7、9、

1974年、歌手グレン・キャンベルとゴルフで対戦

11番となんと七本もウッド（といってもユーティリティー・クラブだが）を入れていて、アイアンは6番以下しかもっていない。要するにアンディーは、時代の先取りをしていたわけで、改めて脱帽する次第である。

歌手とゴルフと言えば、「恋のフェニックス」で知られるグレン・キャンベルと初めて会ったのもこの年（一九七四年）である。やはり『11PM』で、千葉のセントラルGCでプレーした。グレンはアンディーとはまったく逆（風貌も歌声もそうだが）で、パワー・ヒッターであったがそのぶん曲がるので、正確度で勝るボクが勝った。するとグレンは、負けずぎらいらしく

「来年再挑戦にくる」と言う。なんと言葉どおり翌年やってきて、サザンクロスCCで再戦し、今度は彼が勝った。また七六年にロサンゼルス・オープン（当時彼の名を冠していた）が五十周年を迎えたとき、ボクをゲストに招待してくれるなど、交友は数年に及んだ。現在もゴルフに熱中しているだろうか。意外やジャズも好きで、伊東のわが家でジャンゴ・ラインハルトのレコードに聞き入ったのも、懐かしい思い出である。

六月には恒例のカナダに撮影に行ったが、ここでボクの後半生を決めることが起こる。ボクたちの仲人であるパパこと杉山医博の姪がハワイに嫁いでいた。そのクニヨシさんの友人に、ビル・オアさん夫婦がいて、ホノルルで知り合ったことは前に書いた。彼はカナダ人で、バンクーバーに住んでいるが、冬はホノルルで暮らしていた。ボクがバンクーバーに行くようになってから、カナダでも一緒に食事をしたりしていたが、この年はぜひ家に泊まりに来いという。たびたびすすめられていたので断りきれずに、お邪魔することにした。

ビルと奥さんのメアリーは、イーグル島という小さな島に住んでいた。島全体を所有していて、車で対岸に着くと、自分の渡し舟で島に渡る（といっても泳いでも渡れそうな距離）。まったくの別天地であった。亡くなった両親が住んでいた別棟があり、われわれ夫婦はそこに泊まった。「夜中に妙な声がしても、住みついているカワウソだから心配しないで」と言うメアリーに、寿々子は会いたいとダダをこねたが、とうとう姿は見なかった。

彼は「オアズ・ストアズ」という会社をもっていた。今でいうショッピング・モールのはしりである。適当な土地を手に入れて、そこに二、三階建てくらいのビルを建てる。一階を商店、上をオフィスに貸すという開発で、会ったときバンクーバー周辺に、三百軒もっていると言っていたから、大変な成功者である。このとき数日間彼ら夫婦と過ごした。彼の自慢のクルーザー（全長約二十四メートル）で、バンクーバー島のビクトリアまで、二泊三日の舟旅もした。三つの立派なベッドルームをはじめ、ギャレー（キッチン）、食堂、居間とすべて揃った豪華な船だが、二人だけで操っていた。「誰か雇うくらいならボートは持たないさ」と彼は言った。「その代わり、ゴルフなどやっていられないね」。彼は晩年になって、船が操れなくなってからゴルフを始めた。

この間、ずっといろいろな話をした。「本当は四十歳でリタイアできたのだが、あまり早くするとボケも早いというので、五十歳まで待ったのさ」とビルは言った。最初は意味が解らなかったが、だんだん理解するようになった。日本ではリタイア（引退）といえば、ついに第一線を退くというネガティブなイメージの言葉であった。今もって八十数歳の高齢で選挙に出たがる元首相がいる国である。引退したら一人前とは認められず、家で孫のお守りでもするくらいしかなかった。ところが北米（アメリカ、カナダ）では、若く引退できればできるほど、成功者という評価がつくのである。しかも戦後の航空機の発達は、「夏はカナダ、冬はハワイ」という生活を可能にしている。まだこのときは、「そんな生活もいいなあ」というほどの感想だったが、心の底に焼き付いたことは確かである。時にボクは四十歳、まだまだ働き盛りであった。

東京と伊東の二重生活

ただ二年前に女房と話し合った「東京脱出」は、いよいよ実現することになる。カナダから帰ると、『11PM』に雪絵ちゃんが帰ってきた。前年津川雅彦と再婚し、出産を控えて『11PM』を降板していた。その間由紀さおりさんがパートナーをつとめていてくれたが、産休が明けるとカムバックしてきた。仕事は相変わらず順調だったが、ボクたちは八月にいよいよ伊東市の小高い丘の上に建てた家に引っ越すことにした。なぜこんなに建築に時間がかかったかというと、前年の七三年に起きた石油ショックの影響である。主婦がトイレットペーパーを狂ったように買い集めたように、いろいろなものが不足した。セメントを筆頭に、木材、ガラス等々、すべての建材が欠乏ないしは高騰した。地元の建設会社だったが、「このまま期日までにあげろと言われたら、わが社は倒産します」と泣きが入った。倒産されたら元も子もないので、延び延びになったのである。そして八月の某日、とうとう引っ越すことができた。

このプランは、アメリカのファッション・デザイナー、ジョン・ワイツの生活ぶりにヒントを得たものである。憶えている読者もおられよう、七〇年代に日本でも非常に人気のあった男性用服飾デザイナーである。彼は当時帝人と大丸と契約していて、その関係で金曜イレブンに定期的に出演していた。ドイツ系ユダヤ人で、彼の「機能第一主義」はボクの価値観にぴったりで、すぐに仲良くなった。彼が来日すればボクが、ボクらがニューヨークを訪れると彼が招待し、何回も食事を共にしたものだ。彼のオフィスはマンハッタンにあり、自宅もアップタウンの超高級マンションであった。ここに招待された時、ボクらはその豪華さにたまげたが、彼はここには月曜から木曜まで四泊しかしない。週末は奥さん（スーザンは往年のハリウッドの美人女優）とともに、ロングアイランドの港町にある別荘で暮らすという。そこは「女房と二人だけ、ノービジネス」とジョンはキッパリ言った。毎週そこで過ごす三日間は、メガロポリス的に固まった頭脳をリフレッシュさせてくれるという。「ボートや釣りや読書に女房の手料理、これがボクのアイデアを生むんだ」。この言葉が、ボクの頭にずっと残っていた。なお、この話は「巨泉――人生の選択」（講談社刊）に詳述した。東京はアパートでなくホテル・オークラに部屋を借りることにした。ボウリング仲間にオークラの社員がいて、彼の紹介で、プレジデンシャル・スイートを年間契約で借りた。前の部屋が佐藤栄作元首相のオフィスになっていたのも、何かの因縁かもしれない。ボクは彼の「沖縄、本土並み返還」に反対を唱えた、ほとんど唯一のテレビマンだったから。ホテルにしたのは、アパートだとつい便利で居ついてしまい、伊東が別荘になってしまうのを恐れたからである。数年後、ジョンが息子をつれて来日した時、ボクは彼らを伊東の家に招いた。そして二人の違いは、彼がボートに乗っている時間、ボクはゴルフ場にいることだけだね、と笑い合ったものだ。

この日から約十一年間、毎週ほとんど同じスケジュールで動くことになった。金曜の午後伊東線に乗って熱海で新幹線に乗り換える。日本テレビで金曜イレブンの生放送をやって、深夜オークラに帰る。土曜、日曜は競馬中継のラジオ出演、土曜夜はフジテレビで競馬番組。月曜午後は『クイズダービー』（一九七六年から）の録画だが、二本撮りのため隔週。空いた週には他の仕事（ラジオ番組の録音や対談その他）を入れる。夕食後銀座で一杯やってから夜十時ごろNTVに入って打ち合わせ後、月曜イレブンの生放送に入る。時効だから書くが、月曜の銀座は欠かさなかった。これは一種のリラックス効果と、昼夜の〝切り替え〟であった。ただし行きつけの店なので、ボク係のホステスが、九時を廻ったら水割りの代わりに（同じ色の）ウーロン茶に変えていた。何も言わないので、同伴の客はまったく解らなかった。

面白い話がある。某有名漫画家が月曜夜遅く酔って帰宅、細君に「巨泉さんと銀座で飲んでいた」と釈明したそうだ。「何時まで？」「十時まで。それから彼はイレブンへ。オレはあと一軒廻って帰ったのさ」。すると細君は言ったという。「つくならもう少しましなウソをつきなさい。巨泉さんのイレブンは見ていたけど、まったくシラフだったわよ！」。彼は嘘なんかついていない。若いころのボクは本当に酒が強かった。六時半から九時まで二時間半飲んでいても、ウーロン茶一時間ですっかり元に戻ってしまう。奥さんが怒るのも当然だったろう。

閑話休題。『11PM』のあと十二時半ごろオークラに着くと、すぐベッドに飛びこむ。なぜかというと、火曜の朝は少なくとも八時の「こだま」には乗るようにしていた。そして十時ごろ帰宅してから丸三日間は、まったく東京には出なかった。ジョン・ワイツとは逆に、週末は東京で、火・水・木の三日間は伊東で過ごした。このスケジュールは、八三年に『世界まるごとＨＯＷマッチ』が始まっても変えず、土曜日の午後の隔週をそのビデオ撮りに当てたものである。

伊東での生活は最初は「晴ゴル雨将」（晴耕雨読のもじりです）と称し、晴れればゴルフ、雨なら将棋を指して過ごした。しかしまもなく幼少時から好きだった釣りの占める率が高くなり、あまり相手もいないことから、将棋は後退していった。しかしときおり、プロ棋士を家に招いて、アマプロ大会を開催した。師匠筋に当たる大内延介九段、米長邦雄永世棋聖をはじめ、中原誠永世十段、森雞二九段、青野照市九段、真部一男八段、飯野健二七段、沼春雄六段等々、ベテラン、若手を問わずよく集まった。とにかく山口瞳邸での一件以来、ボクの将棋熱は止まるところを知らず、特にこの七〇年代の中ごろがいちばん強かったと思う。伊東の家で、中原名人(当時)に、飛車落で三連勝したことがあるくらいである。

将棋の話は少しおいて、ゴルフには本当に狂った。とにかくサザンクロスの敷地内に建てた家である。家から1番ティーまで歩いて三分しかかからない。晴れていれば必ずといって良いほどプレーした。地元海園ホテルの社長加藤貢さん、日本テレビの伊豆支局長勝瀬一夫さん、旅館山望館社長上原哲夫さんの三人がレギュラー・メンバーで、それぞれ「カイエンさん」「カッちゃん」「ウーちゃん」「巨泉さん」と呼び合っていた。みなウイークデイにゴルフのできる環境にあり、本当に楽しい日々であった。上原さんを除くお二人はすでに鬼籍に入られたが、タイムマシーンに乗って帰りたいくらいである。また当時のサザンには酒井隆雄君と島尻律子さんと二人のプロがいて、酒井君にはアプローチなどよく教わった。島尻さんや近所の女子プロとは「一本勝負」（選んだクラブ一本をもって廻る）などでよく遊んだ。この楽しい日々が、今でもボクをしてゴルフ場の近く（ないしは中）に家を買わせているのである。

釣りは主として、川奈や富戸漁港の防波堤でするのである。東京にいる人は、前からスケジュールを立てて出かけるから一日がかりであり、多少雨が降っても強行したりする。ところが釣り場近くに住んでいれば、天気が良い、風がない、潮廻りが良いなどの条件が揃ったときにゆけば良いのだから楽だ。また漁師さんたちと仲が良くなると、いろいろな情報が入る。どこどこの岩場で、夕方の上げ潮時に小鯵が廻っていると聞けば、女房と二人で出かける。寿々子は六歳から少女雑誌の表紙モデルをしていたほどだから、釣りのツの字もしたことがなかった。だから最初はエサのゴカイやイソメなど触れず、ボクがつけてやっていたが、そのうち「自分のエサは自分でつける」というルールをつくると、おそるおそるつけるようになった。今ではイソメをくわえて針を探す（これは大ウソ！）ほどになっている。

だいいち魚嫌いだった寿々子が、魚を食べるようになった。二人でバケツをもって磯に行き、十匹（時には二十匹）ほどの小鯵を釣って帰る。三、四匹をタタキにして、あとは南蛮漬にしたり、フライにしたりする。頭から骨まで食べられる。川奈の防波堤でムツの幼魚がたくさん釣れたこともあった。これを唐揚げにしたやつでビールを飲むと止まらなかった。キスやメゴチもよく釣れた。立派な天ぷらのネタである。このうちの家は女房の母のタキノさんと三人暮らしで、天ぷらは義母が得意だった。そのうち漁師の稲葉円造君と仲良くなり、彼の舟で舟釣りもした。景清（近目金時ともいう）の大釣りをしたときや、カワハギを数十枚上げたときは、町の友人を呼んで大パーティーになった。あんな楽しいときはもう来ない。魚が少なくなってしまっている。

とにかくジョン・ワイツは正しかった。東京にいる四日間はよく働いた。まだ若かったから、銀座や赤坂、六本木あたりでよく飲んだ。しかし火、水、木の三日間は一切仕事ナシ、都会的な遊興とも無縁であった。ボクは父譲りの「来る者は拒まず、去る者は追わず」というポリシーであったので、伊東まで遊びにくる友人は大歓迎した。しかし自分から東京へ行くことはまったくしなかった。どんな高額のギャラを積まれても、他の番組には出なかったのである。マネジャーにしても「大橋は、火水木は伊東から出ませんので」と言えば断りやすいのである。別に二枚目でもなく、好感度も低い、まったく芸はない。にもかかわらずボクが長い間テレビ界に君臨できたのは、この「自分の番組しか出ない」というポリシーのおかげだと思っている。放送作家として番組づくりの裏にいたボクは、人気の出たタレントを浪費し、消耗させる業界のメカニズムを熟知していた。

いずれにしても、四日間かなりの密度で働いた疲労は、三日間の田舎の生活できれいに取れた。ゴルフ（三日連続もよくあった）や磯釣りで体力は使うが、精神的休養が大きかった。またサザンクロスのもつ温泉の源泉権をひとつ買って、家に直接温泉を引いたので、いつでもひねれば温泉が出る。人が長々と足を伸ばせる湯舟に横になっていると、筋肉の疲れが取れてゆく。週に一度は、特に上手なマッサージ嬢と契約していて、揉《も》みほぐしてもらう。酒はよく飲んだが（大きな家で一階は三十人くらいのパーティーができた）、リラックスしているのですぐ酔う。東京で番組を控えて飲む酒とは質が違うのである。こうして金曜日の午後列車に乗ったときには、心身ともにリフレッシュして、仕事に対するヤル気がみなぎっていた。

ジョー・ディマジオとのゴルフ

かといって伊東に定住していたわけではなく、相変わらず冬はハワイ、夏はカナダと定期的に海外に出ていた（伊東で正月を迎えたのは一回しかない）。そのうえこの年の十月からは、もっと海外に行かざるを得ない番組が始まったのである。フジテレビの子会社である共同テレビから来た話であった。企画は長年ボクが温めていたものである。アメリカに『ワンダフル・ワールド・オブ・ゴルフ』という番組があり、世界各地のゴルフ場を紹介していた。ボクはよく見ていて、自分でもやってみたいと考えていたが、もうひとつ有名人を相手にボクがマッチプレーをするという要素を加えたのである。『巨泉のワールドスターゴルフ』と題した、この番組のスタートは十月からだが、撮影は八月末——つまり伊東に引っ越した直後に、アメリカの西海岸で行われた。

このときは四試合行ったが、やはりいちばん印象に残っているのは、ジョー・ディマジオと対戦した名門ペブル・ビーチである。大リーグ史上に残る大打者であるジョーは、今もって誰も破れない56試合連続安打という大記録をもっている。こんな人がよく出てくれたものとびっくりしたが、彼は日本が好きだったのだ。マリリン・モンローとの新婚旅行に日本を選んだ男だから、日本のテレビスターと対戦するのはオナー（名誉）だと言ってくれた。現役時代はハンデ2まで行ったそうだが、このときは五十九歳（ボクは四十歳）でハンデ14になっていた。そのうえほとんどプレーしていないらしく、シャンクを連発していて気の毒であった。

ゴルフはそんなだったが、ジョーの真面目でやさしい人柄には打たれた。モンローとは一年ほどで離婚したが、彼女の死に当たって葬儀は彼が全部取りしきった。そしてマリリンの墓に毎日バラの花を届けさせた話は有名だが、そうした感性は十分感じられた。おずおずと近づいてきた少年のサインに、気軽に応じ、すすんで話をしてやっていた。あとでジョーは「誰でも少年のころは、憧れの人に近づきたい。ところがその少年がスターになると、そのことを忘れてしまうのは悲しいね」と言っていた。このとき以来、ボクはサインも、握手も、写真撮影も（時間や事情の許す限り）断らないようにして、今日に至っている。余談だが、翌年（一九七五年）の二月ジョーは日本のある球団の特別打撃コーチとして、キャンプに招かれた。空港で記者団に囲まれたとき、彼が最初に言った言葉は「ケイ・オオハシ（ボクの外国での呼び名）はどこだ？」だったという（あとでスポーツ紙の記事で知った）。ハワイに行っていると聞くと、たいへん残念がっていたというが、その後も文通はしばらく続けた。二〇〇二年に彼の訃報に接したとき、再会できなかったことが悔やまれた。素敵な男だった。

ロサンゼルスのベルエアCCでは、『アンタッチャブル』のネス隊長こと、ロバート・スタックと対戦した。若い読者は知らないだろうが、このシカゴのマフィアとF

BIの対決を画いたアメリカのTVシリーズは、白黒映画時代の最大の人気番組であった。おそらく日本でも、『ベン・ケーシー』と並んで、二大人気シリーズだったと思う。ボブ（スタックの愛称）はジョーと違って、気取った二枚目意識の強い男だったが、試合後ハリウッドの自宅を、ボクら夫婦に見せてくれるような気安さもあった。ボクが「あんた、日本語できるんだろ？　日本で見ていたときは流暢にしゃべっていたぜ」とジョークを言うと、すかさず「オレは七ヵ国語くらいしゃべるらしい。でもメキシコでテレビをつけたら、オレがスペイン語しゃべっていて、なんだか解らないので消しちゃったがね」。ゴルフはそれほど巧くなかったが、ジョークは得意だった。その後もう一度会う機会があったが、よく憶えていてくれてうれしかった。あのダンディーなボブも、もうこの世にいない。

同じくロスのレイクサイドGCでは、イタリーの美人女優ピア・アンジェリの旦那で、シナトラ系の美声歌手ヴィック・ダモン（彼もイタリア系のはず）と戦った。この人とは、ボクが元ジャズ評論家で彼のレコードを数枚もっていたので、すぐに打ちとけることができた。三人の中ではいちばんゴルフが巧く、ボクとは好勝負だったが、ボクが少差で勝った。唯一の敗戦はシアトルで起きた。二〇〇三年に来日して話題を呼んだ、NBAのシアトル・スーパーソニックスの往年の名バスケットボール選

往年の大打者ジョー・ディマジオとも対戦した

手、ボブ・ヒューブレグスにしてやられた。バスケットの選手だから当然長身だ。たしか二メートル十センチと聞いたが、彼がもつと、普通のクラブが子供用クラブのように見えた。そのくせ小技がたいへんうまく、それにやられたようなものである。このコースは、サハリーCCといって新設コースだったが、高い樹木に仕切られた林間コースで、非常に難易度の高いゴルフ場であった。ボクはたいへん気に入り、その後何回か訪れたが、今やメジャー（ヴィジェイ・シンが勝った九八年の全米プロ）さえ開催された名門コースになっている。

十月になると、東南アジア・シリー

ズの撮影に出た。勝呂誉君と対戦したマレーシアのロイアル・セランゴールGC、黒沢久雄君が相手だったロイヤル・ホンコンGCなど、コースとしては面白いコースもあったが、全体としてはいまいちの印象であった。理由は、高温多湿の気候がボクに合わないためで、これが後年のボクのリタイアメントに大きな影響を及ぼす。前に書いたギックリ腰によるボクの腰痛は一応治まってはいたが、ちょっと油断すると出てくる。このころになると「敵」が解ってきた。まず「寒さ」は大敵である。冬場の釣りなど絶対にいけない。次に「湿気」である。日本の梅雨時や夏を避けるため、カナダや北海道へ行くようになった。続いて「長時間同じ姿勢でいる」のも良くない。したがって将棋や麻雀からも遠のいていった。そして「体重の増加」だ。禁煙以来、一挙に八キロも増えたときは、再発して歩けないほどにまで悪化したことがあった。このころはダイエットに励んで、体重をコントロールしていた。

同病の読者のために、二つほど成功したダイエットを記す。ひとつは協和発酵から発売されていた液体プロテイン「シェイプ」によるもの。これはゴルフの師匠、杉本英世プロの紹介で始めた。食前にこれを豆乳（牛乳でもよいが、カロリーがより高い）に溶いて、コップ一杯飲む。こうすると満腹感があって食事の量が減らせる。かといってプロテイン（蛋白質《たんぱくしつ》）は十分摂っているから、健康上の心配はない。

ついで先述の仲村威医博のすすめである、「しらたき雑炊」も効果がある。まずご飯は茶碗半分のみ、しらたきも一個の半分を米粒くらいに細かく刻む。次にあらゆる野菜もミジン切りにする。これをおいしいダシで雑炊にする。女房は前の晩につくって、翌朝温めて食べさせてくれた。こうするとご飯がスープを吸ってふくらむ。なんと茶碗に四、五杯、腹いっぱいになるほど食べても、実際は茶碗半分の米しか食っていない。しらたきなどこんにゃく類は、カロリーゼロである。これは今でも、体重が一、二キロオーバーするとやっている。

捻挫一生

一九七五年もハワイで明けた。このころは暮れに番組の撮り溜めをして、クリスマスごろにホノルルに渡り、二週間ほど過ごして正月明けに日本に帰るのが常であった。当然まだホテルに泊まっていたが、この年にひとつの転機が訪れる。いったん帰国して番組を撮り、二週間ほどで再びハワイに戻ったのは、例の『ワールドスターゴルフ』の撮影のためであった。北米、東南アジア両シリーズとも好調で、三回目のロケはハワイと決まっていた。まずカウアイ島のプリンスヴィルで、今も親交が続いている歌手のダニー・カレキニと対戦した。オアフ島では、オロマナで西田升平プロ

（なんとこのときのボクは35・39の74で廻った）に勝ち、元大洋ホエールズ（現横浜ベイスターズ）で活躍したアグウィリー内野手にも、パール・カントリーで完勝した。ハワイ島のワイコロアでは、元LPGAの名物プロだったジャッキー・パングさんにもスクラッチで勝った。この人は、一九五七年のUS女子オープンを7打差で圧勝しながら、スコア誤記で失格したことで有名な人である。とにかく好調で、ハワイ・シリーズはなんと五戦五勝であった。

事はマウイ島で起こった。初めはジャズ歌手のジミー・ボージェス（日本でも人気のあったモデル、ステファニーは彼の娘）と対戦する予定だったが、あいにくの豪雨でゴルフ場がクローズになってしまった。そして雨天予備日として取ってあった日には、彼は仕事で来られないという。そこでそのワイレアGCのヘッドプロ、フラン・シプロに代役になってもらった。名前からも解るようにイタリア系米人で、すごく人懐っこい男だった。彼と会わなかったら——あの豪雨がなかったら——ボクの後半生は違ったものになっていたろう。本当に人生は縁だと感じる。まずはゴルフ場が気に入った。今や54ホールの超有名リゾートになっているが、そのころは18ホールで、しかもがらがらに空いていた。周りには何もなかった。うしろは雄大なハレアカラ山、前は太平洋だが、モロカイ、ラナイ、カホオラウェの三つの島に囲まれ、美しいビーチの静かな海である。雨が降らない一種の砂漠で、サボテンだらけであった。ところが、とフランは言った。なんとか水を掘り当てたので、ゴルフ場はおろか、ホテルやコンドミニアムなど、これからどんどん開発が予定されている。今にここは、ハワイでも指折りのリゾートになると口角泡を飛ばすのだ。ボクが気に入った様子なので、今度来るときは前もって知らせてくれと言う。今建設中のコンドの一部屋を借りてあげるとまで言った。「必ずそうするよ」とボクは言ったが、本気であった。

三月に奇禍にあった。早大の同級生が何人かゴルフをしに伊東の家に集まったときのことである。前述のように大きな家で、和室に布団を敷けば二部屋で六人ほどは泊まれるから、泊まりがけでやってきた。当然サザンクロスでゴルフをやり、夜は家でどんちゃん騒ぎの予定であった。このときはハワイの好調がつづいていて、12番のショートホールでは、あわやホールインワンの快打を放った。拍手する前の組に応えて手を振りながらティーグラウンドを駆け降りた。よく下を見ていなかったらしく、右足をひどく外側へ踏みはずして、ひっくり返ってしまったのである。立ち上がるとかなり痛い。それでも痛い足をひきずりながら残りの7ホールをプレーしてしまった。

そのまま温泉に入り、みんなで騒いで寝てしまった。酒が入って痛みを忘れていたのだろうが、翌朝になると右の足首がひどく痛い。腫れていて、足を床につくことができないので、念のため町の病院に行った。レントゲンで調べても骨に異常はなく、捻挫だというので、湿布してもらって帰ってきたのだが、医者にこう言われた。「昨日のうちに来て、冷やしておけばここまではならなかったのに。〝捻挫一生〟といって長引きますよ」。

まさかここまでと思うほど長引いた。そのあと二ヵ月ほど、ゴルフができなかったし、やり出してもひどいゴルフになってしまった（シャンクが多くなった）。それどころか、その後何年も折に触れて違和感を覚えた。極端な話、三十年近く経った現在でも、疲れるとうっすらと痛みを感ずる。「捻挫一生」はまんざらオーバーではない。皆さんも、ひねったと思ったら、すぐに病院に行きましょう。

五月に初めてバリ島に行った。『ワールドスターゴルフ』の撮影で、全英オープン五回制覇の豪州の名ゴルファー、ピーター・トムスンが相手であった。彼自身が設計したハンダラGCでプレーするという。東南アジアはあまり気乗りがしなかったが、千メートルくらいの高地なので涼しいというのと、トムスンとプレーしたくて出掛けた。なるほどゴルフ場は暑くなかったし、そこで採れるコーヒー豆からそのまま淹れてくれたコーヒーはおいしかった。帰りに大量に粉を買って帰ったほどである。しかし海岸近くの平地はやはり暑かった。ボクは慎重に現地の水には手を出さなかったが、あるときホテルに帰ると廊下に人が倒れている。よく見ると、わが女房ではないか（のちに彼女は、ボクが彼女をまたいで歩いていったと言うが、そんなことはない!?）。どうしたと聞くと、ワナワナふるえていて口がきけない。急いでホテルの医者を呼んだが、ラチがあかない。

暑いのでセブンアップに氷を入れて飲んだだけと言うが、メキシコの件があるので心配になり、スタッフと別れて二人でシンガポールへ飛んだ。実は前年（一九七四年）のロケの折親しくなったホテル・シャングリラの日本人マネジャー、門口武史さん（現ＪＴＡ社長）に電話した。彼の話では、バリ島には信頼できて、英語のできる医者はいないだろうから、こちらにいらっしゃいと言う。結局大事には至らず、下痢だけで済んだが、氷が悪かったらしい。この事件以来、三十年近く東南アジアには行っていない。今や有名なリゾート地として知られるバリ島だが、われわれにとってはこの地域は相性がよくないようだ。

ＯＫギフト、倒産の危機

六月は当然カナダへ行った。二年前にオープンしたＯＫギフトは、実は倒産の危機に瀕していて、ボクは冬の間も資金をもって訪れていたのである。オープンが七三年の六月であるから、最初の二ヵ月ほどはまだ良かった。九月になって秋風が吹き始めると、客足はパタッと止まった。今と違って、年間数千人という日本人観光客の数である。それも大多数はゴールデン・ウィークから八月いっぱい、あとは冬場のスキー客のみであった（今なら秋の紅葉シーズンは大人気なのだが）。ゴードンから、たった四人の従業員の給料も出せないと泣きつかれ、行くたびに一万ドル（約二百五十万円）くらいずつ持っていった。前年の夏に出納簿を見せてもらって、いかにオフ・シーズンに客が入らないかが解っていた。

「それにしても、売り上げゼロの日がないのは大したものだね」と言うと、ゴードンは「それは――」と言って口ごもった。さらに問いつめると、従業員が自腹で絵ゼロの日は結構あったという。「でもそれだけはなくそうと、従業員が自腹で絵ハガキハガキ一枚、鉛筆一本と買ってきたんですよ」。どうりで五十セントとか一ドルの売り上げ一ある。ボクは言葉に詰まった。そして前回、最後の一万ドルをもって訪れたのである。ゴードンに言った。

「この金は店を閉めるときに、従業員に退職金として用意したものですから、手をつけないでください」

するとこの一歳違いの日系カナダ人は答えた。

「この国に退職金という制度はありません」

しかし「ボクは日本人だし、働いてくれている人も日本人ですから、ボクの気持ちが済まない」と言うと、彼はボクを銀行に連れていった。そこでボクらは、中国系カナダ人のマネジャーに、この金を〝回転資金〟として預け、一定の融資をうけることができた。すでに一千万円以上の金をつぎ込んだが、一向に将来は明るくならない。ボクがすすめたときに、引き受けなかった友人のビジネスマンたちの顔を思い浮かべながら、ボクは自分の甘さを呪っていた。

だからこのときの訪問も、イレブンの撮影とはいえ、なかば気の重い旅行でもあった。ところが店に着いてみると、人があふれていて、ボクは「社長、忙しいのでまずホテルに入ってください」と追い払われる始末であった。ゴードンの話では、ゴールデン・ウィークから急に客足が伸び、連日こんな状況だという。「なぜ電話でもくれなかったの？」と言うと、「良い話だから、その眼で見てもらったほうが良いと思ってね」と笑っている。当然だろう。これで怒る人間はいまい。

あとで考えると、このカナダブームは偶然の産物ではない。まず七一年以来四年間にわたる『11PM』の取材、放映の結果が出てきたのだ。また故田宮二郎主演のテレビ・ドラマ『白い滑走路』のヒットもあった（カナダが舞台）。日本では、六〇年代からの高度成長の結果、海外旅行熱が高まっていたのも要因のひとつであった。そしてカナダは、圧倒的に女性に人気を呼んだのである。韓国、台湾、東南アジアと怪しげな（買春）ツアーが一方で流行していたが、カナダはそうしたものとはまったく無縁であったのも幸いした。この夏の売り上げは、前二年の総売り上げの倍に相当したのだから、まさに奇蹟的であった。それまでの労苦がかえって幸いした。つまりＯＫギフトに競争相手はいなかったのである。日本語、日本円が通じる店はウチしかなかったのだから。

八月には、『ワールドスターゴルフ』の撮影で再びカナダを訪れたが、店は大繁昌していた。ゴードンと、店の拡張ないし移転の可能性を話し合ったが、もう一、二年様子をみることにして、ロッキーに向かう。ジャスパーでは、芸能界屈指のシングル・ゴルファー、江原真二郎君と対戦した。大熱戦だったが、２アップで江原君が勝ち、われわれはバンフに移動した。バンフには橋幸夫君が奥さんと待っていた。橋君はシングルまでもう一息という腕前で、アウトを終わってボクが３アップもしていた。ところがインに入ってシャンクが止まらなくなり、結局逆転負けを喫する。やはり疲れがたまってくると、右足の捻挫あとが踏んばれなくなって、右サイドが突っこんでしまうのだろう。バンクーバーに戻ってあと二試合やったが、相手の一人は、往年の全米女子オープンの覇者スージー・バーニングで、彼女とは計三回対戦することになる。やっと百五十センチを超すくらいの小柄な彼女からは、随分有益なアドバイスをもらった。これでこの番組の撮影は終わった(放映は七六年の九月末まで二年間続いた)。

さてこの年の暮れ、ハワイに行ったボクたちは、『ワールドスターゴルフ』で対戦したフラン・シプロとの約束どおりマウイ島のワイレアを訪れた。フランが、海辺に近いコンドを借りておいてくれたので、前より楽しめた。ここを一部屋買いたいと言うと、フランは「ちょっと待て」と言って、片眼をつぶった。誰もいないところで彼は言う。「実はこの隣のビーチ・フロントに新しいビレッジを売り出す計画があるんだ。まだごく一部の人間しか知らないがね」。イカヒ(泊まっていた第一次のビレッジ)より数倍良いそうだ。因みにイカヒはハワイ語で「第一の」の意で、次のはイルア――二番目のという名前になるという。そう言って彼は一枚の紙を取り出した。そこにはそのイルアの分譲区画がガリ版刷りされていたのである。資金の都合もあり、1ベッドルームの小さいのを――ただしビーチまでわずか十五メートルという最高のロットを、秘密裏に予約してしまったのである。本当はいけないのだろうが、はるか昔の〝時効ばなし〟です。

第二章　巨泉ゴルフ・トーナメント開催

『クイズダービー』苦闘のスタート

明けて一九七六年（昭和五一年）の一月三日、いまだにボクの代表作のひとつとされる名物番組がスタートした。『クイズダービー』である。TBSの土曜午後七時半から八時の三十分間は、前に書いたように二つのドラマ（『窓からコンチワ』『こりゃまた結構』）から始まって、人気を取った『お笑い頭の体操』に至るまで、約十年間ボクの番組が続いていた。特に『頭の体操』からは、ロート製薬の一社提供であった。ところが前年あたりから、『頭の体操』の視聴率が頭打ちになった。ふたけたは取れるのだが、二〇パーセントがとれない。そこで「テコ入れ」（この世界の常套手段で、キャストや内容の手直し）の話が出ていた。ボクは「テコ入れ」はしないと居作プロデューサーに言明した。もう番組に寿命が来ており、テコ入れでマンネリは解消できないと言った。もしまだボクで続けたいなら、新番組にしたいと申し入れた。TBSがロートに打診すると、巨泉さんの番組を続けたいということで、新番組の話は前年秋から具体化していたのである。

これもカナダ関連なので、余程ボクはカナダに縁があるのだろう。前年にホテルでテレビをつけると、妙な番組をやっていた。『有名人競馬レース』というような名前で、実にマイナーな番組であった（翌年は別の番組になっていたから、半年くらいで消えたのだろう）。解答者が六人いるのだが、学者風、スポーツマン風、（胸はあるがいかにも頭はなさそうな）グラマー女優風と、それぞれキャラクターが決まっていた。問題が出ると倍率が出るが、当然学術問題だと学者風が二倍で、グラマー女優は六十倍などと出る。ところが意外にそのグラマーが正解を書いて、場内がざわめく。しかし番組の最後に流れるテロップには、「ある答えは、あらかじめ解答者に教えてあるものもあります」とある。要するにグラマーが難問を正解するのは、「ヤラセ」なのだ。

ボクはこれを下敷きに、ヤラセなしで、日本向きにしたら面白いのではないかと、ひそかにビデオに録って帰国し、居作に見せた。そして二人で番組づくりに没頭した。アメリカで『クイズ・ショウ』という映画になったほど、クイズ番組にとって

「ヤラセ」や「八百長」は天敵である。これは「解答者」が賞金をもらっている以上、常につきまとう。ところが、解答者が正解しても金がもらえなければ、八百長をする意味がなくなる。ボクはこのカナダの愚にもつかない番組から、そのコンセプトをもらおうと考えたのだ。要するに「解答者」と「出場者」を分けてしまえば良い。はらたいらがどんなに正解を続けても、篠沢教授がはずれ続けても、ギャラは同じである。これなら八百長は起こり得ない。

スポンサーや局側も、この説明を納得してくれ、番組は一月三日にスタートした。1枠は親交のあったムツゴロウこと畑正憲氏、2枠には色っぽい女性の代表で五月みどりさん、3枠がとぼけたギャグ漫画の黒鉄ヒロシ君、4枠に女子大生女優萩尾みどりちゃん、5枠にスポーツ以外のことは知りそうもないガッツ石松がレギュラー、そして6枠をゲスト枠とした。問題を読むのは丹羽節子さん、そしてその隣に、もう二人座っていたのだ（憶えている人は少ないでしょう）。一人は「オッズマン」と呼んでいた藤村俊二。その隣はその日のゲストの関係者、この二人とボクとでオッズ——つまり倍率を決めるのだ。

たとえば第一回はゲスト（6枠）が植木等だったので、ゲスト・オッズマンは当然ハナ肇であった。ちなみにハナほどではないが、植木のボンさん（生家がお寺で、われわれジャズ仲間は坊《ボン》さんと呼んでいた）とも古いつき合いがある。ボクがまだタレントになる前、箱根でゴルフをやって、帰りは彼の車で送ってもらった。後年、「あの時運転していたのは付き人だったボクです」と言ったのは小松政夫である。その時ビートたけしも一緒に飲んでいたのだが、「へぇーっ、オイラ高校生だった」と言っていたのだから昔の話である。ボンさんは「おい巨泉」と呼んでくれる数少ない芸能人である。いつまでも元気でいて欲しい。

いちばん正解を知っていそうな人に◎印、次が○印、その次が▲印と、競馬予想の印を借り、その合計を数字にして、三倍とか六倍とか出るようにした。しかしまだ「オッズ」という概念が行き渡っていなかった日本の視聴者には、煩雑に過ぎたと思う。出場者も四組で少し多かった。のちにTBSの視聴率記録を次々に塗り替えたこの怪物番組も、最初の半年は苦闘の連続であった。二〇パーセントどころか、開始後まもない二月には、四・四パーセントという信じられない低率に陥ってしまった。

TBSからは打ち切りの声も出たが、ロート製薬の山田安邦副社長（のちに会長）が首をタテに振らなかった。「巨泉さんには〝頭の体操〟で八年間もお世話になってます。そんな簡単に変えられしまへん」。

温厚を絵に画いたような人だったが、いざとなると頑固な人である。残念ながら二〇〇三年に他界されたが、お線香をあげにうかがったとき、夫人とその話になった。

「そう、見かけによらず頑固だったんですよ」と彼女は上品にほほえんだものだ。

ボクは、前述した『チャレンジクイズ』の失敗を思い出していた。居作プロデューサーと二人で大ナタを振るった。解答者を五人に、出場者も三組に減らし、倍率は〝巨泉の独断と偏見〟で決めることにした。とにかく〝凝り過ぎ〟や複雑なのはテレビでは禁物なのである。構成は簡単にし、問題を面白くすることを最優先した。問題を考える作家を十人に増やし、そのクォリティーを高めようとしたのである。日本のテレビ界では、クイズ番組はすでに全盛期を過ぎていた。理由は、日本人全体がリッチになり、テレビに出て恥をかいてまで賞金争いをする気が減ってきたこと、そして他人の賞金争いを見ても、それほど面白いと思わなくなっていたのだろう。そのうえこの番組は、賞金争いには大きな障害があった。これより七年も前にすでに『巨泉まとめて百万円』という番組をやっていたのに、『クイズダービー』では十万円以上の賞金は出せない、という。これはスポンサーが製薬会社なので、薬事法か何かに触れるらしい。今でもそうかどうか知らないが、今は一社提供番組などないから、関係ないか。だから賞金争いよりも、問題の質を中心とした番組自体の面白さで勝負しようと考えた。この作家の中には、のちに直木賞を取った景山民夫がいた。彼とブーブこと菅谷健一君の二人が中心になり、意外性に富んだ「三択」問題を中心に、充実度を高めていった。

解答者の淘汰も進めた。萩尾みどりさんから岸じゅんこに代わった女子大生枠の三人目が竹下景子ちゃんであった。1枠はすでに鈴木武樹明大教授に替わっていて好評だったが、参院選に出るために降番し、そのあとが定まらなかった。推理作家や弁護士などいろいろ出てもらったが、いまいちで困っていた。そこへスタッフから学習院大学の篠沢秀夫という教授が面白いという話があった。ボクはスタッフの推薦する〝候補〟をしばらく使ってみて、眼鏡にかなわなければ取りかえた。

篠沢さんは、いかにもフランス文学者らしいスノビッシュなところもあったが、平気で〝間抜けた〟答えを書いてくれるのがよかった。ボクのツッコミにも柔軟だし、何よりもゲームとして楽しんでくれているのを買ったのである。ただ正解は「下品」、不正解を「上品」とするパターンが鼻についてきたので、プロデューサーが交代を示唆したとき、ボクは賛成して、たけしの兄の北野大さんに替わった。ただ1枠としても最長を記録したし、番組の全盛時代を彩った一人である。篠沢さんは長い間ボクを「アメリカかぶれ」と誤解していて、参院選出馬のときも、そう批評していた。それだけに議員時代のボクの〝反米スタンス〟には戸惑ったかもしれない。2枠など何人替わったか知れない。学生時代の憧れだった故高峰三枝子さんが座って毎週お会いできたときは、「タレントになって良かった」とつくづく思ったものだが、やはりクイズ番組には合わなかったようだ。のちに参議院議員会館で再会することとなる、これまた故人となった沢たまきもレギュラーだった時期がある。定着したのは長山藍子さんで、彼女のキャラクターははまった。いちばん心配した黒鉄君の後釜、はらたいら君が一発で定着したのはもうけものであった。

というのも、彼の漫画は「モンローちゃん」をはじめいくつか読んでいたが、それほど面白いと思っていなかったからである。絵は可愛いのだが、ギャグがいまいちであった。ところが彼の本領は時事漫評で、そのために膨大な資料に眼を通していたのだ。それはレギュラーになって知ったことで、初めは彼の二枚目ぶりにスポットを当て、「アラン・ドロン」などと呼んでいたものである。それがあまりの正解率の高さに驚いて、「宇宙人」と呼ぶようになったときは、もう万全の態勢であった。素顔もあの通りの、シャイな真面目人間でタレントにはなりきれなかったようだ。賢い彼はすぐに悟って他の番組には出なくなった。それが彼を「永遠の三番打者」に定着させた要因である。ただし酒はべらぼうに強かった。

のちに竹下景子ちゃんが女子大生というイメージから離れたとき（景子ちゃん、ゴメン）、２枠を若い女性枠と変更した。そして宮崎美子、山崎浩子、井森美幸などがこの枠に座った。ボクも、勝敗より番組を面白くすることに集中した。解答者には、問題が解らなかったら、ただ「解りません」と書かず、何か面白い答えを書いてほしいと言った。そして定着した人を売り出すために、いろいろなニックネームをつけた。これは敬愛する先輩、前田武彦の故事にならったもので、黒鉄ヒロシの「裏切りダヌキ」に始まって、はらたいらを「アラン・ドロン」「宇宙人」、景子ちゃんを「三択の女王」と呼んだのも、その一環である。

解答の開け方にも細心の注意を払った。いつも間違ったほうから開けるとマンネリになるので、時には意外な人の正解から開けることもした。「一人を除いてみな同じ」もよく使った。今たまにテレビを見ると、司会者が「せーの、ドン」とやっているが、あれはボクが始めたものである。とにかく原則として編集させなかった。生放送と同じ、つまりボクのテンポで番組を進めたかったのである。

六月に初の二桁を記録すると、数字がぐんぐん上がりだし、秋には二〇パーセントを超えた。暮れの打ち上げ会は、活気に溢れていた。営業部長、編成部長、制作部長などが、次々とマイクの前で、番組とボクを礼賛する挨拶をした。ひととおり聞いていた司会役の居作は言った。「番組が当たるというのは良いことですな。ついこの前まで、〝スポンサーを替えても番組を変える〟と言っていた人からもおホメの言葉をいただけるんですから」。部長連は次々に、「次の会がありますので」と姿を消していった。「おい、あんなこと言って良いのかい？」と心配するボクに、「なあに、あのくらい言ってちょうどいいのさ」と平気であった。しかし居作はもう飛ばされることはなかった。『クイズダービー』に続いて、『8時だヨ！　全員集合』も大ヒットさせ、押しも押されもせぬTBSの看板プロデューサーになり、ついには制作局長にまでなるのである。

事業は「小さく始めて大きく育てる」

『11PM』は順調で、次々に挑戦してくる裏番組を寄せつけなかった。大物ゲストも次々に登場するようになった。この年（一九七六年）の二月、名作『カッコーの巣の上で』のプロモーションで、ハリウッドから二人の男がやってきた。一人は主演のジャック・ニコルソンだが、もう一人のマイケル・ダグラスは俳優ではなく、プロデューサーとしての出演であった。今や大物俳優だが、このときはまだ父カーク・ダグラスの力で（あろう）、この映画をプロデュースしていたのである。いつものように通訳抜きで、英語で二人と話したが、ニコルソンはちょっと変人のようで、まるでドラ

意外にも放映開始直後は苦戦した『クイズダービー』（TBS提供）

ッグでもやっているようであった。一方のダグラスはなかなか愛想よく、その後いわれる「セックス狂」みたいなものはまったく感じなかった。人は見かけによらないものなのか、役者になってから変わったのかは解らない。

このあとボクたち夫婦はロサンゼルスに向かった。二月十六日のことで、前述したＬＡオープン五十周年に出席するためであった。ロスの名門リビエラ・カントリークラブに着くと、すごいことになっていた。何しろ主宰者のグレン・キャンベルの招待客だから、入るのに問題はなく、前日の練習ラウンドも十分にできた。しかし警備その他は想像以上のものであった。それもそうだろう。アーノルド・パーマー、ジャック・ニクラウス以下全米のトップ・プロが全員出場しているし、アマチュアのほうも大御所ボブ・ホープ以下そうそうたる顔ぶれである。いくら日本で有名人でも、ここではボクは無名であった。グレンは再婚していて奥さんを紹介してくれ、ボクを日本のテレビスターと周りの人に言っていた。いきなりウィンクしたのは、その前にハワイで会ったとき連れていたステュワーデス（伊東のわが家にも来た）のことは内緒だよ、という意味だと解った。とにかくこのころのグレン・キャンベルは全米一の人気歌手だったと思う。しかしボクは伊東の家で、「オレはミュージシャンなんだ」と言っていた彼を知っていただけに、このスターダムと釣り合うか心配だった。果たしてこのあとの彼には、苛酷な運命が待っていたようである。

ボクは山本善隆プロの組に入っていた。おそらく前年の該当試合に優勝して選ばれたのであろうが、なんとこのとき彼は新婚旅行を兼ねていた。今やシニアプロで活躍しているのだから、年月を感じざるを得ない。そしてもう一人のアマ・ゲストは、往年のドジャースの盗塁王モーリー・ウィルスであった。一九六二年、それまでのタイ・カッブの記録を四十七年ぶりに更新する１０４盗塁を記録し、その年のナ・リーグのMVPを獲得した名選手である。都合６回も盗塁王になっただけあって、地元のLAでは超有名人であった。ゴルフもイメージどおり小技が巧く、わがティームのためにかなりポイントを稼いでくれた。快足巧打といえば、今やわがイチローがその代名詞のようになっているが、モーリーに再会してイチロー評を聞いてみたい気がする。もうひとつ、ボクはこのプロアマに出たおかげで、サム・スニードのスウィングをこの眼で見ることができた。年は取っても流麗そのものであった。

このあとわれわれはバンクーバーに飛び、さらに真冬のバンフまで行ったには理由がある。カナダ旅行ブームでOKギフトが突然黒字に転じたのは前年のことだが、ボクは金を配当してもらって日本にもって帰る気は毛頭なかった。すでに高額所得者になっていたので、ほとんど税金でもってゆかれてしまう。ゴードンと話して、第二店の出店に使うことにした。場所は当然、カナディアン・ロッキーの中心地バンフである。一月にオープンしていたが、初めての訪問である（これがあるのでLA行きを引き受けたのかもしれない）。

ゴードンと打ち合わせどおり、バンフ・アベニューの真ん中の木造二階建てを借りてある。一階の三分の二をOKギフト、三分の一はブック・ストアにサブリース（また貸し）した。ゴードン以下全員反対したが、父の教えどおり、事業は「小さく始めて大きく育てる」をモットーとしている（二階は従業員宿舎に使った）。

冬のバンフはさすがに寒く、零下二十度くらい。スキー客で賑わっていると思ったが、町は閑散としていて、夜は真っ暗であった。通りに出てみると、灯がついているのはわがOKギフトの他、レストランとカフェが一軒ずつあったくらいである。今煌々《こうこう》と明るいバンフ・アベニューに立つと、今昔の感に堪えない。たった二十七年前、あの世界的観光地でも、一年を通してオープンしている店はなかった。ボクはゴードンと相談のうえ、年間開けておくこととした。一年たち二年たって、真似をする店が増えてきたのである。今日のバンフを先取りしたボクたちはまさに開拓者だったのだ。このときはガラガラだった店も、夏に再訪すると日本人観光客であふれていて、ボクを安心させてくれたものだ。因みに契約の切れた三年後に本屋さんには出ていってもらい、店を拡張した。

三分の一の家賃収入を確保して商売を始め、のちに拡大する。もしこれが逆で、大きくスタートして赤字を出し、三分の一をサブリースしようとしたら——家賃を値切られるのが関の山だろう。父のありがたい遺産であった。

このあとホノルル経由でマウイに廻り、別荘のカーペットの色を決めたり、家具を選んだりした。女房はうれしそうだった。ホノルルの友人に、マウイのワイレアに1ベッドルームのコンドを、十一万ドル（当時のレートで三千万円弱）で買ったと言うと、クレイジーだと言われた。それだけ出せば、ホノルルのいい場所に買えるという。しかしボクは喧騒で俗化したホノルルより、何もないが自然のままでゴルフ場が空いているワイレアのほうが良いと言い張った。たった二年ほどで、ボクが正しかったことが証明されるのだ。これは数多いボクの「先取り」のなかでも、傑作であろう。

前年（一九七五年）あたりから、ボクは週刊現代でいろいろな連載を始めていた。最初は「必ず勝つ馬券」という競馬モノであったが、これはこの年『巨泉の勝つ馬券』というタイトルで、講談社から加筆出版された。週刊現代のボクの担当は、元木昌彦君という青年で、このあと長いつき合いになる。この年の四月からは、ゴルフの連載をしませんかと、元木君にすすめられた。「わがシングルへの道」という題で、初めてクラブをもったときからの自分史である。ようやくサラリーマンがゴルフをできるまでに成長した日本で、これは好評であった。のちに単行本になり、さらに加筆して現在も文庫になっている（これを担当した川俣真知子女史とも長いつき合いを続けている）。

所詮《しょせん》早大新聞科の落ちこぼれで、活字人間なのである。ひょんなことからテレビで喋って飯を食うようになったが、本を出すという話になると、つい断りきれない。これまでには、初期のタレント本に始まって、日刊スポーツ出版から、二冊の競馬の本を出したりしたが、本格的な執筆意欲は、このころから増してきたと思う。

漫画家たちとのカナダ旅行

なんとこの年は、四回もカナダを訪れた。八月十七日からのこの旅行は、友人の漫画家たちを引きつれての観光旅行であった。金曜イレブンで共演していた小島功さん夫妻をはじめ、藤子不二雄（当時はまだ藤本弘、安孫子素雄の二人一組だった）の両君は、それぞれ娘さんと奥さんづれで四人であった。園山俊二君、宏子夫人、息子の望太郎君、娘の美海子ちゃんと一家全員、福地泡介君はカナダで挙式する婚約者と参加、黒鉄ヒロシ君は美優夫人同伴であった。これだけ漫画家がいると仕切るのは至難の業である。

あいにく、ジャスパー——バンフ間のロッキーのバス縦断旅行は、雨と霧の最悪コンディションであった。名所に着いて傘をさしてバスを降りると、案内嬢が雲の彼方を指さしながら「本日はあいにくの天候でございますが、晴れておりますれば、この方向にボウ氷河の絶景が見られます」という連続であった。二、三回これがくり返されると漫画家たちは「どうせまた、見られるはずでございます、だろう」と、バスから降りなくなった。そして持っていたウイスキーを、フタに注いで廻し飲みをはじめた。バンフに着くころには全員眠りこけている有り様、たいへん気の毒なめぐり合わせだったが、その代わりジョークの連発で、バスの中は笑いに満ちていた。

バンフでのゴルフは好天に恵まれ、皆で楽しくプレーしたし、夜の宴会も賑やかであった。全員で開店したての店に来てショッピングをしてくれ、おまけに色紙までプレゼントしてくれた。今でもいろいろなシーンが思い出されるが、考えてみると藤本、園山、福地と三人も他界してしまった。皆同世代だけに残念至極である。特に園山は早稲田の後輩で気が合い、その後もずっと親しくしただけに、生きていてほしかった。安孫子と三人でよくつるんで飲み歩いたものだ。あとでまた登場すると思う。

若かったと言ってしまえばそれまでだが、この年は十一月にも海外に出ている。なんと七回も海外旅行をしているのだからタフである。これは『11PM』の撮影で、生まれて初めてオーストラリアを訪れた。まずシドニーに飛んだが、時差がないので楽であった。ニューサウスウエルズGCでのゴルフ・マッチの撮影、当初は前出のピーター・トムスンとの対戦が予定されていた。ところが直前になって、ピーターが英国に行かねばならず、NGになった。「大丈夫、代役に若手の優秀な奴を出すから」とピーター。

「若手ってグラハム・マーシュかい？」「いやもっと若い」「誰？」「グレッグ・ノーマンという奴さ」「ノーマン？　聞いたこともない」「今はそうだろうが、将来オレより有名になる」「まさか！」

こんなやりとりがあって、十一月二十九日の朝ボクらはその金髪の青年と初対面をする。たいへんシャイな男で、あまりしゃべらなかったが、ものすごい飛ばし屋だった。後年のグレッグの話では、とにかくテレビカメラの前でプレーするのは生まれて初めてで、あがっていたという。ハンデをもらっても歯が立たなかった。小さな試合に一勝しただけの二十一歳の青年プロのプレーぶりを見て、オーストラリアン・ゴルフの奥の深さを感じたものだが、それにしてもピーターの眼力の凄さには恐れ入る。

1976年、漫画家たちとのカナダ旅行（右から園山俊二氏、黒鉄ヒロシ氏、著者、藤子不二雄Ⓐ氏）

若き日のグレッグ・ノーマンと対戦（1976年）

まさに「名人は名人を知る」なのだろう。

次にゴールドコーストに行ったが、今この原稿を書いている土地である。まったく同じ場所とは思えない。二十七年前は、町でいちばん高い建物が十二階建てのアパートメント・ホテルだったが、今や三十階級の高級マンションやホテルが林立し、ワイキキやマイアミに匹敵する一大リゾートになっている。何を隠そう、わがOKギフトも一九九五年にオープンしているが、あのころは木造平屋のおみやげ屋が、一枚一ドルのTシャツを売っていた。一見漁師町に毛の生えたような印象で、現在のようになるとは到底思えなかった。

今昔の感といえば、このころは道端の木の上に、野生のコアラがいたものだ。急いで撮影することになったが、終わって出発という段になると、女房の寿々子がオズオズとやってきて、誰かの手助けがほしいと言う。事情を聞くと、道端でオレンジを売っていたので、いくらと言うと一ドルだと答えた。一ドル出すと、なんとジャガイモを入れる袋いっぱいで女の力では到底もてないと言うのだ。これから三日間、スタッフはフレッシュ・オレンジ・ジュースを毎食に飲まされる羽目になった。それにしても物価の安さは、日本人には異常としか映らなかった。

動物狂の寿々子は、コアラにワラビー（小型のカンガルー）、ウォンバットにカモノハシ、ペンギンと、次々に現れる小動物に夢中になっていたが、のちにここに住むようになろうとは、想像もつかなかったはずだ。ボクも気候は気に入ったが、料理のまずさが気に入らなかった。ブリスベンでの奇っ怪なすき焼きをはじめ、中華も洋食もいまいちであった。特にステーキの焼き方が、いくら「レア」と頼んでも、焼き過ぎで出てくるのには閉口した。のちに、英国から移住した初期の白人たちが風土病で倒れ、肉はよく焼くことが伝統となったことを知ったが、このころはそういう事情も解らず、大いに不満であった。ただ素材はよく、特にシドニー湾のカキは絶品で、レモンをかけるだけで、一ダースくらい簡単に食えた。この国が今や料理天国と化すのだから、この約三十年の変化はすさまじい。

メルボルンでは貴重な経験をした。フィリップ島に泊まったとき、街の中華料理店へスタッフと出かけた。浜辺の松林で、一匹のコアラが犬に追いかけられて、松の木に上って逃げた。食後どうしたろうと言うと、もうどこかへ行ったさと、スタッフはホテルに帰ってしまった。寿々子がどうしても気になると言うので松林に行ってみると、同じところに座ったコアラが困っていた（そのように見えた）。コアラは不器用な動物で、いつものユーカリの木ならともかく、とっさに上った松から降りられないらしい。

寿々子のたっての願いで降ろしてやることにした。最初は近づくと「フーッ」と言って警戒していたが、そのうちこちらの好意を理解したらしい。大きなお尻を押してあげて、少しずつ降りるのを手伝ってやった。爪が鋭いので気をつけながら、なんとか地上まで降ろした。「よかったね」と言うと、「フーッ」と威嚇して走り去った。恩知らずめ！　でもカミさんの尊敬を勝ち獲ったから、まっいいか。

十二月のハワイは、世田谷以来つき合っている、日大アメフット部OBの佐野元信、島崎勝利の両君が同行した。ゴルフ、テレビではアメフット、毎晩ステーキの食べ放題で、彼らは狂喜乱舞の状況であった。これから数年間、毎年二、三人が交代で正月休みをマウイで過ごすようになる。あまり恐縮するので、スーパーに連れていった。好きな肉を選べと言うと、特大のTボーンを取る。値段を見ろと言うと驚愕の表情――大体二ドル前後（約五百円）であった。東京のステーキハウスなら、五千円はとられる。とにかく古き良き時代というしかない（おそらくハワイでも今は十倍はしているだろう）。

「本当のホンモノ」

明けて一九七七年（昭和五二年）、ハワイから帰ってしばらくしたころ、月曜イレブンのディレクターの一人（都築だったか、岩倉だったか忘れた）が、面白い芸人がいるので出してみたいと言う。「先取りのイレブン」がボクの口ぐせで、時代に先駆けてなんでもしようという姿勢であったが、そのタモリという男については、すでに知っていた。早大の後輩であり、しかもジャズ研でトランペットを吹いていたというから、好い感情しか抱いていなかったと思う。第一回は得意の「一人マージャン」の芸を見せてくれたが、少々緊張していたように思う。でもボクは大いに気に入り、この後二、三年は、毎月のように月曜イレブンに出てもらった。彼のネタだけでなく、その夜のテーマに入れて、一コーナー彼に任せることもやったが、ほとんど巧くいった。この男の才能は、まだまだ奥がある、とボクは期待していたものだが、結果はそのとおりになった。

三月三十一日は記念すべき日である。第一回「フィリップス・大橋巨泉ゴルフ・トーナメント（インビテーション）」が、この日快晴の横浜カントリー・クラブで行われた。七七年キックオフ・ゴルフというサブタイトルが示すように、この年のゴルフ・トーナメントの第一弾として、日本プロゴルフ協会の後援競技としてスタートしたのである。なぜ冠スポンサーがフィリップスかというと、三年ほど前からボクはフィリップスのコーヒー・メイカーのＣＭをやっていた。「本当のホンモノ」のコピーが当たり、大ヒット商品になった。トーナメントをプロデュースした博報堂の柴岡正和君が交渉して、スポンサーになってもらった。

これはボクの長年の夢であった。トーナメントの前日に、プロが練習を兼ねてやるお遊びのプロアマではなく、プロもアマも真剣にプレーする、それが目的のプロアマ・トーナメントを主催したかった。お手本は故ビング・クロスビーのナショナル・プロアマであり、将来は36ホールから54、72と完全なトーナメントにしたいと記者会見で言った。親友であり師匠でもあったビッグ・スギこと杉本英世プロの尽力もあって、プロ側も一流選手が顔をそろえてくれた。男女プロ各一名に、アマチュア二名でひと組、アマの一人は芸能文化人で、あとの一人をスポンサーのゲストとした。芸能人のほうは、これまたお互い無名のジャズ屋のころからの親友、ハナ肇が先頭に立って声をかけてくれたので、そうそうたる顔ぶれが揃った。男子の優勝は金井清一プロ、女子は大迫たつ子プロ、アマは都倉俊一君がベスグロで、ネットもあわせて優勝であった。この模様は東京12チャンネルで放映された。

ここに貴重な新聞の切りぬきが残っている。五月七日の視聴率表で、土曜夜の『クイズダービー』二三・一パーセント、裏の巨人・ヤクルト戦（話題の長嶋監督の巨人

念願の第１回大橋巨泉ゴルフトーナメント開催。女子プロの部優勝の大迫たつ子プロと

フィリップス、コーヒー・メイカーのCM（フィリップス社提供）

でアル）は一八・九パーセントとある。長嶋巨人にも負けなかったほど、『クイズダービー』は強かったのだが、この上がまだまだあるのである。ところが事件が起こる。

六月に入って、革自連（革新自由連合）の旗揚げ大会（マニフェスト77）が渋谷公会堂で行われた。もう忘れた人のほうが多いと思うが、腐敗した自民党政権を倒して新しい日本をつくろうと、進歩的な文化人が集まった。主なメンバーは、手塚治虫、大島渚、田原総一朗、野坂昭如、加藤登紀子、青島幸男、中山千夏……そうそうたる顔ぶれである。ボクも名を連ねていたので会場にゆくと、何かしゃべれと言われた。マイクの前でボクは、「ボクは左翼でも、進歩的文化人でもない。むしろ自民党政治の恩恵に浴して有名人になった男です。その男が、今のままではいけないと言うのだから、革新の時は来ていると思います」と言うと、会場から大きな拍手が起こった。次に仕事が入っているので、すぐに会場をあとにしたら、そのあとが大変だったらしい。

あとで聞いた話だが、そのあと羽仁五郎さんが得意のアジ演説をぶった。こんなに盛り上がったのだから、来る七月の参院選には、わが革自連から候補を立てて戦おうと言い、会場はなお一層沸いた。羽仁さんは、その候補として数人の名を挙げたが、その中にボクもいたという。ボク以外の数人は舞台に並び、会場の喝采を浴びたのである。危ないところだった、と思った。何しろボクは政治家にだけはならないと誓った男である。読者はすでにご存知のように、「角の野郎」から莫大な金で誘われてもウンと言わなかったのだ。会場の拍手ぐらいでは動かないが、その場にいたら、どうなったか解らない。

数日後、居作昌果から電話で至急会いたいという。会うと、1枠鈴木武樹教授が、革自連から参院選に出るので、『クイズダービー』を降りると言い出したという。ボクの狙いどおり、知ってることは細部にわたり熟知しているが、知らないことはまったく知らない〝大学教授〟らしさで人気の出ている武樹さんに降りられるのは困るから、説得に当たってほしいと言う。その晩二人でホテルニュージャパンに出かけた。武樹さんは、中山千夏っちゃんと当時夫だったピアノの佐藤允彦君につき添われてやってきた。絶対に出ると息巻いている。日本の将来に比べたら、テレビ番組なんて屁のようなものだと言う。

ボクらは興奮のおさまるのを待って、場所を替えた。TBS前にあった「ごらいこう」という小料理屋へ行った。ビールを飲み、夕食をとりながら、ボクは声涙ともに下って武樹さんを口説いた。

「今回はこんなに急ではボクは出られないし、応援もできない。マスコミも、番組に穴を開けてまで出た武樹さんに好意的でないはずだ。損な戦いになる。あと三年待ったらどうか。そのときはボクも応援するし、もしどうしてもと言うなら一緒に出ても良い。とにかく今回は急すぎる」

じっくりと聞いていた彼は、ハッキリ「巨泉さん、解った。そこまで言ってくれるなら今回はやめる。三年後のために準備しよう」と言ってくれた。居作と三人で乾杯し、「これから革自連にその旨を通知してくる」と言って武樹さんは出ていった。「一件落着、メデタシメデタシ」と二人で改めて杯を上げた。せっかく視聴率も上昇中で番組も安泰だし、鈴木武樹にも傷がつかない（居作もボクも、彼が当選するとは思っていなかったのである）。

三十分ほど経ったころ、「お電話です」と帳場に呼ばれた。受話器をとると武樹であった。「やっぱりオレは出る」「だってさっき決めたじゃないか」「ダメだ。もういろいろ進んでいるんだ。誰がなんと言っても出る」と取りつくシマもない。ボクらは〝謎の三十分〟と呼んでいるのだが、この間に彼に何が起こったのか解らない。のちに矢崎泰久氏や中山千夏っちゃんら、そのとき革自連の事務所にいたと思われる人々にたずねてみたが、百八十度の再逆転の理由を語ってくれる人はいなかった。

誰が何を言ったか、何が起こったかはもうどうでも良い。ご存知のように彼は落選し、不遇のうちに、まもなく病を得てこの世を去った。前にユリ・ゲラーのところで書いたが、ボクは人間の予知能力（ただし気づかない場合がほとんど）を信じている。不治の病に冒されていたことは知らなかったが、武樹さんは何かを感じ、「生き急いだ」のだろう。たとえ落ちても、国民のために何かをしたいという思いにつき動かされて選挙を戦った友には、「それで良かったんだよ」という言葉をおくりたい。合掌。

縁は異なもの

七月のカナダへは、父が義母と二人でやってきた。父はこのとき七十七歳だったが元気で、バンクーバーやロッキーを見学して大よろこびであった。若いころ撮影クラブに加わって活躍していた父にとって、雄大なロッキー山脈に向かってシャッターを切るのは、さぞ胸の高鳴る思いであったろう。帰国後見せてもらった写真の数々は、さすがに年季の入った作品であった。少々は親孝行ができたかな、と思ったが、もしおフクロが生きていたら、と思わずにはいられなかった。

両親は帰国し、入れ替わりに金曜イレブンのスタッフがやってきて、ＢＣ（ブリティッシュ・コロンビア）州東部を撮影したが、さすがに強行日程がこたえたのだろう。

ケロウナで持病の腰痛が再発し、一時はまったく歩けなくなってしまった。時の観光大臣へのインタビューなど、事情を説明して座ってさせてもらった。

にもかかわらず、その足でハワイに向かう。寿々子の日記には、ホノルルで鍼灸の治療を受けたと書いてあるから、相当悪かったはず。それでも来たのは、マウイの別荘ができたとの通知を受けていたからだ。小さな1ベッドルームのコンドだったが、二人にとって初めての別荘であった（考えてみるとわれわれは国内に別荘をもったことはない）。二人でスーパーに行き、買い物をして朝、昼、晩三食とも家で食べてみた。もちろん眼の前のビーチで泳いだ。これがビル・オアのような生活の始まりかと思うと、昂奮してなかなか寝つけなかった。ただし八月のハワイは暑く、ゴルフをする気になれなかった。ハワイは冬か春に限る。

そしてハワイには三日しかいないで、シアトルに飛んだのだから、ハードスケジュールである。今度は月曜イレブンの撮影だった。偶然知り合いになったシアトルの観光局のGM、ハートリー・クルーガーと、バス会社の重役だったビル・ヴェターの二人（現在でも交友がある）からの依頼であった。カナダだけでなく、アメリカの太平洋北西地帯（パシフィック・ノースウエスト）も日本に紹介してくれと言う。シアトル近郊だけでは番組にならないので、ディレクターの神戸文彦と企画を練った。自分の管轄を離れるが、全面協力するというハートリーを信じて、四つの州にまたがる車の旅ということにした。ボクら二人だけでなく、もう一組のカップルを入れようということで、親友の安孫子素雄（現藤子不二雄Ⓐ）と和代夫人に参加してもらった。

シアトルでは話題の新ドーム球場「キング・ドーム」へ行った。のちに天井のタイルが落ちて閉鎖され、今やイチローで大人気の「セイフコ・フィールド」にとって代わられているのだから、今昔である（このときはシアトル・シーホークスのアメフットのオープン戦を見た）。次にスポケーンに飛んだが、日本で「スポーケン」と呼ばれていたのは間違いだと知った。暑かった。バンクーバーもそうだが、海洋性気候だから涼しいので、百キロも内陸に入るとすでに「大陸性」になっていて、冬寒くて夏暑い。これはのちの各地での住居選びに、大いに参考になった。ここでは特に見るべきものはなかったが、かつて日本にいたという青年と知り合いになった。ローレン・ダドリーという名の彼とは、いまだに文通をつづけている（ボクの持ったサラブレッドの中でいちばん賞金を稼いでくれたローレンダッドレーは彼の名から取ったもの――父馬がオーエンダッドレーであった）。

州境を越えてワシントンからアイダホ州に入り、コーダレーンという湖畔の町に着いた。小さな町だったが美しいところで大いに気に入った。この町には前後三回も行ったが、今や世界で唯一のフローティング・グリーン（湖上に浮いていて、その日によって距離が変わる）で有名なゴルフ場もできている。ここのリゾートの副社長ジェリー・ジェイガーの奥さんのエレンが、ちょっとマリリン・モンローに似た美人で、アビコ氏が夢中になった。似顔絵を画かせてくれと頼みこみ、それはそれは美人に画いた。エレンは大喜びである。奥さんのカズヨ氏（安孫子は誰でも〝氏〟をつけて呼ぶくせがあるが、自分の女房にもつけるので、われわれもそう呼ぶ）に、いいのかと聞くと、「いつものことだから」と平気である。

つき合いが深くなると、彼女の言う意味が解ってきた。この漫画家は、美人を見ると頭に血が上って夢中になるが、それは次の美人に会うまでの話なのである。たとえば一時は「桃井かおり様」の話ばかりしていたが、しばらくすると「阿木燿子様」に変わっていた。何かの仕事で一緒になり、お世辞のひとつも言われると「様づけ」になるのである。園山やボクも次第に慣れてしまった。

閑話休題。この辺はアイダホのパンハンドル（フライパンの柄の意）と呼ばれていて、ワシントン州とモンタナ州の間に細くつき出ている。大きな市などないが、豊かな田園地帯で湖も多く美しい。ポルスンというところでモーテルに泊まったが、そこの庭にはチェリーの樹がたくさん植えてあった。ちょうどシーズンで、いっぱいさくらんぼの実をつけている。「お泊まりの方はご自由にお取りください。ただし蜂に気をつけて」というサインが出ていた。寿々子と和代氏は夢中になって取っていて、スタッフ全員の舌が紫色になった。今や日本にも輸入されているが、ビング種といって、大粒で甘味が濃い。このころは日本では食べられなかったので、全員この旅では食べまくった。移動中に道端で売っているのは農家直売で、本当に安かった。

つづいてわれわれはモンタナ州に入り、フェアモントでは温泉に入った。といってもこちらは（カナダやニュージーランドもそうだった）水着を着なければいけない。全裸が常識の日本人にはイマイチだが、習慣の違いなので仕方がない。ついでビッグスカイというところでは、アーノルド・パーマー設計の雄大なゴルフ場でプレーし、ギャラティン川ではフライ・フィッシングに挑戦した。今や日本の若者の間で流行しているこの擬餌鉤による釣りは、このときボクにとって初めてだったが、もち前の器用さですぐ習得し五匹も釣って、ガイドからおホメの言葉をもらった。

ここでもうひとつ奇妙な事件が起こる。夕方ロッジでディナーを待っていると、廊下トンビをしていた寿々子が、困ったような顔でやってきて言う。「あのおじさんが、なんだかよく解らないこと言うので助けて」。とにかく明るくて社交的な女房であるが、このころはまだ片言に毛の生えたような英語のはずである。物怖じしない性格から、ときおりトラブルも起こすので急いで飛んでいった。

そこには美しいゴールデン・リトリーバーをつれた、白人の初老の紳士が立っていた。彼の話はこうであった。「貴方の奥さんがあまりにもこの犬を可愛がるので〝欲しいか？〟と聞くと〝イエス〟と言う。しかしこの犬はあげられない。ただしこの犬の弟犬がいるから、それなら差しあげる」。行きがかり上その犬をもらうことになってしまったのだが、のちにこの紳士は、スポケーンで知り合ったローレン・ダドリーの父上だということが解ったのである。まさに縁は異なものだ。

われわれはさらに南下して、ワイオミング州に入る。ここには世界的に有名な、イエローストーン国立公園があって、これがこの旅の一大目的であった。聞きしに勝る雄大なパークで、ここも必要以上の設備は禁じられていて、野生がそのまま残されていた。野生のバッファロー、エルク、ムース、コヨーテなどが見られたが、中でも川を泳ぐマスクラット（じゃこうねずみ）が可愛かった。ジャズの古典に「マスクラット・ランブル」という曲があるので、名前は知っていたが、見たのは初めてだった。ビーバーの尻尾を取ったような動物である。同じく齧歯目《げっしもく》の動物マーモットも面白かった。巨大な下半身の上に小さな顔、道端の石の上に座っているとまるでぬいぐるみか置物であった。

大橋家の犬の歴史

九月二十日に、講談社から『巨泉流　飛車落定跡』という著書が出版されたが、これは夕刊紙日刊ゲンダイに連載されたもので、大内延介八段（現九段）の監修になる、ボクの唯一の将棋本である。本を出すほど将棋に凝っていたわけで、今読んでも感心する。大山康晴、米長邦雄、大内延介をはじめ、当時のトップ棋士と飛車落で十番指して、三勝六敗一持将棋だから、立派に三段はあったと思う。

この本が出てしばらくしたころ、ローレンから連絡があり、奥さんのクリスと、例の犬を連れて来日するという。ちょうど日本へ来る用事があり、そのほうが費用がかからないらしい。二人を箱根に案内したり、伊東のわが家に泊めたりしたが、帰国の日に寿々子と一緒に羽田の税関まで犬を受け取りに行った。犬は二週間の検疫で留められていたのだが、相当ひどい待遇だったらしく、寿々子がもっていった牛乳を、紙パックごとかじったほど腹を減らしていた。よく検疫に対する不平不満を耳にするが、要は日本人と西欧人の動物に対する態度の相違である。前述したように、日本の子供は犬猫を見れば怖れたり、石を投げたりする。向こうの子供はまず頭を撫でようとする。農耕民族にとって犬は畑を荒らす害獣かもしれないが、狩猟民族にとっては大切な働き手であり、家族の一員なのである。

ここで大橋家の犬の歴史を書いておきたい。第一号は『お笑い頭の体操』のプレゼント犬だった柴犬の「チョロ」である。当たったタレントさんがマンション住まいで飼えないので、ボクにくれた。ちょうど世田谷に家を建てた直後だったので、一九七一年のことだろう。器量も性格も良い子だったが、とにかく穴を掘るのが好きで困った。伊東に越してからも、スキを見てはフェンスの下を掘って逃げ出す。翌朝サザンクロスにゴルフに行くと、キャディーさんと遊んでいるではないか。「おい、チョロ」と言うと、「いいえ、私はチョロではありません」という顔をしてとぼけている。キャディーさんたちは、「あら、チョロがしかとしている」と大笑いしたものだ。ただ最初は一匹で、われわれ夫婦の愛情を独り占めにしていただけに、のちに四匹になっても「ボクだけは特別なんだ」という自信があったようだ。食べものを我先に取ろうとせず、一歩引いている態度が利口だと、寿々子は感心していた。

二匹目は、『11PM』のドッグフードのモデル犬？としてスタジオに来た、ミニチュア・シュナウザーである。生後二ヵ月くらいで、手のひらに載るくらいのチビであった。ＣＭのあと気がつくと、ボクの膝の上で眠ってしまっていた。起こすのは可哀そうと、そのままラストまで膝の上にいた。情が移ってしまったので、係員にいくらで買えると聞くと、五万円ですと言うのでその場で買ってしまった。ミニと名付けて、世田谷の家でチョロと二匹仲良くしていた。しかし伊東で大型犬が二匹増えると、小型犬だけに劣等感をもつようになった。特に獣医から太り過ぎと言われ、ダイエットさせられると、それが不満で家出するようになり、ある日帰ってこなくなった。二人で探しに出ると、サザンのキャディーさんが、大きな外車に乗っていったのを見たという。食べものに釣られたのかもしれない。警察に届けたが、帰ってこなかった。お金持ちにさらわれて、倖せにしていると思うようにした。

三匹目はチャウチャウである。園山俊二の家に、ガチャコという牝のチャウチャウがいた。園山流の変な名前だが、器量良しだった。ガチャコは七四年のダービーの日に、四匹の子犬を産んだ。なぜ憶えているかというと、知らせを受けてダービー終了後、高井戸の園山家に寄ったからである。妊娠中から一匹もらう約束をしていたボクらは、一番先にツバをつけたかったのだ。いちばん元気そうな牡を選んだ。中国（チャウチャウの原産地）といえば毛沢東で、安易に「マオ」と名づけ、伊東の家が完成した直後の九月に引き取りにいった。チャウチャウは半分猫みたいな犬で、一人にしかなつかない。家では当然寿々子の子供であった。そのくせブラッシングが痛いと「ウーッ」と威嚇した。「ママに向かって何よ。そんなら噛んでごらん」と腕を出すと、ガブリと噛みついたそうだ。血が出るとあわてて傷口を舐めてくれたそうだが、とにかく一風変わった犬であった。

二度目に寿々子の顔を噛んだとき、ボクは本気で怒って薪をもって「殺してやろう」と追いかけた。マオは雑木林の奥のほうに逃げこんで、二日ほど出てこなかったが、それ以降ボクを怖れて何でも言うことを聞いた。いちばん長く生きたのは十六年生きたチョロだったが、十四歳まで生きたマオは、生まれ年の差で最後の犬になった。すでに海外が多くなっていて、留守中は寿々子の姉の滝田浩子さん（ボクらは改名前の名でセッ子ちゃんと呼んでいたが）の家に預かってもらっていた。体調が悪化していた。寿々子が成田から姉の家に直行すると虫の息だったが、彼女の顔を見ると起き上がって顔を舐めにきたという。そして彼女の腕の中で息を引き取った。ママの帰りを待っていたのである。寿々子は大泣きしたようで、ひどい顔をして帰ってきた。それ以来、われわれは犬を飼っていない。

そして四匹目が例のゴールデン・リトリーバーで、本当に金色に輝いていたので、「キンタ」と名づけた。今や日本でもナンバーワンの人気種だが、あのころはまだほとんど入っていなかった。盲導犬として知られるように、本当に人に優しい犬であった。お婆ちゃん（タキノさん）と散歩していて車がくると、必ず彼女をかばって車側を歩いた。ただし百五十センチ、四十七キロのお婆ちゃんは、キンタの体重に押されて溝に落ちたこともあるという。人を噛むなどあり得ない。ボクらが間違えて彼の足の上に乗っても、すぐにどけようとせず、やや恨めしげな眼つきで「あのーっ、足がボクの上に乗っているんですけど――」という顔をするのである。この顔が見たくて、わざと足を乗せたものだ。「あっゴメン。知らなかった。痛かったかい」とそこをなでてやると、うれしそうに尻尾を振るのだが、この尻尾が大型犬だけに当たると痛かった。フィラリアにかかって十二歳で世を去ったが、本当にいい犬だった。もし万一再び犬を飼うことがあったら、ゴールデンがトップ候補であろう。三匹とも伊東市の同じ場所に眠っている。

この年（一九七七年）の十一月に、日刊スポーツ社から上梓した『巨泉　競馬界を斬る』はベストセラーのリストに載ったが、ボクとしては同じころ出した『わがシングルへの道』（講談社）のほうに愛着がある。ゴルフだけでなく、当時の出来事に関する記述があり、今回の執筆でも随分参考になった。

吉永小百合夫婦とのディナー

一九七八年（昭和五三年）もハワイで正月を迎えたが、この年は格別であった。マウイの別荘における初めての新年だったからである。このときも日大アメフット部OBの佐野と島崎が来たが、寝室はひとつしかないので、リビングでゴロ寝した。ハワイだから、毛布一枚あれば十分だったのだ。彼らは三日に帰国し、ゴルフも疲れたので、四日は二人で釣りをして過ごした。家の前のビーチで平鰺の小さいの（パピオという）を釣り、港では矢柄《ヤガラ》を二匹釣った。午後、翌日のスタートを取りにクラブハウスに行くと、珍しい人に会った。岡田太郎・吉永小百合夫妻である。

読者には想像もつかないだろうが、吉永小百合という人は、普段ちょっと気がつきにくい人なのである。日本を代表する美女だが、普段は大体すっぴんで、眼鏡なんかかけて、帽子を被っていたりすると、小柄な人だけに見過ごしてしまう。大体小声で「巨泉さん、私よ」なんて声をかけられて、初めて気がつく始末なのだ（竹下景子ちゃんも同様なところがある）。「アップの太郎」の異名を取った名ディレクターだった岡田さんとは、河野洋の紹介で以前お会いしたが、ドラマ畑の人だけにおツキ合いはなかった。このとき初めて親しく話をしたと思う。正月休みに、ホノルルはうるさいので、マウイのホテルに泊まっているという。釣った魚を料理しますからと、お二人をディナーに招待した。

小さな平鰺のバター焼きに、矢柄のテリ焼きを中心にした家庭料理だったが、お二人ともおいしいと言って食べてくれた。翌日は夫婦対抗のゴルフをしたが、女房の記録によるとボクの調子が悪くて引き分けだったそうだ。そして小百合ちゃんがどんなチョロをしても、「小百合ちゃん、ナイス・ショット」と言う太郎さんが、とても優しく映ったという。それに引きかえボクはすぐ「バカヤロウ」と言っていたらしい。

珍しく三月にカナダを訪れ、帰国後一週間で、第二回の巨泉トーナメントが行われた。場所は同じ横浜カントリー・クラブであったが、メイン・スポンサーは変わった。フィリップスとは一回契約だったので（コーヒー・メイカーのCMは八〇年まで続けたが）、この年から三年間はアサヒ玩具が冠スポンサーになってくれた。

三月二十九日、再び快晴の横浜カントリー・クラブで行われた第二回は、ハットマンこと新井規矩雄君が、３アンダー69の好スコアで男子を制した。女子は松田恵子さんが77で優勝したが、コースが長すぎたようだ。ロングヒッターの岡本綾子プロに有利といわれたが、第一回に三位に入っただけで優勝はしていない（もっとものちに渡米してしまい、出場できなくなったが）。アマは、元巨人軍監督の川上哲治さんがグロス78、ネット67で二冠に輝いた。このあとも川上さんの強さは光り、今やエイジシュートなさっていることだろう。

また、この年には新たに、池部良さんや加藤芳郎さんがアマとして参加し、ハワイからダニー・カレキニさん（彼はこのあと最後まで出場してくれた）も飛んできて花を添えてくれた。ただ初出場の中に、フランキー堺、八木治郎、出門英と三人も今や他界している人がいるのは残念でならない。

第三章　転換期

第一回『愛は地球を救う』

さてこの年（一九七八年）は成田空港開港の年であった。金曜イレブンの撮影でカナダに向かうボクらは、七月十六日新装の成田空港から飛び立った。実は五月にハワイに行ったのだが、そのときは成田は〝危険〟だからという事務所のすすめで、羽田から中華航空に乗ったのである。ひとつはもちろん過激派によるテロが危険だったのだが、もうひとつは「右側」からの攻撃もあった。ボクは以前から、力による成田空港の工事強行に反対しつづけてきた。どんなに時間がかかっても、話し合いに徹するべきだと論じていた。話し合いがつかなければ、代替地を見つければ良い。国家権力による強行は必ず将来に禍根を残す、と説いた。しかし工事は強行され、この年ようやく開港にこぎつけると、右側の論客の中に「大島渚や大橋巨泉のような成田反対派は、空港を利用するな」と書く者がいたのである。親しかった公安関係者から、開港直後は気をつけるよう言われていたのだが、七月に入っていたので、このときは成田に行った（ハワイならともかく、カナダには羽田からは行けない）。

　空港周辺のものものしい警戒は、まるで戒厳令でも敷かれているようであった。こんな状況で新空港をオープンしなければならなかった理由はどこにもなかったはずである。ただただ「お上の言うことをきかない奴は、力で封じこめる」という、戦前から一向に変わっていない権力志向の表れだけであった。あとで大臣があやまり、なんとか解決の糸口を見つけたが、農民たちの心を深く傷つけ、またずっと滑走路一本のために多大な迷惑を国民に強いた責任は誰が取ったのか。大島さんやボクが主張した〝廻り道〟のほうが、はるかに早かったと信じている。

　この撮影は、主としてBC州の東部で行った。前に説明したとおり、BC州政府観光局は毎年『11PM』に出す予算を確保している。日本流に言えば局長に当たるケン・ウッドワードさんは、ゴードンと旧知の間柄で、ボクたちともすぐに親しくなった。とにかく日本に紹介する場所を探すのが年中行事になっているらしい。毎春ゴードンが来日して打ち合わせをする。どちらかというと、バンフ（隣のアルバータ州）

から入ったほうが近いので、いったんバンフに入って、そちら側から車で行くことになった。今でもそれほど日本人が行くところではないが、なかなか良い地方である。レイディアム（ラジウムの意）、フェアモントと二ヵ所も温泉の名所があり、それぞれにゴルフ場つきのリゾートがある。キンバリーはドイツのバイエルン地方からの移民の多い町で、ドイツ風の風情のある可愛い町。さらにクランブルックはアメリカとの国境に近い町で、モイエ湖という虹マスで有名な湖がある。おすすめできる地域だと思う。

撮影はここで終了したが、ボクら夫婦はそのまま国境を抜けて、アメリカに入った。前に書いた愛犬キンタの元の飼い主、ローレンとクリスのダドリー夫婦が車で迎えにきてくれていた。前年訪れて気に入った、アイダホ州のコーダレーンを再訪し、その足で彼らの住むスポケーンまで行く。キンタをくれたローレンの父チャールスと再会し、改めてお礼を言う。見ず知らずの日本の女に、ゴールデン・リトリーバーを一匹あげようなどと言う、一風変わったオジさんである。すました顔で、「日本には、ワシントン州生まれの犬は何匹いるかね？」なんてことを聞く。「もちろんキンタ一匹だけでしょう」と答えると、「ではその元飼い主であることを誇りに思っていいんだね」だって。こういう会話がアメリカ流である。

シアトル経由で再びバンクーバーへ。ここではある結婚のベストマン（日本流に言えば仲人）をつとめることになっていた。わが親友で競馬の師でもあった、故野平祐二調教師の長女のみゆきちゃんが、どうしてもバンクーバーで結婚式をあげたいと言うのだ。あらかじめゴードンに頼んで、バンクーバーの教会から、衣裳、コーラスまで用意してもらってあった。あいにくの雨模様だったが、式も衣裳もバッチリで、二人はとても幸せそうに見えた。このハンサムな花婿は二本柳俊一現調教師で、現在若手騎手として大活躍の壮君は二人の次男坊である。ときおり帰国して、テレビで壮君のさっそうとした騎乗ぶりを見るたびに、女房とあの結婚式の話になる。壮君（幼少のころわれわれは「ソンソン」と呼んでいた）にしてみれば、生まれる前の話で、まったく無関係だろうけれど……。

カナダから帰って、やっと時差ボケが取れたころ、再び時差ボケになりそうな？仕事がボクを待っていた。というよりこの日から逆算して十分体調を整えられるように、帰国スケジュールを立てたというほうが当たっていよう。今でも放送されていると聞くが、日本テレビの24時間テレビ『愛は地球を救う』の第一回が、八月二十六〜二十七日に生放送で行われた。ボクは総合司会者として起用され、アシスタントは竹下景子ちゃんが務めた。チャリティー担当は欽ちゃんこと萩本欽一君で、徳光和夫、福留功男以下、日テレのアナウンサー連も総動員であった。月曜イレブンの都築忠彦君が担当で、二十四時間なんて到底ムリと言うボクを、「仮眠時間は十分作りますから」と口説き落としたものである。ボクも「巨泉は考えるシリーズ」などで、彼を信頼していたから、「一回だけ」という条件つきで引き受けた。

何せもう四半世紀も前の話で詳細は憶えていないが、とにかく欽ちゃんの集金パワーはもの凄く、想像以上にチャリティーが成功したのも、ほとんど彼のおかげである。ボクは打ち上げパーティーで、「今まで欽坊なんて呼んでいましたが、今後は敬意とともに欽ちゃんと呼びます」と挨拶したことだけは、よく憶えている。ただ一回だけということだったので、番組内でハッキリ言わせてもらった。「たしかに有意義な番組ですが、こうしたテレソンで金を集めることが、政府の無策を助けることになったら問題です。本来は政府がやるべきことだということを忘れないでください」。

九月に入ってサザンクロスCCのクラブ選手権の決勝に進んだ。前年（一九七七年）はストロークプレーで、３１５（一度も80を打たなかった）で２打差の二位に泣いたが、この年はマッチプレーで、こちらのほうが得意だった。順調に勝ち進んで、決勝も１ラウンド終わって３アップしていた。友人たちはもう勝ったも同然と、翌日の祝勝会の芸者衆の予約までしてしまった。ところが翌日の日曜日、相手のパットの調子が戻って逆転負け。なんと二年連続の二位である。しかし芸者衆の予約はキャンセルせず、残念会で朝まで飲んだ。

　このころのスケジュールを見ると、つくづく若かったと思う。十一月二十九日から十二月十一日がハワイ（ほとんど連日ゴルフか釣り）、翌十二日から二十五日までの二週間で、連日のように番組のＶＴＲどりをして、二十六日から翌年一月九日までまたハワイ、十日から二月六日まで、またタメ撮りをしまくって、七日にハワイに行って二十六日までゴルフに明け暮れている。当時つけていたゴルフ日誌には、ときどき「疲れ果てて一日完休」なんて書いてある。今考えると四十四歳だから若いが、ある種の中年の転換期にかかっていたことも確かであろう。

　この十一月にハワイに行ったとき、面白い話がある。前述のとおり、ボクは六九年以降、大田区の松井病院で、毎年人間ドックに入っていた。松井卓爾院長の長男の秀夫君は、日大の医学部を出て大学病院にしばらく勤務していたが、このときアメリカのアラバマ州バーミングハムのアラバマ大学に、大腸内の内視鏡の勉強のため二年間行くことになった。渡米前にハワイで英語の勉強をしていたが、ボクのスケジュールに合わせて、マウイへ数日遊びにくることになった。何を隠そう、彼はゴルフの名手で、のちに名門相模原ＧＣのクラブチャンピオンにまでなっている。空港で待ち合わせしたが、一見判別できないほど真っ黒に日焼けしている。おそらく、英語の勉強の時間以外は、ゴルフをしまくっていたに違いない。

ボクは心配になった。「秀夫君の行くアラバマは、ついこの間まで黒人は白人と同じバスやレストランに入れなかったところなんだよ。そんなに黒い顔でゆくと、きっと差別に遭うぞ」「えっ、本当ですか?」「うん、アラバマ、アーカンソー、ルイジアナ、テキサスあたりの南部の州は人種差別の中心地だ。ケネディが撃たれたのもテキサスのダラスだったろう」「まずいなあ。でももう遅いかも。これからなるべく焼かないようにします」。彼は心配そうだったし、ボクも本当に心配だった。しかし二年後帰国した彼に聞くと、まったくなんのトラブルもなかったという。ケネディ暗殺から十五年、南部も相当変わっていたのだろう。彼は、今や松井病院の立派な院長先生である。

天中殺

一九七九年(昭和五四年)は「天中殺ブーム」の年で、これまたボクが火付け役であった。月曜イレブンの矢追純一ディレクターが、和泉宗章という占いの専門家をつれてきた。新しい占いの理論だという。この系統には怪しい人物が多いものだが、和泉さんは会ってみると、静かでまともな人であった。彼によると、すべての人は生年月日によって、十二年に一年、十二ヵ月に一月、十二日に（ひと月にだったかもしれない）一日、天中殺という期間があるという。そしてその期間――特に十二年に一度訪れる年は、事業、結婚、ギャンブルなど何をやってもダメだから、大人しくしていろというのである。ボクは直ちに賛同した。その出典などどうでも良かった。これは「押さば押せ、引かば引け」という、ボクのギャンブルの極意（人生にも通じる）と一致したからである。

前にも述べたが、ボクは人間には「運気」があると考えている。これがついているときは、多少強引でも押して押しまくる。ただ幸運の女神がうしろを向いたなと感じたら、決して深追いしてはならない。もう少しと思っても、いさぎよく引くのだ。この考え方でギャンブルにも人生にも対処してきた。そして成功してきたつもりである。これにはある種の「見切り」が重要で、そのためには勇気ある決断が不可欠になる。たとえば株や不動産を買ったが値が下がり出したとする。そのとき自分の読みが間違っていた、あるいは運気が引いていると感じたら、多少の（あるいはかなりの）損失をしても、売ってしまうのだ。そしてその金を別のことに使って損を取り戻せば良い。多くの人は、もう少したてば上がるとぐずぐずしていて、雪だるま式に借金を重ねてしまうものだ。ボクはこの見切りが早い。それで例のバブル期も、まったく損をしなかった。

この考え方と、天中殺のときはじっとしているというのが妙に合ってしまって、ボクは和泉さんのファンになった。ただし根が合理主義者だから、同じ生年月日の人が同じ運気をもつというのは、同意できなかった。だからそのことは番組でもハッキリ言わせてもらった。和泉さんは大人しい人なので、ボクに反論はしなかったが、天中殺ブームはすごい勢いで日本中に拡がっていった。のちにその出典に疑義が生じて、和泉さんも誤りを認め、ブームは消えてしまったが、ボクは今でも十二年に一年くらい、じっとしている年があっても悪くないと考えている。そしてこの七九年は、なんとボクの（そして女房の）天中殺の年に当たっていたのである!?

それはある小さな新聞記事から始まった。天中殺（陰暦だから二月から始まる）に入った二月はまだ良かった。ホノルルのパールCCで行われた「パール・オープン」という競技に出て、なんとプロに混じって予選を通ってしまった（マウイから一緒に行ったプロの方が落ちたのは気の毒だった）。79・81の160で決勝に進む。朝刊にプロに混じってボクの名前が出ていたのはうれしかった。もちろん上位には来られず、優勝は日本から参加の鷹巣南雄プロだったと思う。

帰国した三月のある日、ボクは伊東の家で新聞（たしか毎日だったと思う）を読んでいて、ガク然とした。小さな囲み記事で、外電が伝えていた。曰く、「パイプカットをした男性は長生きできない！」。おそらく、ボクが受けたショックの中でも、最大級のものだったと思う。寿々子にも見せたが、彼女も沈痛な表情で読んでいた。彼女は「自分のせい」だと感じていたようだ。ボクは自分の決断で手術したのだから、気にしないようにと言ったが、次第に鬱状態に入っていった。

以前精神科の医者に、「巨泉さんは九九パーセント躁《そう》状態の躁鬱質です」と言われたことがある。まことに的を射た分析で、ボクはいつも朗らかな躁人間であった。それがこのときばかりは、鬱病のようになり、何をしても面白くなかった。そしてさらにひどいことが起こってしまった。夫婦のセックスが不能になってしまったのである。こんなことを書くのも照れるが、ボクたちは結婚以来三十五年間、いつもコンスタントにセックスライフを楽しんできた。夫婦円満の秘訣はいろいろあるが、セックスも重要なパートを占めていると考えている。幸いわれわれはセックスの相性も良く、この年になっても毎週欠かしたことはない。それがこの時期に限って、ボクが不能になってしまったのだ。理性では妻に落ち度はないと解っていても、リビドーは阻害されてしまったようだ。泣きたいような気持ちで不能と戦ったがダメであった。妻も泣いていた。のちにこの記事が誤りだったことが報道されたが、マスコミは人の生命に関わる記事の発表にはより慎重であるべきだと思う。危うく一組の夫婦の絆が断ち切られるところだったのだから。

この心のスキ間に、ある女性が入りこんできた。まだ多くの関係者が生存されているので、詳述は避けたい。ただこれから三年ほどの間は、ボクたち夫婦にとって思い出したくない苦渋の時間であった。勘の良い寿々子は、すぐにボクの異常に気がついたようだ。夜中の怪電話があったりして睡眠が妨げられ、食欲も減退してそれでなくても痩せているのに、さらに体重が減った。ボクは最悪の状況に陥るのを憂えて、冷却期間をおくために別居を提案してみた。このときの寿々子の答えは今でも憶えている。

「私は大橋家に嫁に来た女ですから、貴方に出ていけと言われない限り、この家にいます」。体は細いが芯の強い女であった。また亡母の「お前は今に、気立てのよい下町の娘をもらうんだよ」という言葉も思い出した。ただこのあと、ソフトランディングを果たすまでに長い時間を必要とした。

天地神明に誓って言うが、この間寿々子を嫌いになったことは一度もなかった。だから例の記事がガセネタと判明したあとは、以前の夫婦生活に戻った。しかし、この間のフタマタ生活ほど、神経をすり減らしたことはない。自分の蒔いた種だから仕方がないが、一種の地獄である。渡辺淳一氏の本などを読むと、不倫は人を若返らせるとかあるが、ボクはそうは思わない。性格にもよるのだろうが、ボクは不倫をしていても、妻の心を安定させたかった。どこにいても自宅に電話するのは忘れなかった。これがもう一人の女性の心を乱す。だんだん険悪な状況になった。ボクの心には安定はなく、常に二つに引き裂かれた状態であった。もしあんな状況があと数年続いていたら、ボクはこの年まで生きられなかったろう。それほどひどいストレスの中に生きていた。

四月四日の自分のトーナメントもひどく、85という最悪のスコアだった。六月のカナダでは久しぶりに腰痛が再発し、歩行困難な状態で、一人先に帰国、主治医の仲村威先生のクリニックにころげこんだ。治療後この同い年の整形外科医は、「効くかどうか解りませんが、ボクの開発した運動があります。試してみますか？」と言われる。簡単な体操で、起床時と就寝時、あお向けに寝たまま、両方の足を交互に、垂直に上げるのである。これを十数回くり返すだけで、股関節の刺激になる。急に起きるのは良くないという。何を隠そう、それ以来二十数年間、ボクはこれを一度も欠かしたことはない。そしてこのあと実は、一度も大きな腰痛に悩まされていない。仲村先

伊東の自宅にて（左から著者、野平祐二調教師、盛山毅フジテレビアナウンサー）

1979年、ついに伊東CCのクラブチャンピオンに

生は、「たまたま大橋さんの症状に合っただけでしょう」とおっしゃるが、腰痛もちの読者は、一度試されてはいかが。

八月になってようやく良いことが起こる。まず野平祐二調教師が初めて預かってくれたサーシンザン号が、八月四日の函館で見事に新馬勝ちしたのだ。その夜は湯の川温泉の名旅館「わか松」で、祐ちゃんやサンスポの芹沢邦雄記者（この男はボクをずっと師匠と呼んでいたヘンな男である）らを呼んで宴会を開いた。しかし宴たけなわにボクは席を立って帰京便に乗った。羽田を経て伊東の自宅に着いたのは深夜である。義母が待っていてくれたが、昂奮していて寝つかれない。ほんの数時間うとうとしただけで、目覚まし時計に起こされた。

実は翌五日は、伊東カントリー・クラブの第一回クラブ選手権の予選当日であった。前年にオープンしたこのゴルフ場は、山の上にできたトリッキーなコースだったが、面白いところがあって、われわれの仲間もかなりメンバーになっていた。1番ティーで素振りをするとふらふらするような状態で、最初のハーフはなんと46も叩いてしまった。よほど棄権しようかとも思ったが、せっかく夜行便に乗ってまで帰ってきたのだからと、気力をふりしぼってあと18ホール頑張った。結果は39・40で廻り計125でやっと予選を通過できたのである。

翌週からのマッチプレーは体力も回復し、強豪を連破して、ついに八月十九日に決勝を迎えた。相手の伊東祐次君は、立教大学ゴルフ部出身で、ボクより八歳も若い強敵であった。しかしボクはパットが絶好調で、最初のハーフは10パットと記録にある。ということは、1ホール以外全部1パットということで、これではマッチプレーは負けない。なんと27ホール、4アンド3で見事優勝、念願のクラブチャンピオンになった。

日を改めて伊東のホテル川良で、盛大な祝勝会を開いたが、このときの故水原茂元巨人監督の祝辞が忘れられない。「巨泉さん、オメデトウ。何よりも第一回のチャンピオンということが凄いんです。実は後楽園球場の第1号ホームランは私が打った。そのあと長嶋や王が何十本打っても、第1号は私なのです。誰も破ることはできない」。伊東が好きで、しょっちゅう来ていたミズさんもすでにこの世にないが、ボクの心にはいつまでもこの言葉が残っている。

アビコ氏との会話

この年（一九七九年）のカナダで、いまだに話のネタになる逸話があった。親友の藤子不二雄Ⓐこと安孫子素雄がニューヨークに行っていて、帰りにカナダでゴルフがしたいと言う。歓迎するとは言ったものの、この漫画家を熟知しているボクは、ちゃんと来られるかどうか、実は心配していた。果たしてバンクーバーに到着するはずの当日、当のアビコ氏から電話がかかってきた。再録する。

「あ、巨泉氏、ボク安孫子だけど」

「あれアビコ氏、今どこ?」

「今モントリオールってとこなんだけど、カナダ航空のオバさんが、訳わからないこと言って困ってんの。今代わるからね」

カナダ航空のグラウンド・ステュワーデスが電話に出た。もちろん英語である。

「ミスター・オオハシですか。お友達のミスター・アビコが間違った便に乗ってしまわれたのです。ところがこれからバンクーバーにゆくからタクシーを呼んでくれと言ってきかないのです。なんとか説明してくれませんか? どうしても今日中に貴方に会わないと叱られると申されておりますが、もうそちらにゆく便がないのです」

「解りました。アビコに代わってください」

「もしもし、解った? どうしてもタクシー呼んでくれないのよ」

「ちょっと待って、アビコ氏。よーく聞くんだよ。そこからバンクーバーまでは、タクシーだと三日か四日かかるんだ」

「ゲゲッ（得意のフレーズ）。同じカナダじゃないの」

「同じカナダでも四千キロ離れているし、間にはロッキー山脈があるんだ。いいから大人しくその女性の言うことを聞いて、今夜はそこのホテルに泊まり、明日その人の言う飛行機に乗ってカルガリーというところまで来るんだ。いいね」

「今日着けなくても叱らない？」

「叱らない」

「あーよかった。それじゃ明日ね。バイバーイ」

彼はボクと同年で、相当なインテリである。しかしこの感覚でないと、面白い漫画は画けないのだ。翌日の会話はもっと凄い。

「実はね、ニューヨークを飛び立ってしばらくすると機内放送で〝ミスター・アビコ、いらっしゃいましたら、乗務員までお知らせください〟って言うから巨泉氏ってエライなーって思ったのよ」

「どうして」

「きっと外国で顔が利く人だから、ボクをファーストクラスにアップグレードしてくれるんだと思って、喜んで手を上げたら、ステュワーデスが来て〝貴方は間違った便に乗ってしまったので、バンクーバーには行けません〟て言われたんだ」

「いや、オレに飛んでる飛行機の中の客をアップグレードする力なんてないよ」

「そんな卑下しなくたって」

これが漫画家の感覚である。園山俊二もそうであった。後年ある夜中に電話が鳴った。出るとアビコ氏である。

「どうしたの、こんな夜中に」

「あ、ゴメン、今サンフランシスコなんだけど、こっちは昼間だよ」

「解った。何か用？」こんなときに時差の話をするだけムダなのだ。

「あのね。ちょっとお土産買い過ぎちゃったんだけど、どこか段ボール箱もらえるところ知らないかと思って――」

「ちょっと待ってよ。そんなとこ知るわけないじゃないか」

「外国は顔のくせに――」

「いえね。ホテルとか、レストランとか、ゴルフ場なら教えられるけど、段ボール箱もらえるところなんて知らない。だけどチャイナタウンの入り口にお土産屋がある。ボクの店にもあるから、そこで聞いてみたら？」

「じゃあ、タクシーで行ってみる。チャイナタウンだね。サンキュー」

帰国後お礼の電話をもらった。そこでもらえたと言ったあと、

「ホラ、やっぱり知ってたじゃない。また困ったことがあったら電話していい？」

「ダメ！」ボクは本気で断った。しかし今でも親友である。

この年の夏からハウス食品とＣＭ契約を結び、「ハッパフミフミ」「本当のホンモノ」につづくボクのヒット・コピー「何ちゅうか、本中華」がスタートする。ハウスさんとのツキ合いは、想像以上に長くなるが、それは後述するとして、九月三十日の視聴率表がここにある。一位はＮＨＫの朝の連続テレビ小説『マー姉ちゃん』で四六・七パーセント、つづいてわが『クイズダービー』が三八・五パーセント、そのあと黒柳徹子さんと久米宏君の『ザ・ベストテン』（三七・七）、『水戸黄門』（三五・九）、『８時だヨ！ 全員集合』（三三・九）、今は亡き裕ちゃんの『太陽にほえろ！』（三三・六）と続いている。今やレギュラーで三〇パーセントとる番組などユメのまたユメだ。テレビの全盛時代だったことがよく解る。このころの『ダービー』は、篠沢教授、はらたいら、竹下景子のトリオが解答者陣に安定し、まさに向かうところ敵なしであった。

妻と娘たち

一九八〇（昭和五五年）年から数年、ボクはＮＴＶでハワイアン・オープンのゲスト解説をつとめた。これは『11PM』のプロデューサーの後藤達彦が、この時期どうせハワイにいるのだからと起用したのである。しかしこの一九八〇年の試合のことはまったく憶えていない。憶えているのは、二人の娘を初めてハワイに招待したことである。長女の美加が二十歳になり、一月に成人式を迎えたのでそのお祝いだった。もちろん一人では心細い（海外は初めて）だろうと、次女の千加も呼んだのである。

ここで二人の娘とわれわれ夫婦の関係を書いておこうか。一九六七年に正式に離婚して以来、ボクは二年ほど娘に会っていなかった。養育費は欠かさず送っていたが……。寿々子と結婚してしばらく経って、ボクは娘たちに会わなければと考えて、マーサ三宅さんに電話した。彼女は、「貴方の娘ですからどうぞ会ってやってください。大丈夫です。貴方のことは悪く言ったことはありません。パパとママはうまく行かず離婚したけど、貴方がたはパパの送ってくれるお金で育っているのよ、と言い聞かせてありますから」と言ってくれた。ただいきなり寿々子と会わせるのは刺戟《しげき》が強すぎると考え、最初は三人だけで会った。赤坂の中華料理店につれていったのを憶えている。美加は十歳、千加は八歳のはずである。ご飯を食べながら、なるべく解りやすいようにその間の事情を話した。二人とも賢い子で、よく理解してくれたようである。新しい奥さんに会っても良いと言ってくれた。

二回目は麴町のマンションに二人が来て、寿々子と初めて会った。O型で人扱いの巧い女房は、たちまち娘たちと仲良くなったようである。そのときはレストランに行ったと思うが、次の回からはよく寿々子が夕食をつくって四人で食べた。世田谷に家を建ててからは、ピアノをがんがん弾けるので、大よろこびで騒いだものである。問題は車であった。幼少時病弱だった美加は乗りものに弱い。歌を歌っていないと気分が悪くなるという。三回ほど家まで送っていったが、「パパも一緒に歌って」と言われて唱和した。

〝森の木蔭でドンジャラホイ、シャンシャン手拍子足拍子、太鼓叩いて笛吹いて――〟

この歌は全部憶えた。大声で童謡を歌いながら、ボクはなんとなく幸福であった。世田谷の家ではボクは飲んでしまって運転すべきではないと思い、近所のタクシーに来てもらった。運転手さんに何がしかのチップを先に渡し、大声で歌うけど我慢してくれと頼んだのも懐かしい思い出である。

高校や大学の進学問題は、ボクが全部相談に乗ったが、ボーイフレンドとのことや、恋愛上の悩みなどは、すべて寿々子が引き受けていた。父や母には打ち明けられないことも、十歳ちょっとしか年の違わない義母には平気で話せたようだ。娘から電話が入る。ボクが出る。「あ、パパ、元気？」とふた言三言で、「スー（寿々子の愛称）いる？」と言われることも多くなった。代わると、えんえん長電話をしていた。ボクは少々淋しい気もしたが、これで良いのだと心から思ったものである。そしてこのハワイ旅行が大きかった。

二月十日のハワイアン・オープンの放送を終えて、ボクは後出の電動リールの開発者、宮前利昭さんたちとラスベガスに旅立ったのである。これから五日間、寿々子と娘たちだけで暮らした。マウイの家では、三人で夜遅くまでダベり、水着をたくさん買ってきて、家で撮影会をして騒いだと、寿々子の旅日記にある。寿々子にとって忘れられないのは、この旅で外国人たちが皆「スー」(SUZUKO《スズコ》もSUSAN《スーザン》もSUZZETT《スゼット》もSUSANNA《スザンナ》も愛称はSUE《スー》である）と呼ぶので、娘たちも「スー」と呼ぶようになったことだったそうだ。それまで「寿々子さん」と呼んでいたようだが、これで一気に打ちとけたのだろう。五日後の帰国時「娘たち涙の帰国」と書いてある。例の女性問題の真っ只中だっただけに、寿々子の頑張りには頭が下がる。おかげで今や、五人の孫たちを交えて、人もうらやむ関係が続いている。

のちに外国のどの街に行っても、寿々子がまず探すのは娘たちのドレスということになった。二人とも長じてジャズ・シンガーになったが、EかFカップという巨乳の

妻と娘に囲まれて（左から長女・美加氏、寿々子夫人、著者、次女・千加氏）

うえ、千加は身長が百七十センチもある。日本では作る以外には考えられないが、欧米だと既製のドレスでステージに立てる。娘たちは寿々子の帰国を待ち侘《わ》びるようになった。要するに娘たちにとって寿々子は、甘えられる姉のような存在になったのだと思う。

この夏のカナダは特にこれといったこともなかったが、バンフの店へ里見浩太朗夫妻が訪ねてきてくれた。里見君とは、業界のゴルフコンペで一緒にプレーしたことがある。このときも、バンフのコースで一緒に廻った。なかなか筋の良いゴルフで、きれいなスウィングをしていた。それよりこの業界のコンペ「電カップ」についても書いておきたい。電通の吉田秀雄社長が始めたもので、昔はこのコンペに招待されて、初めて一流の芸能文化人といわれるほど権威があった。毎年戸塚ＣＣで行われたが、ボクも最初に招待状が来たときは、天にも昇る心地がしたものである。

あるとき写真家の秋山庄太郎さんが上がってきて言った。「あーあ、大叩きした。ブービー・メイカーだあ」。すると電通の係員がすまして言ったものである。「先生、まだ解りませんよ。長谷川先生がまだ上がっていませんから」。長谷川先生とは、大御所長谷川一夫さんのことである。女形出身の長谷川さんの〝飛ばないゴルフ〟は有名で、長谷川さんの下へ行くのは大変なのだ。このときも、秋山さんはわずかに上位で、ブービー賞に輝いたはずである。
ボクは幸か不幸か、長谷川さんとゴルフをしたことはない。しかし『半七捕物帳』で子分をつとめた谷カンこと谷幹一さんからその話を聞いた。麻布のアパートで、渥美清さんもいたかもしれない。長谷川さんは絶対にキャディーと直接話をしないそうだ。必ず主治医の方が一緒にプレーしていて、その人を間にはさんで会話が行われるという。
たとえば380ヤードのパー4のホールだとする。長谷川さんのドライバーは、約120ヤード飛んだ。ボールの側での会話。
長谷川「あといくつかしら？」
主治医「キャディーさん、あといくつ？」
キャディー「あと260ヤードです」
長谷川「そう。じゃあスプーンね」
主治医「じゃあスプーン」
キャディーさん、スプーンを渡す。主治医が長谷川さんにスプーンを渡す。長谷川さんダフって約80ヤード飛ぶ。ボールの側。
長谷川「あと、いくつ？」

主治医「あと、どのくらいですか」
キャディー「あと180ヤードです」
長谷川「そう、じゃスプーンね」
主治医「スプーンを」
キャディーさん、いったん受けとったスプーンの泥をきれいに拭いて渡す——。
この話を谷カンは、長谷川さんのところは忠臣蔵の「おのおの方、討ち入りでござるぞ」の調子でやるので、聞いている者は、苦しさをこらえるのが困難であった。

娼家で妻がスカウトされた

この年（一九八〇年）の十月に久しぶりにパリを訪れたのは、待望の凱旋門賞を見るためであった。ツアーに参加したのだが、その前にわれわれ夫婦だけ先発した。パリでデーマンと待ち合わせていたのである。デーマンとは、銀座の名門割烹「出井《いずい》」の若主人、出井宏和さん（現社長）のことだ。彼は慶応大学在学中からジャズ好きで、ドラムを叩いていた。早稲田大学在学中にすでにジャズ評論を書いていたボクとは、古い友人である。そのころジャズメンの間では、名前の一部に「——チン」とか「——マン」とかつけて呼ぶのが流行っていて、彼は出井をデイと呼び「デーマン」

がニックネームになっていた。彼の店でよく飯を食ってから飲みに出かけていたボクは、あるとき彼がパリに留学していたことがあることを知った。出井を継ぐ前に、フランス料理も一応学んでおけとの親心だったと思うが、デーマンはきっと「よく遊び、よく遊ん」だに違いない。話がまとまって、パリのホテルで待ち合わせた。もちろん通訳もひき受けてもらっていた。

当然「クルブ・サンジェルマン」へジャズを聞きに行った。トロンボーンのカイ・ウィンディングが出ているというのだ。途中で、遊びにきていたサックスとフルートのジェローム・リチャードソンが飛び入りして、最高に盛り上がった。

しかしいちばん面白い話はモンマルトルで起こった。デーマンが留学中たびたびお世話になった娼家を訪れてみたいと言う。もちろんそういう目的ではない。寿々子を連れて三人で行った。二十年も空白があったが、デーマンは探し当てた。ボクもパリのそういうところは初めてなので興味があった。入ると左側がバー・カウンターになっていて、それらしい女性が飲んでいた。右側のボックス席には、男性同士の客の姿が見られた。日本の商社の連中らしき人もいる。デーマンがママさんを見つけた。ママさんが大きな眼を見開いて何か叫ぶと、デーマンを抱きしめて再会を喜んでいた。フランス語なのでまったく解らない。

ようやく落ち着いてわれわれを紹介し、飲みものを注文して、テーブルについた。デーマンの説明では、こうした由緒ある娼家は、パリでは公認されていて、街娼などとは一線を画しているという。一杯飲みながら話がまとまると、二階へ上ってゆくらしい。もっと驚いた話は、バーの中にいる老婆がママさんの母親で、学生時代はその人がママさんだったという。そして（ママの話で解ったのだが）、客席にいる二十代の美しい娘はママの子で、やはり現役だという。つまり三代続く母系家族で、なんとお婆ちゃんも現役！なのだ。長い間の馴染み客がいるという。

そのうちもっと驚くべきことが起こった。ママとデーマンが何か話していたが、デーマンが必死で断っている。ママは聞き入れないようだ。話を聞いて仰天した。面倒なので二人の話を再現してみる。

ママ「時にこのお嬢さん（寿々子のこと）キレイね。うちで働かないかしら。きっと売れるわよ」

デーマン「とんでもない。この人は隣のムッシュ・オオハシの奥さんなんだよ」

ママ「うそおっしゃい。私にはそうは見えないわよ（チクチョー！）」

デーマン「本当なんだ、残念ながら」

ママ「そう。でもウチはいいのよ、亭主もちも結構いるから」

デーマン「ダメダメ。旦那は有名なテレビスターで、日本に帰らなかったら、大変なことになるよ」

ママ「そうなの、残念だわ。私の眼に狂いはない。きっと売れっ子になるのに」

ボクたちは早々に引きあげたが、これが文化の違いであろう。彼女たちは、自分たちの職業に誇りをもっているのだ。あまり驚いたので今でも憶えている。美しいママさんの名は、ポーレットといった。

ツアーのグループが着いた。成宮調教師夫人とボクのまたいとこに当たる中尾のおばさん（亡くなったが子供のころから可愛がってもらった）も入っていて、五人で食事に行った。当時のジスカールデスタン大統領がヒイキにしているという、エスカルゴ料理の専門店であった。我々は当然伝統的なガーリック味を頼んだ。ところが、出てきたエスカルゴが塩辛くて食べられない。ボクはギャルソンを呼んで「ちょっと塩辛すぎるので、取りかえてくれないか」と頼んだ。もちろん彼は英語もペラペラである。ところが彼は断るのだ。

「塩辛いといっても、これは店の味です。この味で二百年も三百年もお客様をおもてなししてきました。味は変えられません。でももしお客様のお口に合わないのであれば、別の味つけのをおもちしますが――」

いくつか食べてしまった人もいたが、別のクリームとチーズ味か何かに替えてもらった。そちらはとびきりおいしかった。いざお勘定というときになって再び驚いた。なんと最初のガーリック味の分は、勘定書きに載っていない——つまり無料なのである。あとで皆で理由を考えたが、結局最初のはやはり味つけを間違えたのだろうという結論になった。ただ間違えました、と言わないところが、いかにもフランス人らしい。世界一のフランス料理の職人が間違えるわけがない。しかしそれは認めない代わりに、料金は取らない。これはかねがねボクの持論である、「フランス人、文化帝国主義者説」を、改めて正当化したような話であった。彼らにとって、フランス語は世界一美しい言葉、フランス料理は世界一おいしい料理、そしてフランス女は世界一——なのである。

肝心の凱旋門賞は、日本人オーナー（樫山純三氏）のハードツービートは敗れ、デトロイトという牝馬が勝った。ボクたち夫婦は、親交のあった社台ファーム社長、故吉田善哉さんのおかげでパドックに入ることができた。一応ダークスーツを着ていったが、馬主たち及び夫人たちの盛装には、かなりひけ目を感じたのを憶えている。

そしてクライマックスは、パリを去る日に訪れた。二〇〇三年ついにその歴史に幕を引いたが、当時世界中で話題になっていた超音速ジェット旅客機コンコルドで、ニユーヨークに行ったのだ。エール・フランスのカウンターに着いたわれわれは、柳眉を逆立てている美人と、その脇でオロオロしている風采の上がらない男を見た。まったくのスッピンであったが、その美しさが圧倒的だったのは、なんとカトリーヌ・ドヌーブ嬢で、男性は故フランソワ・トリュフォー監督だったのだ。航空会社の日本人職員の説明では、予約を入れた、入っていないというモメ事だったようだ。「ボクの膝の上で良かったら」と申し出ようと思ったが、怒っていたのでやめた。

しかし凄いことを発見した。美人でも、怒ると険しい嫌な顔になり、平凡な顔でも、笑顔は可愛いものだ。しかしこのクラスの美人になると、怒っていても美しいのである。われわれは先に乗ったが、とうとう超美人は乗ってこなかった。コンコルドは座席が狭かったし、ちょっと揺れがきつかったが、一人に一瓶キャビアが出た。女房はもったいないからと、一瓶を二人で食べ、残ったほうはハンドバッグにしまった。顔ではドヌーブに負けているかもしれないが、所帯持ちの良さでは決して負けていない。

ニューヨークでは、前に書いたジョンとスーザンのワイツ夫妻が待っていてくれた。ボクたちも真似をして伊東に引っ越したというと、大層喜んでくれた。翌年、息子を連れたジョンは伊東を訪れたし、その後もずっと太平洋をはさんでの交友は続いたが、ボクがセミ・リタイアしてからはつき合いが途絶えてしまった。クリスマスカードが来なくなったので、引っ越したのかとも思っていた。数年前外電で訃報に接したときは、残念であった。ボクは今でもジョンとカナダのビル・オアさんの二人が、今日のライフスタイルの示唆をくれたと恩に着ている。

このあとわれわれはノース・カロライナ州に向かい、金曜イレブンのスタッフと合流して撮影に入った。ゴルフの殿堂といわれるパインハースト、航空の原点といわれるライト兄弟記念館など、今ビデオを見てもなかなか良い旅であった。西側のグランド・ファーザー山のあたりは、テネシー州に隣接した山地で、十月中旬のこのころすでに紅葉していて、肌寒かった。一方東海岸のナグス・ヘッド、キティーホークの辺は、大西洋に面した海洋性気候で半袖で十分であった。ここのモーテルで見たワールド・シリーズも忘れられない。フィラデルフィア・フィリーズが、カンザスシティ・ロイヤルズを破って優勝したが、歴史に残る名三塁手（マイク・シュミットとジョージ・ブレット）の対決が見られたのはラッキーだった。このTV観戦が、ボクの大リーグ熱に拍車をかけたのは確かである。

この年の十月、NTV系でボクは初めて本格的ジャズ番組の司会をした。『ライブハウス'80』というタイトルで、深夜をはさんだ三十分番組であった。久しぶりに北村英治や渡辺貞夫らと再会できたメリットはあったが、やはりジャズ番組では数字がとれず、わずか半年間のいのちであった。

巨人軍の紳士たち

一九八一年（昭和五六年）もハワイで明けたが、このころは牧野グループとのゴルフが多くなっていた。このグループは、今は亡き巨人の名コーチ、牧野茂さんを慕って集まっていた野球人の集まりである。川上哲治氏の知恵袋といわれ、巨人V９の陰の力と評された牧さんは、人間的にも包容力があって選手たちに人気があった。何しろ「野球は巨人、司会は巨泉」の時代だから、多くの巨人関係者と親交があったが、特に親しかったのは王貞治、牧野茂の二人である。王《ワン》ちゃんについては改めて書くが、彼もまた牧野グループの一員であった。そしてゴルフの好きな柴田勲、松原誠の両君は毎年ハワイに来た。巨人以外の人でも、稲尾和久、平松政次、東尾修らの一流人が加わっていたのだから、牧さんの人徳の高さがしのばれる。ジャイアンツはV９が終わって川上から長嶋監督の時代に入っていて、牧さんは評論家として気楽に人生を楽しんでいた。

そんなある日（七八年ごろだと思う）、牧さんが伊東の家に遊びにきた。四半世紀も前の話でよく憶えていないが、藤田のガンちゃん（元司元監督）か柴田が一緒だったかもしれない。ゴルフをやって家で温泉に入り、夕飯を待つ間、ボクらは煖炉の前で一杯やっていた。これはこの家のボクの自慢の場所で、吹き抜けの天井から屋上まで通った大きな煖炉であった。マントルピースの上には、カナダからもってきたムース（ヘラ鹿）の首が飾ってあった。雑木林に囲まれたこの家では、薪に不自由したことがなかった。自分でくべた薪が燃えさかるのを見ながらの一杯——食前のビールも食後のウィスキーやブランデーもとびきり旨かった。

牧さんはいたく気に入ってしまった。ボクはあたためていた「セミ・リタイア論」をぶった。まだ外部には秘密だったが、牧さんには心を許していた。「いやあー、巨泉さんが伊東に引っこんだというんで、のぞきにきたんだけど、いいねえ。想像していたよりずっといい」。牧さんはしびれたようだった。庭の雑木を見やって「火を見て一杯、木を見て一杯か。いいなぁ」とも言った。あれだけの人だから、他球団からも監督やコーチの話が来ていたようであった。しかし「これで決まった！」と言うのだ。伊豆に土地を見つけて、巨泉さんみたいな生活をするということになった。

最初は酒の上の話くらいに思っていたが、次にもう一回訪れたときには、本気だなと感じた。本当に伊豆高原に土地を買って家を建てた。ガンちゃんも土地を買ったと

聞いた。伊東カントリー・クラブのメンバーになり、二人してクラブ対抗に出ようと
誓ったのである。
ところが八〇年の秋、意外なことが起こった。川上監督のあとを受け、六年間巨人
軍を指揮してきた長嶋茂雄監督が解任され、その後任にガンちゃんが決まったのであ
る。牧さんから電話があった。「巨泉さんゴメン。約束が果たせなくなった。ガンジ
（本当の読み方はモトシだが、藤田さんは先輩や同僚からそう呼ばれていた）が監督に指命
されちゃったんだよ。詳しいことは会って話すけど、本当にゴメン」。牧さんはそう
いう人だった。

要するに自分の弟分である藤田監督に、頭を下げて頼まれたのである。川上——牧
野——藤田——王というのは巨人の主流派である。長嶋茂雄の人気は飛び抜けている
が、故青田昇氏や、大投手金田正一氏らとともに傍流というのが正しい分析だと思
う。ボクは現役時代からカネやんとも親交があったし、ミスターとも仲が良かった。
しかし最も心を許してつき合ったのが王貞治だっただけに、この主流派に近かったと
思う。

だから牧さんの言うことはよく理解できた。「王が監督になるまでの三年だけだか
ら」と牧さんは言った。三年たったら、気楽な評論家に戻って、ゴルフをやりながら

「火を見て一杯」に徹すると言う。事実関西からの遠征帰りなどには、熱海で降りて別荘で一晩過ごしたりしていたようだ。「その代わり、牧さん。煙草止めなきゃダメだよ」とボクは言った。「うん、努力してみる」と牧さんは答えたものである。

年末年始をハワイで過ごして一月七日に帰国したが、ボクは成田のホテルで一晩過ごした。翌八日に王ちゃんと千葉のゴルフ場で約束があったのである。ボクと王貞治のつき合いは古いが、奇妙なことにボクが再婚してから余計深くなった。なんと寿々子と王ちゃんは、同じ小学校（業平小学校）の出身だったのである。すでに書いたと思うが、寿々子の実家は浅草、業平橋にある浅野輪業という自転車やオートバイを売る店であり、王ちゃんの実家「五十番」は同じ町内にあった。浅野家ではよく五十番からラーメンの出前を取り、その出前用の自転車は浅野輪業から買ったという。そんなことでよりつき合いが深くなり、ボクはついに「四明会」のメンバーになった。この会は、台湾出身のいわゆる華僑たちによる「王後援会」である。したがってメンバーはほとんど中国人であり、ボクは唯一に近い日本人であった。ゴルフコンペはシーズンオフの十一月か十二月に限られるが、それでも盛大なものであった。

このときもその会でプレーすべく成田に泊まったのだと思う。王ちゃんもボクに言うことがあった。実は現役時代からボクとの間に、「引退したらカナダに来る」という約束をしていた。ご存知のように前年（一九八〇年）のシーズン終了と同時に、「世界の王貞治」はバットを置いた。しかし藤田監督になって、巨人は彼を助監督に任命したのである。長嶋解任で人気の落ちるのを心配した人事であろう。それを知ったうえで王は引き受けた。彼はそういう男である。本当は二、三年リラックスしたかった気持ちを十分知ったうえで、ボクは言った。「いいよ、王ちゃん、カナダは逃げないから」。しかし彼がその約束を果たすのは、それから約十年後の八九年の夏であった。

第四章　気がつけば五十歳

カナダに家を持つ

ボクは北海道が大好きである。独身時代から数え切れないほど行っているし、親友と呼べる友人も複数いた。しかしその訪問のすべては夏場であった。腰に爆弾を抱えるボクに、北海道の冬は禁物である。その禁を破ってまで一九八一年（昭和五六年）の一月二十七日に北海道を訪れたには理由があった。愛馬フレーミングユース号が種牡馬としてデビューする展示会に出席するためであった。この馬との奇妙な因縁について書いておきたい。

一九七六年のことであった。野平祐二邸でご馳走になっていたボクは、「こんな馬が日本に来る時代なんですね」と言って祐ちゃんが差し出した一葉の写真を手にした。その馬はちょっと薄手の鹿毛馬だったが、どことなく気品が漂っていた。写真の裏には血統が書きつけてあった。

父ミンスキー、母ダブルクラシック、その父ヴェイグリーノーブル、母ギャザラ。ボクは「ゲエーッ」と言って絶句した。母の兄弟には世界的名馬として有名なユースがいることは誰でも解るが、その母ギャザラをボクはこの眼で見ているのである。一九六七年二度めの『11PM』のヨーロッパ・ロケで、ボクはフランス・オークスを撮影している。そのときの勝ち馬がギャザラなのだ。ボクが肩車をして、横田ディレクターが廻したフィルムに写った馬である。「一期一会」を大切にするボクは、祐ちゃんに「この馬、見に行きたい」と言った。

当時としては一千万円は大金であったが、ボクはこの馬を社台牧場から購入し、偉大な叔父さんの名をとって、フレーミングユースと名づけた。これはデューク・エリントンの名曲のタイトルで、「燃える青春」の意だ。ところがこの馬は脚が弱かった。さすが血統馬で、出れば必ず好走するが、そのあとは休養ということになる。結局六歳までにわずか九回しか走れなかったが、2勝2着三回、3着二回と、ほとんど入賞を果たしたのである。

これだけの良血馬を乗馬にするのはもったいないと、種牡馬にする話をもってきてくれたのは社台の総帥、吉田善哉さんであった。この馬を買った社台牧場の善伍さんの叔父に当たる。ボクら夫婦は前夜、社台ファームの千歳牧場に泊めていただいたが、朝起きると車がなかった。夜通し降った雪に埋もれていたのである。北海道の寒さは半端なものではなかったが、われわれは張り切っていた。特に寿々子は、ユース（皆こう呼んでいた）とは母子のようなツキ合いをしていたので、もういても立ってもいられない様子であった。

動物好きの寿々子はなんでも可愛がるが、この馬は特別であった。厩舎、競馬場、放牧場、さらに温泉治療にまでついていった。単に人参をやるという類ではなく、喜ぶところを掻《か》いてやったり、虻《あぶ》を追い払ってやったり、なんでもしてやるのだ。こうなると何か通い合うものが生じるのだろう。後年、種付けシーズンで気が立っているからと牧夫が止めたとき、「私なら大丈夫よ」と放牧場に一人で入ってゆき「ユース！」と呼んだ。ふり返った馬は彼女と認めるや、一目散に駆け寄ってきた。誰もが「危ない！」と思ったとき、ユースは急ブレーキをかけて寿々子の直前で止まった。「会いたかったよ、ユース」と言って首に抱きつくと、その髪の匂いをかぐようにユースはおとなしく抱かれていた。実に感動的なシーンであったが、ユースは種牡馬としても成功とは言えなかった。ダイナカーペンターという重賞馬（阪神大賞典）を出したが、平均して走る子を出すという、日本向きの馬ではなかったのである。

前年（一九八〇年）の十一月に、主婦の友社の高森二夫から電話があった。高森は早大新聞科の同級生で、卒業後すぐ同社に就職していた。たいへん真面目な男で、ボクら遊び好きとは深いつき合いはなかったが、とにかく四十数人しかいなかったので皆知り合いであった。実は主婦の友の編集長になったのだが、君に連載対談を引き受けてもらえないかと思って、と彼は遠慮がちに言うのだ。「そんな言い方するなよ、高森、同級生じゃないか。やってくれと言われればやるよ」とボクは即答した。しかし内心実は驚いていた。いくら同級生だとは言っても、編集会議を通ったのだろうから、それなりの成算があったと思われる。とにかくボクは六〇年代中ごろから七〇年代にかけて、「主婦の敵」と目された男である。プレイボーイの代表とされていたし、メインの『11PM』はストリップまでやって、常に主婦連から「ワースト番組」のリストに挙げられていた。要するに世の中が変わってきたのである。主婦連どころか、世の中から白い眼で見られていた麻雀も、競馬も、ゴルフも、このころにはそれなりの市民権を得ていた。

そう納得して始めた対談は、月刊誌なのでそれほど苦にならなかった。憶えているだけでも、吉行淳之介、寺山修司、井上ひさし氏らの文学界をはじめ、各界から第一線級のゲストが来てくれた。スポーツ界の長嶋茂雄、藤田元司の両監督に江川卓君、芸能界は菅原文太、竹下景子、大原麗子さんら、売り出し中のコメディアンとしてタモリとビートたけしも登場している。変わったところでは、サザンの桑田佳祐君をゲストに招いた。ボクは彼のファンになっていて、彼の音楽にジャズの影響を見ていた。これから二年間、二十四人の方々と対談したが、このシリーズはなぜか単行本化されていない。

三月四日の第五回大橋巨泉インビテーショナル・ゴルフは、初ものずくめだった。まず冠スポンサーがハウス食品に変わった。ボクは二年前の七九年から、ハウス食品とCM契約を結んでいた。その中の「何ちゅうか、本中華」というコピーが大ヒットして、「ハウス・バーモントカレー」の西城秀樹君と並んでエースであった。アサヒ玩具との三年契約が終わっての交渉はスムースに行ったらしい。ボクは御礼を兼ねて、ハウス食品の浦上郁夫社長にご挨拶にうかがいたいと申し出ると、逆に丸の内の料亭にご招待いただいて、かえって恐縮したことを憶えている。ボクより少々年下だが同世代で、すぐに仲良くなった。ゴルフもご一緒したが、将棋がお好きで、当時ボクの師匠格だった大内延介現九段を紹介したりして、一層親交を重ねた。通常は企業

1981年の第５回大橋巨泉ゴルフトーナメントの際、伊東の自宅で長嶋茂雄氏と将棋で対戦

色がつくのを怖れ、ボクはCMはせいぜい三年ほどしか続けないのに、ハウスだけはほぼ十年にわたったには訳がある。まるで小説か映画のようなその展開は、そのつど書いてゆく。

次の変化は、四回にわたって横浜CCで行ってきたこのコンペを、伊東のサザンクロスCCに移したことであった。ボクがそこに住んでいるという理由の他に、ボクのトーナメントを始めたいと思ったキッカケは、「伊豆オープン」というアイデアからだった。地元の新聞社からの話がもとになり、川奈出身の杉本英世プロなどの協力で、ある程度具体化したのだが果たせなかった。そのときサザンクロスの北村順則社長にはコース使用のOKをもらっており、なんとか一度もってきて、地元に還元したかったのである。

地元には大きな還元ができた。なぜなら長嶋茂雄が出場して、サザンクロスはギャラリーで埋まった。前述のように前年巨人軍監督の座を追われたミスターは、この年（一九八一年）フリーであった。早速アプローチすると、即座にOKしてくれた。練習ラウンドをしたいというので、あと二人の同伴プレイヤーを募ったところ、十人くらいが手をあげて困ってしまった。盟友のカネやんこと金田正一さんと二人を、お礼の意味で地元の料理屋に前の晩に招待した。「きよ仲」のご主人は、自ら魚河岸へ出かけて吟味した河豚を、見事にうす切りにし、自慢の大皿に盛りつけした。下の花模様がうっすら透けて見えていた。常人はこれを一枚一枚つまんで食するのであるが、スポーツマンは違った。二人のスーパースポーツマンは、十枚くらいを箸でかき寄せて、豪快に口に運ぶのである。アッという間に花模様が現れ、ボクは階下にかけ降りて、もう二枚ほど追加注文する有り様であった。ボクは山口瞳先生の「ひいきにするなら運動選手はいけません。将棋指しか競馬の騎手にしなさい」という忠告を思い出していた。

トーナメントは大成功で、プロは中島常幸が65のコース・レコードで優勝し（女子は松田恵子さん)、アマのベスグロは83でカネやん、ネットは大内延介八段であった。

このときもボクの成績はいまいちであったが、五月の伊東CCのクラブ選手権には二年ぶりに優勝している(前年は病気で欠場)。決勝の相手は再び伊東祐次選手だったが、36ホールの34ホール目で、ボクは三メートルのフックラインのバーディーパットを入れて、3アンド2で勝った。あのころはまだ眼が良かったし、本当にパットがよく入った。

ボクは基本的に講演というものをしない。これだけ長い間有名人をやっていて、まだ五回ほどしかやっていない。理由は「人前でしゃべるのが恥ずかしい」と言うと、必ず笑われるのだが本当である。テレビは顔なじみのカメラマンやアシスタントの前でやるので別に恥ずかしくないが、見ず知らずの人の顔の間近でしゃべるのは、なんとなくやりにくいのだ。それがこの五月には、千人くらいの人の前でしゃべる羽目になった。

この年(一九八一年)東急百貨店の社長に就任した三浦守さんとは長いつき合いがあった。初めて会ったのは札幌のバーで、長身を麻のスーツに包み、サングラスをかけたこの人を、ボクはその筋の人だと思った(倉本聰さんもまったく同じことを書いているから、まんざらボクの見当違いではない）。しかし親友の阿部肇さん（現全国喫茶組合理事長）から、本当は東急の部長さんだと聞いた。名刺には現地のアスパラ会社の名が刷ってあった。早大の先輩とわかり、急速に親しくなり、一時は三浦さんの札幌のマンションを使わせていただくまでになった。三浦さんに総帥五島昇さんを紹介され、ゴルフや麻雀をご一緒した。さっぽろ東急百貨店やきたみ店の開店のセレモニーの司会を引き受けたのも、そんなつながりであった。五島さんとは短いおつき合いであったが、その言葉の中から、ボクは（小さいながらも）経営者としての心構えを学んだつもりである。

その三浦さん（ミーさんとボクらは呼んでいた）と、ある酒席でひとつの約束をした。「もしオレが（社長として）デビューしたら、そのときは大橋さん講演してくれるね」「本社の社長ですね。いいですよ、ミーさん」とボクは気安く引き受けた。心のどこかに、まさかという気持ちがあったのだろう（ミーさんゴメン！）。それが現実になったのだから、断るわけにはゆかない。

渋谷公会堂は、新入社員を中心に千人くらいの人で満員であった。まずミーさんが壇上に立った。「大橋巨泉さんという人は、絶対に講演をしない人です。その人が諸君の前で話をしてくれるのだから、皆心して聞くように」。そう言って自ら最前列に座った。それがいけなかった。それはそうだろう。社長に、心して聞くようにと直前に言われたら誰だって硬くなる。ましてや新入社員においてをやだ。ボクはこの固まった聴衆を笑わせるのに苦労したが、やがてボクのペースになり、ホールは笑い声に包まれた。ミーさんは後でまた登場する。

六月にバンクーバーに行くと、店が移転していた（もちろん知っていたが）。八年前に印刷屋のあとにオープンしたOKギフトショップも、日本の高度成長とカナダブームのおかげで年々手狭になり、二年前にはもっと大きな店舗に移っていた。そこが取りこわしになるというので、前年（一九八〇年）ゴードンと候補地を探し、一本裏のホーンビー通りに格好な場所を見つけた。ここはセコハン事務家具店であったが、廃業して空き家になっていた。前より大分広く、二階が吹き抜けになっていて、ずっと明るいのが気に入った。

このころ、店は順調なのに、行政ともめることが多かった。もともと北米は、プロテスタントの禁欲的法令で統治されていた。今では信じられないだろうが、七〇年代にはホテルのルームサービスでも、日曜日には食事と一緒でないとビールを注文できなかった。日曜は商店も営業できず、平日でも午後六時以降は店を閉めるのが普通であった。英国流の慣習法らしく、黙っていれば大丈夫なのだが、他の店が嫉妬から通報した。社会主義が自由経済に敗れたひとつの要因は、いわゆる「悪平等」なのだが、ここでもそうだった。何回営業停止を食ったか知れない。

われわれは苦心して解決策を考えた。そのひとつに「ファッション・ショー」があった。日本人観光客は、昼間観光、夕食、おみやげはそのあとになる。その時間に営業できないのでは商売にならない。当時は毛皮の全盛時代であった。夜、店でファッション・ショーを開き、毛皮を見ていただいて、注文だけを受け、翌朝ホテルに持参してお支払いいただくのだ。これだと商取引がないので、法に触れない。モデルは若手の店員がつとめたが、寿々子もときどき駆り出された。当然無料奉仕であったが、ときどきゴードンにステーキをご馳走になったそうである。

一方ゴードンとボクは、毎年のように市当局とかけ合った。「貴方がたがキリスト教のルールを外国人観光客に強要するなら、それを報道しますが——」というボクのコメントが利いたようだ。何しろボクはお土産店の社長であると同時に、毎年カナダを日本に紹介しているTVリポーターでもあったのだ。「決してそんなつもりはありません」という答えが返ってきた。一方ではカナダ政府やBC（ブリティッシュ・コロンビア）州政府が観光をプロモートしているのだから、あちらも困ったろう。この問題は徐々に解決していったが、現在のイスラム圏でのトラブルを見るにつけ、グローバリゼイションは簡単ではない。

もうひとつこの年の六月二十五日、われわれは初めてカナダに家をもった。それまではホテル、あるいはゴードンのアパートを間借りしたりしていた。事業も順調だし、将来カナダに定住することも視野に入れて、ゴードンと三人で探していた。そして店と空港の中間くらいに適当な物件を見つけて購入した。３ベッドルームに書斎がついて、結構広い庭があった。ゴードンは離婚後ずっと独身だったが、そろそろ自分の家が欲しかったのだろう。代金は折半して払い、どちらかが出ていくときは時価の半額で他方が買い取る、という念書を交わした。欧米では、どんなに親しい間柄でも、こういうところはしっかり弁護士立ち会いで文書化するのがいい。妙な馴れ合いは禍根を残す。

富士山爆発騒動

カナダから帰ると、巨人が優勝しそうになっていた。すぐに牧さんに電話したら、応援にきてよと言う。日本では相変わらず伊東と東京に二分された生活だったが、時間をつくっては後楽園に出かけた。行ったら必ず監督室を訪れる。ガンちゃん、牧さん、王ちゃんと首脳陣は皆親友であった。いつでも温かく迎えてくれた。柴田や松原のように、選手にも親しい連中がいた。鳴り物入りの新人、原辰徳にも紹介されたが、噂どおりの好漢であった。

ジャイアンツはカープに6ゲームの差をつけセ・リーグを制し、パ・リーグ優勝のファイターズと、日本シリーズを争うことになった。異論もあろうが、ボクは藤田元司の監督としての能力が、この優勝をもたらしたと見ている（前年は広島に14ゲーム離された三位）。もちろん牧野ヘッドコーチの力も大きい。しかし藤田監督は牧野さんが他界したあとにも、二回も優勝しているのだ。とにかく巨人の監督をつとめること七年、その間四回リーグ優勝、うち二回日本シリーズ優勝というのは、すごい記録である。しかしその蔭に、川上哲治さんの姿があったのは、のちに知ることになる。

ガンちゃんとも、現役時代からのツキ合いである。よく「球界の紳士」というニックネームを聞く。たしかに紳士であるが、意外に瞬間湯沸かし器的な面もある。ゴルフなどでミスをするとカッとなる。現役時代、多摩川べりでゴルフをした。フックをして川に入れると、カッとなって同じクラブで同じところへ打つ。三発連続川に入れた。四十年たった今でもスコアは憶えている。48・38だった。彼は酒を飲まないので、そっちのツキ合いはなかったが、釣りが好きだった。

ずっと後年のことだが、神奈川県の真鶴にある井戸端という舟宿に鯛を釣りに行ったときのこと。珍しくオヤジが「巨泉さん、すみません、相客があるんですがいいですか？」と言う。どうせこっちは一人だから「いいよ」と言って舟に乗る。みよし（船首）に一人のオッサンが、頭からすっぽりフードをかぶって向こうをむいて座っている。黙っているから、しょうがない、こっちから行って「相乗りだそうで、よろしく」と言うと、「ダメと言ってもしょうがないでしょう」と言ってフードを取った男は、そう、ガンちゃんであった。オヤジにボクが来ることは聞いていて、黙らせておいたのだ。あの顔からは想像もつくまいが、そんな茶目ッ気もあるのである。

そして迎えたシリーズ第一戦は後楽園であった。ボクは例によって監督室で、首脳三人としゃべっていた。そこへ川上さんが入ってきた。皆立ち上がって挨拶をする。しばらく雑談や選手の調子の話などをしていた。時間が来て川さんが立ち上がった。ボクも立った。ガンちゃんが「監督（川上さんのこと）、何しろ初めてなもので――」。何かひと言、欲しいのである。何せ相手はV9監督だ。そのときの川さんの言葉を、ボクは死ぬまで忘れないだろう。例の熊本訛りでこう言ったのだ。

「藤田、ジタバタしなけりゃ、それでいい。ジタバタだけはするなよ」

試合は逆転につぐ逆転の好ゲームになった。引退直前の松原の「出合い頭のホームラン」（マツ、ごめん）など飛び出したが、結局5対6で巨人は負けた。しかしガンちやんは師の言うことを守り、最後までジタバタしなかった。これは大丈夫と感じた。そのとおり、シリーズは4勝2敗で巨人の逆転優勝に終わったのである。ボクは、胴上げが終わった選手たちとバスで九段のホテルに向かった。この年（一九八一年）は稀な後楽園シリーズ（日ハムもフランチャイズ）で、監督以下全員そのホテルに泊まっていた。

そこから日本テレビに入って、祝賀パーティーのビールかけが中継され、ボクは後輩の山倉にビールをかけられたのを憶えている。問題はそのあとであった。パーティーが終わり、二次会の会場がアナウンスされて、われわれは車でそこに向かったが、到着してみると誰もいなかった。「誰と誰が来るの？」と牧さんが聞いた。「選手は誰も来ません」と柴田と松原が、あたかも自分たちは選手ではないような言い方をした（彼らのこの年限りの引退は決まっていた）。結局選手はこの二人だけで、あとは三首脳とボクに、国松、末次らのコーチ連だけであった。

「信じられない。われわれV9のころは、翌朝まで家に帰る奴なんかいなかったぜ」と王ちゃん。「時代なんだよ。まず女房に報告とか」「恋人と二人だけで出かけるとか」「お母さんに叱られるんじゃないか」。われわれは口々に悪態をついたが、本当に時代が変わったのだろうか、とボクは考えた。アメリカでも果たしてそうだろうか。

前にも書いたが、ボクはボウリングのティームが優勝したときでさえ、メンバー四人で朝まで飲んで、ささやかな全体主義に酔ったものである。そうでなければ、団体スポーツなんてどこに意義があるのだろう。三次会だか四次会の六本木の寿司屋でも、まだその話をしていた。下戸のガンちゃんは帰ったが、牧野、王、松原、柴田とボクの五人が解散したのは午前三時を廻っていた。このとき「新人類か」とわれわれに罵《ののし》られていた江川、西本、篠塚、中畑らは、皆いいオッさんになっているのだから、時代はさらにどんどん移ってゆくのである。今は二次会なんてないのかもしれない。

たった二人だけ来た選手、柴田と松原とは親交をつづけた。特に柴田勲とはかなり前から仲が良く、ボクのハワイの家へ泊まったこともあった。気が合ったこともあるが、ゴルフの腕が同じくらいで、シーズンオフには必ず誘いあってプレーした（時効だから書くが、オールスター戦の間にやったこともある）。次にお互いに酒が強く、いつまで飲んでも乱れないのが良かった。そのくせ礼儀正しい。ひと口に言って、「いい男」である。ボクが大好きだった歌手の伊東ゆかりちゃんが惚れたのもうなずける。

このあと彼は巨人のコーチに就任するのだが、ある年の夏電話をしてきて会いたいと言う。会って「どうした、イサオ」と聞くと、「今シーズンいっぱいで、巨人を辞めることになると思います」と言う。詳述は避けるが、できたらどこかの放送局で仕事がしたいと言う。ボクはすぐにニッポン放送のアナウンサー深沢弘に連絡を取った。深沢君はアナといっても、運動部には相当顔が利く。早稲田の後輩で長嶋と同年だ。ミスターとは家族のようなツキ合いがある。ボクは競馬を通じて親交を深めていた。

「先輩、よい話をもってきてくれました。巨人出身の大物解説者が欲しいところだったんですよ」

深沢は大よろこびし、話はトントン拍子に進んだ。こうして解説者、柴田勲が誕生したのである。松原はもともと大洋の選手だったので、つき合いは浅かったが、すぐに好きになった。ユーモアのセンスが良かった。柴田とは選手会や組合活動で仲良くなったと言っていた。なお深沢とは参議院で再会して驚いた。江本孟紀君の秘書の名刺を、恥ずかしそうに差し出したものである。

一九八二年は「日韓シリーズ」で明けた。この年の一月から三月まで、月曜イレブンは五回にわたって日韓問題を取り上げたのである。「巨泉は考える」シリーズのコンビ、都築忠彦ディレクターは国内はおろか、韓国にも飛んで精力的に取材してきた。「日帝36年」「在日韓国、朝鮮人」「韓国が見た日本（前、中、後篇）」と、いろいろな角度から、この隣国との関係を見直す試みであった。歴史的、政治的なところから入ったが、ずっと身近な問題まで探った。息子と在日のお嬢さんとの結婚に反対した、日本人の母親の取材などは今でも心に残っている。以前は何かと問題視した駐日韓国大使館も賛意と謝意を表してくれた。国内では在日の人々から大きな反響があった。教材としてVTRを貸し出してほしいという要請が続いた。考えられなかったことだが、韓国の放送局も放送に踏み切ったという知らせは、うれしかった。国の関係も、人の関係も同じである。正しい情報を交換すれば良い。隠しておくのがいちばんいけないのである。

まったく違う問題だが、これも月曜イレブンが起こした騒ぎに「富士山爆発」がある。こちらはユリ・ゲラーにつづいて、矢追純一君の担当であった。相楽正俊さんという気象学者が、十一月のある日（忘れた！）、富士山が噴火すると予言したのである。相良さんはなんと、もしこれがはずれたら、私は責任を取って廃業しますと宣言してしまったのだ。すごい反響であった。気象庁は必死に否定したが、相良さんは再び出演して反論した。幸い何事も起こらなかったが、相良さんは言葉どおり引退してしまった。その辺の政治家よりずっと潔いが、少々お騒がせがすぎた気もする。しかし富士山は依然休火山で、いつの日にか噴火するのであろう。

この夏はカナダへも行ったが、北海道へはもっと行った。一度は巨泉会のコンペを涼しいところでやろうという企画、もう一度は前述の東急きたみ店のオープンであった。しかし北海道へ行くたびに寄るところが、もう一ヵ所増えていた。白井民平君の経営する日高ケンタッキーファームである。

白井君の兄の透君は血統研究家で、血統に関する本を出版していた。もともと父君の新平さんゆずりの競馬一家で、兄は出版のほうに行ったが、弟は早大馬術部のキャプテンで、オリンピックにも出たホースマンであった。八〇年には黒澤明監督の大作『影武者』のため、数百頭の馬と乗り手を集め監督に絶賛された。このころは単に白井牧場といっていて、ボクらは野平祐二さんの紹介で、馬の放牧を依頼していたのである。やはり早大つながりだったのだろう。次第に預ける馬も多くなり、繁殖を依頼するまでになった。

そのうちに民平から、リクリエーショナル・ランチ（北米によくある観光牧場）にしたいので、推薦文をくれと頼まれた。そのパンフレットには、黒澤明、吉永小百合、ボクの三人の写真と文が載ることになった。豪華なものである。ボクは先輩だが、小百合ちゃんは逆に民平の後輩であって、このころひどく乗馬に凝っていた（早大の馬術部に籍があったという）。何回かここで顔を合わせ、一緒に夕食を摂ったりしたが、何か集中できるものがほしいと言っていた。ゴルフだとどうしても人が集まる。牧場はその点人気女優には絶好のプライベート・スポットだったに違いない。

前にも書いたが、小百合ちゃんは小柄だしまったく気がつかない人が多い。あるとき千歳空港で、小さな女性が何か言っている。ファンがサインをくれとでも言っているのかと思ったら、帽子の女性は「巨泉さん、アタシよ」と言う。「小百合ちゃん！」「しー」ということになる。ボクは体も声もでかいので目立っていけない。

民平は普段は小百合ちゃんと呼んでいたが、乗馬のときはゼッケン番号で呼ぶ。「1番、背筋が曲がっているーっ！」とか、「1番、なんだその格好は。右のあぶみが突っぱっているぞー」とか怒鳴る。小百合ちゃんはそのたびに、「ハイッ」と答えていた。天下の大女優にこんな扱いをしたのは、この男ぐらいのものだろう。

このファームの五周年記念のパーティーで、小百合ちゃんや水泳の田中サト子さんと話していると、一人の男が近づいてきた。名刺を出して「衆議院におります、よろしく」と言った。名刺には「鳩山由紀夫」と書いてあった。二〇〇一年夏、民主党代表と新人議員として再会するまで、ただ一回の出会いであった。第一印象はやや暗く、内向的な青年に見えた。鳩山さんは良い人だし、ボクは決して嫌いではないが、絶対に政治家には向いていない。大学教授にでもなれば、より楽しい人生を送れたものを。やはり政治家の世襲は、日本の最大の癌である。

八月のカナダでは、初めてゴルフクラブの会員になった。七〇年代には、どこのコースでも、日本から来たといえばプレーさせてくれた。パブリック・コースも空いていた。しかし八〇年代に入ると、スタートが取りにくくなってきた。マウイの別荘の隣人が、コールマンさんといって、ユダヤ系カナダ人であった。われわれのコースに入るなら推薦するよ、と言ってくれた。リッチモンドCCというそのコースは、空港近くのフラットなゴルフ場であった。七〇年代にプレーしたが、木が低くて短く、いまいちの印象だった。前年やってみると、低かった木々が十年経って伸び、ようやく林間コースらしくなってきていた。ボクは四千ドルあまり（女房と二人で約五十万円）の入会金を払って入会した。

この時聞いた話は実に印象的であった。コールマン（ボブという）さんの話では、この西部カナダはたいへん保守的で、一流コースはユダヤ系や有色人種の入会を拒んできた。そこで戦後ユダヤ人が集まって、自分たちのコースを造ろうということで、このあたりの土地を買ってコースを造った。木が低かったのは、みんな我々メンバーが、自分たちで植えたからなんだよ、とボブは言った。バンカーがグリーンから離れているのは、メインテナンスの費用が安くて済むからなんだそうだ。ボクは改めてユダヤ人の結束の強さと、将来を見据えた長期計画に頭を下げた。これは華僑といわれる中国人の移民にも言えることだが、実に粘り強い。自分たちの代でダメなら子供の代、それでも完成しなければ孫の世代という計画性は、到底日本人にはない。現在ボクらはメンバーではないが、ときどきプレーして驚く。あの小さかった木々は、今や二十メートルにも達し、到底越えることはできない。大きな勉強をしたと思っている。

帰国して九月に、サザンクロスのクラブ選手権に出た。ここは過去二回準優勝に甘んじてきたが、この年（一九八二年）は好調で圧勝した。とにかく36ホールの決勝戦で、ラストのハーフをやらずに勝利を決めたのである。当然芸者衆は予約されており、二次会、三次会までドンチャン騒ぎであった。この年ボクは四十八歳、ゴルフがいちばん強かった時代である。

『HOWマッチ』企画段階で「もうやめた」

十月に入っていたと思う。イーストという制作会社をやっている東修が会いたいと言う。東は早稲田の後輩で、TBSの音楽ディレクターであった。前述の『歌のグランプリ』で一緒になった程度のつき合いであったが、居作昌果を間に介しての話なので、赤坂のTBS地下のレストランで会った。彼は早期退社のすすめに従ってTBSを辞め、もらった三百万円の退職金でイーストを興したという。幸い順調に番組をつくってはいるが、会社の看板になるような番組がない。それを作りたいので、先輩のお力を借りたいというのである。故河内桃子さん（お互いに売れないころ一緒に仕事をしたことがある）の夫で、電通の久松定隆さんと、ウチの事務所の近藤が同席していた。

企画書のタイトルを見て驚いた。その表紙には『世界まるごとHOWマッチ！』と書いてあった。漢字、ひら仮名、英語、片カナにビックリマークまでついている。ボクのいちばんきらいなタイプである。いわゆるプライス・クイズで、世界中から問題を集めるという。次に気に入らなかったのは、解答者の1枠が大学教授で、2枠が若手女優、3枠がコメディアンで、4枠が作家とかなっていた。詳しいことは忘れたが、ボクは「これでは『クイズダービー』のコピーじゃないか。オレはそういうものはやらないんだよ」とつき返した。

居作が間にいるから、そう簡単には追い返せない。B型人間で、その場ですぐ考えつくタイプのボクは、もっと創造的なキャスティングをしろと言った。「たとえば？」

と東が聞く。「たとえば、芸能界随一のインテリで雑学博士の石坂浩二とか、バカなことを言って笑わせているが実はめちゃくちゃ頭の良いビートたけしとか――」とボク。「面白いですね」「日本語の達者な二枚目の外国人も面白いな」「面白いですね」「とにかく石坂とたけしの二人をレギュラーにできたら、やってやってもいい」とボクは最後通牒《つうちょう》をつきつけた。「その二人をつかまえたら、引き受けていただけるんですね」と東も執拗《しつよう》だった。「レギュラーだよ」と念を押すボクに、東は「解りました」と答えた。

次にイーストの支局は外国にいくつあるかとたずねると、アメリカとパリの二ヵ所だとの答え。ボクはあとアジアとオセアニア、できることなら中南米にも欲しいと言った。とにかく番組の成否は問題にかかっており、いい加減な取材ではやらないと釘をさした。東は「解りました。ニューヨーク、パリ、ロサンゼルス、香港、シドニー、以上五ヵ所に支局をおきます」と言い、とにかく社運を賭けますと言いきった。それなら話に乗ろうと言って、一応引き受けた形になった。あとで解った話だが、居作と近藤の入れ知恵?で、とにかくボクの要求は一応呑んでおく、ということだったらしい。

ところが、秋が深まって話が具体化してくると、イーストがもってくる問題や番組の内容はまったく気に入らなかった。無理もない。彼らは今までのテレビ番組の常識からつくってくる。ボクはというと、今までまったくなかったものにしようとしているのだから。業を煮やしたボクは、「こんな番組はやめた！」と言って、十二月二十日ハワイに向かって発ってしまったのである。業界で「巨泉する」と言えば、「番組をやめると言って脅かす」という意味になっているが、ほとんどの場合ボクには「やめる」気も、「ギャラを吊り上げる」気もなかった。そう言ってスタッフの反応を見、彼らのヤル気を確かめるのであった。

このときのヤル気は凄かった。東、久松、近藤に、ディレクターの林叡作、放送作家の奥山侊伸の五人が、二十五日のクリスマス・デイにハワイに飛んできたのだ。まずホノルルの入国管理で、全員部屋に連れこまれた。何しろ彼らの帰国便は翌二十六日になっていたから、怪しまれるのは当然すぎる。荷物から身体検査までされたが、麻薬も何も出てこない。通訳が呼ばれ、質問が始まった。

「なぜに一日だけハワイに来たのか？」

「有名なテレビスターがマウイの別荘にいて、彼に来いと言われたのです。彼のところへ行かないと大変なことになるのです」

ここで幸運な誤解が生じた。

「そうか、日本にもいるのか。アメリカには、そういうわがままなスターはたくさんいるんだよ。フランク・シナトラとかね」

「………」

「クリスマス・パーティーをやろうと言うんだろう。ご苦労なこった。さあ、行って行って」と通してくれたそうだ。

シナトラに擬せられては恐縮だが、こちらはシナトラ家の玄関より小さい1ベッドルーム・マンションで彼らを迎えた。寿々子の日記によると、「出てください」「いや出ない」で午前一時半まで話していたそうだ。とにかく年明けに帰国するまでに、納得の行くシノプシスをつくるということでまとまったようだ。

翌朝彼らは帰国の途につき、ボクは三週間ゴルフとアメフットに明け暮れて、一月十一日ノースウエスト9便に乗った。食事が済んだころ、隣の寿々子が妙なことを言い出した。「ねえ、私ときどき息が吸えないの」。最初は意味不明だったが、昨年暮れから息を吸っても、空気がよく入ってこないことがあるという。なぜ暮れのうちに言わなかったのかとなじると、寿々子はこう言った。

「だって貴方は楽しそうにゴルフをしていて、そんなことを言ったらきっと〝お前一人で先に帰れ〟と言われちゃうと思ったし……」

そのとおりだったかもしれない。わがままな夫と、女性問題まで抱えて大変だったのだと胸にこたえた。「ダメじゃないか、もっと早く言わなきゃ」とは言ったが、得意の「バカヤロウ」は出なかった。

帰国して主治医に事情を話すと、即入院の命令が下った。調べると、左肺の三分の二に水がたまっていて、すでに絶対安静の状況だという。病名は今どき珍しい肋膜炎《ろくまくえん》で、二ヵ月の入院となった。主治医は「ラッキーでしたね、暖かいハワイにいらして。もしあの状態で風邪をひいたら、おそらく助からなかったでしょう」と言う。黙っていた寿々子にも問題があるが、気がつかなかったボクも悪い。

改めて反省すると、あまりホメられた夫ではなかった。体が大きい割に腰に爆弾を抱えているボクは、前述のように医者から重い荷物をもつことを禁じられている。荷物はいつも、細い寿々子がもった。外国人がボクをなじると、「夫が働けなくなったら困るのは私だから、私がもっているの」と弁護してくれた。

ボクは結婚するとき、多くを望まなかった。ただひとつ、ボクが友人をつれて帰宅したときは、イヤな顔をせず歓待してくれと頼んだ。彼女はそのとおりにしたので、ボクの友人の間での彼女の評判は甚だ良い。およそボクを束縛しなかった妻をよいことに、好きなところに住み、好きなところに旅し、好きな仕事だけをしてきた。二十一歳の、まったくの処女でボクの嫁になり、ほとんどすべてのことはボクから教わって身につけたわけである。十四歳も年が違うので、いつもボクが叱り、彼女が反省するという年月が十五年も続いていたが、ボクはまだ寿々子の深いところを理解していなかったようだ。

例の女性問題のさなか、ボクは妻の芯の強さを知らされてゆくのである。今回この自伝のために寿々子の旅日記を借りて驚いた。一九八一年の二月にこう書いてある。

「克己氏昼のアロハ便で帰宅。洗濯する。パンツが違う。洗面袋のティッシュがまた例のに変えてある。ハワイまで来たのね。でも何故あの人は、私に知らせようとするの。くやしくて眠れない。ガマン、ガマン、がまん、ガマン、ガマン。三時間、三日、三週間、三十日、三年、三十年、知らん顔してニコニコしましょ！」

根が楽観的で大雑把なO型人間ということもあったろう。しかしこの問題で、最終的に彼女が勝利したのは、その明るさと粘り強さ、そしてジタバタしなければ、夫は必ず帰ってくるという、強い信頼と自信があったのだと思う。そしてその勝利の直接の原因が、この病気入院にあったのは皮肉である。

入院先の大田区の松井病院には、できる限り見舞いに寄っていたが、とにかく急に女房がいなくなったのはこたえた。ありきたりの表現だが、胸にポッカリ穴が開いたようで、何をしても気乗りがしないのである。伊東では義母が面倒みてくれたし、東京ではホテルオークラ泊で何不自由しなかった。本来ならばカミさんがいなければ、喜んで遊び回りそうなものだが、このときはまったくどこへも行きたくなかった。銀座で飲んでもうまくなかった。このときボクは、寿々子がすでに自分の一部になっていると感じさせられたのである。自分の体の一部が病んでいるときに、何を飲んでもうまくないのは当然である。英語で妻のことをベターハーフというが、改めてその表現に感心した。そして自分がこんな結婚ができたことを幸せだと思い、同時に強い反省の念が湧いた。

妙な偶然で、この一九八三年（昭和五八年）の二月にボクは松井病院の関係者とマウイ・ツアーの約束をしていた。主治医の佐野先生も入っていて、女房のことを聞くと、もう危機は脱したので心配ないという。ただし八週間は点滴漬けで動けない（医学の進歩のおかげで、手術はしないで済んだ）。この間のマウイのコンドでの孤軍奮闘は、喜劇映画のシーンであった。久しぶりに朝食をつくり（昼は大体白木屋の弁当だった）、洗濯をし、掃除もした。洗濯機や食器洗い機の使い方は、寿々子がメモに書いてくれたが、初めての洗濯では部屋中シャボン玉が飛び交ってしまった。皿洗い機は、国際電話で女房に聞きながら使ったので大成功だった。

皆がいる間はまだ良かった。この年阪神タイガースがマウイでキャンプを張っていて、ヒマつぶしによく出かけた。取材中の村山、吉田、杉浦各氏と話をしたり、小山さんと釣りにゆく約束をしたりした。二月七日には、掛布、平田と打撃投手の荒井の三人をワイレアに呼んでゴルフをした。掛布のゴルフに素質アリと日記（入院中の寿々子に代わってボクがつけていた）にある。コンドに連れてきてビールを飲ませると、二ダースがアッという間に消えたとある。中華料理店でディナーを奢る。いい若者たち、と書いてある。

二月十六日の日記。

〈(OKギフトの幹部を）空港に送って帰る。また一人ぼっち。ホッとするも淋しくなるなぁ。

Wish Sue were here（スーが居てくれたら）！（中略）一人で料理してディナー。うまく出来たけど、端から冷たくなるのは困りもの。スーに初めて手紙を出す。照れるなあ。東京は雪だそうです。〉

一方十三日には、青木功プロが例の奇跡のイーグルで、ハワイアン・オープンに逆転勝ち。夕方ホテルに電話すると、「毎年来ていたのに、肝心の時に居ないんだから」とぼやきながらも、さすがに大喜びしていた。事情を話すと、「奥さんお大事に、よろしく」という。彼ら（チエ夫人と二人）は、これから渡米するのである。

ビートたけしの才能

帰国後は『HOWマッチ』の立ち上げに全力をつくした。どんなにゴネても、やるとなったら必死に取り組むのがボクの流儀。まずタイトルは変だが、今までなかったものということで、かえって面白いと承認した。解答を日本円にするか、それぞれの外国の通貨にするかは、後者にすることを主張した。司会者としては、多少の混乱は実は歓迎なのだ。ボクが大雑把な人間なので、アシスタントはベテランの西村知江子に決めた。単なるプライス・クイズにすることだけは、断固拒否した（最初からここが問題だった）。ボクはこの番組を、クイズの形式を借りたトーク・ショウにするつもりであったが、企画側はクイズ番組だと思っていた。しかし「巨泉している」うちにだんだん解ってきたようだ。

まずボクは、オープニング・ジョークで番組を始めると言った。これは「この番組はクイズではない」と宣言しているようなものだ。当分は自分で考えるが、作家も用意してくれるよう頼んだ。次に最大のキーは問題にあるのだから、面白いストーリーやトリックを作ってほしい。必ずボクが見て決めるから前もって予備問題も含めて見せるよう要求した。そして四人のナレーターの中心に、小倉智昭を起用することを呑ませた。

今や押しも押されもしない代表的司会者の一人に成長したが、最初に会ったとき小倉は12チャンネルのアナウンサーだった。毎週末に競馬場で会った。日曜は放送がないので、よくボクの席へおしゃべりにきた。そのうち現在の地位に満足していないこと、将来はフリーになりたいことなどが解った。しばらくして彼から決心したとの話があり、うちの事務所で引き受けることになった。一応決まった収入が必要なので、ボクがニッポン放送の深沢に話をつけ、土、日の競馬中継の司会者になった。しかしそれ以外の仕事はうまくいかなかった。

ボクは小倉に、ナレーションとはいえ、これは大きな仕事だから気合を入れてやるようにと言ったが、彼はいろいろ工夫してこの役をこなしてくれた。あの頭のテッペンから出るような声や、久米明さんのモノマネなどは、それまでのナレーターにはなかったものだろう。あの時代は、小倉にとって雌伏の期間だったが、あの苦労があるから今日の成功があるのだと思う。

ボクがこの番組にこれほど力を入れたのは、これが最後のレギュラー番組だと考えていたからである。このときボクは四十九歳、カナダの事業も順調、バンクーバーとマウイ島に家ももったし、セミ・リタイアの準備は整っていた。本気で五十歳リタイアを考えていたのだ。実際、制作のイーストと毎日放送とは一年しか契約しなかった。その予定が六年も延びてしまうのは、この男との共演であったことは、すでに他の著書にも書いたが、本当の話である。

ビートたけしである。あえて書かなかったが、初期の漫才コンビ、ツービートもタモリ同様、七〇年代の終わりごろから月曜イレブンに登場している。一回目はさすがのたけしもアガっている様子だったが、ボクはすぐに「お気に入りリスト」に入れた。ネタは「赤信号、皆で渡れば怖くない」や、「寝る前に、忘れずしめよう親の首」のような初期のものだったが、ボクは世間でいう〝毒舌〟という感じは受けなかった。むしろ意外性というギャグのエキスをぶつけてくると思った。漫才といっても、まったくたけしの独り舞台なのだが、きよしを句読点や接続詞として巧妙に使っていた。それはたけしが大変な早口なので、それを補うため、さらに客に笑う間を与えるためであった。ツービートとしても、その後も何回か出演してもらった。その後はたけし一人だけでゲストに出てもらったり、『クイズダービー』にも出演したと思う。期首期末のスペシャルのメンバーにも入れた。個人的にもゴルフや酒でのツキ合いが始まり、いま日記を見るとハワイで一緒に飲み歩いたりしている。毒舌で売り出

『世界まるごとHOWマッチ』（毎日放送提供）

した男だが、実際はシャイで繊細な男であった。非常に頭がよく、勉強もしているのだが、それは内部にしまっておくタイプである。自分のキャリアの円熟期にこんな男が出現したのだから、何とかして共演してみたくなって、イースト側にあんなムリを言ったのである。そして一緒に番組をやったら、この才能（タレントの本来の意味である）と一年で離れてしまうのは、もったいないと考えた。そして五十六歳まで現役を続けたのである。

もう一人の石坂浩二とは長い。最初は金曜イレブンの「シネスポット」だったと思う。七〇年代にこの映画紹介のコーナーに、主演俳優がプロモーションのためゲスト出演するようになった。三船敏郎さんや仲代達矢さんらベテランに混ざって、若手二枚目で売り出し中の石坂君も登場した。『巨泉まとめて百万円』に、浅丘ルリ子さんと新婚コンビで出演したこともあるし、いろいろな番組にゲストで出てもらった。たけしもそうだが、ボクは画面上よりも楽屋でのおしゃべりから、ゲストの内側を探ろうとする。石坂君の博識ぶりには舌を巻いていた。特にすごい雑学博士だった。これをなんとかテレビで生かせないかと、ずっと考えていた。だからこのチャンスを逃すわけはなかったのだ。ボクや親しい人が「ヘイちゃん」と呼ぶのは、彼の本名が武藤兵吉だからである。妙な名前と思うなかれ。彼は日米開戦の年一九四一年の生まれ、まさに軍国主義華やかなりし時代の子であったのだ。

この年一九八三年の四月七日の第一回を一〇・六パーセントと二桁でスタートした『ＨＯＷマッチ』は、二ヵ月を過ぎた六月九日には一六・六パーセントを記録、七月には早くも二〇パーセント台に乗せている。ボクの狙いは的中した。そのまま上昇を続け、やがて三〇パーセントを超す怪物番組に成長する。今でもビデオに録ってある。第一回目の冒頭ボクは「久しぶりに新番組を始めます。内容には自信がありま す。どうぞ見てください」と大見得を切っている。１枠へいちゃん、２枠にたけし、３枠が女性枠、４枠が外国人枠、５枠はいろいろなゲスト（特に文化人）という布陣であった。なんの打ち合わせもしていなかったが、ボクの読みどおり、オープニング・ジョークにたけしが食いついた。ジョークは彼が本職である。しかしそれは計算のうちである。その仇は質問で取る。たけしをひっかけるのは得意であったが、ボクは「この男、知っていてひっかかってることもあるナ」と感じていた。賞品や世界一周旅行を棒に振っても、ボクの誘いに乗ってくれる、いわばティーム・プレイヤーである。ボクの眼に狂いはなかった。外国人枠から二枚目のケント・ギルバート、体育会系のチャック・ウィルソンという人気者が生まれた。

３枠では、森光子さんや草笛光子さんらのベテランが面白かった。特に草笛さんとの共演は感慨無量だった。頁を遡っていただくと解るが、はるか一九五〇年代の後半『光子の窓』という番組では、彼女が主演女優、ボクは駆け出しの放送作家で、チョイ役で出たりしていたのだから。ゲストの中では、惜しまれて夭折した尾上辰之助君が忘れられない。歌舞伎俳優としてもそうだが、あのユーモアのセンスは類を見なかった。こうなると番組は止まらない。どんどん成長して、イーストの看板番組どころか、毎日放送否TBS系の代表的エンターテイメント番組になってしまった。夜の十時からの一時間という時間帯も味方したと思う。かなり思い切ったネタも問題にしたし、たけしのきわどいトークも容れられる時間だったから。それをゴールデンにもってゆこうとしたら、問題が起こるのは当然だが、それはそのときに——。

夢のオーガスタ

番組の収録を終え、主婦の友社から『ボクは鍋奉行』という、初の料理エッセイを上梓し、ボクは三月末にニューヨークに飛んだ。といっても最終目的はニューヨークではなく、夢のオーガスタ・ナショナルでのプレーであった。これは長年のボクの貢献に対する「ごほうび」として、TBSが招待してくれたものである。ニューヨークでは、親友野間口洋二が買収した、ハワースCCや、一九八〇年に青木とニクラウス

1983年、憧れのオーガスタにて

がげき闘を繰り広げたバルタスロールGCでプレーした。今やグラウンド・ゼロになってしまった世界貿易センターの百七階、「世界の窓」で夜景を見ながらディナーをいただいた。あれが瓦《が》礫《れき》になってしまったとは、まったく信じられない。

洋二や当時「吉兆」を経営していた森本さんらと、東のラスベガスといわれるアトランティック・シティーを訪れたのも思い出である。広い木製のブロードウエイがあり、豪華なホテルやカジノが林立するのは映像で見たとおりであったが、それ以外の街はまったく違っていた。古い木造の家が並び、入り口には黒人の老人が、揺り椅子で居眠りをしていた。まるでゴーストタウンを見るようであった。説明すると、この町は戦前はニューヨーカーの避寒別荘地であった。戦後飛行機の発達で、もっと南のカロライナやフロリダに短時間で行けるようになり、さびれてしまったのである。それを再利用したのがカジノ構想だったのだ。白人たちが売り捨てた別荘には黒人たちが住みこみ、ややスラム化しているという。アメリカの一断面を見た思いであったが、オーガスタでさらに驚くことになる。

オーガスタのホテルにチェックインし、レンタカーを借りて、「ダウンタウンはどっちですか」と聞くと、「なんでダウンタウンなんかに行くのか」と逆に質問されてしまった。「いや見学に——」と口ごもると、「見るものなんか何もない」と突き放される。なんて不親切な町だとブツブツ言いながら、それでも教えられた方向に行くと——。これはまったくのゴーストタウンであった。昔は映画館や銀行であったはずのビルも、今は閉鎖されて無人。杖をついた黒人の老夫婦が歩いているくらいで、白人の姿はまったくない。寿々子が恐いと言うので、車でぐるっと廻ってホテルに帰る。しこちらの解説は、昔は鉄道の駅や川の港を中心に町ができた。ここは鉄道である。しかし今や航空機とハイウェイの時代である。いちばん近い大都市アトランタ（我々もここから飛んできた）から伸びるハイウェイ沿いに近代的な住宅地ができ、ショッピング・センターがつくられ、白人たちは皆そっちに移ってしまった。そしてダウンタウンの古い家は……。もう説明の要はないだろう。ボクはその後北米のあらゆる地方で、この中心地の〝移動〟を見てきた。それにはいくつかのパターンがあるが、居住地域と交通手段は常に密接に結びついていることだけは確かである。

TBSの故山西社長（この人が早く亡くなったのでTBSの行方が変わったとボクは信じている。現場の解ったいい人だった）や、ボク係の居作昌果をはじめ関係者も続々オーガスタに着いた。単なるジョージアの田舎町も、この一週間だけは、ニューヨーク並みの混雑になる。この年は大雨で二日目が中止になるという、珍しいマスターズであった。することがないから映画を見にゆくと、ニクラウスも青木功も皆来ていた。寿々子は二度目なのに、『E.T.』を見て、また泣いていた。試合は当時全盛のセベ・バレステロスが優勝、日本勢は中島常幸が十六位、青木は十九位、羽川豊は三十四位だったが、全員予選を通ったのはエライ。

われわれの本番は翌日の「報道陣のためのラウンド」である。決勝と同じピンの位置でやらせてもらえる。記念だからプロと同じバック・ティーから廻る。アウトはなんとか43と我慢したが、アーメン・コーナーは優しくなかった。18番で七メートルのパーパットを入れてやっと49、計92であった。とにかく超高速グリーンで、距離の合わせ方が想像以上に難しかった。

帰国して『HOWマッチ』の成功を知るや、ボクは積極的に〝問題〟にまで登場することになった。どうせ年に数回外国に行くのだから、行く先々で問題になりそうなものにからんで行こうというのである（これは番組終了まで続けた）。まず夏のカナダにくっつけて、北米でいくつか撮ろうということになった。七月にバンクーバーから、シカゴ経由で着いたのはなんとニューオーリンズ。ジャズ発祥の地である。元ジャズ評論家としては一度は見たかった町だが、今や観光客向けのニューオーリンズ・ジャズしか残っていない。それでも有名なプリザベイション・ホールでは、八十歳〜九十歳代のヨボヨボでヨレヨレの老いた黒人たちが演奏していた。サッチモことルイ・アームストロングと同世代の人たちかと思うと、ひとしおの感慨はあった。それよりアンティークの店が多いのに惹かれた。

今やアンティーク探しは、われわれ夫婦の重要な趣味のひとつになっているが、もともとはコーヒーカップから始まった。新婚旅行以来、記念に「一旅行、一カップ」をつづけてきたのだが、次第に新品より年代ものに移っていったのである。ここで買った一九世紀後半のフランスのガラス製カップは、今でももっているが、なかなか得難いものであった。ニューオーリンズでは、伝統の葬式バンドの演奏を撮ったが、この問題は好評だった。

次にわれわれはミシシッピ河を北上するクルーズ船ミシシッピ・クィーン号に乗った。昔サッチモもこの船でトランペットを吹いたというが、さすがにノスタルジックなボールルームがついている。ここで毎晩ディキシーランド・ジャズが演奏され、客が乗って踊りまくるのである。面白かったのは、いたずらにボクがピアノを弾くと、船長夫婦が踊り出したのである。すると客もつられて踊り出したので、一曲でやめられなくなり、あわやレパートリーが尽きるところだった。それにしても客の熟年ぶりは想像以上で、ボクらはおそらく最年少だったに違いない。身体を使うのは爪揚げくらいなもので、あとは「ワイン・テイスト」「チーズ・テイスト」「孫の写真見せ合い大会」とか、ひたすら飲み食いである。これでは太ってしまう。われわれはバトンルージュで船を降り、レンタカーでメンフィスを目指すこととした。

このアメリカ南部というのは、なんとなく気味が悪い。南北戦争の古戦場もそうだが、実際に幽霊が出るという古い家があった。二百年ほど前に建てられ、なんと七回の殺人事件で、九人が死んだという、いわくつきの家である。なんでも一八世紀の衣裳を着た二人の女の子の幽霊が出るという。もちろん彼女たちは見られなかったが、気味の悪い牧師の絵があった。日によって表情が変わるという。不思議なことが起こった。ボクを横に立たせて、寿々子が写真を撮ろうとしたが、何回やってもシャッターが降りない。こわれたと思ったが、その屋敷を出てから撮ると、なんでも撮れた。そのうえ彼女は、この家の玄関ですべり、階段を四、五段落ちて大きな青アザができた。

古戦場ビックスバーグで泊まったプランテーション・ハウスもやや不気味であった。『風と共に去りぬ』に出てくるような大ダイニングにロウソクの灯り。制服の黒人ウェイターが無言でサーブする。何も出なかったが、皆口数が少なくなった。ボクは念願のミント・ジューレップを飲んでみた。ビリー・ホリデイの歌に出てきて、一度試したかった。しかし、バーボン・ウィスキーに砂糖とミント（ハッカ）の葉が入ったもので、辛党のボクにはいまいちのシロモノであった。

バンクーバーに帰り、八月五日の結婚記念日を、思い出のパノラマ・ルーフで祝う。ここは名門ホテル・バンクーバーの十四階（トップ）にあり、われわれの第二回の記念日を祝ったところである。その七一年には、その名のとおり窓からは東の山々、西の海と島、バンクーバーの街並みが見渡せるパノラマであった。今や高層ビルが林立し、十四階では何も見えない。このレストランもすでにとっくに閉鎖されてしまったが、このころはまだ粋なバンドが出演しており、食事もダンスも十分楽しめた。

七一年にはゴードンと三人だけだったが、このときは宮前利昭さんたちも加わって、賑やかに祝ってくれた。宮前さんは、金曜イレブンのフィッシングに自社製の電動リールをもって現れた人である。ミヤマエという金属加工会社の社長さんなのだが、一種の発明家で、いろいろなものをつくった。雨で濡れたゴルフ靴を乾かすクリーナー（これを使い出してから水虫激減）、パターの方向が解るパッティング・チェッカー（パター下手だった寿々子は、このおかげで上手くなってしまった）などは傑作である。同じ昭和ヒトケタで、しかもゴルフ、釣り、ギャンブル、酒（もうひとつは書かない）と趣味も一致して、個人的にも親交を重ねていた。大阪の名門茨木CCのメンバーで、彼を通じて関西ゴルファーの友人も増えた。旅行も好きで、ハワイ、カナダとボクのいるところへ、よく遊びにきていたのである。

この夜、寿々子は大いに飲み、大いに踊り、珍しく酔った。彼女を悩ませていた「女性問題」も解決し、心から酔えたのだろう。結婚したときは一滴も飲めなかったが、亡父は酒豪だったそうで（義母もビール大好き人間）、もともと素質があったようだ。新婚旅行でワインの味を覚え、このころは水割りも飲めるようになっていたと思う。ボクは彼女の心の中がよく解っていただけに、思い切り酔わせてやった。

この年（一九八三年）は九月に再びサザンクロスのクラブチャンピオンになったが、思えばこれで「最強」だった四十歳代が終わるわけである。今ふり返ってみると、ドライバーの距離は出る、アイアンもそこそこグリーンをとらえる。アプローチは巧くないが、バンカーは得意。そしてなんといってもパットが良かった。小池一夫さんのゴルフ漫画『至美ゴルフ』には、このころのボクが登場する。文壇屈指のゴルファーでもある小池氏はこう書いている。「ひと旗（ワンピン＝約二・五メートル）の距離を、これ程確実に入れるゴルファーを、私はこの人以外に知らない」。左眼の手術以来、ひと旗どころか一メートルも心許ない現在、あのころが懐かしくもうらやましい。

五十歳誕生パーティー

一九八四年の正月のハワイは、日本からの有名人、芸能人でいっぱいだった。すでにそういう時代に入っていたのである。われわれはマウイにいるから問題なかったが、帰りの空港では川口松太郎氏一家（川口浩、野添ひとみ）、塩月弥栄子さん、イルカ、萩本欽一らと一緒になった。ファーストクラスのキャビンでは、欽ちゃんが一人なので、寿々子が席を替わってくれて、将棋を指し出した。いくら欽ちゃんが将棋好きでも、ボクは四段の免状をもっていた（現在は名誉五段）。何度指してもボクが勝つ。駒を落とそうかと言うと、いや平手でもう一番と言う。これほど負けず嫌いだとは知らなかった。とにかく成田に着くまでの約八時間、ずっと指していた。何局やったか解らない。やっと最後の一局を勝った欽ちゃんは、たれ目を一層下げて満足の様子だった。

三週間番組を撮りまくって、一月三十日には再びハワイに向かったが、このときは中島常幸夫人の律子さんと、佳乃ちゃん、雅生君の幼い二人の子供も一緒だった。親交をつづけてきた常幸に頼まれ、護衛役をつとめたのである。常幸もプロゴルファーとしていちばん強かったころで、このときサンディエゴ・オープンを戦っていた。マウイで待ち合わせると、なんと最終日64のコース・レコードを出したという。ボクや常幸はゴルフや釣りをしていたが、二人の子供はプールやビーチで遊び転げていた。今二人の記事をスポーツ紙などで読むと、やはり時の流れを感じざるを得ない。このときも『ＨＯＷマッチ』の問題づくりに参加したと記録に残っている。

三月二十二日、ボクはなんと五十歳になった。誕生パーティーは、ホテルオークラのバンケットルームを借りて行った。さすがにタレントとして全盛時代だっただけに、大勢の人が集まって祝ってくれた。全員ご招待だったが、気を使われるのがイヤで、「会費五十円」とシャレた。『11PM』『クイズダービー』『HOWマッチ』のレギュラーだけでも大変なのに、他のスポーツ、芸能、文化人を入れるとすごい顔ぶれが集まった。しかしマスコミはシャットアウトさせていただいた。これはボクの持論で、パブリックとプライベートはハッキリ分けるのが欧米流である。宣伝や収入などを計算に入れてタイアップをするようなことをするから、強い態度が取れなくなるのだ。ボクはずっとこの姿勢を保ってきたので、マスコミ受けは良くなかったが、今でもまったく悔いていない。

全盛時代と言ったが、ボクがこれ以上レギュラーを増やさないと知ると、各局はスペシャル企画をもちこんできた。まず三月に『巨泉のワールドスター・クイズ』の第一回が、NTV系で放映された。これは春秋と年二回行われたが、世界中に取材班を送って、スターたちの秘話を問題にするものである。解答者の顔ぶれは今見ても凄い。タモリ、たけし、さんま、所ジョージ、武田鉄矢、和田アキ子――なんのことはない、皆今や一流中の一流パーソナリティーではないか。スポーツ界からは、星野仙一、堀内恒夫、江本孟紀、江夏豊、ジャイアント馬場とこれもすごい顔ぶれ。変わったところでは故横山やすしも数回出ている。問題に登場したのも、外国人だけでもモハメド・アリ、マイク・タイソン、カール・ルイスらのスポーツマンから、オリビ

50歳誕生パーティーにて

ア・ニュートン・ジョン、ブルック・シールズ、クリストファー・リーブ（スーパーマン）など超一流のスターが出てくれて、視聴率も高かった。記録によると一九八八年までに計十回放映されたというから好評だったのだろう。

『巨泉の発明ジャパン・カップ』のほうはＴＢＳ系で、この年（一九八四年）の四月八日が第一回であった。一般の方の発明品を集め、いったい何に使うかを当てさせるクイズであった。一回目は森光子、堺正章、黒鉄ヒロシ、中原理恵、佐野洋という解答者で、スーツケース状のトランクがそのまま車になってしまう「トランカー」

とか、キャンプ地で使う「波力発電ブイ」などが話題を呼んだ。第二回にはなんと手塚治虫氏も登場したが、実際の発明品はなかなか当てられなかったようだ。レギュラーはいなかったが、黒鉄君や、片岡鶴太郎、秋野暢子、山崎浩子、筑紫哲也などが何回か出たと思う。珍しいことに、黒柳徹子さんも解答者として登場している。後半は男女対抗形式になったが、クイズというよりやはり発明品が話題になった。これは八九年まで計八回やった記録が残っている。

一方、ボクの生産馬からダービー候補が出現した。マイリークインという肌馬に、いつか凱旋門賞のところで書いたハードツービートを交配して出来た牡馬が、前年暮れにデビューした。ちょうど語呂がよく「タケシツービート」と名付けたこの馬は、千六百メートルの新馬戦を、史上三番目のタイムで差し切るという放れ業を演じたのである。稀なことだが、このときの優勝写真は、なんと週刊朝日のグラビアになった。ボクは久しぶりに昂奮した。足がまだ弱く、少し休ませたが、この年四歳になって（今の三歳）、いきなり二千メートルの特別にぶつけた。直線馬群を割って追い込んできたときには、立ち上がって絶叫したものだが、わずかに届かず二着で、ダービーには出られなかった。

夏のカナダでは、水晶婚式（十五周年）を祝い、たくさんクリスタルのプレゼント

発明品が話題になった『巨泉の発明ジャパン・カップ』（TBS提供）

をいただいて上機嫌だったが、帰国すると大変なニュースが待っていた。『HOWマッチ』を十時から八時、つまりゴールデン・アワーに引き上げるというのだ。ボクは即座に反対した。十時台だからこそ際どい問題もできたし、たけしとのトークも生きた。八時では制約ができる。断然イヤだ。どうしてもと言うなら、ボク以外の司会者でやってくれと言って、席を蹴って伊東へ帰ってしまった。「巨泉する」でなく、本気だった。

二日後、居作昌果が伊東の家にやってきた。これは毎日放送の制作だから、TBSの彼は直接関係はなかった。しかし彼しかいないのである。居作の説明を聞くと、TBSの編成局、電通、毎日放送、イーストと各社複雑にからんでいて、このままでは「死人が出る」そうだ。ボクは当然イーストとは話し合っていた。東は八時に移るのは反対です、とハッキリ言ったのだ。しかし居作によると、東も本当は逆なのだが、巨泉さんの手前そう言ったのだと言う。このあたり、ストレートなボクのあずかり知らぬ事情があるようだ。しかしボクは、事後承諾するような男ではない。イヤなものはイヤだ、帰ってくれと言って二階へ上がってしまった。しばらくすると、寿々子が書斎へ上がってきて、居作さんが床に寝てしまって動かない、と言う。放っておけ、と言ったが、一時間ほどして降りてゆくと、確かに床の上に転がっている。どうやら徹夜覚悟らしい。改めて話し合う。「十時台とまったく同じペースでやっていただいて良い。実は巨泉さん以外、全員納得している」と居作は言う。しかも「手ぶらで来てはいない」と切り出した。ハウス食品との三年契約が切れて、今年のゴルフ・トーナメントのスポンサーがまだ見つかっていないでしょう、と言って彼はボクを下からぐっと見つめた。見事なネゴシエイターぶりであった。「もしこの件を承服していただけるなら、毎日放送がスポンサーになっても良いと言ってます」。ここまで言われると、OKするしかない。いかにボクが自分のトーナメントを大事にしているか、知りぬいたうえでの提案であった。こうして十月から

『HOWマッチ』は八時〜九時の看板番組になった。そして視聴率も落ちず、巨人戦中継と堂々戦ったのである。

牧さんが入院していた。この年（一九八四年）、巨人の監督は藤田元司から王貞治に代わっていたが、これは文字どおりの禅譲である。本当は昨年末から入院、手術すべきだったのだが、自分の愛弟子ともいうべき王監督の誕生では、牧さんもノーとは言えなかったろう。まさに運命の苛酷なめぐり合わせというしかない。この間に癌は体に深く喰い入っていた。十一月二十五日だったと思う。ボクは柴田と松原を伴って、癌研に見舞いに訪れた。

牧さんはたいへん喜んで、夫人が心配するほど起き上がって話しこんだ。抗癌剤の影響で頭髪は抜け落ち、それでなくても小柄なこの知将が、さらにひと廻り小さくなっていた。牧さんはしみじみと言った。「あのとき巨泉さんの言うことを聞いて煙草をやめておけば良かった」。ボクは言葉もなかった。「いや癌にかかったことじゃなくてね。抗癌剤のセラピーが痛いのさ。医者の話では長年の喫煙で、毛細血管にニコチンやタールがつまっているので、余計痛いんだってさ」。ボクに言えることは、「早く良くなって、また〝火を見て一杯〟やりましょうよ」だけであった。

われわれの祈りも空しく、一週間後の十二月二日、牧野茂さんは帰らぬ人となった。

したがってその二日後に行われた名球会ゴルフは、ややしんみりした雰囲気になった。このコンペは二年前の一九八二年から始まっていて、名球会のメンバー、男女プロゴルファー、そして芸能文化人が集まってチャリティーをするという催しであった。ボクは当然レギュラーであったが、この年は好調で、トリッキーな千葉広済堂CCで、40・36の76でゲストの部のベストグロスであった。

この年は美空ひばりちゃんが初参加して、1番ティーで笑いを誘った。王ちゃんと一緒だったから、大ギャラリーである。

「私下手だから、特に右側の人下がってください。気をつけてね、そっちへ行くから」と言ってギャラリーを下がらせる。つい十メートルくらい先の人にも「下がってください」と言ったので、皆大笑いになった。「笑いごとじゃないのに」とぶつぶつ言いながら、女王はドライバーを振った。ボールはクラブの先端に当たって、なんと今注意したばかりの人のほうに飛んだので、また大笑いになった。そのひばりちゃんももういない。

この年の秋は、いわゆる「グリコ森永事件」で日本はもちきりであった。犯人からの脅迫はハウス食品にも及んだと知って、ボクは浦上社長にお見舞いの電話を入れた。すると社長は「折り入ってお願いがあるので会いたい」とおっしゃる。赤坂のホテルのティールームでお会いすると、それでなくても痩身の浦上さんは、一層細く見えた。社長の最初の一言がショッキングだった。

「巨泉さん、赤いオシッコって、ほんまに出まんな」

犯人からは新聞切りぬきの活字で「浦上へ」で始まる脅迫文が来たという。三人の腹心の部下以外、家族にも知らせず、毎日悩みに悩んだという。まず警察へ届けるべきか、から始まって、あらゆるオプションを検討したという。そんなさなか、社員と並んで用を足していると、真っ赤な小水が出た。左右をうかがって、二回も流したという話を聞いて、電話して本当に良かったと思った。

「なんでもしますから言ってください、という巨泉さんのお電話、ほんまにうれしゅうございました。実はひとつだけありまんのや」と浦上さんは話し出した。この騒ぎで、ロータリー・クラブの翌年（一九八五年）一月のゲスト・スピーカーを決めるのを忘れていたという。「巨泉さんは講演なさらないそうですが――」「何をおっしゃいます。例外のないルールはない、というじゃありませんか」とボクは答えたのであった。

一方、前述のような理由で、この年のボクのトーナメントは、十二月十一日に横浜CCで行われた。冠スポンサーはなく、主催は毎日放送、大橋巨泉であった。ボクは毎日放送社長の高木一見さん、常務の斎藤守慶さん（現相談役名誉会長）に感謝し、守慶さんは『HOWマッチ』が高視聴率をつづけていることに感謝していて、全員ハッピーであった。蔭のヒーローは居作昌果である。ボクは好調で、38・39の77で、ついに念願のベストグロスに輝いた（ネット優勝は、初出場の原辰徳であった）。

最後の『11PM』

さて、一九八五年（昭和六〇年）は、麴町のロータリー・クラブでの講演から始まった。浦上さんはたいへん喜んでくださって、心なしか血色も戻っておられたようであった。前にも書いたが、ボクとしては例外的に長く続けているハウスとのCM契約を再び更新した。こんな状況で、止めるわけには行かなかったのであるが、この年さらにショッキングな事件が起こるとは……。

その事件については後述するとして、ボクらは、この年の二月初めてニュージーランドの土を踏んだ。金曜イレブンの撮影があったのだが、われわれはハワイから廻った。宮前利昭さんも同行した。なんといっても、キロ級（ボクの最大は四キロ）の真鯛が、まるでハゼ釣りのように釣れることに驚嘆した。十キロ以上のヒラマサもすぐに掛かるが、これはほとんどバラしてしまう。猛スピードで岩の間を逃げるので、糸が岩にこすられて切れてしまうのだ（もっと驚くことは、二〇〇四年現在、同じように鯛は入れ喰いである）。

次に物価が信じられないほど安かったことだ。ワカタネという町のレストランで食べたハンバーグ・ステーキ（直径二十センチくらいあり、マッシュルームソースがたっぷり）がなんと九十九セント、フレンチフライズが山盛りついていた。もちろんこれは現在ではあり得ない。ロトルアのホテルのバフェ・ランチが十ドルで、その内容の豪華なことにもビックリした。レストランは皆ＢＹＯである。ＢＹＯは自分の飲み物（最近はワインに限る、というところが多い）は自分で持ち込めるという習慣で、酒屋でワインを買うとほとんどヒトけた（十ドル以下）であった。その代わり、全体に「田舎ーっ」という感じで、質素を絵に画いたような国——第一印象が良くなかったオーストラリアとは逆に、良い感じを得ていた。

われわれは再びハワイに戻り、ホノルルで小倉智昭とさゆりの結婚式の仲人をつとめた。ダニー・カレキニが来て、「ハワイの結婚の唄」を歌ってくれ、さゆりは感激して涙でせっかくのお化粧が台無しになった。

四月に再びマスターズに招待されたが、月曜があいにくの大雨で、キャディーもつかずさんざん。また90を切れなかった。それだけでなく、実はこのころから右膝に異常を感じていた。特に下り坂になると、いわゆる〝お皿〟の内側にパチンコ玉くらいの突起があった。といってもその玉は、すぐにいなくなってしまう。心配になって病院へ行くと、軟骨だから心配ないと言われた。

五月の伊東CCのクラブ選手権も、順調に決勝まで勝ち上がったが、決勝の36ホール目で負けてしまった。実は27ホール終わって3アップとリードしていたのだが、ラスト9ホールは膝が痛くなり、右足を引きずって歩いていた。今度は別の病院に行ったが、答えは同じだった。ただその突起物は大きくなっているように感じたので、前述の仲村威先生に診ていただいた。先生は「軟骨かもしれないが、関節ネズミかもしれない。できれば手術したほうが良いと思う」と言って、当時厚生年金病院にいらした森健躬先生を紹介してくれた。

ラグビーの松尾雄治の足の手術で有名な森先生は、この道の第一人者であったが、診察を終えるなり、すぐ手術しましょうとおっしゃる。スケジュールを調整して六月十七日に入院、翌日の午前十一時に手術室に入った。全身麻酔で約一時間後には、なんと親指大の腫瘍が摘出されたのである。あのパチンコの玉大だったものが、たった

小倉智昭夫妻の結婚式で仲人をつとめた（1985年）

二ヵ月で数倍の大きさに成長していたわけだ。初めの二つの病院の診察どおり軟骨だと放置していたら大変だった。悪運強く良性だったから良かったものの、この巨細胞腫というのは悪性だと命取りだと聞いた。

仲村、森両先生には感謝しているが、リハビリの提箸先生にもお世話になった。アメリカで学んだこの先生は、手術直後からリハビリをやれと言う。日本の病院は大事にしすぎるので、その間に筋肉が衰えてしまって、元に戻すのに大変な時間と労力が必要になる。アメリカでは、患部から血を流しながらのリハビリ風景は当たり前だという。ボクもドレインから血を出しながらリハビリをさせられた。特に大腿四頭筋を鍛えるよう言われた。これこそ四つ足の動物と違い、人間が立っていられる原動力なのである。

入院は二週間で、術部の激痛と発熱に悩まされ通しであった。本当に多くの方々が見舞いに来てくださったが、多くの場合面会謝絶だった。兵ちゃんが二回も来てくれたのは今でも憶えている。七月一日に退院したが、病院の許可を得て、その間に『HOWマッチ』と『クイズダービー』の録画を、それぞれ二本ずつ撮った。一本目は車椅子で、二本目は松葉杖でやるので大変だったことを憶えている。テレビを見ている視聴者にはその間に一週間あるからである。しかもこのあと『11PM』の生放送があるので、テレビに映る回復度にペースを合わせるのだ。ビデオ撮りというものも、意外に大変なのである。

手術後三週間、森先生のOKが出てカナダに旅立つ。リハビリを続けると、提箸先生と約束する。事実、毎晩温水プールでリハビリ水泳を欠かさなかった。日記によると、妹の純子夫婦が長女の美花（二歳）をつれて来宅とある。

純子は母の死後再婚した父と義母との間に出来た子で、いわゆる腹違いの妹である。シアトルのカレッジに留学していて、ボクらはよくバンクーバーから会いにいったり、会いにきたりしていた。そのうち同級生の木村美実と恋愛の末結婚していたのである。木村はOKギフトに就職し、すべてはうまく行っていた。このあともう二人女の子が出来（杏里と芽里）、一家五人になったのでボクが金を貸して家を建てた。木村はその後OKのオーストラリア進出のため渡豪、現在は総支配人になっている。二人は渡豪後別居、離婚してしまうが、二人とも再婚したのだから、まっいいか。ボクにとっては三人は姪であるから、毎夏食事を共にしているが、昨年美花は二十歳になった。嗚呼！

この夏出発前に、東急の三浦守さんから頼まれていたことがあった。翌八六年にバンクーバーで万博がある。そのコンベンション・ホールつきのホテルを東急が落札したので、その中にOKギフトを出せないかという。すぐに現地社長の塩田さんから連絡があって、ゴードンと建築中のホテルを視察にゆく。立派なホテルなのだが（現パンパシフィック・ホテル）、なんともお土産店用のロケーションが悪い。フロントとエレベーターの間にないので、宿泊客の眼にとまらない。残念ながらお断りする。のちにミーさんから連絡あり。今度ホテルを建てるときは、設計図の段階で相談する、そうだ。実際ニュージーランドでそれが実現するのだから面白い。

この年（一九八五年）は、奈良の耳鼻咽喉科医で今でも親交を続けている藤義孝さん一家、将棋の米長邦雄一家、たびたび登場する仲村威先生を含むゴルフ・グループなど、千客万来のカナダではあったが、なんともショッキングな事件も伝わってきた。仲村先生たちが到着した翌八月十二日の朝起きると、テレビで日航機の墜落事故を伝えていた。あいにく弟の哲也もそのツアーに加わってバンクーバーに来ていた。なんとか事務所と連絡を取り、徐々に詳細が判明してきた。坂本九が乗っていたことが解る。前述したように、彼がまだ無名の時代からのつき合いであった。彼の番組の構成をやった。ボクもタレントになってしまい、以前ほど会わなくなったが、会えば昔のように「巨泉亭、巨泉亭」となついていた。今ボクのことをこう呼ぶのは、左とん平くらいのものである。

次にもっと激しいショックが襲ってきた。なんとハウス食品の浦上郁夫社長も乗り合わせていたのだ。葬儀は九月と聞き、どんなことをしてもスケジュールを空けるよう、事務所に厳命する。大阪で行われた葬儀に出席したとき、節子夫人、大塚邦彦新社長、つき合いの長かった河野隆専務らに「今後とも当社をよろしくお願いします」と、手を握られた。こうしてボクとハウスのCM契約はまた延長になるのだが、なんとも数奇なめぐり合わせではあった。浦上さんはまだ四十七歳、経営者としても文化人としても立派な方だっただけに、惜しんでも余りある。

帰国後の九月二十七日、金曜日、ボクは最後の『11PM』に出演した。ボクをタレントとして世に出してくれた、一生忘れ得ぬ番組であるが、もう番組に寿命が来ていた。六〇年代から七〇年代、日本の奇跡的高度成長を支えてきた男たちの憩いの場所であったと自負している。自分たちは忙しくてできないが、その代わりを巨泉がやってくれている。仕事に疲れて帰宅し、ビールをやりながら見て、明日の活力を得た。そんな話をその後、何千人という人々から聞いた。間違いないと思う。

しかしそのころサブカルチャーだったものは、ほとんどすべて市民権を得てしまった。今やのちに「バブル」といわれる超好況に向かってまっしぐらの日本人は、自分たちでなんでもできるようになっていた。ボクは前にも書いたが、寿命の来た番組に

「テコ入れ」などしない主義である。月曜イレブンは前年降板させてもらっていたが、金曜は〝戦友〟横田岳夫のたっての願いで、一年間の「御礼奉公」をしていたのである。

たしかに寿命は来ていた。このあとしばらく番組は続いたが、数年で消滅してしまったと思う。二〇〇一年の参院選でボクの応援に駆けつけたエモこと江本孟紀は、「巨泉さんのあと『11PM』の司会をしたが、番組は続かなかった。巨泉さんには借りがある」と演説していたが、エモの責任ではまったくない。これは『クイズダービー』を引きついだ徳光和夫の場合もまったく然りである。

第五章　You can't have everything

巨泉・たけし幻のCM

一九八六年（昭和六一年）はおめでたいスタートであった。長年の友人で、一時はOKギフトの支配人までつとめた、放送作家の河野洋が再婚するという。相手は女優の藤田弓子さんで、前年日本で会って段取りを任されていた。マウイ島の西のはずれに小さな教会があり、そこがロマンチックなので頼みに行くと、たいへん真面目そうな牧師が出てきて、結婚許可証があれば喜んでやるという。そんなものはないから、ボクが適当に作成し、牧師さんも納得してOKとなった。ちょうど翌日が『HOWマッチ』のコンペでたくさんゲストが来ていた。石坂、たけしの二人を筆頭に、イーストの東と富永正人プロデューサー（現社長）、林ディレクター、毎日放送の相沢氏、電通の久松氏らである。その他たけしのお付きでラッシャー板前、他に関口照生、竹下景子夫婦も暮れから遊びにきていた。

そういうわけで、二十五人も参加した結婚式は、小さなチャペルに入り切らないほどで（それほど小さいのです）、一月三日の挙式は大成功であった。危うく四十の大台に届きそうだったユン（弓子のニックネーム）も感激して、涙ぐんでいた。何歳になろうと、立派な初婚なのであった。翌日のコンペも大成功、富永君がネット7アンダーで優勝、ボクは73で廻ったがハンデが2なので準優勝、兵ちゃんが三位だった。夜はプールサイドで、ボク主催のバーベキュー・パーティー。皆よく飲んで楽しい限りであった。このころからたけしのゴルフ熱に火がついたのだが、家のゲストブックには「将来こんな生活をしてみたい」と書いてあった。あの瀕死の事故がなければ、ボクと同じような後半生を選んだかもしれない。

彼らが帰国したあと、われわれはワイレア・ポイントという超高級別荘地のプロジェクトに心動かされる。隣人のバッド・ワグナーというシアトルのデベロッパーが、少し西に行ったところの土地を買い、そこに建てるという。ビーチはないが、高台なので鯨のジャンプや潮吹きがよく見える。バッドとはゴルフ仲間だけに、気心も知れていた。結局いったん帰国して銀行に相談し、融資の話がまとまったので、二月に再渡布して契約した。今までのより三倍も大きいコンドで、七十八万米ドルと高価だったが、このころは冬の余生はここに住む予定にしていたのである。

バッドに手付け金一万ドルを支払ったこの日（二月二十二日）に、松尾雄治・明子夫婦が遊びにきている。一時は日本ラグビーのヒーローだった雄治だが、このころはタレント志向を強くしていた。明治の後輩になるのでたけしと親しく、その紹介だった。面白い男ですぐ親しくなったが、このころはまだボクのほうがゴルフの腕は上で、「このオヤジをやっつける」ために猛練習を重ねていた。

五月に三たびマウイに行ったが、このときはＡＫＵ・ＣＵＰというコンペに出るためであった。ハワイで有名だったアクというＤＪが亡くなり、その名を冠したチャリティーなので、日本代表で出てほしいと頼まれた。彼がユダヤ系なのは知っていたが、ここでもボクはユダヤ人の結束の強さと、財力、実行力に再び舌を巻いた。ジェリー・ルイス、アンディー・ウィリアムスをはじめ、ハリウッドやニューヨークのスターたちが顔を並べていた。名前を知らなくても、映画やテレビで見た顔だらけである。パーティーのとき司会者が、「この中でユダヤ人じゃないのは、ケイ・オオハシ（ボクのこと）とジョー・ウィリアムス（カウント・ベイシー楽団で歌っていた黒人ジャズ・シンガー）の二人だけです」と言って、大いに受けていた。

この夏のカナダは、もちろん『ＨＯＷマッチ』の問題もつくったが、主としてＯＫギフトの仕事に専念した。まず第三店として、ナイアガラの店がオープンした。バンフのときと同じく、利益を懐に入れて税金を取られるより、次の投資に廻すべきだと考えた。西部（バンクーバー）、中西部（バンフ）ときたら、次は東部になる。モントリオール、トロントという二大都市があるが、やはり日本人旅行者が一度は見たいのがナイアガラの滝であろう。われわれは目抜き通りのクリフトン・ヒルに（例によって）小さな物件を見つけて、それを第三店とした。今やナイアガラは様変わりして、中心はむしろフォールス・ビュー（滝の眺め）といわれる、小高い地域に移ってしまった。われわれもそれを予測して一九九二年に土地を買い、ビルも建てて、九三年からはそちらに移っておかげ様で繁昌している。オーガスタのところでも書いたが、町の中心地はさまざまな理由で変わるから、常に目配りが必要である。

本店であるバンクーバーも、実は問題を抱えていた。前述のように、家賃の安い、古い木造ビルを移り変わっていたが、バンクーバー市自体が脱皮しつつあった。人口も急増し、カナダ第二（一位はトロント）の大都市として現代化が始まっていて、木造の建物はどんどん壊されていた。前年からゴードンとたびたび会議し、結局自社ビルを建てるしかないとの結論に達した。ロケーションを探し、銀行とはローンの話し合いをした。そしてこの年（一九八六年）の五月、現在のアルバーニ通りの土地を購入していたのである。今やビルに埋まっているが、このときはこの通りはほとんど空き地で、その土地も駐車場に使われていた。その二百坪ほどの土地に、地上五階地下二階の鉄筋コンクリートのビルを建てようというのである。実際にその駐車場に立った感慨は格別であった。

稀有《けう》なことだが、カナダからの帰りに酷暑のマウイ・ワイレアに寄ったには、特別な理由があった。実は翌年ボクのトーナメントが第十回を迎えるので、グレードアップしてハワイで行おうという話が実現しそうなのであった。この年の春に、アサヒビールの樋口廣太郎社長（現会長）と東京でお会いした。長年の親友で、現在はOKギフトのオセアニアの共同出資者でもある吉田達弘さんが仲に立ってくれた。吉田さんはもともと宝石屋（ヨシダ興業）さんであるが、いわゆる起業家で、御茶の水で「ビストロ備前」を開いていて、兵ちゃんやたけしを連れてよく行った。そんな関係で、『HOWマッチ』にも、「謎の怪人物、吉田社長」として登場していたから、憶えておられる読者もいよう。

樋口さんは、住友銀行の副頭取であったが、銀行の先輩村井勉社長の誘いでアサヒの顧問となり、このコンビでいわゆるアサヒの「奇蹟のカムバック」をなし遂げることになる。このときは村井さんは会長になっていた。樋口さんの血液型がＡＢ型なのを知らず、さんざんＡＢ型の悪口を言ってしまい、一時はスポンサーを失ってしまったかと思ったほどだが、幸い樋口さんは心の広い方で、無事スポンサー契約を完了することができた（ボクはそそっかしい典型的Ｂ型人間で、この手の失敗には事欠かない）。アサヒとしては、生ビールタイプのビールがヒットしていたが、もっと攻撃をかけたいところであった。そこでボクのトーナメントのスポンサーとなり、日本の代表的な酒類卸商の皆さんを招待しようというプランなのだ。しかしそのためには三億円以上の金がかかる。オイソレとはできない。その下見が八月に行われたのであった。のちのスーパー・ドライの大ヒットを生んだ松井康雄部長（現アサヒフードアンドヘルスケア社長）をはじめとするアサヒを筆頭に、毎日放送、電通、日本旅行、ダンロップ・スポーツなど関係者十数人の団体であった。幸いコースも気に入られ、翌年一月開催と決まる。ホッとする間もなく、今度はワイレアのコース側との打ち合わせに入った。

このワイレアのブルー・コースは、ボクの大好きなコースで、実は去る五月二十二日に、ここで生まれて初めて、69というスコアを出していた。今手元にスコアカードがある。つけたのはダニー・カレキニで彼のサインがある。アテスト（スコアの証明）は中国系のエド・ウォングで、彼のサインもある（ワイレアのオーナー会社Ａ＆Ｂの重役であった）。もう一人はジム・ワグナーという白人で、たいへん国際的フォーサムだった。ボクは１イーグル、３バーディー、２ボギーで、初の60台をマークしたのである。

帰国後の十月には、今でも行き続けている「日本一の旅館」、能登の加賀屋を訪れた。これは王ちゃんの個人マネジャーをしていた秋山至愛君の紹介であった。北海道の二組の親友、香月由起治・悠子夫妻と石田義郎（残念ながら物故）・尚子夫妻と六人で出かけた。もう北海道では寒くてゴルフができないので、という理由だったらしい。ゴルフはそこそこだったが、加賀屋さんには大感激した。秋山君の顔で、昭和天皇御宿泊という特別室に泊めていただいた。まずは今まで経験したこともないようなサービスに酔った。風呂は総ヒノキ、ベッドからハンガーまで輪島塗、しかも能登のとびきりの和食に舌鼓を打った、までは良かった。

事件は二日目の夜に起こった。夕食後寿々子が、部屋にあった『皇室のお宿』とかいう本を読んでいたが、突然「ゲゲーッ」と叫んだ。皆でかけ寄ると、そこにはこの〝松柏《しょうはく》の間〟は、一泊素泊まりでお一人様二十五万円、と書かれているではないか！二泊だと一人五十万円、夫婦で百万円、三組だから三百万円である。しかもこの値段は素泊まりだから、食事代はいくらなのか。六人の財布を全部はたいてみたが、百万に満たなかった（まだカードなどなかった時代の話である）。今までの殿様気分はどこへやら、三人の五十男が、鳩首凝議《きゅうしゅぎょうぎ》する様は漫画的だったろう。

結局後で解ったことだが、あれは実際の値段というより、妙な客を泊めないための防止策であった。とにかくトイレの柱まで柾目《まさめ》の通った檜《ひのき》である。客が酔って傷でもつけたら大変である。要するに泊めたくないのだが、営業している以上そうもゆかない。その結果、こういう作戦になったのだ。今までどこにも書かなかったのは、加賀屋さんに迷惑がかかるといけないから。今書くのは、新館「雪月花」オープン以来、この松柏の間は記念館となり、営業されなくなったからである。あれ以来、ボクらは毎年のようにここを訪れ、オーナーの小田禎彦さん一家とも長いつき合いをさせていただいている。

つづく十一月には、サイパンに飛んだ。これはアサヒビールのＣＭ撮りである。これもアサヒ攻勢のひとつで、なんとたけしとボクのコンビで「コクがあるのに、キレがある」というＣＭで売ろうというのだ。撮影は好調に進み、たけしと二人で地元のゴルフ場でゴルフまでやった。当時のサイパンはまだまだ未開発で、ゴルフ場のグリーンは遅く、食べものも今いちであった。寿々子の日記には、帰国後「北野家」（た

け し経営の居酒屋）へ直行とある。それでもこのＣＭは当たりそうだし、来年のトーナメントに向けて順風満帆――のはずであった!?

事件が起きたのは十二月九日である。この日たけしは軍団の数人とともに、雑誌「フライデー」の編集部に殴り込みをかけた。読者はすでにご存知と思うので詳述はしないが、ボクの受けた報告では、たけしのテレビ・ラジオの出演は当分禁止であった。『ＨＯＷマッチ』は事件以前の収録だから、お断りのテロップを入れて放映するが、当然ＣＭは中止である。困ったアサヒ側は、急遽ハワイにいたジャンボ尾崎と青木功の両プロに、ボクとたけしの代わりをやらせて、正月放映に間に合わせた。そう皆さんがさんざん見たあのＣＭは、なんとピンチヒッター版だったのである。たった一度の「巨泉・たけし」の共演ＣＭは幻のバージョンとなり、今でも自宅のライブラリーに眠っている。今見ても、出来の良いＣＭであった。

あの襲撃事件はボクにとってもショックだったが、そうも言っていられなかった。早めにマウイ入りして、やらねばならぬことが山積していた。とにかくトーナメントを成功させなければならない。アサヒビールはもちろん、コース側、ホテル、毎日放送、ボランティアなど、すべての人々と、連日打ち合わせを重ねた。寿々子の日誌にも「皆が頼りすぎるので大変」と書かれているが、どうやら怒ってばかりいたようである。弟の話では、一番叱られたのはマサやんというが、このマサやんこそ、現毎日放送社長の山本雅弘さん、その人である！

にもかかわらず初日78、二日目75、計153で、金田正一さん、招待アマの伊藤さんと、ベストグロスを分け合ったのだから、われながら立派なものであった。記録を見ると下に、柴田勲、平松政次、東尾修、神田正輝、黒沢久雄ら、そうそうたるメンバーの名が見えるのだ。神田君の応援に新妻の松田聖子ちゃんが来たので、大騒ぎであった。成績はともかく、今は亡き芦田伸介、ハナ肇らもギャラリーを沸かせてくれた。なお男子プロは新井規矩雄、女子は大迫たつ子プロが優勝している。

その後毎年、ゴルフより楽しいとまで言われたサヨナラ・パーティーは、まずダニー・カレキニ・ショーで始まった。このときダニーが連れてきた「子供のフラダンス」は、のちのちまで伝えられたほど可愛かった。つづいてハナ肇、ジョージ川口、平尾昌章、松崎しげると、エンターテイナーには事欠かなかった。小野ヤスシの絶妙な司会も評判であった。アサヒビールの樋口さんは日本を離れられない事情があり欠席だったが、村井会長は大よろこびしてくださった。吉田さん情報では、来年以降も続けられそうだという。苦労の甲斐があった。

このころワイレアには、顔見知りの隣人ができていた。一人はゴルフ・ダイジェス

アサヒビールのCMでビートたけし氏（左）と〝幻の共演〟

トの社長だった木村襄司さん（現会長）。東名カントリー・クラブのオーナーでもある。随分昔からのつき合いで、ボクはダイジェストのトーナメントの組織委員をつとめていた。その木村さんが八五年に、ワイレアのコース内の一軒家を買って、冬の間二度ほど訪れるようになっていた。

そのころ、味の素の鈴木三郎助会長のご一家も、ホノルルの混雑がいやで、マウイにやってきた。東京でお会いしたとき、ボクがすすめたのである。そしてこの八七年、ボクがワイレア・ポイントの大きなコンドを見せると、たちまち上階のコンドを二つまとめてお買いになった。さすがスケールが違う。鈴木さんはボクより十歳以上年長だが、さすがに年季の入ったゴルフをしていた。財界人では故五島昇さんに次ぐ腕前だったと思う。

園山俊二との北海道旅行

一九八七年（昭和六二年）の二月は、マウイの新居の家具選びで大わらわであった。すでにバブルは始まっていたと思う。ボクらは三月七日に新居に引っ越したが、遊びにきた吉田さんもすぐに気に入り、一軒買ったし、野間口洋二に至っては、話だけで家も見ずに買ってしまった。とにかく銀行利子が安いし、いくらでも金を貸して

今でも親交の深い歌手ダニー・カレキニ氏と

くれた時代であった。今ではもっと利子が安いのに、違うのは簡単に金を貸さなくなったことである。どこかおかしいと思いませんか。ボクらも生活のレベルが上がり過ぎているように感じたが、このころはそれほど警戒していなかった。

三月に帰国して、すぐにたけしに連絡を入れる。起訴されたニュースを知っていたからである。たけしからもすぐ電話が入って、伊豆の山中に〝謹慎中〟とのこと、まったくヒマだからゴルフをたくさんしましょうとのことであった。あまりめげていないので安心した。これからしばらくは、しょっちゅう一緒にゴルフをしていた。伊東まで降りてくるか、ボクが特別会員になっている伊豆ゴルフクラブで落ち合うかが多かった。それ以外にも沼津や御殿場、東京近辺でもプレーしたものである。この間のたけしの上達は目覚ましく、記録によると六月二十五日の北海道、空港CCで88を出している。このときはよほどうれしかったらしく、皆のプレー代を払ってしまった。たった一年半前にはハンデを26！もやっていたのに、このころはショートホール抜きの14になっていた。ボクのハンデが4だったから、たけしは立派に18になっていたのだ。

この北海道旅行で忘れられないことがある。園山俊二が、藤子不二雄Ⓐ夫婦と三人でやってきたのだ。園山は八〇年前後に、検査で肝臓に影があると言われた（のちに宏子夫人から聞いた話では、癌の告知はしなかったという）。園山は禁酒を宣言した。二人の子供が成人するまでは大事な体だと言った。前述のように藤子と三人でつるんで飲んで歩いていたものだから、われわれはガッカリしたが、彼は酒場には断然つき合うと言う。シラフでも皆の雰囲気を毀すことはしないと誓った。その通りで、いつもウーロン茶でバカ話に加わっていた。ありとあらゆる肝臓に良い薬を探していた。ボクも協力して、椎茸から抽出した「シーキン」というのを紹介した。これが効くようだ、と園山は喜んでいた。

そして七年経ったこの年、ついにその影が消えたという。それでは快気祝いをやろうと言って、ボクに合わせて北海道行きを決めたのであった。行きつけの「板前處中川」での夜が忘れられない。「乾杯」と言って、園山は小さなコップのビールを半分ほど飲んだ。その途端に真っ赤になってしまった。ウィスキー一本空けても、顔色が変わることのなかった男であった。

ゴルフもやった。空港CCと小樽CCと二回もやった。やはり少し恐いと言って酒はあまり飲まなかったが、相変わらずジョークを飛ばし合って楽しい旅であった。園山は結局一九九三年にこの世を去るのであるが、そのときは望太郎君も美海子ちゃんも立派に成人していた。偉い男だったと思う。ボクは外国で訃報に接したので、帰国後お線香をあげに園山家を訪れた。あの人懐っこい笑顔の写真に向かってボクは、「園山、よくやったなあ。君の気持ちは奥さんや子供たちに伝わったと思うよ」と言った。

夏のカナダでは、二つの出来事があった。まず七月二十六日に、寿々子が二度目のホールインワンをやらかした。一度目はまだゴルフを始めたてのころのハワイで、90ヤードくらいのところを5番アイアンで直接入れてしまった。そのときは前述の二世ラリー・仲間さんが記念のトロフィーをつくってくれたが、今度は逆に大出費となった。ちょうど旅行関係者の会「二水会」でバスを借り切り、アメリカ領の「サドンバレー」というコースに行ったとき、やってしまったのだ。全員一緒に帰るので黙っているわけにはいかない。空港近くのスーピリア大飯店という中華料理店に皆を招待した。バスの運転手も入れた。総勢二十九人で計七百ドルくらいかかったが、ビール代も入っていたのだから安い時代だった。女房にいつも威張られるのだが、ボクは一度もやっていない。フェアウェイやラフから打ったボールが直接カップインするイーグルは、十数回やっているが、ショートホールではなぜか出ない。きっと死ぬまで出ないのだろう。

二つ目は、名門ショネシー・カントリークラブのメンバーになれたことである。カナダで最も親しい友人のテリー・クレイが、今のプレジデントは友人で、しかも日本びいきだから申し込んでみろと言って、自ら紹介者になってくれた。ここはバンクーバー市の最高のコースといわれ、しかも保守的で、黒人はおろか、ユダヤ人も入れない。東洋人は十数人入っていたが、とにかくうるさいクラブであった。ボクらはリッチモンドが好きだったが少し遠い。ショネシーなら車で十分とかからなかった。せっかくのチャンスなので前年申し込んでおいた。通常七年待ちとか八年待ちとか言われていたし、だいいち紹介者が三人、賛同者が六人（全部メンバー）など集められるわけもない。英国流のスノビッシュなプライベート・クラブの内容がよく解ったが、テリーのおかげで一年でメンバーになれた。ただしまずはソシアル・メンバーで、週一回くらいならゴルフができる。入会金は前払いで、ボクが一万四千ドル、女房が三千ドル、計一万七千ドル（約二百万円）であった。もちろんこの金は辞めても返ってこない。そのうえ二人で年間約七百ドル食堂で使わなければならない（何も食べなくても徴収される）。つまりメンバーだけでクラブを支える、これがプライベート・クラブである。日本にはひとつもない。

テリーの説明では、ゴルフが毎日できるメンバーの数は男何人、女何人と厳然と制限されていて、誰かが死ぬか辞めるかしないと、新人は入れないという。おそらく数人単位でソシアルにしておくのだろう。18番グリーンの奥にカナダの国旗が立っているが、それが半旗になっていたら、誰かが亡くなった印だという。

あるとき18番でその半旗を見た。内心期待しながら上がってゆくと、支配人が「ミスター・オオハシ、残念ながら亡くなられたのは老婦人です」と言う。ボクはとぼけて「なんのことですか？」と言うと彼は、「ああ、旗をごらんになったのかと思いまして」とのたもうた。気にしているのを知っているのである。なんとかこの年メンバーになれ、それから十七年、今でも会員をつづけている。

帰国後の九月、サザンクロスのクラブ選手権はストロークプレーであった。パットが巧くてマッチプレーのチャンピオンには四回もなったが、ストロークは得意ではない。しかもすでに五十三歳になっていた。しかしこのときは好調で一度も80を打たず、4ラウンド計310ストロークで、なんと二位に11打差をつけての大楽勝であった。とてもうれしかったので「人生は五十歳から（Life begins at 50）」と染め抜いたシューズ・バッグをたくさんつくって、世界中の友人に送ったものである。

『こんなモノいらない!?』

十月四日からは、NTV系で『巨泉のこんなモノいらない!?』がスタートした。これはボクが『11PM』を降板したときからの約束で、日テレ系でレギュラー番組をやることになり、ひそかにプランを練っていた。当時筑紫哲也の編集でインテリ層に人気のあった「朝日ジャーナル」誌に、同名のコラムがあった。ボクは筑紫君に会って(彼は早大新聞科の一年後輩に当たる)、このタイトルをテレビで使ってもいいかと聞いた。別に登録商標ではないから結構です、と言う彼に、「君にも出演してもらうから」と頼んだ。

『巨泉のこんなモノいらない!?』（日本テレビ提供）

そして七月に、三人の紳士がひそかに伊東のわが家を訪れた。日本テレビの高木盛久社長、大阪電通の山下和彦常務、そしてタイガー魔法瓶の菊池嘉人社長である。このときは、「いらない」というネガティブなタイトルが問題視されたが、ボクのたっての願いで承認された。読者は憶えているだろうか。さかのぼること十五年前、『チャレンジクイズ』が終わったとき、ボクは菊池さんと「また必ず一緒に番組をやりましょう」と約束した。そしてそれが果たせたのである。

第一回のいらない「こんなもの」は、「NHK」であった。ちょっと刺激が強すぎると、日テレ内で抵抗もあったが、ボクは強行した。女房と弟以外には言えなかったが、ボクは五十五歳引退を決めていて、この番組をテレビ・ホストとしての大橋巨泉の集大成にしたかったのである。そのためには世間の耳目を集める必要があり、そのための強行であった。ともすれば「独断と偏見」のそしりを受けるボクのガードとして、「データ室」なるものを設け、小倉智昭をデータ室長に起用した。つまり独断でなく、データに基づいていますよ、と言いたかったわけだ。

そして当時アメリカのNBCのニュース・リポーターとして活躍していた、ジャック・レノルズにパートナーになってもらった。彼はニューヨークかワシントンにいて、ボクとナマで話し合うのである。もちろん全部英語でやった。これは衛星を使ってやるのだが、これだけで千万単位の金がかかった。高橋進プロデューサー（現読売テレビ専務）がやりやすいように、最初から社長にも話に加わってもらったのである。当然「ＮＨＫ」は話題になり、視聴率も取った。

ボクは日本テレビも含めて、いくつかの制作会社に二ヵ月に一本くらいの割り当てで、決められたテーマで構成をさせ、ボクのところへもってこさせた。「こんな本が使えるか」と準備稿を投げつけたことも何回かある。ボクはこんなに真剣になったことはない。台本を投げるくらいだから、作家やディレクター以上に勉強した。何百冊本を読んだことだろう。「国境」「憲法」「首都」などの硬いテーマから、「交通取締」から「血液型性格判断」のような身近なものまで、あらゆるジャンルに挑戦した。

ボクはグローバル化するであろう、二一世紀を見据えていた。勤勉で優秀な民族だが、島国で閉鎖的な日本人に、目を見開いてもらいたかった。だからこそ衛星を飛ばしてまでジャックに意見を聞いたのである。「英語教育」をやったとき、日本の高校の入試問題を、現役のアメリカの高校生がほとんど五十点以下だったときの反響など凄いものであった。ボクはリタイアして海外に行くが、これがボクにその環境を下さった視聴者への御礼奉公なんですよ――と口には出せなかったが、ボクはそのつもりでやった。全力投球して二年間、計百本やって、ボクは引き止めるのを断って幕を引いた。一九八九年の九月であった。今でもボクの代表作はと問われれば、『こんなモノいらない!?』と答えている。疲れたが、本当に充実した二年間であった。

この年（一九八七年）の暮れは、いよいよ新しいマウイの家で正月を迎えるので大忙しであった。二階の鈴木三郎助一家（道代夫人と息子の明彦君夫婦）、麻布の老舗ステーキハウス「はせ甚」の久保田晴之さんも一軒買ったので、クリスマスや大晦日は大いに盛り上がった。年が明けると、前に書いたように〝見もせずに一軒買った〟野間口洋二のグループがやってきた。ユニデンの藤本社長も一緒だったと思う。

実はこの年に、われわれはワイレアで「さくら」という和食レストランをオープンしていた。われわれとは、鈴木、久保田、野間口の諸氏とボクである。実はハワイはボクとは相性が悪く、事業は必ず失敗した。最初は七〇年代にJCツアーズという旅行会社に出資したが、パートナーの社長が行方をくらましてしまった。ところが社員（といっても二、三人だったが）に泣きつかれて、資金を出して「OKツアーズ」というのをつくった。これもまったく儲からなかったが、ゴルフ・トーナメントがハワイへ来たので、何かと便利であった。

もうハワイは懲りたと言っていたのだが、これだけ皆マウイに別荘をもって、和食堂がないのは不便だと考えた。同じマウイ島でシェフをしていた、腕の良い竹中君という男が、火事に遭って困っていたというタイミングもあった。四人で出資ならと、十万ドルくらいずつ出し合って始めたように記憶している。ワイレアのブルー・コースの15番のティーの横で、便利なうえにおいしかった。オーナーは三割引きだが、必ずキャッシュ払いと決めた。野間口君はニューヨークでさんざんレストランをやったし、久保田氏ははせ甚のオーナーである。うまく行くと思ったが、日本人の来るシーズンとまったく来ないシーズンとあり、目論見は空振りに終わった。四人とも二、三千万円の損を出したが、最後は野間口洋二の努力で、トラブルも起こさず閉店した。

そんなハワイだが、一九八八（昭和六三年）年の正月は、たけしがホノルルへ、ビジネスでやってきた。「北野印度会社」というカレー屋をオープンさせたのである。たしかとにかくこのころは何事もつるんでいたので、ボクも二百五十万円出資した。たしかに軽井沢とかいろいろ支店を出して評判になったが、その後十五年間にボクがもらった配当は、Tシャツ二枚！だけである。今はあの会社、どうなっているのかなあ!?

二月には第十一回の巨泉トーナメントがワイレアで行われ、デヴィッド・イシイが青木功をワンストローク抑えて優勝、女子はこのころ無敵の大迫たつ子プロが連勝した。ボクは77・80の157でベスグロ連覇、ネットは謎の怪人物吉田社長が取った。この年は、今は亡き古今亭志ん朝師匠が初参加した。ゴルフ大好き人間だったチョーさんとは、日本でも何回かプレーしたが、このハワイはことのほか気に入って、必ずまた出ると言っていたが果たせなかった。今となっては残念である。たけしも前年は遠慮?したが、この年からはずっと参加することになる。兵ちゃんも前年（一九八七年）は包丁を足の上に落とす事故で不参加だったが、この年からは毎年来てくれた。松尾雄治も来たが、〝オジサン〟に敵わなかった。小池一夫さんも挑戦したが、ベストテン入りはできず、競輪王中野浩一もやっと200を切る有り様。ここはハワイ特有のバミューダ芝のグリーンで、芝目を読むのが大変なのである。メンバーのボクが有利なわけだが、初参加も青木功となると話が違った。一緒に廻ったのだが、練習ラウンドもしないで、3ホール目くらいには「ここの芝、読めた」と言い、正確にパットを沈めていた。なんとボクも教わっていた。さすが「世界のアオキ」であった。

トーナメントのあと、われわれはカナダから来た遠藤泰司君と待ち合わせ、オセアニアに向かった。遠藤君はバンクーバーでフランス料理店を経営しており、奥さんの淳子さんはOKギフトで働いていた。前年淳子さんから、夫が将来のことで相談したがっていると言われ、会って話を聞いたことがある。ちょうどボクもOKギフトの第四店を考慮していたのである。アメリカからの誘いもあったが、すべて断った。銃犯罪（このころピークだった）の対象になることを怖れたのである。ボクの眼は南半球に向いていた。カナダ同様、オーストラリア、ニュージーランドは、日本と「ワーキング・ホリデイ」協定を結んでいる（若者に働きながら見学できる便宜を与えるシステム）。アメリカにはない。転職したいなら、海外行きも辞さないかとのボクの問いに、遠藤君は数日おいてからイエスと言ったのである。

前述したが、ボクは東急の総帥故五島昇さんから学んでいた。「大橋君、金は銀行で貸してくれるが、人は自分で見つけ、自分で育てるしかない」。ボクは遠藤君の資質を買い、彼を伴って第四店探しの旅に出たのである。シドニー、ゴールドコースト、クライストチャーチ、ロトルア、オークランドと見て歩く。オーストラリアは時機ではないと感じ、ニュージーランドに気持ちが傾く。いちばん好きな町はロトルアだが、商売的にはクライストチャーチという結論になる。

またこの旅行中、キャンベラのトーナメントに出た。日本からは高橋勝成プロも来ていて一緒に練習ラウンドする。プロしか廻れない日で、係員が「どこから？」と聞くので「ハワイから」と答えると、「あ、ハワイアン・オープンに出ていたんだね」と勝手に誤解してくれる。勝成に「皆見ていますから、1番のティーショットだけは、プロみたいなショットをしてくださいね」と言われ緊張したが、そこはプレッシャーに強いボクのこと、ど真ん中にドライバーを打ってやった。

翌日の、ホーク首相主催のパーティーで、二人のゴルファーと再会した。一人は今や大スターのグレッグ・ノーマン。「憶えているかい?」と名乗ると、「忘れるもんか。あんたからもらったトロフィーは、今でも家に飾ってあるよ」。お世辞かと思い「まさか」と言うとグレッグは、「だってあれが、オレがもらった最初の大きなトロフィーだもの」と真面目な顔で答えた。これから現在に至るまで、何回も会って旧交を温めている。

もう一人は、そのグレッグを代役に立てたピーター・トムスン。あのとき（452ページ参照）の話をすると、「どうだい。グレッグはオレより有名になったろう」と得意げであった。最近豪州が気に入っていると言うと、ピーターは「もし家を買うなら、ポート・ダグラスにしろ」と言う。ケアンズの北にあるリゾートで、最近コースを設計したらしい。自分も家を建てて老後を過ごすつもりだと、真剣に話すので、いつか行ってみるよと答えておいたのだが……。

バンクーバーに自社ビルがオープン

四月には三回目のマスターズ。もうこれが最後と思い、白マークから廻る。有名な16番の池越えのショートホール。キャディーの言うとおり、ピンを見ずにずっと右のほうへ打つと、まだボールが池の上を飛んでいるのに彼は「ユー・ガット・イット（やったね）」と叫ぶ。ボールはピンの右上十メートルくらいのところに落ちたが、次第に戻ってきて、ピンの上三十センチのところで止まった。「昨日なら入っていた」「なぜ？」「今朝刈ってないから」。すごく優秀なキャディーだった。一緒に廻った衣笠祥雄たちが「ＯＫです」と言ったが、ボクは一生の記念にと、その短いパットを沈めた。これで計7オーバー、70台も夢ではなかったが、17番ダボ、18番ボギーで82だった。でもうれしかった。

このとき、アーバネット社長の杉山敏隆氏に招かれ、ビリー・キャスパー夫妻と会談した。「これからはシニアの時代だと思います。プロはキャスパーさんが全面協力してくれるので、アマのほうはぜひ巨泉さんに」と言う杉山さんに協力の約束をする。このときモルモン教徒として有名なビリーが、誰もいないとビールを飲むのを見て、アメリカにも「本音と建て前」があるのを感じた。

十一月にこの話は実現して、千葉のキング・フィールズで三日間にわたって行われた。プロの優勝がキャスパー、アマはボクというのも何かの因縁か。超速グリーンのコースで、79・75・80の計２３４は悪くない。松尾雄治も出ていたが、二位に5打差をつけた。これも伊東ＣＣと同じ、第一回のチャンプになったが、バブルがはじけて長続きしなかったのは残念でならない。

　六月になって、当時親しくしていた青木ファミリーの船渡川育宏から、プロギアのカーボン・ドライバーをもらい、これがピッタリ合った。その旨を伝えると、横浜ゴムから二人やってきて、モニターになってほしいと頼まれる。別になんの拘束も、金銭関係もありません、ただ当社のゴルフ用品についてのご意見をいただければというのでOKした。このうちの一人、斉藤眞吉さんとは、今でも年に一、二度ラウンドしたり、話し合ったりしている。もちろんモニターも、十数年続けている。

　もともと青木ファミリーには、ボクの高校の後輩に当たるプロが片山康、渡辺司と二人もいて、次第に親しくなった。フジサンケイ・クラシックが川奈で行われるようになると、必ずボクが全員をディナーに招待した。船渡川や海老原清治、西川哲、大町昭義、田中泰二郎ら、いい奴が多かった。その後、御大青木功がアメリカに主戦場を移しても、弟子たちだけ集まった。のちに片山は、オーストラリアで隣人となったが、それには共通の友人に、石坂浩二がいたという偶然もあった。

　夏にカナダに行くと、バンクーバーの自社ビルがオープンしていて、五階に社長室があり、地下の駐車場には専用のスポットがあった。なんだか本当の社長になった？　ような気がしたものである。しかし落ちついてもいられず、ニュージーランドのクライストチャーチ店の開店に向けて、ゴードンと遠藤君を中心に計画を練る。なんとか十一月オープンのメドが立つ。

ニュージーランドへは、前述のシニアゴルフの直後出かけた。吉田達弘さんが共同出資者になってくれたので同行する。二人で四〇パーセントずつ、OKカナダが一五パーセント、店長となる遠藤君（現在はニュージーランド総支配人）が五パーセントという株の保有になった。まずオークランドで、翌年末に出来上がる東急のパンパシフィック・ホテルの工事現場へ行く。三浦守さんとの約束で、こちらの希望どおりに設計してくれるとのこと。裏側の団体入り口のそばという、絶好の場所にしてもらう。

クライストチャーチについて、店の検分をする。本当は大聖堂の通り、コロンボ・ストリートに欲しいのだが、値段が高い。売りに出ていたビルは六百万ドルだという。手が出ないので、ひとつ横道に入ったアーマー通りに、小さな店舗を借りてある。亡父の「小さく始めて、大きく育てる」のモットーを守ったつもり。ところが数年後、例のビルのオーナーが、どうしても手放さなければならなくなり、オークションでなんと二百万ドルで手に入れることができた（現在の店である）。ここでも父は正しかったし、不動産の売買は、あくまで市場の動向に逆らわないことだ。

そこへたけし一行が到着した。この春（北半球なら五月中旬）は寒さが取れず、のちのちテレビで「巨泉さんの言うことを信じて行ったら、吹雪の中でゴルフをやらされた」とさんざん毒舌を吐かれたものだ。とにかくこの前後十年くらいは、たけしとボクがいちばん親しくしていた時期である。伊東、ハワイ、カナダ、ニュージーランド、オーストラリアと、ボクのいるところにはすべて訪ねてきてくれた。ゴルフと酒という共通項があった。その後、あの事故もあって、彼はゴルフをあまりしなくなった。代わりに映画づくりにのめり込んでいった。ボクも日本にいなくなって、会う機会は激減した。もう五年ほど会っていないと思う。でもいちばん輝いていたころの北野武と過ごした時間は大切な財産だと思っている。彼もボクのことを心から信頼していたのだろう、いろいろな女性を伴ってボクのところに来た。中には超有名人もいたが、ボクは一度も他人に話したことはないし、このまま墓場までもってゆくつもりである。

この旅行の最後は、吉田さんと三人で、ポート・ダグラスに行った。ピーター・トムスンの言葉が、どうしてもひっかかっていたのである。「ボクは世界中で二百を超えるコースを設計したが、これはその中でもベストスリーに入る作品だ」。なるほど面白いコースであった。パー5もパー4もパー3も6ホールずつあり、プロからアベレージ・ゴルファーまで楽しめるように造ってあった。そして初ラウンドが38・34の

72とパープレーであった。もう止まらない。すぐに売り出し中のコンドのパンフレットをもらう。

一九八九年（平成元年）、ボクはついに〝大事業〟に向けて、最後の行動を開始した。その大事業とは、セミ・リタイアメントである。下準備は随分前から行っていた。まず長年ボクのマネージメントをしてくれていた近藤利廣から、弟の哲也に会社の経営権を移した。近藤はマネジャーとしてはたいへん優秀な男であるが、経営者ではなかった。大橋巨泉事務所を設立して十年以上経ても、会社にはほとんど内部留保というものがなかった。いわゆるドンブリ勘定で経営してきたから、金が溜まらないのである。ボクが若いうちは良いが、引退が視野に入ってくるとこれでは困る。近藤としてもボクが現役でいるうちに独立したほうが業界で顔が利く。八四年だったと思うが、ボクのCMを作っていたサラブレッド・プロモーションという会社を、無償で近藤に譲って独立してもらった。ボクの成功の功労者の一人である。年商一億円以上の会社で、あとは自分で広げるように言った。彼はマネージメント会社としても、外タレなどをうまく使って、今日も活躍している。

弟の哲也の入社経緯は書いたが、そのとき経理学校へ通ったので、そちらには明るい。とにかく内部留保を増やし、ボクの個人財産管理会社をつくり、来るべき日に備えるよう頼んだ。よくやってくれたと思っている。

次に仕事の整理を開始した。一九九〇年三月いっぱいですべてのレギュラーを降板したと言っても、そのときは『クイズダービー』と『HOWマッチ』しか残していなかった。はるか前から整理を始めていたのである。まずこの八九年の三月いっぱいで、競馬予想・評論の仕事をキッパリとやめた。皮肉なことに、この年の十二月にミデアム出版から上梓された『競馬解体新書』上・下巻は、ベストセラーのリストに載った。競馬エイトの予想も、ニッポン放送の解説も依然好評だったし、ギャラ的にも大きな位置を占めていたが、すべて降ろさせていただいた。つづいて前述のように、この年の九月いっぱいで『こんなモノいらない!?』が終了した。残るは『ダービー』と『HOWマッチ』、これは依然高視聴率をつづけていたので、根廻しが必要だった。

『HOWマッチ』は、制作のイーストとは非常に近いので、事情を話して、あとの番組の面倒もみることで解決した。石坂浩二とビートたけしの両君には、直接会って説得した。たけしはボクが第一線を退くのに強く反対したが、ボクには秘策があった。この年の十月にTBSでスタートした『ギミア・ぶれいく』である。これは、大橋巨泉、石坂浩二、ビートたけし、関口宏、竹下景子、藤子不二雄Ⓐ、森光子という七人がレギュラーで、そのうち出られる人が司会をするという、超大型番組であった。このうち森さんを除く六人が、伊東市に自分たちで金を出し合って建てたマンションの持ち主であった。イーストの会長だった東修も一室もっていた。地下の温泉プールでしゃべっているうちにまとまった企画、というのはウソのようなホントの話である。

話は少し戻るが、海外旅行が多くなって、年老いた義母を伊東の高台の一軒家に残しておくのが心配になってきた。犬もマオ一匹になったので、家を売ることにした。しかし伊東は好きなので、町中にマンションを建てることになった。建ててくれたのは、長年のゴルフ仲間の高橋多喜男さんである。彼とは七〇年代からいろいろなトーナメントで一緒になり、いつの間にかゴルフ以外でも友人になっていた。伊東CCのメンバーにもなり、クラブ選手権で戦ったこともある。今まで書かなかったが、ハワイやカナダに何回も来ていた。彼は保証美建という建築会社の社長であり、この話をすると一肌脱いでくれた。詳述は避けるが、有名人がプライバシーを守るには、住人全員が友人なら良いだろうというアイデアだったのである。自宅として使うのはボクだけであとは別荘だから、ボクがペントハウスを買った。ここのベランダでボクが「伊東の朝は早い」と言いながらコーヒーを飲む、というのはたけしの創作である。だが、パロディーとしてはさすがに巧い。

というわけで、『ギミア・ぶれいく』を始めるし、『HOWマッチ』の後続番組『世界まるごと2001年』にも関わっていくので、皆納得してくれたのだが、問題は『クイズダービー』であった。ロート製薬の一社提供で、『お笑い頭の体操』から数えると、なんと二十二年間も、ボクと二人三脚でやってきた。ロートさんも自社の宣伝機関のエースとして扱ってくれていた。毎年春秋に、ゴルフコンペと観光つきの一泊旅行があった。社長以下とも親しくなり、いわばファミリーになっていた。

この年（一九八九年）の十月、ボクは寿々子を伴って、大阪のロート本社に山田安邦社長を訪れた。ところが何もご存知ない山田さんは、ボクらを芦屋の自宅に招待してしまったのである。奥様の心づくしの手料理までいただいて、ボクはとうとう口に出せずに、すごすごと東京へ帰ってきた。さすがのボクも、つらくて言い出せなかったのである。

いったん東京に戻り、当時TBSの制作局次長だった今里照彦に相談した。彼とは新入社員のころからのつき合いである。ひそかに山田社長の上京スケジュールを調べ、二人で赤坂のホテルに面会に行った。事情を説明して来年三月いっぱいで降板させてくださいと頼んだ。あのときの山田さんの落胆した顔は一生忘れられないであろう。「どうしてもダメですか」という頼みには「申し訳ありません」と頭を下げるしかなかった。昨年（二〇〇三年）急逝されたあと、芦屋のお宅に弔問にうかがった。そこでもう一度ボクは、山田さんの柔和な遺影に「申し訳ありませんでした」と申し上げることができたのは、せめてもの慰めである。

この一九八九年は伊豆半島に群発地震が起こった年であった。われわれはもう例のマンションに移っていて、高橋さんは耐震建築をしてくれていたから、危険はなかった。それでも毎日の揺れに、二人ともヘルメット、懐中電灯、飲料水などをベッドサイドに置いて寝る日々は愉快ではない。震度三までは驚かなくなった。四を超えると一種のタテ揺れを感じる。これが気味悪かった。翌九〇年はいったん収まったが、九一年にまた発生し、これが二年後の九三年に千葉に移住する原因のひとつになったのである。

伊東の地震の始まりは、七月の海中から島が突起した事件だったが、これはカナダのテレビで「珍現象」として紹介されて知った。面白いこともあるものと見ていると、なんと画面に「ITO, JAPAN」と出てびっくりした。ちょうどたけし一行が来ていて、「巨泉さん、帰ったら家は海中ですよ」とからかわれたのを憶えている。たけしと入れ代わりに王ちゃんがやってきた（全員で飲茶ランチをしたっけ）。前に書いた「約束」は、前年王監督が解任となり、ようやく果たせたのである。

バンクーバーからロッキーへ、そして再びバンクーバーに戻った九日間、王ちゃんは本当にリラックスして楽しそうであった。ゴルフだけでなく、バンフの鱒釣りにも連れていった。バンフのホテルの階段からボクが転げ落ちて腰を強打、三日間ゴルフができなかったアクシデントがあったが、それでも二人でいろいろ話し合えた。詳述は避けるが、ボクの読売巨人に対する不信は、このころ始まったと言って良い。だから後年王ちゃんがダイエーの監督になり、日本一になったときは本当にうれしかった。名古屋球場まで応援に行ったほどである。それにしても王貞治は、つくづく〝日本人〟だと感じた。フランス料理へ連れていっても、中華料理!をご馳走しても、夜遅くボクの建てたビルの二階の和食堂「千代田」に寄ったそうだ。あとで店のシェフから聞いてボクはアキレたほどである。

セミ・リタイア会見

さていよいよ明けて一九九〇年（平成二年）、ハワイから帰るとボクは、赤坂プリンスホテルで記者会見を開いた。大勢の記者、カメラマン、リポーターを前に、ボクは来る三月いっぱいで、すべてのレギュラー番組を降板し、セミ・リタイア生活に入ると宣言した。このときの記者達の反応の悪さは、ほとんど信じられないほどであった。平易に言えば「何を言っているんだろう」というところであったろう。三つも高視聴率を取る番組をもち、億単位の金を稼ぎ、夏はカナダ、冬はハワイと優雅な生活を送っている男がなぜ？　というわけだ。時はまだバブル経済のさ中。皆イケイケの合唱の時代である。まだ日本では「引退」はネガティブな言葉であった。彼らに理解しろというほうがムリだった。

四月以降何をするかと聞かれて「ゴルフ」と答え、「目標は？」「シニア選手権とエイジシュート」。ますます会場はシラケてきた。今でも十分やっているではないかと思われるのだ。ところがボクにとっては、「何日までに日本に帰らなければならない」生活と、「好きなときに帰ればよい」では天と地の違いなのである。それに『こんなモノ』でやるべきことはすべてやった。あとは下り坂だろう。それなら後進に道をゆずって、きれいな引き際を見せたい――これは口には出さなかった。心の中では「押さば押せ、引かば引け」の鉄則に従っただけで、「全部取ろうと思ってはいけない(You can't have everything)」だと言っていた。ちょうど十年経った二〇〇〇年の四月、ボクの『巨泉――人生の選択』は、四十万部を超すベストセラーになった。要するに時代のほうが、ボクに追いついてきたのである。これはあくまで十年後の話である。

この年の二月、恒例の巨泉トーナメントで面白い話が起こる。関口宏とは長いツキ合いで、好きな男の一人である。だから他の番組には出ないボクも、彼の『わくわく動物ランド』には何回かゲスト出演したほどである。この男は「仕事が趣味」という男で、何回誘ってもハワイに来なかった。しかし奥さんの西田佐知子さんは行きたいのである。サッチン（彼女の愛称）とは、宏と結婚するずっと前からの知り合いである。「巨泉さん、なんとか連れてってよ」というサッチンの願いをかなえるため、とうとう宏を口説き落とし、この年初参加したのである。彼はゴルフは大好きだし、そこそこの腕前である。

ところがトーナメントも無事終わり、あとは雨天予備日とサヨナラ・パーティーだけとなると、宏が聞く。「巨泉さん。これでトーナメントは終わりですね。切符が取れたら先に帰ってもいいですか？」「何言ってんだよ、仕事じゃあるまいし、あと二日楽しんでいけば良いじゃないか」「いや、来週の〝サンデーモーニング〟（ちょうどこのころ始めたと思う）のことが気になって。できれば一日早く打ち合わせしたいんですよ」。本当にワーカホリックという人間はいるのだ、とつくづく感じたものである。

トーナメントそのものはますます好評で、これに出たい男女プロ、芸能文化人が目白押しで、こちらで選ぶのに苦労するほどになった。一応プロのほうは、前年のランク順で、スポンサー枠は二名という規定に従った。アマチュアのほうはそうはいかないので弱った。事務所の平尾徹夫を専任にして、一年前からスケジュールの調整に当たらせたほどである。たとえ成績は悪くても、芦田伸介さんをはじめ、三好徹、佐野洋、ハナ肇、ジョージ川口、藤子不二雄Ⓐ、小野ヤスシ、平尾昌晃、米長邦雄、江本孟紀ら、昔から出てくれていた人たちをむげにはできない。一方監督を辞めた王ちゃんや稲尾のサイちゃん（神様、仏様、稲尾様と言われた名投手稲尾和久のこと）とは、約束をしていた。かといって高橋英樹、布施明、小田和正、近藤真彦らの人気者が出られるとなれば、中継する毎日放送は出してほしいと言う。とにかくうれしい悲鳴の連続であった。トンビこと東尾修とも、現役引退したらと約束していた。この男の上達は凄かった。トーナメントがハワイに移って四連覇したボクのベストグロスを奪ったのは、東尾であった。

この一九九〇年から、ワイレア・ゴルフクラブは、地元のA&Bから日本の信和ゴルフにオーナーシップが移った。社長の国府光雄さんは小柄だがゴルフはシングルの腕前で、すぐに仲良くなった。これはボクの持論だが、ゴルフ場はオーナーがゴルフを愛していなければダメである。それは経営者だから、利潤を考えるなとは言わない。しかしすべての前に、ゴルフ場を良くすることをもってくる人でなくてはいけない。多くのオーナーたちと一緒にプレーしたが、ボールを追いながら雑草を抜く、倒れたロープを直す、ディボットを埋める、こういうことをする人のコースは必ず良くなる。国府さんはまさにそういう人である。

国内でも、ゴールデンバレーやパインレイク、信楽ＣＣなど、内容の良いコースのオーナーとして知られていたが、ワイレアにも随分金をかけた。親交のあるロバート・トレント・ジョーンズJr.に頼み、大改造の末54ホールにまで拡張して、現在はハワイで最も人気の高いリゾートコースに成長した。しかし時の流れには抗し得ず、二〇〇三年にはＲＣＣ（整理回収機構）のすすめに従って涙を呑んで手放さざるを得なくなってしまった。国府さんは国内九つのゴルフ場のメンバーのプレー権を守るために、国外コースを売却したのである。「思い出をなぞるように」、ボクは二〇〇三年一月、最後のラウンドをした。もう二度と帰ってくることはあるまい。ハワイは老後には条件が悪すぎる。物価は高い、ゴルフ場は混んでいる、そして何よりも時差がこたえる。それにしても国府さんの「ほんまはここがいちばん儲かってまんのやけどな。それを売れちゅうんだから、ＲＣＣも厳しいもんですわ」という言葉が耳に残って離れない。

たしかに企業や個人にも責任はある。しかし、りそなにしてもダイエーにしても、大企業は国民の金を使っても救済する。中小企業や個人は勝手に倒れろ、という現在のやり方はフェアではない。中小企業の経営者は個人資産も犠牲にしているのである。ボク個人でも、ゴルフ場会員権と地価の暴落で、二億数千万円が紙くず同様になった。自分で納得して買ったものだから泣き言は言わない。しかしこの間の政治を担当してきた者どもの責任が問われないのはなぜか。それだけはどうしても納得がゆかないのである。

「ひまわり生活」が完成

さてハワイと訣別して南半球へと目を向けさせる決定的な出来事は、一九九〇年の五月に起こった。ＯＫギフトショップの第五店となる、ニュージーランドのオークランド店がオープンしたのである。前述のように、東急百貨店の三浦守社長との約束で、パンパシフィック・ホテルの中に店を出したのだ。これは東急百貨店とＯＫギフトの対等ジョイント・ベンチュアで、当時の日経新聞にも載った。大資本の企業と極小企業の合同ベンチュアが面白かったからに違いない（なお現在はオセアニアのＯＫギフトから東急は撤退している——念のため）。

開店セレモニーが終わったあと、われわれはその足でニュージーランドからオーストラリアに向かい、ゴールドコーストに泊まった。実はコンドのあるポート・ダグラスは好きなのだが、夏場は少々暑い。もしもう少し過ごしやすいところが見つかったら、ハワイから（冬場の）居を移しても良いと考えていた。先ほど述べたような理由で、ハワイからは撤収しても良いという思いが徐々に固まっていたのである。ポート・ダグラスはどちらかというと〝衝動買い〟に近かった。ハワイと同じ十七度だが、こちらは北緯でなく南緯である。十二月〜三月の冬場は、ここは真夏になるのだ——とあとで気がついた。そこで南緯二十七度のゴールドコーストということになった。そしてゴルフ場のついたコンドという条件にぴったりの、サンクチュアリ・コーブというところへ行った。ポート・ダグラスとは逆に、危うく90を叩きそうになったほど難コースであった。しかし環境が最高で、カナダの帰りに寄ると約束して帰国したのである。

カナダではついにゴードンとの同居に終止符を打つことになった。セミ・リタイアする以上長く住むし、彼も（現享子夫人と）再婚の話が出ていた。西三十九丁目にコンドを見つけ、七月十八日に引っ越した。ここはたいへん気に入って四年ほど住んだが、次第に近所にコンドが建ちはじめ、少々うるさくなったので九四年に売却してしまった。その後BC大学のキャンパスの側の静かなコンドに移ったのは良かったが、木造なので上階の足音が気になり、二年でまた引っ越した。それからも二回替わったが、ダウンタウン近くの入り江沿いが気に入り、現在は入り江の東側の四階に住んでいる。ボクは高所恐怖症なので、このくらいが限度なのだ。

さてカナダから九月三日にケアンズに飛んで、ポート・ダグラスに着いた。そこへ石坂浩二、東修、弟の哲也が合流、数日後皆でゴールドコーストのサンクチュアリ・コーブに向かった。カナダでFAXなどで連絡を取り合っていたが、なんと全員そのコンド（出来たて）に無料で泊めてもらう。ところが翌日他のところも見せられ、やはりウォーターフロントが素晴らしく、ボクと兵ちゃんはその場でサインしてしまった。どうせならその四軒つづきのコンドは、全部友人でまとめようという話になった。きっと伊東のマンションの続き、みたいな気分になっていたのだろう。たけし、東、片山康、松尾雄二、高橋多喜男らの名が挙がり、帰国して話すことにした。結局その話は実現してしまうのであるが、石坂、片山、高橋の諸君は今でも所有している。

オセアニアに惹かれ出したのは、なんといっても時差が少ないことで、年齢とともにハワイ往復の時差ボケ解消には、数日を要するようになっていた（若いころは羽田空港からスタジオに直行して『11PM』を生放送でやったりしたものだが）。次に物価が日本やハワイに比べると格安なこと、特に食料品は何分の一という安さであった。面白い話がある。コンドでバーベキューをするので、寿々子がポート・ダグラスの肉屋に行った。一枚二百グラムくらいの牛肉が、十ドルと出ていたという。日本の主婦として、当然これは「百グラム十ドル（約八百円）」だと思った彼女は、「八枚ください」と言って、二百ドル出した。肉屋のオヤジの困惑した顔を、彼女は今でも忘れられない、と言う。百ドル紙幣を一枚返しながら、「八枚なら二十ドル札一枚で足りるよ」と言った。この東洋人の女は、百と十の計算ができないらしい、と思ったのだろう。この十ドルは、なんと一キロの値段で、ぶ厚いステーキ八枚が、わずか十六ドル（約千三百円）だったのだ。二百グラムのステーキ用牛肉が、たった百六十円というのは、たしかに日本の主婦の観念にはない。あながち寿々子を責めるのは可哀そうな気もする。

とにかく、肉も魚も野菜も、否食料品だけでなく、日用品は驚くほど安い（ニュージーランドはオーストラリアよりさらに安い）。しかしいわゆる「贅沢品」は高いのである。要するに必要最低限の生活で良ければ、誰でもできる状況になっている。ただ贅沢をすると金がかかる。これが消費税を取っている国の健全な状態だと思うが、日本はやや逆のような気がする。

大体服装に金がかからない。温暖な気候もあるが、Tシャツに半ズボンで大体のところへ出かけても大丈夫だ。襟のついたシャツに長ズボンに靴――これは盛装に近い。夫婦でディナーに出ても、大体二、三千円で済む。日本なら万単位の金が必要となるクラスのレストランの話だ。これはオセアニア独特の文化であるＢＹＯ制度のおかげである。酒が持ち込み自由なおかげでワイン代が半額で済むからだ（普通レストランは小売値の倍掛け）。

次に対日感情が良い。敵対した第二次大戦終結から半世紀以上経って、傷口はほぼ完全に埋まった。参戦した生存者は激減している。というより、むしろ今や日本は大切な貿易の相手（両国とも出超）であり、この関係は半永久的に続くだろう。相手は資源国なのである。大体が気さくで飾らない国民性である。昔の「白豪主義」が嘘のようだ。安全性も高く、危険な地区に危険な時間に近寄らない限り、殺人事件にまき込まれるようなことはない。水道の水も安心して飲める。こうした条件が重なって、ボクのオセアニア志向は加速していった。

今では、一九九一年（平成三年）に取得したオーストラリアの引退者ビザ（二年ごとに更新）、一九九九年（平成一一年）に取れたニュージーランドの投資移民ビザ（更新不要）と、両国とも永住権をもっている。余程のことが起こらない限り、後半生の大部分はこの両国で暮らすつもりである。それどころか、いずれかの国で死ぬ可能性も高い。すでに思い出もたくさんできた。八九年の九月四日、ポート・ダグラスのミラージュ・コースで、二度目の69を出したのもそのひとつだ。15番終わってイーブンパーだったが、ラスト3ホール（難ホール）を全部バーディーで出した。そのときの同伴者である川口允君（三菱商事）のアテスト入りのスコアカードは、大事にキープしてある。

一九九〇年の暮れは、それまでの習慣を破って、ハワイ（家はまだあったのに）には行かず、ゴールドコーストに直行した。翌九一年二月の巨泉トーナメントには、オーストラリアから往復し、これは次の九二年で試合自体が中止されるまで続いた。要するに住むのはオセアニアで、ハワイは訪れるところになってしまったのである。そしてハワイのコンドは売りに出した。こうして冬はオセアニア、夏はカナダ、春秋は日本という、いわゆる「ひまわり生活」が完成し、今日に至っている。

この間の事情や推移は、ベストセラーになった『巨泉――人生の選択』をはじめ、『巨泉2――実践・日本脱出』（いずれも講談社刊）、さらに『出発点』『岐路』『巨泉日記』（いずれも講談社文庫）に詳しく書いたので重複は避けたい。興味のある方は、ぜひ読んでください。

こうしてふり返ってみると、ボクの人生に大きな影響を与えたことが四つある。まずは「父の言葉」から多くの基礎を学んだ。平和主義、個人主義、実存主義がそれである。ついで「母の死」が、ボクに健康の尊さを教えてくれた。どんな小さな疑念でも、徹底的に検査してもらい、手術もいとわなかった。いずれは死ぬ身だが、あの世で母に会えるとすれば、「馬鹿だねぇ、お前は。お母さんが身をもって示したことを守らなくて」と言われるより、「お母さんのおかげで長生きできたよ。本当にありがとう」と言ったほうが、母も喜ぶと思っているからである。

三番目は寿々子という伴侶を得たことだ。山も谷もあったが、お互いにかけがえのない存在だということを認識しあえたのはラッキーであった。大きなことを言っても、人間は所詮淋しい存在である。老後一人ぼっちで生きてゆくのは辛すぎる。二人だけの思い出に包まれながら健康に長生きし、できることなら同時に（本当はボクのほうが少し早く）死ねたら、これに勝る幸運はないだろう。彼女からは、献身の美しさを学んだつもりである。

そして最後は、北米人とのつき合いだ。彼らは日本人とは異なる人生観や哲学をもっている。たとえば「禁煙」に関しても、「われわれは事業に成功してこうして後半生を楽しんでいる。それなのに喫煙くらいの快楽のためにそれを無にするのは愚かだ」と考える。リタイアメントにしても、あくなき欲求に対する一種の反論である。パートナーと二人、楽に暮らせるだけ稼いだらもう良いじゃないか。潔く後進に道を譲ってリタイアしよう、という人が多い。彼らのバックボーンには、ユダヤ教やキリスト教があり、〝神〟がいる。まったくの無神論者のボクにも説得力があったのだから、おそらく真理なのではないか。そのエキスが「You can’t have everything」という言葉である。「全部取ろうと思ってはいけない」「独り占めしてはいけない」「ゆずるところは人にゆずれ」という意味だ。

　彼ら北米人との交友の中から、ボクはこうした考えをもつようになり、タレントとしての最盛期にセミ・リタイアしたのである。これに「前世も後生も信じず、お迎えが来るまで現世を楽しむ」という亡父の口ぐせが結びついて、ボクの後半生が決まった。「お迎え」はいつだか知らないが、来るまでは寿々子と二両連結で明るく、楽しく生きていきたいと思っている。

いつまでも「二両連結」で（撮影：太田真三、小学館）

あとがき

本文の中に何回も出てくる言葉に「一期一会」がある。何十人、何百人、否何千人だったかもしれない。多くの人との触れ合いのなかで、人生のひだができあがってゆく。そのひだが多ければ多いほど、人生は豊かになると悟ったのはいつごろだったろうか。

次に「――とは神ならぬ身の知る由もなかった」という表現も、じつはたくさんあった。あまり使うので、鈴木崇之に注意されて別の表現に換えた。しかし本当にそういう表現になることが何回も何回も起きるのである。だからこそ千利休は、一期一会と教えたのだろう。特に十七歳の寿々子と、『11PM』のスタジオで会った時のことは、まったく憶えていない。二年後ラジオ番組を一緒にやることになった時、「はじめまして」と言ったほどである。その時も、ボクのバンドの専属歌手になった時でさえ、この娘と結婚することになろうとは、神ならぬ身の――崇之ゴメン――である。したがってあの時、青島幸男が選挙に出ようなどと考えなかったら、二人は二度と会わなかった可能性が高い。そう思ってこの本を読み返してみると、ほんの些細なこと、わずかなタイミングで人はまったく異なった道を歩くことになるのだ。ボクの大好きな言葉に、将棋用語の「それも一局」というのがある。対局終了後感想戦をやっていて、「その歩を取らなかったら？」と一人が聞く。しばらく手を進めてみると、まったく違う局面になってしまう。すると棋士は「それも一局ですね」と言って、局面を元に戻すのだ。人生も同じだが、ある手を指してしまった以上、その人はその人生を歩まなければならない。

そこでボクら夫婦は、「今回の人生では」という言葉を使う。次の人生なんてないのだが、そう考えるとストレスがたまらない。たとえば子供をつくることを諦めた時も、「今回の人生では」であった。

指してしまった以上、くよくよしても仕方がない。今回の人生を、今後もより楽しく送ることにしたい。

最後に、この長い物語をより正確にするために資料を集めてくれた寿々子、弟の哲也や姉妹、マネジャーの阿由葉哲哉をはじめ、多くの関係者にお礼を述べたい。そして、おだてたり、すかしたりしながら、これだけの長篇を書き上げさせた鈴木崇之に謝意を表したい。

二〇〇四年三月八日

ニュージーランドにて　大橋巨泉

大橋巨泉の主な著作一覧

『巨泉・遊びの実戦教室』（一九六七年、桃源社）
『巨泉の誘惑術入門』（一九六八年、実業之日本社）
『巨泉の競馬』（一九七一年、日刊スポーツ出版社）
『巨泉の麻雀』（一九七一年、日刊スポーツ出版社）
『巨泉の考える競馬』（一九七四年、日刊スポーツ出版社）
『巨泉の勝つ馬券』（一九七六年、講談社）
『巨泉の勝つ馬券 PART2』（一九七六年、講談社）
『巨泉　競馬界を斬る』（一九七七年、日刊スポーツ出版社）
『わがシングルへの道』（一九七七年、講談社）＊一九九三年に講談社文庫より同タイトルで文庫化
『巨泉流飛車落定跡』（一九七七年、講談社）
『巨泉の麻雀　改訂版』（一九八一年、日刊スポーツ出版社）
『巨泉　競馬界を斬る PART2』（一九八二年、日刊スポーツ出版社）
『ボクは鍋奉行』（一九八三年、主婦の友社）
『巨泉のこんなモノいらない!?』第一巻、第二巻（一九八九年、日本テレビ放送網）
『競馬解体新書』上巻、下巻（一九八九年、ミデアム出版社）

『巨泉のこんなモノいらない!? 決定版』第三巻（一九九〇年、日本テレビ放送網）
『巨泉の使える英語』（一九九〇年、ワニブックス）＊一九九四年に講談社文庫より同タイトルで文庫化
『巨泉の重賞競走予想全書』（一九九二年、ミデアム出版社）
『巨泉の使えない英語 完全保存版』（一九九三年、ワニブックス）
『巨泉の使いこなす英語』（一九九四年、ワニブックス）
『愚直』（一九九六年、講談社）
『こんな民主主義いらない』（一九九七年、講談社）
『異見のすすめ』（一九九八年、講談社）
『生意気 東京下町青春記』（一九九九年、三天書房）
『巨泉 人生の選択』（二〇〇〇年、講談社）＊二〇〇三年に講談社文庫より同タイトルで文庫化
『巨泉日記』（二〇〇〇年、講談社）＊二〇〇三年に講談社文庫より同タイトルで文庫化
『出発点』（二〇〇一年、講談社文庫）
『「国会議員」失格』（二〇〇二年、講談社）
『ジャズ・ヴォーカル名盤１００』（共著、二〇〇二年、講談社＋α文庫）
『大橋巨泉のこうすりゃよくなる、日本のスポーツ』（二〇〇二年、朝日新聞社）
『岐路』（二〇〇二年、講談社文庫）
『巨泉２ 実践・日本脱出』（二〇〇三年、講談社）

『巨泉流メジャー・リーグを楽しむ法』（二〇〇三年、講談社）
『ゲバゲバ70年！　大橋巨泉自伝』（二〇〇四年、講談社）＊改題し、本書にて文庫化
『パリ・マドリード二都物語　名画とグルメとワインの旅』（二〇〇五年、講談社）
『がん　大橋巨泉の場合』（二〇〇五年、講談社）
『巨泉流　成功！海外ステイ術』（二〇〇六年、講談社文庫）
『どうせ生きるなら』（二〇〇六年、角川ｏｎｅテーマ21）
『大橋巨泉の超シロウト的美術鑑賞ノート』（二〇〇八年、ダイヤモンド社）
『目からウロコの絵画の見かた』（二〇〇八年、ダイヤモンド社）
『やめたら』（二〇〇九年、角川ｏｎｅテーマ21）
『誰も知らなかった絵画の見かた』（二〇一〇年、ダイヤモンド社）
『頑固のすすめ』（共著、二〇一〇年、角川書店）
『日本人メジャーリーガー一流の条件』（二〇一一年、ベスト新書）
『印象派　こんな見かたがあったのか』（二〇一一年、ダイヤモンド社）
『人生が楽しくなる絵画の見かた』（二〇一二年、ダイヤモンド社）
『大橋巨泉　「第二の人生」これが正解！　人生80年時代「後半生」を楽しく生きるための10の選択』（二〇一三年、小学館）
『知識ゼロからの印象派絵画入門』（二〇一三年、幻冬舎）

『366日 命の言葉』(二〇一三年、ベスト新書)
『それでも僕は前を向く』(二〇一四年、集英社新書)
『巨泉の遺言撤回 「今回の人生では◯◯しない」』(二〇一四年、講談社)
『大橋巨泉、4度のがんと闘う 怖がらず、呼び名は「がんちゃん」』(二〇一五年、朝日新聞デジタルSELECT)

大橋巨泉の主なテレビ・ラジオ出演作一覧

『大学対抗バンド合戦』（一九六三年〜一九六九年、TBSラジオ）
『ロミ山田ショウ』（一九六四年〜一九六五年、TBSラジオ）
『11PM』（一九六五年〜一九八五年、日本テレビ系列）
『ビートポップス』（一九六六年〜一九七〇年、フジテレビ系列）
『チャンピオンズ・ゴルフ』（一九六六年〜一九六八年、日本テレビ系列）
『プレイボーイクラブ』（一九六六年〜一九六八年、TBSラジオ）
『巨泉まとめて百万円』（一九六八年〜一九七二年、読売テレビ系列）
『お笑い頭の体操』（一九六八年〜一九七五年、TBS系列）
『巨泉×前武ゲバゲバ90分！』（一九六九年〜一九七一年、日本テレビ系列）
『巨泉＋1』（一九六九年〜一九七二年、TBSラジオ）
『競馬中継（RF競馬ロータリー）』（一九七〇年〜一九七四年、ラジオ関東）
『ポップスナウ』（一九七〇年〜一九七五年、文化放送）
『巨泉のチャレンジクイズ』（一九七一年〜一九七二年、日本テレビ系列）
『巨泉のチャレンジボウル』（一九七一年〜一九七二年、テレビ東京系列）
『巨泉のアフターアワーズ』（一九七二年〜一九七三年、TBSラジオ）

『巨泉のシャバドビア』(一九七三年〜一九七五年、TBSラジオ)
『巨泉のワールドスターゴルフ』(一九七四年〜一九七六年、フジテレビ系列)
『クイズダービー』(一九七六年〜一九九〇年、TBS系列)
『競馬中継(土曜競馬)』(一九七六年〜一九八九年、ニッポン放送)
『世界まるごとHOWマッチ』(一九八三年〜一九九〇年、毎日放送系列)
『巨泉のこんなモノいらない!?』(一九八七年〜一九八九年、日本テレビ系列)
『ギミア・ぶれいく』(一九八九年〜一九九二年、TBS系列)
『巨泉の使えない英語』(一九九二年〜一九九三年、テレビ朝日系列)
『スーパースタジアム』(一九九四年〜二〇〇一年、NHK)

大橋巨泉－1934（昭和９）年、東京両国生まれ。本名・克巳（かつみ）。早稲田大学第一政経学部新聞学科中退。ジャズ評論家、テレビ構成作家を経て、1965年、『11PM』への出演を機にテレビタレントに転身。以後、『巨泉×前武ゲバゲバ90分！』『クイズダービー』『世界まるごとHOWマッチ』『巨泉のこんなモノいらない!?』など、数々のヒット番組を手掛けた。1990（平成２）年、セミ・リタイアを宣言。『巨泉 人生の選択』『岐路』（いずれも講談社文庫）、『それでも僕は前を向く』（集英社新書）など著書多数。

講談社＋α文庫 ゲバゲバ人生《じんせい》
――わが黄金の瞬間

大橋巨泉《おおはしきょせん》

2016年７月20日第１刷発行

発行者――鈴木 哲
発行所――株式会社 講談社
東京都文京区音羽2-12-21 〒112-8001
電話 編集(03)5395-3522
販売(03)5395-4415
業務(03)5395-3615
デザイン――鈴木成一デザイン室
カバー印刷――凸版印刷株式会社
印刷――慶昌堂印刷株式会社
製本――株式会社国宝社

落丁本·乱丁本は購入書店名を明記のうえ、小社業務あてにお送りください。
送料は小社負担にてお取り替えします。
なお、この本の内容についてのお問い合わせは
第一事業局企画部「＋α文庫」あてにお願いいたします。
Printed in Japan ISBN978-4-06-281689-2
定価はカバーに表示してあります。

講談社+α文庫 Ⓖビジネス・ノンフィクション

「売れない時代」に売りまくる! 超実践的「戦略思考」	筏井哲治	PDCAはもう古い! どんな仕事でも、どんな職場でも、本当に使える、論理的思考術	700円	G 251-1
"お金"から見る現代アート	小山登美夫	「なぜこの絵がこんなに高額なの?」一流ギャラリストが語る、現代アートとお金の関係	720円	G 252-1
仕事は名刺と書類にさせなさい 「目立つが勝ち」のバカ売れ営業術	中山マコト	一瞬で「頼りになるやつ」と思わせる! 売り込まなくても仕事の依頼がどんどんくる!	690円	G 253-1
女性社員に支持されるできる上司の働き方	藤井佐和子	日本一「働く女性の本音」を知るキャリアカウンセラーが教える、女性社員との仕事の仕方	690円	G 254-1
武士の娘 日米の架け橋となった鉞子《えつこ》とフローレンス	内田義雄	世界的ベストセラー『武士の娘』の著者・杉本鉞子と協力者フローレンスの友情物語	840円	G 255-1
誰も戦争を教えられない	古市憲寿	社会学者が丹念なフィールドワークとともに考察した「戦争」と「記憶」の現場をたどる旅	850円	G 256-1
絶望の国の幸福な若者たち	古市憲寿	「なんとなく幸せ」な若者たちの実像とは? メディアを席巻し続ける若き論客の代表作!	780円	G 256-2
今起きていることの本当の意味がわかる 戦後日本史	福井紳一	歴史を見ることは現在を見ることだ! 伝説の駿台予備学校講義「戦後日本史」を再現!	920円	G 257-1
しんがり 山一證券 最後の12人	清武英利	'97年、山一證券の破綻時に最後まで闘った社員たちの物語。講談社ノンフィクション賞受賞作	900円	G 258-1
奪われざるもの SONY「リストラ部屋」で見た夢	清武英利	『しんがり』の著者が描く、ソニーを去った社員たちの誇りと再生。静かな感動が再び!	800円	G 258-2

＊印は書き下ろし・オリジナル作品

表示価格はすべて本体価格(税別)です。本体価格は変更することがあります

講談社+α文庫 Ⓖビジネス・ノンフィクション

日本をダメにしたB層の研究
適菜 収
いつから日本はこんなにダメになったのか?——「騙され続けるB層」の解体新書
630円 G 259-1

Steve Jobs スティーブ・ジョブズ I
ウォルター・アイザックソン 井口耕二 訳
あの公式伝記が文庫版に。第1巻は幼少期、アップル創設と追放、ピクサーでの日々を描く
850円 G 260-1

Steve Jobs スティーブ・ジョブズ II
ウォルター・アイザックソン 井口耕二 訳
アップルの復活、iPhoneやiPadの誕生、最期の日々を描いた終章も新たに収録
850円 G 260-2

ソトニ 警視庁公安部外事二課 シリーズ1 背乗り《はいの》
竹内 明
狡猾な中国工作員と迎え撃つ公安捜査チームの死闘。国際諜報戦の全貌を描くミステリ
800円 G 261-1

完全秘匿 警察庁長官狙撃事件
竹内 明
初動捜査の失敗、刑事・公安の対立、日本警察史上最悪の失態はかくして起こった!
880円 G 261-2

僕たちのヒーローはみんな在日だった
朴 一
なぜ出自を隠さざるを得ないのか? コリアンパワーたちの生き様を論客が語り切った!
600円 G 262-1

モチベーション3・0 持続する「やる気!《ドライブ!》」をいかに引き出すか
ダニエル・ピンク 大前研一 訳
人生を高める新発想は、自発的な動機づけ! 組織を、人を動かす新感覚ビジネス理論
820円 G 263-1

人を動かす、新たな3原則 売らないセールスで、誰もが成功する!
ダニエル・ピンク 神田昌典 訳
『モチベーション3・0』の著者による、21世紀版「人を動かす」! 売らない売り込みとは!?
820円 G 263-2

ネットと愛国
安田浩一
現代が生んだレイシスト集団の実態に迫る。反ヘイト運動が隆盛する契機となった名作
900円 G 264-1

モンスター 尼崎連続殺人事件の真実
一橋文哉
自殺した主犯・角田美代子が遺したノートに綴られた衝撃の真実が明かす「事件の全貌」
720円 G 265-1

表示価格はすべて本体価格(税別)です。本体価格は変更することがあります

*印は書き下ろし・オリジナル作品